KB272634

나의 대구 정체성 찾기

나의 대구 정체성 찾기

펴 낸 날   2026년 3월 27일

지 은 이   이정웅
펴 낸 이   이기성
기획편집   최인용, 권희연, 이서은
표지디자인   최인용
책임마케팅   이수영, 김정훈
펴 낸 곳   도서출판 생각나눔
출판등록   제 2018-000288호
주   소   경기도 고양시 덕양구 청초로 66, 덕은리버워크 B동 1708, 1709호
전   화   02-325-5100
팩   스   02-325-5101
홈페이지   www.생각나눔.kr
이 메 일   bookmain@think-book.com

• 책값은 표지 뒷면에 표기되어 있습니다.
  ISBN   979-11-7048-985-6(03910)

글·사진 이정웅

나의 대구 정체성 찾기

◆
◆
◆

제목이 시사(示唆)하듯, 이 책은 대구에 관한 글들을 모은 책이다. 젊은 한때 간첩으로 오해받을 정도로 혼자서 많이 걸으며 달구벌을 누볐다.

소위 산림 공무원이다 보니 산의 형세를 살펴 산불 발생 시 진화 인력을 어느 골짜기로 투입하는 것이 효과적일까 하는 방안을 모색하는 것이 목적이었다. 그러나 이 외로 시민들에게 소개하고 싶은 이야기가 골짜기마다 숨어 있는 것을 발견했다. 그래서 기록으로 남기고, 알리고 싶었다.

이 글은 논리 정연하고 문장이 유려한 글은 아니다. 그리고 몇 곳에 발표한 글을 모으다 보니 체계가 통일되지 못하고, 내용도 중복된 부분이 있다. 그냥 가볍게 읽으면서 대구의 참모습을 이해하는 데 도움이 되도록 노력했다.

그러나 글 중에서 "국민화가 이중섭과 대구", "대구의 두문동", "고운 최치원과 대구", "명나라 장수 유정과 대구", "한강 정구 선생과 대구" 등은 직접 발로 뛰어다니면서 발굴한 글이기도 하지만, 문헌을 고증하고 사료를 살펴서 썼다.

아울러 사적인 감성 표현을 최소화하는 대신 대구를 알리는 데 많은 부문을 할애했다. 이런 점에서 이글은 공공재적인 성격이 강한 일종의 현장 보고서라고도 할 수 있으며 시정(市政)에 참고할 자료도 많다고 여겨진다.

특히, "왕건과 견훤의 팔공산 전투"는 지금까지 여러 향토 사학자가 쓴 내용과 다른 의견을 제시했다. 따라서 논쟁을 부를 수도 있으나 필자 나름의 현장을 답사하고 연구한 결과물이기 때문에 누군가 토론을 제의해 온다면 기꺼이 응할 수 있다.

최근 각 지지체가 지역의 가치를 높이기 위해 문화관광 해설사를 두고, 어떤 사안에 대해서는 외부 기관에 용역을 주는 등 스토리 텔링을 활성화하여 긍정적인 면이 많다. 그러나 이런 플러스 요인과 달리 지나치게 과장되거나 인터넷에 떠도는 글들을 검증 없이 받아들여 소위 소설 같은 이야기로 오도하는 것을 종종 볼 수 있어 긴 기간 대구를 헤집고 다니며 혹은 묻고, 혹은 자료를 모은 사람으로서는 아쉽게 생각된다. 그러나 필자도 그중에서 한 사람이라고 비난받을 수 있으나 이런 오류를 범하지 않으려고 노력을 게을리하지 않았다.

뿌리 깊은 도시 대구는 아직도 묻혀있는 이야기들이 많다. 고구마 덩굴처럼 하나 캤다 싶으면 또 다른 땅속에 묻혔던 고구마가 나타나는 것처럼 이어진다.

팔순에 들어서서도 대구 탐험에 손을 놓지 못하는 이유가 여기에 있다.

그동안 『팔공산을 아십니까, 1993』,『나의 사랑 나의 자랑 대구, 1995』,『대구가 자랑스러운 12가지 이유, 2000』,『푸른 대구 이야기, 2006』『대구 인물기행, 2014』『대구수목원, 2017』 등 모두 6권의 대구에 관한 책을 냈으나 그래도 이야기보따리를 다 풀지 못했다.

이번에 내는 『나의 대구 정체성 찾기』도 기존에 발간한 책들의 연장선상에서 집필한 것이다. 34년간 시민이 낸 세금으로 녹을 먹었고, 재직 중 문희갑 시장의 "푸른 대구 가꾸기 사업"을 보좌하면서 전국 최초로 쓰레기 매립장을 수목원으로 조성하는데 환경·시민단체의 반대와 언론의 부정적인 보도에도 불구하고 완성시켜 대구의 새로운 명소로 자리잡는 데 참여한 기쁨과 기회를 주신 문 시장께 깊은 감사를 드린다.

대구가 어느 도시보다 자랑스러운 곳임에도 긍지를 가지지 못하고 스스로 비하하는 시민이 있어 안타까울 때가 많다. 그들에게 이 책을 바치고 싶다.

오래전 신천이 대구 판관 이서(李 漵)가 물줄기를 지금과 같이 흐르도록 새로 만든 인공하천이 아니고, 사가(四佳) 서거정(徐居正)이 노래한 대구 십영(十詠) 중 제2 영 입암조어(笠巖釣魚)의 "입암(笠巖)"과 제5 영 남소하화(南沼荷花)의 "남소(南沼)"가 건들바위와 성당지 또는 영선지가 아니라는 것을 꾸준히 제기해 왔었다. 이번에도 그 위치를 찾으려고 노력했다.

아마추어라고 외면받을 때가 있었지만 대구 정체성 찾기에는 누구보다도 많은 노력을 했다고 말할 수 있다. 현재 골목 투어의 핫플레이스인 박태준의 "동무 생각"의 동산이 청라언덕으로 불리게 된 데에도 미력을 보탰으며, 금호 꽃섬(금호강 하중도)이 대구 최초이자 마지막 유배지이고, 임란 때 원병으로 온 명나라 장수 유정 총병(摠兵)이 거느린 군대가 한족(漢族)만이 아니라, 미얀마, 베트남 등 다민족(多民族) 혼성군이며 그들이 이국땅 조선에서 풍토병으로 사망하자 북구 팔달동 부근 어느 곳에 집단 묘지를 조성했다는 이야기를 새로 채록(採錄)했다.

이외에 신라 시대 중사(中祀)를 지냈던 팔공산 제천단(祭天壇)과 『대구읍지(大丘邑誌)에 없어졌다는 공산성(公山城) 유구와 지금까지 알려지지 않았던 서상돈 지사(志士)의 송덕비 2기를 찾아낸 것에도 자랑스럽게 여긴다.

대구에 대한 애정은 변함없지만, 대구 탐험은 이 책이 마지막이 될 것 같다. 나이가 들어 체력과 정신력도 한계가 있고, 아울러 옛 선비들의 풍류 문화 "범국회(泛菊會)"를 발굴 재연한 송은석, "최계란 선생의 대구 아리랑제(2014)"를 처음으로 기획하고 개최한 박태칠, "대구 사랑의 전도사"라고 할 수 있는 김도상과 같은 뛰어난 후배들이 뒤를 이어 대구를 빛내려고 노력하고 있기 때문이다.

시정에 몸담은 공직자였기에 당연한 일이기도 하지만, 대구는 내 젊음을 송두리째 바쳐 봉사한 곳이자. 가족을 건사한 도시이고, 나의 피가 흐르는 2세가 대를 이어 살아가는 자랑스러운 곳이다.

이 두서없이 쓴 글이 우리나라 3대 도시로의 위상이 추락한 데 대하여 의기소침해하는 대구 시민들에게 용기를 북돋우고, 외지인들에게는 대구의 참모습을 이해하는 데 도움이 되었으면 하는 마음 숨기고 싶지 않다.

2026 봄에
태전동 우거(寓居)에서
저자 이정웅(ljw1674@hanmail.net)

◆목 차◆

제3장

겨레의산 팔공

제4장

달구벌 산책

제5장

러키 세븐(Lucky Seven) 대구, 칠곡

제1장

대구 경상감영 측우대

독립지사 단일 묘역으로는 국내에서 가장 많은 52위(서훈자 48위, 미 서훈자 4위)의 영령이 모셔진 곳이자 국가가 아닌 지방자치단체가 유일하게 조성 관리해 왔던 신암선열공원이 2018년 5월 1일 국립신암선열공원으로 승격되었다. 1955년 남구 대명동 시립공동묘지에 산재했던 애국선열의 묘 5위를 현 위치로 이전함으로 비롯되었다.

▲ 2018년 5월 1일 시립에서 국립으로 승격된 신암선열공원 단충사

1974년 경상북도에서 대구시로 관리 주체가 바뀌었고, 1982년 대구시가 "선열 묘지 설치 및 관리 조례"를 제정했으며, 1987년 묘역 성역화 사업을 했다.

이곳에 잠들고 계시는 분들은 일제의 폭압과 탄압에 결연히 항거하며 민족의 자주정신을 지키고 조국의 독립을 이루고자 헌신하신 분들로, 훈격별로는 독립장 1, 애국장 11, 애족장 32, 대통령 표창 4분이다.

시민의 한 사람으로 국립신암선열공원 승격을 기뻐하는 이유는 따로 있다. 1969년 9급으로 공직에 발을 들여놓은 지 19년 만인 1988년 사무관 승진과 함께 산림계장이 되었다. 주로 시가지 녹화나 산불로부터 산림을 보호하고 조림(造林)을 통해 국토를 푸르게 하는 일이나 지금과 달리 산림청 소유의 국유림도 관리했다.

하루는 사무실로 찾아온 사회과(社會課) 보훈(報勳) 담당자에게 동료 직원이 몹시 흥분한 얼굴로 닦달하는 모습을 보았다. 무슨 일이냐고 물었더니 신암선열공원 부지가 산림청 소유의 국유림인데 점용료를 납부(納付)하지 않아 매년 산림청으로부터 지적을 받고 있는데 이를 해결하려는 노력이 부족해서 그런다고 했다.

"그러냐?"고 그냥 넘겼지만, 언뜻 뭔가 잘못되었다는 생각이 들었다. 조국의 독립을 위해 헌신하신 분들에 대한 현창(顯彰)과 예우는 국가가 앞장서야 할 일이고 미처 챙기지 못한 것을 지방자치단체가 하고 있다면 표창과 보상을 주어야 마땅할 터인데 묘역을 관리하는 대구시에 점용료까지 부담시킨다는 것은 이해할 수 없는 처사라는 생각이 들었다.

이후 기회 있을 때마다 산림청에 면제해 줄 것을 건의했으나 돌아오는 답은 불가(不可)였다. 마침내 점용료 부과 근거가 되는 "국유림관리법(?)" 개정을 요구할 수밖에 없다는 생각이 들어 법조문을 검토해 보았더

니 도로나, 구거(溝渠, 폭이 좁고 적은 물이 흐르는 작은 도랑) 등 불특정 다수
가 공공(公共)의 목적으로 점용하는 경우에는 면제된다는 조문을 찾았
다. 도로, 구거 다음에 "선열 묘지"를 추가하자는 법 개정을 산림청 제
안했다. 그러나 돌아온 답은 역시 불가였다. 국유림을 선열 묘지로 점용
한 경우는 전국 어느 시도(市道)에도 없는 대구시만의 특수한 사례이기
때문에 대구시 한 자치단체만을 위해 법을 개정할 수 없다는 것이었다.

그 후 산림청 국유림 담당자가 관리 실태를 점검하기 위해 출장을
왔다. 서류 심사와 현장 확인을 마치니 늦은 오후가 되었다. 대구에서
하루 묵고 가기를 청했다. 저녁을 후하게 대접하고 여관을 잡아 주는
등 정성을 다해 예우하자 마침내 방안이라며 내놓는 것이 점용허가
를 대구시장이 받지 말고 보훈처장(현, 보훈부 장관)이 직접 산림청장에
게 받으라는 것이었다.

어느 부처이든 중앙정부가 필요하여 점용허가를 받으면 점용료가 면
제된다고 했다. 속으로 쾌재를 불렀다. 허가를 대구시장, 보훈처장 누
가 받든 선열의 묘소를 유지 관리하는 데에는 하등 문제가 될 수 없는
데 비해 대구시가 부담 해오던 점용료를 면제받을 수 있기 때문이다.

국립신암선열공원 내 안장 자 명단 및 훈격

출처, 국립신암선열공원

번호	이 름	묘역번호	생년월일	사망월일	훈 격	운동계열	출생지
1	임용상(임병오) (林龍相)	5-49	1877-05-22	1958-01-05	독립장(1977)	의 병	경북청송
2	김명천(金明天)	1-3	1916-09-11	1999-07-22	애국장(1990)	광복군	함북회령

번호	이 름	묘역번호	생년월일	사망월일	훈 격	운동계열	출생지
3	김세용(金世用)	5-42	1907-09-12	1966-07-12	애국장(1990)	광복군	평북용천
4	박만선(朴晩善)	1-6	1924-03-11	1999-02-28	애국장(1990)	국내항일	경북경산
5	박영진(朴永晋)	1-4	1921-03-27	1950-06-25	애국장(1993)	광복군	경북고령
6	방한상(方漢相)	4-37	1900-08-23	1970-01-08	애국장(1991)	국내항일	경남함양
7	배학보(裵鶴甫)	2-12	1920-08-19	1992-10-28	애국장(1991)	학생운동	경북성주
8	백영촌(백남신) (白永村)	4-39	1882-10-12	1964-10-12	애국장(1990)	의병	경북영일
9	송두환(宋斗煥)	4-29	1892-11-09	1969-05-28	애국장(1990)	국내항일	대구신암
10	신재모(申宰模)	4-36	1885-04-26	1958-06-15	애국장(1990)	국내항일	경북칠곡
11	안윤재(安允在)	3-22	1877-11-17	1944-02-27	애국장(1990)	계몽운동	황해송하
12	김태련(金兌鍊) (父)	5-46	1879-01-25	1943-08-19	애족장(1990)	3.1운동	대구남산
13	김용해(金湧海) (子)	5-45	1897-07-26	1919-04-13	애국장(1991)	3.1운동	대구남산
14	강명호(姜明鎬)	5-47	1924-05-19	1992-05-15	애족장(1990)	광복군	경북성주
15	김교훈(金敎勳)	3-17	1896-12-02	1973-05-31	애족장(1990)	문화운동	경북김천
16	김두희(金斗熙)	1-5	1921-01-04	2000-02-29	애족장(1990)	일본방면	경북성주
17	김석용(金碩用)	3-20	1924-02-16	1990-07-24	애족장(1990)	일본방면	경남통영
18	김세영(金世榮)	4-41	1889-05-21	1979-03-04	애족장(1990)	3.1운동	경북영덕
19	김원휘(金原輝)	3-21	1884-07-20	1950-04-15	애족장(1990)	3.1운동	경북의성
20	김점학(김선기) (金點學)	4-52	1906-10-06	1960-03-05	애족장(1908)	국내항일	경북달성

번호	이름	묘역번호	생년월일	사망월일	훈 격	운동계열	출생지
21	김충한(金忠漢)	4-38	1883-10-24	1965-12-30	애족장(1990)	3.1운동	경북의성
22	김헌술(金憲述)	3-26	1924-10-05	1988-03-06	애족장(1990)	일본방면	경북영일
23	김홍준(金洪俊)	5-48	1922-10-24	1993-03-22	애족장(1986)	대왕산	경북경산
24	박낙현(朴落鉉)	5-43	1887-08-27	1957-04-06	애족장(1990)	3.1운동	경북의성
25	박재헌(朴在憲)	4-31	1900-01-25	1986-02-28	애족장(1990)	문화운동	경북달성
26	서달수(徐達洙)	3-16	1920-04-17	1992-02-24	애족장(1990)	일본방면	경북월성
27	신길우(申吉雨)	1-2	1924-02-11	2003-12-05	애족장(1990)	광복군	경북고령
28	우해룡(禹海龍)	2-9	1906-07-16	1969-03-09	애족장(1990)	국내항일	대구
29	이동하(李東廈)	2-13	1875-04-18	1959-03-18	애족장(1994)	만주방면	경북안동
30	이봉로(李鳳魯)	4-40	1902-07-20	1940-02-22	애족장(1990)	제2경북	경북달성
31	이승주(李承株)	3-19	1922-06-19	1990-04-01	애족장(1990)	광복군	평북 신의주
32	이헌일(李憲一)	4-30	1917-03-25	1979-04-17	애족장(1990)	광복군	대구
33	이혜경(李惠卿)	3-28	1889-02-22	1968-02-10	애족장(1990)	국내항일	함남원산
34	장성표(張星杓)	1-8	1924-08-27	1999-01-12	애족장(1990)	광복군	경북의성
35	장언조(張諺祚)	1-7	1924-09-05	1998-09-29	애족장(1990)	광복군	대구
36	정동석(鄭東錫)	3-15	1885-08-04	1968-12-16	애족장(1992)	임시정부	경북달성
37	정명준(鄭命俊)	4-35	1900-07-26	1959-08-22	애족장(1990)	국내항일	경북칠곡
38	정상득(鄭尙得)	4-32	1886-07-01	1969-09-12	애족장(1969)	의병	경북영일

번호	이름	묘역번호	생년월일	사망월일	훈 격	운동계열	출생지
39	조기홍(趙氣虹)	3-24	1883-07-24	1945-08-02	애족장(1990)	국내항일	대구
40	최 고(崔 皐)	3-23	1924-04-19	1988-08-23	애족장(1990)	학생운동	서울
41	최동식(崔東植)	5-50	1926-01-27	2005-04-29	애족장(1990)	국내항일	경북경산
42	최태만(崔泰萬)	5-44	1918-05-10	1993-05-14	애족장(1986)	국내항일	경북경산
43	최태석(崔泰碩)	2-14	1920-01-01	1995-10-09	애족장(1990)	학생운동	경북청도
44	현영만(玄泳晩)	1-51	1921-05-02	1981-04-06	애족장(1977)	문화운동	경북경산
45	김삼도(金三道)	3-25	1900-09-03	1967-06-02	대통령표창(1992)	3.1운동	경북고령
46	박태현(朴泰鉉)	2-10	1899-07-14	1974-04-01	대통령표창(1992)	3.1운동	경북달성
47	방봉순(方鳳淳)	2-11	1918-09-03	1998-03-23	대통령표창(1963)	광복군	황해안악
48	송서룡(宋瑞龍)	1-1	1916-03-08	1979-09-09	대통령표창(1963)	광복군	평북운산
49	백기만(白基萬)	3-18			미서훈자		
50	김성국(金成國)	3-27			미서훈자	학생운동	
51	허 발(許 拔)	4-33			미서훈자		
52	김용규(金容圭)	4-34			미서훈자		

　당시 보훈청장은 이상연 전 대구시장이었다. 그는 대구시장 재임 중 신암선열공원을 성역화한 장본인이기 때문에 누구보다 현장 사정을 잘 알고 있어 쉽게 해결될 것이라는 생각이 들었다. 사회과 보훈 담당자를 불러 산림청 직원이 자문해 준 해결 방안을 전해 주며 보훈처와

협의해 절차를 밟도록 했다. 이후 점용료가 면제되었다. 일대는 토질이 척박해 나무를 심을 조림지로는 적합하지 않으나 시가지 내에 있어 교외에 있는 다른 국유림과 달리 공시지가(公示地價)가 높아 점용료도 많았다.

지방공무원이 행정을 수행하다 보면 이처럼 중앙정부의 이익과 충돌할 때가 있다. 그 한 가지 사례로 1980년대 초 국정 목표는 식량 증산이었다. 따라서 농림부에서는 전국의 많은 농지를 절대농지로 묶어 다른 용도로 전용(轉用)되는 것을 제한했다. 대구시도 예외가 아니었다. 이때 각 시도의 농지 사무 담당자를 농림부로 불러 항공사진을 내보이며 개발이 덜 되었던 수성들과 황금동의 일부 농지를 절대농지로 지정하라고 했다. 그러나 나는 거부했다. 당시 대구시의 주택 부족률이 전국 최상위였다. 농지 보전이란 국가 목표보다 대구시로서는 택지 확보가 급선무였기 때문이다.

정부의 정책을 살펴보면 일선 기관인 시나 도의 사정을 충분히 검토하지 아니하고 제정하는 경우가 많다. 따라서 지방공무원은 중앙정부가 만능이 아니라는 생각을 항상 염두에 두고 지방의 입장을 따져보고 행정을 집행해야 한다

신암선열공원 점용료 면제 역시 이러한 차원에서 접근했다. 그때 문제를 제기하지 않았다면 국립으로 승격될 때까지 30여 년간 점용료를 냈을 것이며 그 금액을 모두 합하면 상당했을 것이다.

시립 신암선열공원의 국립 승격은 지역 국회의원, 대구시장, 광복회대구시지부 등 관련 단체와 시민이 노력의 결과이다. 하지만 당시 공무원의 이런 조그마한 노력도 있었다.

이 묘역에는 특이할 만 한 지사(志士)로 김태련(金兌鍊), 김용해(金溶海) 부자가 있다. 1919년 3월 8일 오후 3시 소위 큰 장에서는 서울 다음, 즉 한강 이남에서는 최초로 계성, 신명, 대구고보 학생 등 시민 700여 명이 참가한 대규모 만세운동이 벌어졌다.

▲ 국립신암선열공원 조감도

주도자는 이만집(李萬集)·김태련이었다. 이들은 시위 소식을 듣고 이를 저지하기 위해 달려온 일본 경찰의 방해를 무릅쓰고 나락(벼)을 싣고 온 소달구지에 황급히 올라가 김태련이 독립선언서를 낭독하고, 이어 이만집이 독립 만세를 선창하니 이것이 대구의 3·1운동의 시작이었다.

시위대가 동성로까지 진출하자 다급한 일본 헌병과 경찰은 몽둥이로 때리고 발로 차며 저지했다. 이때 아버지 김태련의 매 맞는 모습을 지켜본 아들 김용해가 항의하니 그들은 그를 도랑에 처넣고 몽둥이로 때려 숨지게 했다.

훗날 2년 9개월의 옥고를 치른 김태련이 옥중생활 중 노역(勞役)으로 받은 3원 50전으로 죽은 아들을 위해 빗돌을 세우니 비문은 다음과 같다.

"기미년 3월이여/ 흘러넘치는 외로운 피/ 아비의 아픈 품삯으로/ 아침 해 바라보며 이 돌을 세운다. "

또 소설가 최고, 대구 시민의 노래를 작사한 백기만(白基萬)의 묘도 있다. 그러나 최고는 독립운동가로 서훈 된, 반면에 백기만은 특기할 만한 공적을 발견할 수 없어 서훈을 받지 못하고 그냥 묻혀있기만 할 뿐이라 안타깝기 그지없다.

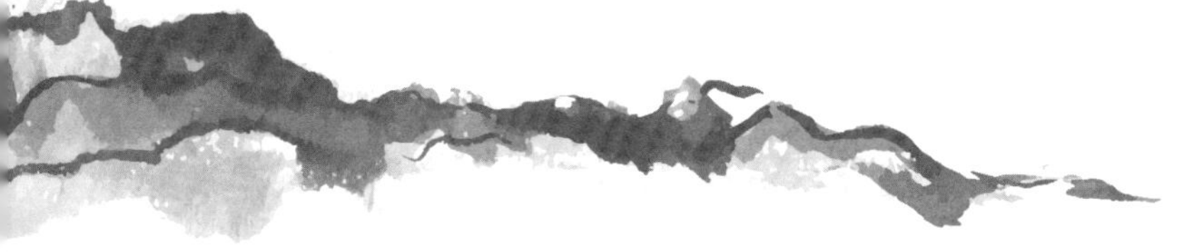

　　대구 선화당 측우대(보물 제842호)가 1985년 8월 9일 보물로 지정된 지 35년 만인, 2020, 2월 27일 문화재 중에서 가장 격이 높은 국보(國寶)로 지정되었다. 높이 46㎝, 너비 37㎝로, 1770년(영조 46) 청동제 측우기와 함께 제작된 것으로, 오늘날 부산, 대구, 울산광역시와 경상남·북도 행정을 총괄했던 경상감사의 집무실이었던 선화당(宣化堂) 앞에 있던 것이다.

　　그러나 지금은 서울 동작구, 소재 기상청에 가 있고 측우기는 없어졌으며 받침으로 사용했던 대석(臺石)만 남아 있다. 앞면과 뒷면에 "측우대(測雨臺)", 뒷면 왼쪽에 "건륭경인오월조(乾隆庚寅五月造)"라고 음각되어 있다. 『조선왕조실록』 영조 46년(1770) 5월 1일 자에 "세종조(世宗朝)의 옛 제도를 모방하여 측우기(測雨器)를 만들어 창덕궁과 경희궁에 설치하라고 명하였다. 팔도와 양도(兩都)에도 모두 만들어 설치하여 우수(雨水)의 다소를 살피도록 하고, 측우기의 척촌(尺寸)이 얼마인가를 치계(馳啓, 보고)하여 알리도록 하였다."라는 기사와 제작 연도가 부합되는 측우기이다.

　　즉 영조는 세종조에 만들었다가 언제부터인가 사용하지 않던 측우기를 새로 제작하여 창덕, 경희궁과 조선팔도, 양도(兩都?)를 포함 12기를 설치하도록 명령했다. 그중의 하나가 경상감영 선화당 앞의 측우대이다. 그러나 영조의 애민 사상의 산물이자 제작 연대가 뚜렷하고 실록의 기록과도 일치된 측우기는 일제강점기에 나온 『조선 고대 관측기록 보고, 1917』에는 "모두 7기(器)가 있었다. (그중 정상적으로 강우량을 측정할 수 있는)측우기는 모두 없어지고 대석(臺石)만 남아 있는 4기(基)가 있었다고 했으나, 현재는 대구 경상감영 측우대 하나만 남아 있다."라고 했다.

그러나 이번 국보로 승격된 내용을 보면 실제로는 "공주 충청감영 측우기(국보)", "대구 경상감영 측우대(국보)", "창덕궁 이문원 측우대(국보)"와 "관상감(觀象監) 측우대(보물)", "통영 측우대(보물)" 등 측우기 1기와 측우대 4기가 남아 있다. 다만, 대구 경상감영 측우대가 이번 국보로 승격된 것은 1837년(헌종 3)의 공주 측우기, 1782년(정조 6)의 창덕궁 측우대보다 각각 67년, 12년 앞선 것이어서 사료적 가치가 크기 때문이다.

더 흥미로운 사실은 대구 경상감영 측우대는 1907년 인천측후소장이었던 일본인 와다유지(花田雄次)에 의해서 보전될 수 있었다. 『대구의 설화, 박영규(朴英圭, 전 대구일보 사장)』에 의하면 대한제국 시 대구는 친일 대구 군수 박중양에 의해 오랜 역사를 간직한 대구읍성과 석빙고가 헐리게 되었다.

그 무렵 와다유지가 대구로 내려왔다. 그는 영국에서 천문학을 전공한 학자답게 대구의 측우기를 자기 임지인 인천측후소로 가져갔고, 그 후 어떤 연유인지 서울의 기상청으로 옮겨졌다. 그러나 강수량을 계량하는 측우기는 없어지고 이름도 "측우대"로 바뀌어 본향 경상감영공원 선화당 앞에는 모조품만 남아 시민의 무관심(?) 속에 100여 년의 세월이 흘렀다.

와다유지는 공주 충청감영 측우기를 사적(私的)으로 소유하여 일본

기상청이 보유하고 있던 것을 전 중앙관상대장 양인기 박사의 노력으로 1973년 4월 돌려받았다고 한다.

한때 대구 측우대가 국제적으로 주목받은 때가 있었다. 몇 년 전 한국과 중국 과학자들이 서울에서 열렸던 학술대회였다. 그때 중국 과학자들은 측우대에 음각된 건륭경인오월조(乾隆庚寅五月造)를 두고 당시 조선은 측우기를 만들 만큼 과학기술이 발달 되지 아니하여 청나라 황제 건륭제(乾隆帝, 재위 1735~1796)가 조선에 하사(下賜)한 것이라고 우겨 우리나라 과학자들과 크게 논쟁을 벌인 일이 있었다.

▲ 2020년 2월 27일, 보물에서 국보로 승격된 대구 경상감영 측우대

그들은 황제의 연호(年號) 건륭(乾隆)을 표기한 것이 그 증거라고 했다. 이에 우리나라 과학자들은 영조 46년(1770)보다 328년 전 세종 24년(1442)에 이미 측우기를 만들어 강수량을 측정했었고, 황제의 연호는 특별히 영조(英祖)만 사용한 것이 아니라, 병자호란 시 청나라가 조선에 요구한 항복 조건에 청나라의 연호를 쓰라는 명령에 따른 것일 뿐이라고 했다.

"대구 경상감영 측우대"는 이런 우여곡절 끝에 국보로 승격되었다.

대구 시민으로 자랑스럽고 기쁜 소식이다. 특히, 대구의 역사성이나 도시의 규모(規模)에 비해 문화재가 빈약한 것을 보충한 데서 더욱 그렇다. 다만 대구를 떠나 외지로 나가 있어 아쉽다.

대구측후소는 1907년 2월 1일 서문로 1가 78번지 현, 중부경찰서 부근에 건립되었다가 1916년 옛 적십자 병원 뒤 남산동 940번지로 이전했으며 1937년 동구 신암동 716-4번지를 마지막으로 그 후 자리 잡은 곳이 동촌유원지 내 동구 효목동 1264-4번지이다. 측후소로 처음 문을 연 112년 만인 2019년 부산, 대전, 강원, 제주, 광주에 이어 여섯 번째로 대구지방기상청으로 승격되었다. 시세(市勢)나 관할 구역에 비하면 늦었다고 할 수 있다.

이번 대구 경상감영 측우대의 국보 승격을 보면서 대구시 문화재 정책도 변화가 있었으면 하는 바람이 있다. 대구시는 국보 4점, 보물 87, 사적 11, 천연기념물 2점, 중요 민속자료 5점, 중요 무형유산, 2점 등 국가 문화유산 111점과 대구광역시 지정 유형문화유산 97점, 무형유산 17점, 기념물 20점, 민속자료 6점 등 지방 문화유산 140점 등 모두 331점의 문화재를 관리하고 있으며 이외 문화유산 자료 66점, 등록 문화유산, 14점이 있다. (출처, 대구광역시)

이들 문화재 중에서 3점의 국보 중 "군위아미타여래삼존석굴"을 제외하고는 대구시와는 무관한 구미시 고아에서 출토된 금동불상으로 국립대구박물관이 소장하고 있다.

즉 대구시에서 자체 관리하는 국보는 한 점밖에 없다. 그러나 대구와 유관(有關)한 국보는 이번 지정된 "대구 경상감영 측우대" 이외에도 더 있으니 부인사 초조대장경 목판본 "대방광불 화엄경 권 제일(국보, 경기도 박물관 소장)"을 비롯하여 20여 점으로 추정되는 초조대장경

관련 국보가 있고, "대구, 비산동 청동기 일괄-검 및 칼집 부속(국보)"
과 "대구, 비산동 청동기 일괄 −투겁창 및 꺾창(국보) 2점 등 23여 점
의 국보가 있은 것으로 알려져 있고, 특히 일제강점기 일본인으로 대
구에서 전기(電氣), 금융 관련 사업으로 부(富)를 축적한 오쿠라 다케
노스케(小倉武之助, 1870~1964)는 대구에서 수집한 문화재 1,000점 이
상을 일본으로 가져가 그 후손들이 도쿄국립박물관에 기증한바 일
본 중요 문화재로 지정된 것이 많다.

어느 지방자치단체에 문화재가 많다는 것은 그 지역의 가치와 품격
이 그만큼 높다는 뜻이다. 이런 고귀한 문화재들이 당국과 시민의 무
관심 속에 대구를 떠나 있어 아쉽다.

우선 목록이라도 작성하고 대구시립박물관을 만들면 차후에 되돌
려 받는 노력을 전개할 필요가 있으며, 만약 그것이 어렵다면 모조품
이라도 한군데 모아 시민들에게 보여 줄 기회를 가질 필요가 있다. 이
번 국보로 승격된 대구 경상감영 측우대에 관한 기사를 보면서 더욱
간절해진다. 박영규 전 대구신문 사장은 앞서 소개한 그의 저서 『대
구 설화』에서 대구 경상감영 측우대와 한 세트인 측우기(測雨器)는 영
국으로 유출된 것으로 보았다.

국립대구박물관은 대구에서 출토되었거나 대구와 관련된 것으로 대
구를 떠나 있는 국보(國寶)들만이라도 소장기관이나 소장자의 협조를
받아 가칭 "대구 국보전"을 연다면 시민들의 자긍심이 높아지고 문화
재에 대한 인식이 제고될 것이다. 아니면 도록(圖錄)이라도 만들어 공
개했으면 한다. 대구시의 문화재 관계자와 국립대구박물관 관계자의
노력을 기대해 본다. 기상청에 가 있는 측우대도 "출토지 보존 원칙"
에 따라 이른 시일 내 되돌려 받아야 한다.

반일(反日) 관찰사 이용익과 달성공원

대구에 최초로 거주한 일본인은 오카야마현(岡山縣)에서 온 히자쓰끼(膝付) 와 무로(室) 두 사람이었다고 한다.『대구부사(大邱府史)』1893년(고종 30), 9월 대구에 정착한 그들은 남문 안에서 의약품과 잡화를 팔았다고 한다. 그 후 경부선철도 개통을 전후로 많은 일본인이 몰려와 1904년(고종 41) 대구 인구가 약 5만 명인데 비해 일본 거류민은 1,000여 명에 달했다고 한다.

주로 철도 건설에 종사하는 기술자들이었지만 생필품을 파는 상인이나, 투기꾼, 여관, 요리점을 경영하며 돈을 벌려는 사람들이었다고 한다. 그들은 또 "대구일본동포회"를 조직하여 대구 제일의 경승지 달성에 천황을 기리는 요배전(遙拜殿)을 지으려고 했다.

굳이 그들이 달성을 선택한 이유는 대구를 상징하는 곳이라는 점도 있지만 1894년 청일전쟁 때와 1904년 노일전쟁 때 소위 황군(皇軍)이 주둔했던 묵은 인연 때문으로도 보인다.

그러나 관찰사 이용익(李容翊, 1854~1907)은 국산품을 장려한다며 달성서씨들에게 뽕나무밭을 조성하도록 하고, 일본인들의 요구를 거절했다. 뿐만, 아니라, 그들이 우리나라 사람의 토지나 가옥 사는 것조차 금지(禁止)시켰다. 지시를 어기면 감옥(監獄)에 가두기까지 했다. 이러한 반일 정책은 대구에 거주하고 있는 일본인들로서는 눈에는 가시였다.

급기야 관찰사의 집무실인 선화당(宣化堂) 앞에서 차별의 부당성을 성토하며 집단시위를 벌였다. 수비대장 히타카(日高才二) 대위와 친일파 군수 박중양(朴重陽)의 위협적인 중재(?)로 구속된 사람을 석방하였음은 물론 얼마 후 이(李) 관찰사는 황실의 회계심사국장으로 전보까지 되고 말았다.

이 관찰사는 1854년(철종 5) 함북 명천(明川)에서 태어났다. 본관은 전주로 아버지는 고산 현감을 지낸 병효(秉斅)였다. 선대는 무과 출신의 한미한 집안으로 공부도 제대로 하지 못해 서울에서는 물장사로 두각을 나타냈다고 한다.

1882년(고종 19) 임오군란이 일어나자, 민비(閔妃)를 장호원으로 피신시키고 축지법을 쓴다고 알려졌을 만큼 빠른 발로 민영익(閔泳翊)과 사이에 서울과 장호원을 오가며 비밀연락을 담당하여 신임을 얻어 그 공로로 종9품 감역(監役)을 제수받았다.

초기 관직 생활은 순탄하지 않았으나 광산 경영에 탁월한 능력을 인정받아 함경남도 광무 감리로 임명되어 광산 업무를 총괄했다. 러·일전쟁이 일어날 무렵 탁지부대신(오늘날 기획재정부장관)으로서 조선의 중립을 주장하며 독립을 유지하려는 외교활동을 벌였으며, 일본이 한일의정서 체결을 강요하자 강력히 반대했다. 일본은 그가 조선의 친러시아파로 식민지화에 방해가 된다고 하여 일본으로 압송해 10개월간 감금했다.

▲ 고려대학교 전신인 보성학교 설립자 이용익 동상

1905년 많은 서적을 가지고 귀국한 그는 교육만이 나라를 부강하게 한다는 생각으로 보성중·고등학교, 보성전문학교(현, 고려대 전신)를 설립했다. 이후 군부대신에 임명되어 중앙 정계에 복귀했으나 일본의 공작에 의해 다시 강원도 관찰사로 좌천되었다. 그러나 부임하지 않고 고종의 밀명을 받고 비밀리에 출국하여 을사늑약의 부당성을 세계열강에 알리려고 했다.

프랑스로 향하던 중 중국 산둥성에서 일본 관헌에게 잡혔고, 비밀이 탄로 날 것이 두려운 조정에서는 그의 모든 공직을 박탈했다. 1907년(순종 1) 2월 페테르부르크에서 친일파의 사주를 받은 김현토의 총을 맞고 병을 얻어 블라디보스토크에서 운명했다. 비록 물장수였던 그였지만 왕권을 강화하고 일본을 배척하여 러시아 등 열강의 보장하에 조선의 독립을 이루려고 했던 우국 지사였다. 시호는 충숙(忠肅)이다.

1905년, 2월 17일부터 1905년 5월 18일까지 3개월여 경북 관찰사로 재임했다. 그 와중에도 대구의 상징이자 대구 시민의 자존심인 달성을 지키려 했고 지방의 수령들이 부당하게 징수하는 세금을 감면해 주었다. 이에 1905년 11월 주민 김치규(金致圭), 이영호(李永浩), 박봉운(朴鳳運) 등이 "애민선정영세불망비(愛民善政永世不忘碑)"를 세우니 현재 달성군청 앞뜰 비림(碑林)에 있다.

슬프구나! 잔혹한 우리 고을/ 백성들 고통으로 더욱 한산하네/ 다행히 공이 은덕 두루 미쳐./ 백성들을 편안하게 해 주셨네./ 부결(浮結, 정액에서 수령이 임의로 덧붙인 세금)을 개혁해 없애주니/ 모두 다 그 은택을 입었다네./ 이에 한자 옥돌을 세워서/ 기쁜 마음 비석에 새겨 칭송하노라.

『출처: 대구의 창덕·송덕비, 전일주』

그의 재임 기간이 비록 짧았지만, 기울어져 가는 조선을 위해 헌신했고 교육입국의 필요성을 인식하고 사학 명문 고려대학교를 설립했다. 달성공원 잔디광장 한쪽에 누구의 보살핌도 없이 저절로 씨가 떨어져 자란 것으로 보이는 오래된 잘생긴(?) 참느릅나무가 있다. 이 나무를 "관찰사 이용익 나무"로 명명하여 비목(碑木)으로 삼아 기렸으면 한다.

먼저 제일모직 시절의 이야기부터 해보려고 한다. 나는 그때 녹지를 담당하는 공무원이어서 직물(織物)을 생산하는 제일모직과는 아무 관련이 없었다. 그러나 직책이 말하듯 대구를 푸르고 쾌적한 도시로 가꾸는 일을 담당했다. 특히, 소위 대프리카로 불리는 대구에는 도심지에 나무를 많이 심어야 하나 공터가 없을 뿐만 아니라. 땅값이 비싸 실행하기가 어렵다. 고심 끝에 생각해 낸 아이디어가 시청 등 공공청사나 학교의 벽면, 시멘트로 노출된 옹벽(擁壁) 등에 나무를 대신할 담쟁이덩굴을 올려 부족한 녹지를 보충하고자 했다.

우선 양묘사업소(대구수목원의 전신)로 하여금 담쟁이 묘목을 생산하도록 하는 한편 필요성을 시민들에게 알릴 홍보물을 제작하기 위해 제일모직을 찾았다. 제일모직기숙사는 지금도 그렇지만 담쟁이덩굴로 뒤덮여 보기가 참 좋다. 회사 담당자에게 취지를 설명하자 기꺼이 안내해 주면서 "창업주 호암(湖巖) 이병철(李秉喆, 1910~1987) 회장은 평소에 나무를 좋아해 공장 내에 있는 나무마다 일련번호를 붙여 관리한다."고 했다. 대기업의 총수가 나무 한 그루, 한 그루를 보호하기 위하여 예상을 뛰어넘는 노력을 기울이고 있다는 말에 큰 감명을 받았다.

그런데 사진을 찍는 과정에서 기숙사 주변 히말라야시다 밑에 맥문동이 싱싱하게 자라고 있어 또 한 번 놀랐다. 대구의 관문인 동대구로의 히말라야시다 가로수 밑에 맨땅이 흉하게 노출되어 고민하고 있었기 때문이었다. 생명력이 강하다는 잔디를 심어도 살아남지 않은 원인을 두고 "짙은 그늘이라 햇볕을 받지 못해 그렇다", "히말라야시다의 뿌리가 영양분을 다 흡수해서 그렇다"는 등 이론이 분분했다.

그러나 타감작용(他感作用, 어떤 식물이 자신을 보호하기 위하여 다른 식물이 자라지 못하게 물질을 내 뿜는 작용)이라는 설이 우세했다. 그런데 제일모직의 히말라야시다 밑에는 맥문동이 잘 자라라고 있을 뿐 아니라, 보라색 꽃까지 피고 있었다. 이 특별한(?) 현장을 혼자만 보아서는 안 되겠다는 생각이 들어 각 구청의 녹지 계장들을 소집해 승합차에 함께 타고 현장을 보여주었다. 그냥 심으라고 하면 웬 뚱딴지같은 소리냐고 반발할 것 같아 직접 현장을 보여주는 것이 최상의 방법이라는 생각이 들었기 때문이다.

이후 동대구로의 히말라야시다 밑은 물론 달성공원, 경상감영공원 등 시내 많은 조경지나 큰 나무 밑, 또는 그늘진 땅이 노출된 곳에 맥문동을 심었다. 당시에는 조경용으로 생산하는 곳이 없어 밀양에서 약초용으로 재배하던 것을 사서 심었다. 민선 문희갑 시장 정부가 대구를 세계적인 숲의 도시로 만들자는 구호를 내걸고 천만 그루 나무 심기 운동을 전개할 때였다. 따라서 전국의 많은 도시가 대구를 롤-모델로 삼아 견학하고 갔다. 이때 맥문동심기도 배워갔다. 이런 점에서 대구삼성창조캠퍼스는 세계적인 초일류기업 삼성의 모태이기도 하지만 음지식물 맥문동 심기의 우리나라 발상지(?)라고도 말할 수 있다.

▲ 우여곡절 끝에 세워진 호암(湖巖) 이병철(李秉喆, 1910~1987) 동상(상반신)

그 후 은퇴하고 지내던 어느 날, 시청의 모 국장으로부터 전화가 왔다. 공공 또는 공공용지 몇 곳에 호암(湖巖) 동상을 비롯한 다른 조형물 설치 신청이 있어 심사하는데 심사위원장을 맡아 달라는 것이었다. 그럴 만한 위인이 못 된다고 처음은 거절했다. 그러나 간곡히 부탁해 후배들의 요청을 거절할 수 없었다.

부의된 3건 중 다른 2건은 공개토론을 통해 1건은 부결시키고, 다른 1건, 즉 3.1 운동 발원지 기념 표석 설치는 원안대로 통과시켰다. 마지막이 호암 동상 건립 건이었다. 대기업이 없는 대구시로서는 삼성이 대구에 더 많이 투자해 주기를 바라고 있다. 그러나 이런 대구시의 간절한 소망에도 메아리가 없자 다시 구원을 요청하는 일종의 신호였다.

그러나 위원들의 생각은 서로 다를 수 있어 부결될 수 있으므로 회의를 잘 이끌어 성사시켜 달라는 것 같았다. 실제 토론을 시작하니 예상외로 부정적인 위원도 있었다. 거수로 표결하면 통과가 어려울 것 같은 분위기라 서면결의를 제안해 가까스로 통과시켰다.

지금은 삼성 소유의 대구삼성창조캠퍼스 안으로 옮겨 시의 심의를 받을 필요가 없어졌으나 그때에는 삼성이 대구시에 기부한 오페라하우스 부지 안에 설치하려고 하여 승인이 필요했다. 호암 동상은 이런 우여곡절 끝에 세워졌다.

그 후 제일모직 자리에 대구창조경제혁신센터를 조성한다는 보도를 보고 제일모직사무실 앞에 있는 태산목(泰山木)이 생각났다. 호암이 애지중지하던 부지 내 다른 나무도 그렇지만 태산목은 대구에서는 비교적 크고 귀한 난대성 상록활엽수로 보존 가치가 클 뿐만 아니라, 사업보국과 인재 양성의 일념으로 오늘날 초일류기업 삼성을 창업한 호암이 집무(執務) 중이거나 출, 퇴근할 때 마주했을 어느 나무보다 애정이 깃들어 있을 것 같은데 혹 공사 중 사라지지나 않을까 걱정이 되었다.

주관하는 부서를 찾아가 토지이용에 큰 지장이 없다면 보존시켜야 한다고 건의하고 싶었으나 담당 기관이 어딘지 몰라 전전긍긍하고 있었다. 훗날 관련 모 인사를 만났더니 보존할 것이라는 이야기를 듣고 안심했다. 이 나무를 "호암 이병철 나무"로 명명하여 보전하기를 제안한다.

태산목은 꽃말이 환생(還生)이다. 세월호 사고 후 방한한 오바마 미국 대통령이 희생된 학생들의 모교에 심는 나무도 태산목이다. 호암역시 이 나무가 의미하는 바와 같이 혼이라도 환생하여 국내외적으로 어려운 삼성을 굳건히 지켜 주기를 바라는 마음이다.

최근 찾았더니 두 그루 중 한 그루가 전보다 못해 관리부서의 김원진 소장을 만나 나무 의사 최윤호 사장을 소개하며 진단을 받아보라

하고 그 후 다시 만났을 때 조치했다고 하였으나 원인이 무엇인지 그래도 종전과 같은 모습으로 되살아나지 않고 있어 안타깝다. 더 많은 정성을 기울여 활력을 되찾게 해주면 좋겠다.

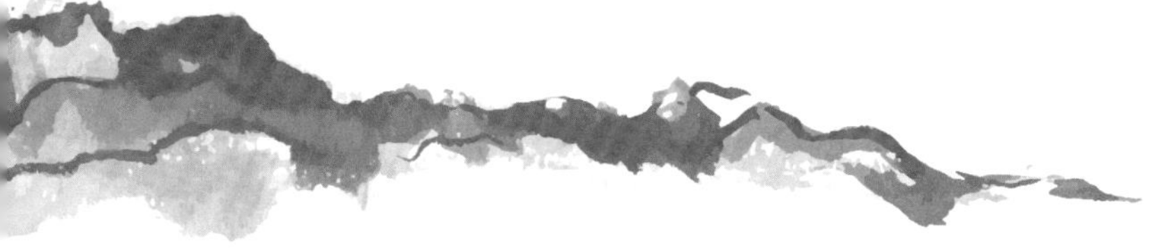

국채보상운동 기념 공원의 도래솔

국채보상운동 기념 공원은 말 그대로 대구에서 일어난 국권 회복 운동을 기념하기 위해 조성한 공원이다. 한때 대구여자고등학교와 대구지방경찰청이 있었으나 각각 수성구로 옮기고 그 자리에 조성한 공원이다.

조성 당시 부채가 많은 대구시가 팔아서 빚을 갚기는커녕 공원을 만든다는 비난이 많았다. 그러나 "문 핏대"라는 별명이 시사(示唆)하듯 나무 심기를 시정의 주요 목표로 삼고, 대구를 세계적인 숲의 도시로 만들고자 했던 문희갑 시장의 의지를 꺾지 못했다.

이런 공원이니만큼 시장은 기왕이면 수형이 아름다운 산수화에 나오는 것과 같은 자연스러움을 간직한 소나무를 심을 것을 주문했다. 나무를 구하려 전국을 뒤지다시피 했으나 마땅한 나무가 없었다. 우연한 기회에 달성군 구지면 못골마을 주변의 소나무가 모양이 좋은 것을 발견했다. 명문 서흥 김문(金門)의 모 씨 소유였다. 사정을 이야기하고 어렵게 승낙을 받아 옮겨오기 위해 작업을 해보니 흙이 마사토(磨砂土)여서 분(盆)을 뜰 수가 없었다. 큰 나무를 옮겨 심고 살리려면 분을 크게 떠야 하는데 작업이 곤란했다. 포기하고 있을 때 이웃 창동 마을 김해 김씨 삼현파 창동 문중의 도래솔(묘지 주변의 소나무)을 캐내려고 한다는 소문이 들렸다. 나무가 커서 그늘로 묘지의 잔디가 죽기 때문이라고 한다.

그러나 막상 옮겨 심으려고 하니 집안 어른 중 반대하는 사람도 나타났다. 그때 대구시에 같은 문중의 김상화(전, 현풍향교 전교) 과장이 재직하고 있었다. 김 과장에게 어른들을 설득해 달라고 부탁해 어렵게 성사할 수 있었다. 이제 옮기는 작업만 남았다.

그러나 아무리 모양이 좋은 나무라도 옮기려면 도로 사정이 허용해야 한다. 주로 고속도로를 이용해야 하는데 터널의 최대 통과 높이가 4.5m밖에 되지 않아 큰 트레일러에 실어서 철사로 단단히 묶는다 해도 통과할 수가 없다.

가지를 자르지 않고 원형(原形) 그대로 가져오려면 헬리콥터 이외 다른 방법이 없다. 뿌리 부분 지름이 50cm 이상 되는 큰 나무는 분(盆)을 포함해 무게가 20여 톤이 되는데 주로 월남전에 사용되었던 프로펠러가 두 개 달린 군사용 치누크 헬기는 7톤 이상을 들 수가 없다.

그래서 삼성물산이 소유하고 있는 산악지대에 철탑 등을 건설할 때 쓰이는 세계에서 가장 크다는 러시아제 헬기를 협조받았다. 그런데 문제는 엉뚱한 곳에서 발생했다.

공사를 담당하는 감독관 박 주임이 이 작업에서 자기를 빼 달라는 것이었다.

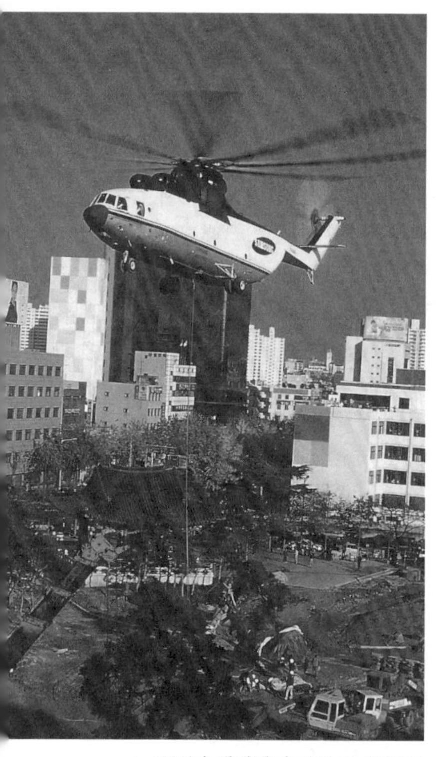

▲ 1999년 세계에서 가장 큰 헬기로 소나무를 옮겨 심는 장면

대학에서 조경학을 전공한 엘리트 공무원일 뿐 아니라, 매우 성실한 사람이었다. 이유는 모 구청 계장으로 근무할 때 이번 경우와 같이 도래솔을 옮겨 심었는데, 그래서 그런지 사랑하던 아들을 하늘나라로 보낸 일이 있어 더는 이런 일을 맡고 싶지 않다고 했다.

수령이 오래된 고목이나 묘지 주변에 자라는 나무에는 귀신이 붙어 함부로 손대면 사고가 나거나, 가족 중 누가 해를 입거나 아니면 사업이 잘 안돼 결국 문을 닫는 등 불행이 일어난다는 속설이 있는데 그 상황을 실제로 겪었기 때문이라고 했다. 비록 미신이라고 하지만 이러한 그의 요구를 거절할 수 없었다. 그렇다고 이런 불길한 이야기를 번연히 알면서 다른 사람에게 부탁할 수도 없었다.

나무를 옮기는 아침 일찍 일어나 몸을 깨끗하게 씻고 고사(告祀)를 지낼 때 읽을 축문을 준비해 현장에 갔다. 미리 연락해서 문중 대표되는 분을 참여하게 하여 축문을 읽고, 술을 따르며 경건하게 제를 올린 다음 작업을 시작했다. 제문(祭文)에는 새로운 명소가 될 국채보상운동 기념 공원에 옮기는 만큼 섭섭해하지 말고 일이 순조롭게 진행되도록 도와 달라는 내용이었다.

대상은 모두 5그루였다. 김해 김씨 삼현파 창동 문중 도래솔 4그루 이외 도로확장 부지에 편입된 다른 문중 소유의 1그루였다. 그러나 제(祭)는 김해 김씨 창동 문중 도래솔 한 곳에서만, 지냈다.

굴착기로 작업을 해 놓은 나무의 무게가 20톤이었다. 세계에서 최고라는 헬기도 17톤이 한계였다. 무게를 줄이려면 가지를 솎든지 자르든지 분에 붙은 흙을 덜어내는 두 가지 방법밖에 없었다. 그러나 가지를 자르면 수형이 망가지기 때문에 선택은 분의 흙을 덜어내 무게를 줄이는 수밖에 없었다.

크게 분을 유지해야 활착이 잘 되는데 이 방법밖에 없으니 앞일이 걱정되었다. 나무를 밧줄에 매다는 일도 고민이었다. 주로 산악지대에 철탑 옮기는 데 이용되었기 때문에 헬기 조종사도 나무 옮기는 작업은 처음인 데 반해 가지가 많아 바람이 불어 흔들리면 무게의 중심이 바뀌어 추락할 우려가 있다고 했다. 또한, 밧줄도 끊어지지 않은 재질로 튼튼해야 했다. 이런 점검을 마치고 헬기에 나무를 달았다. 그러나 이번에는 항로 선택이 문제였다.

시내 중심가의 국채보상운동 기념 공원까지 바로 가면 거리가 짧아 시간을 줄일 수 있다. 그러나 조종사도 처음 하는 일이자 나무 수관(樹冠)이 넓어 혹 상공에서 난기류를 만나면 헬기는 물론 나무가 추락할 염려가 있어 고민이 컸다. 만약의 경우 가옥이나 도로에 떨어지면 인명사고도 날 수 있기 때문이다.

그래서 선택한 코스가 다소 시간이 걸리더라도 안전을 우선하기로 했다. 구지읍 창동에서 출발해 비슬산 능선을 통해 앞산까지 와서는 상동교 쪽으로 방향을 바꾸어 신천을 따라 내려와 동신교에서 국채보상운동 기념 공원에 도착하도록 했다.

5그루 중 첫 번째가 도착했다. 착지(着地)하는 과정에 큰 프로펠러의 센 바람으로 가지가 하나 부러졌으나 나머지 4그루는 온전한 상태로 가져왔다. 시장께 도착 사실을 보고했더니 급히 현장에 왔다.

세계에서 가장 큰 헬리콥터로 나무를 옮겨 심는 일은 대구는 물론 우리나라에서도 처음 시도되는 작업이었다. 현장에는 이 장면을 보기 위해 많은 시민이 모여들었고 KBS가 저녁 뉴스로 보도할 만큼 대역사였다.

그 후 이렇게 요란(?)하게 가져온 나무를 꼭 살리라는 시장의 엄명에 있었다. 교과서에 따른다면 옮기기 전 2~3년에 걸쳐 뿌리돌림을 해두었다가 잔뿌리가 많이 나왔을 때 옮겨야 하는데 그렇지 못했다. 따라서 겨울철 찬 바람을 막아주어야 한다는 의견이 있어 방풍 망을 설치했다. 그해가 1999년 10월 11일이다.

이어 12월 31일 전 지구촌이 새로운 세기를 맞는 밀레니엄 축제로 들떠 있고 대구도 국채보상운동 기념 공원에서도 이 행사를 진행했다. 나무는 보통 2~3년이면 활착된다. 그런데 큰 나무를 뿌리돌림도 하지 아니하고 심었고, 또 어떤 사람은 5년이 고비라는 말도 있어 계속해서 살피며 관찰하고 보호했다. 그러나 안타깝게도 한 그루가 죽었다.

공교로운 것은 죽은 나무는 제를 지낸 김해 김씨 삼현파 창동 문중의 도래솔이 아니라, 도로부지에 편입되었던 나무였다. 같은 날 같은 방법으로 옮겨 심었는데 다른 한 그루는 왜? 죽었을까? 납득(納得)되지 않았다. 나름으로 얻은 결론은 제사를 지내지 않아 목신(木神)의 배려가 없었던 것이 아닌가 하는 다소 엉뚱한 생각이 들었다. 그때 옮겨 심은 소나무 4그루는 현재 국채보상운동 기념 공원의 명물이 되었다.

이 도래솔 수송 작전은 하천법을 무시하고 신천에 큰 나무를 심은 일과 전국에서 최초로 쓰레기매립장에 수목원을 조성한 것과 더불어 문희갑 시장 재임 시 녹지정책 치적의 대표적인 사례라고 할 수 있다.

서둘러 복원해야 할 대구 사직단

조선 시대 도시의 구조는 대체로 수령이 집무(執務)를 수행하는 동헌(東軒)을 중심으로 서쪽에 사직단(社稷壇), 동쪽에 성황당(城隍堂), 북쪽에는 여제단(厲祭壇)을 설치한다. 근래 복원되어 문화재로 지정된 수성구 "노변동 사직단(대구시 기념물)" 역시 경산현(慶山縣) 치소(治所), 동헌(東軒)의 서쪽이다.

각 고을의 사직단은 그 지역을 다스리는 수령이 고을의 번영과 백성들의 삶을 풍요롭게 하려고 토지신과 곡물 신에게 제사를 올리던 곳이다. 이와 달리 성황당(城隍堂)은 전통 민간 신앙의 대상인 성황신(城隍神)을 모신 곳이고, 여제단(厲祭壇)은 돌림병이나 연고 없이 죽은 사람의 영혼을 위로하기 위해 제사를 지내던 곳이다.

과학이 발달 된 오늘날의 기준으로 보면 이해가 안 되는 면이 있으나 전통사회 생활의 기본이 되는 농사를 망치거나 이름 모를 병으로 많은 사람이 쓰러져도 고칠 약이 없었던 시대에는 모든 불행이 신의 노여움과 본인이 정성이 모자랐기 때문이라고 생각했다. 따라서 신에게 간절히 빌면 재앙이 사라지고 복이 올 것으로 믿었다.

그러나 신(神)이 재난을 막아주고 질병을 치료하는 일은 없다. 다만 당시 사람들이 할 수 있는 일이라고는 그것밖에 방법이 달리 없었으니 그런 의식을 통해서나마 위안받을 수밖에 없었다. 따라서 서낭당이나 여제단은 백성들의 정신적 의지 처였다고 할 수 있다.

대구도 예외가 아니었다. 서구 평산(현, 평리동)에 사직단, 중구 연구산(連龜山, 현, 제일중학교)에 서낭당, 북구 침산에 여제단을 두었다. 이들 중 서낭당이나 여제단은 주로 개인적인 일로 건강과 가정의 발복(發福)을 빌던 시설물이었지만 사직단은 수령이 고을 수호와 주민 안녕, 풍년 농사를 기원하는 장소였다.

이러한 주민의 안위(安危)와 행복한 삶을 향상(向上)시키는 일은 오늘날 구정이나 시정의 책임자인 구청장이나 시장이라 하여도 예외일 수 없다.

따라서 사직제(社稷祭)만큼은 현대에 와서도 유효한 의례(儀禮)라고 할 수 있다.

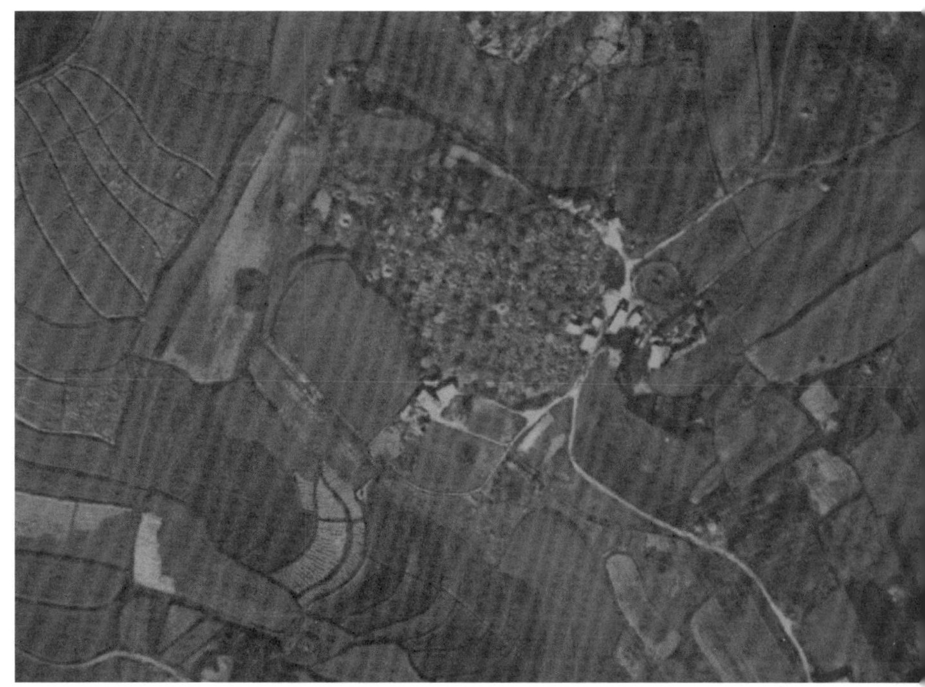

▲ 1973년경의 대구 사직단 터(숲이 있는 부분)

특히, 경산현(慶山縣) 관할이었던 노변동 사직단을 먼저 복원하여 문화재로 지정하고, 제례를 진행하는 모습을 보면서 대구 사직단도 하루속히 복원하여 이런 대접을 받았으면 하는 생각이 든다.

최근 경산시가 사직단을 새로 만들었다. 시세가 대구보다 못하고. 옛것의 소중함을 잊고 있는 세태에 있어도 되고 없어도 될 전통사회의 유물인 사직단을 새로 만든 것은 지역의 정체성을 살리려는 시민의 열의가 모여 이루어진 결과가 아닌가 한다.

대구는 역사가 길고 큰 고을이기 때문에 사직단 역시 여느 고을과 같이 조선 초기 이미 설치되었다. 『신증동국여지승람』 대구도호부 사묘(四廟) 조에 "부의 서쪽에 있다." 하였고, 1768년(영조 44)의 『대구읍지(大邱邑誌)』에 "대구부(현, 경상감영공원)에서 서쪽으로 7리(약 2.7㎞) 떨어진 평산(坪山)에 있다.

재실을 만들어 승려(僧侶)들에게 지키고 보호하게 하였다."라고 하였고, 1899년(대한제국 3)의 『대구읍지(大邱邑誌)』에는 "부(府)에서 서쪽으로 7리 평산에 사직단 재실을 설치하여 승려들에게 지키며 보호하게 하고, 신실은 임자년에 창건하였다(在府西七里坪山, 設齊舍使僧守護, 神室壬子創建)."라는 기록을 남겼으며 임자(壬子)년, 즉 1792년(정조 16)에 사직단의 신실을 새로 지은 것을 밝히고 있다

그러나 이런 민족 고유의 사상이 녹아 있는 사직단, 성황당, 여제단은 1908년(순종 2) 헐리게 되었다. 이들 중에서 사직단만이라도 복원하면 좋겠다는 생각에서 필자가 회장인 "달구벌 얼 찾는 모임"이 터를 찾아 나섰다. 기존의 사료를 바탕으로 지적(地籍) 관련 서류를 검

색한 결과 1910년에 제작한 일제강점기의 지적도에서 서구 평리동 1313번지 302평이며 지목은 "사사지(社寺地)인 토지를 발견했다.

일대는 1975년도에 토지구획 정리되었으며 소유자는 나라(國)였다. 즉 그때까지만 해도 국유지로 남아 있었다. 그러나 어떤 연유에서인지 1976년 동구 상동 모 씨로 소유권이 이전된 상태였다. 일대는 표고 39.5m~40.5m 소위 평산(坪山)의 정상부였으며, 당시 토지정보과 김형일 사무관(현, 주식회사 연제측량기술원 기술이사)이 입수한 토지대장에는 토지구획정리 후 평리동 1327-7, 1339-1, 1341-10, 1341-17, 1341-19, 1342-18, 1621-21 등 7필지로 되어 있었다.

대구에는 현재 달성군 "현풍 사직단", 수성구 "노변동 사직단(앞서 말한 것처럼 원래는 경산현 소유)" 북구 "읍내동 사직단", 최근 위치가 확인된 "평리동 사직단" 등 모두 4개의 사직단이 있고, 그중에서 현풍 사직단이 가장 먼저, 다음 노변동 사직단이 복원되었고, 북구 읍내동 사직단은 복원을 추진하고 있으나 토지가 민간 소유라 동의받는 데 어려움을 겪고 있으며, 가장 중요하다고 할 수 있는 대구부(大丘府)의 관할인 대구 사직단은 현재까지도 복원은커녕 시도하지도 않고 있다

대구 사직단은 영남의 중심 대구부의 대표 사직단인 만큼 상징적인 의미가 크다. 따라서 서둘러 복원되어야 함은 물론 제례도 전통에 맞게 시장(市長)이 주관하여 엄숙히 거행되어 역사적 의미를 살려야 한다.

더 바란다면 일대 거리를 사직로, 동명을 사직동, 아파트명을 사직아파트라고 하여 지역의 가치를 높이는 노력도 시도해볼 만하다. 부산의 사직구장, 광주의 사직공원 등은 그곳이 과거 국가 종요 시설인 사직단이 있었던 곳이어서 지어진 이름이다.

누군가 역사는 단순히 사실을 기록하고 해석하는 것으로만 그치는

것이 아니라 풀 한 포기 나무 한 그루에도 새로운 가치를 부여함으로 더욱 창조적으로 발전시킬 수 있다고 한다.

지방자치가 활성화되면서 자기 지역의 콘텐츠를 발굴하여 관광자원으로도 활용하는 사례가 늘어나고 있다. 이런 점은 서구 평리동의 대구 사직단도 예외일 수 없다. 특히, 다른 자치구에 비교해 문화 자산이 다소 빈약한 서구로서는 사직단을 통해 구의 위상을 높일 좋은 기회다.

전통사회의 유산이자 비과학적이라고 하더라도 생명의 근원인 먹을거리, 삶의 터전인 토지의 중요성과 단체장이 지역구민의 복리 증진을 위해 힘써야 하는 책무는 그때나 지금이나 다를 바 없다. 이런 점에서 대구부 사직단(社稷壇)의 복원은 큰 의미가 있는 과제라고 할 수 있다.

고모령에 대한 오해와 진실

| 문제의 제기

1990년 7월 22일 자, 조선일보는 "이 산하의 이 노래(기자, 권혁종)"라는 연재 기사 4번째로 "비 내리는 고모령"을 소개했다. 1946년 어느 날 노랫말을 지은 유호(兪湖, 1921~2019 예명, 호동아)와 작곡가 박시춘(朴是春), 가수 현인(玄仁)이 밤을 새워 레코드 취입(吹入) 작업을 했다. 끝났다 싶을 즈음 한 곡이 모자랐다.

다급해진 유호는 마침 방에 있던 지도책을 뒤적이기 시작했다. 그의 눈에 들어온 곳은 고모(顧母)였다. 이름을 보는 순간 이별이라는 이미지가 생각났다. 그래서 단숨에 써 내려간 기사에 박시춘이 곡을 붙인 것이 "비 내리는 고모령"이다.

현인 특유의 구수한 저음으로 발표되자마자 선풍적인 인기를 얻었다. 그 뒤 3.8선이 가로막힌 데다, 6. 25까지 겹쳐 숱한 사람이 고향을 등지게 되면서 가슴을 저미는 애창곡이 되었다. 권 기자는 이 노래의 현장을 찾았다. 고개는 대구와 경산을 잇는 지름길로 주민들은 팔(八)자 모양으로 생겨서 팔현(八峴)이라고도 하고, 자식들을 올바르게 키우려던 한 어머니에 얽힌 전설에서 고모령(顧母嶺)으로도 불렀다고 했다. 또 권 기자는 팔현마을 토박이 이억조(李億祚) 씨를 만나 고모령 전설을 취재했다.

"먼 옛날, 이 마을에 일찍 남편을 여의고 어린 남매를 키우며 사는 홀어머니가 있었다. 그녀는 비록 가난했지만 '아비 없는 자식'이라는 손가락질을 안 받게 훌륭하게 키우려 했다. 어느 정도 나이가 된 그들의 끈기를 시험해 보려고 흙쌓기 내기를 시켰다.

해 질 녘 내기를 끝내니 남동생의 흙더미가 낮았다. 부아가 난 남동생이 누나의 흙더미를 발로 뭉개고 마침내 싸움까지 벌였다. 실망한 어머니는 집을 나왔다. 자식들의 앞날 걱정, 남편에 대한 미안함으로 하염없이 걷던 그녀는 어느새 고갯마루에 이르렀다. 멀리 집을 내려다보며 펑펑 울었다. 그래서 고모령이 되었다. 고갯길 옆의 모봉(母峰), 형봉(兄峰), 제봉(弟峰)은 그때 남매가 쌓은 흙더미이고 그중에서 형봉(제봉)의 꼭대기만 평평한 것은 동생(오빠가)이 발로 뭉갠 것이다."

❖(괄호 안의 글자는 틀린 부분을 필자가 고친 것이다)

▲ 고모령에 대한 기사(1990.7, 22 조선일보)

이 기사를 통해 "비 내리는 고모령"은 고모(顧母)라는 지명을 빌렸을 뿐 "고모령은 실재하지 아니하고" 아울러 "어머니의 손을 놓고…"로 시작하는 가사 역시 유호 개인의 머리에서 나온 창작일 뿐이라는 것을 알 수 있고, 팔현과 고모령이 같다고 한 잘못도 범했다. 팔현(八峴) 고개가 팔(八) 자 같이 생겨 붙여진 이름이라는 것도 잘못이다. 이미 발표된 자료에는 고개 근처에 살던 조선 초기 예조판서 전백영(全伯英, 1345~1412)이 심은 사제(私第, 개인 집)의 향나무가 팔자(八字)와 같이 기이하게 생겨 팔현(1993년 마을에서 범죄 없는 마을 빗돌을 세우며 비신의 한 면에 새겨 놓은 마을 유래에는 정숙영의 묘소의 향나무라고 했으나 정숙영은 전백영의 오기이다) 이라 하였다. 그 후 일제강점기 일본인이 그 향나무를 캐가고 지금은 맹아(萌芽) 자란 것이 생존하고 있다. (우리 고장 대구, 대구직할시교육위원회, 1988)

 팔현은 또한 조선 후기 성리학자 하시찬(夏時贊, 1750~1828)의 문집에는 파리 승(蠅)자 고개 현(峴)자를 써서 '파리 고개', 즉 '승현(蠅峴)'이라 했다. 이 고개는 현재에도 대구-경산 간 주요 교통로로 활용되고 있지만, 고모령이라고 불린 적은 없다.

 이런 사실을 고려하면 현재 제2작전사령부 내에 고모령 표석을 설치한 것은 노래가 크게 유행하자 일부러 스토리 텔링 한 것으로밖에 볼 수밖에 없다.

 경산지역의 전병견 향토 사학자에 의하면 고모동을 비롯한 당시 경산, 고산지역 사람들의 대구 나들이는 주로 '담티고개'나 범물동 방면에 있었던 '당고개(현, 당현지(堂峴池) 부근)'와 '팔현' 3 곳이라고 증언하고 있다. 특히, 주목해서 따져볼 사안은 이억조 씨가 권 기자의 질문에 답변한 앞에 소개한 고모령의 전설이다. 이 전설의 원전(原典)은 대구시가 1982년에 펴낸 『대구의 향기』에 있다. 이 책의 "형제봉 전설"은 다음과 같으며, 고모령과 관련성을 찾아볼 수 없다.

| 형제봉의 전설

제2작전사령부 내에 두 개의 산봉우리가 나란히 서 있다. 하나는 좀 뾰족하고 하나는 좀 평평한데 사람들은 이것을 형제봉이라 부른다. 이 2개 봉우리, 즉 형제봉이란 이름으로 불리게 된 전설은 이렇다.

"아득한 옛날 이곳에 힘센 장군 남녀가 살고 있었는데 하루는 둘이 서로 산 쌓기 내기를 했다. 오빠는 옷섶으로 흙을 날라다 쌓기 시작했고 여동생은 치마폭으로 흙을 날라 산을 쌓기 시작했다. 내기의 방법은 해가 뜰 때부터 해가 질 때까지 하루 동안 누가 더 높은 산을 쌓는가 하는 것이었다.

흙을 담아 나르는 것의 크기가 오빠의 옷섶보다는 여동생의 치마폭이 훨씬 넓어 그런지 해가 뉘엿뉘엿 저물어 가려는데 누이동생의 산이 오빠 산보다 더 높이 올라간다.

심술이 난 오빠가 동생 산을 짓밟아버려 높던 누이동생의 산이 뭉뚱(뭉떵의 사투리)해졌다. 그래서 끝이 뾰족한 산을 형봉(兄峰), 다른 밋밋한 산을 제봉(弟峰) 또는 매봉(妹峰)이라 부르고, 이 산 아래를 형제봉골 또는 양지마을이라 부른다. 이 골짜기에서 만촌역태왕디아너스아파트로 나가는 계곡을 지장골이라 부르는데, 옛날 이곳에 지장보살을 모신 지장사가 있던 곳이라고 하여 그렇게 부르게 됐다.

또 지장골, 형제봉 일대를 통틀어 뱀골이라 불렀으니 옛날 이 일대에 뱀이 많았기 때문에 붙은 이름이다. 현재 군부대 안에 있는 못 이름이 사동지(巳洞池)인 것도 그 때문이다."

이 전설 어디에도 어머니가 남매에게 실망하여 집을 나와 고갯마루에서 멀리 집을 내려다보며 펑펑 울었다는 내용이 없다. 그렇다면 없는 고모령의 전설이 어떻게 등장했을까? 이는 '비 내리는 고모령' 노래가 크게 유행하자 이 노래를 합리화하기 위하여 없던 고개도 새로 이름을 붙이고 형제봉의 전설에다 어머니 이야기를 끌어드려 각색(脚色)한 것으로 보인다.

| 고모령의 유래

▲ 동촌유원지에서 바라본 형제봉(왼쪽의 제봉 또는 매봉, 오른쪽이 형봉),

수성문화원이 폐쇄된 고모역을 빌려 개관한 〈고모역 복합문화공간〉에는 역무원이 쓰던 모자, 옷 등 소품부터 고모령에 대한 영화 포스터,

가수 현인 사진 등 많은 자료를 확보해 두고 있다. 그곳의 '형봉, 제봉, 모봉, 그리고 고모령에 전해오는 이야기'를 적은 판을 게시해 놓았다. 그중에서 고모령에 대한 전설을 발췌해 보았다.

첫째, "일제강점기 경산지역에 형제를 둔 홀어머니가 살았는데, 아들들이 독립운동에 연루되어 대구의 형무소(刑務所)에 갇히게 되었다. 어머니는 아들이 보고 싶어 대구형무소를 가서 면회하고 해 질 무렵에야 집으로 돌아오곤 했다. 돌아오는 길에 아들이 있는 감옥 쪽으로 자꾸만 되돌아보다가 이 고갯마루에 올라 여기를 넘으면 대구 쪽이 보이지 않을 것 같아 황혼을 배경으로 하염없이 눈물을 흘리며 아들이 있는 곳을 보고 또 보았다고 한다. 이러한 어머니의 사연을 지역민이 이 고개를 고모령이라 했다.

둘째, "옛날 남편을 잃고 두 형제를 키우는 어머니가 있었다. 어느 날 한 스님이 가난하게 살고 있던 이 가정에 찾아와 이 집이 못사는 까닭은 전생에 덕을 쌓지 못했기 때문이라면서 덕을 쌓으려면 주위의 흙을 쌓아 산을 만들라고 일러주었다. 그래서 어머니와 아들 형제가 흙을 쌓아 산을 만들기 시작했는데 오늘날의 모봉, 형봉, 제봉 등이 그렇게 이루어졌다.

이렇게 산을 쌓는 과정에서 형과 동생이 지나치게 경쟁심을 가지는 바람에 서로 시샘하고 싸움까지 하게 되었다. 어머니가 너무 속이 상하고 화가 나서 집을 나와 버렸다. 하염없이 길을 걷다가 지금의 고모령인 산등성이에서 자식들이 사는 마을을 돌아보았는데 그때 어머니가 자식을 못 잊어 돌아보았다는 뜻으로 고개 이름에 돌아볼 고(顧),

어머니 모(母)라는 한자음을 붙여 고모령이라 했다.

위의 두 이야기에서 첫째 이야기의 의문은 고모지역에서 독립운동을 했다면 그의 이름이나 아니면 성씨라도 전해 올 것인데 그런 이야기를 들을 수 있는 인물이 없어 허구일 가능성이 크고,

둘째 이야기 역시 『대구의 향기』의 형제봉 전설의 변형된 형태로 볼 수밖에 없다. 따라서 이 두 이야기를 종합해 보면 처음부터 '고모령'도 '고모령에 관한 전설'도 없다.

| 고모동의 유래

작사가 유호는 지도에서 고모(顧母)라는 지명을 보고 거기에다가 다양한 이야기가 있을 법한"영(嶺)"자를 덧붙여 노래 제목을 "고모령(顧母嶺)"이라 하고 가사는 그의 생각대로 작사했다고 밝혔다.

그렇다면 고모라는 지명의 유래는 무엇인가 수성구 문화원이 수집해서 〈고모역 복합문화공간〉에 게시해 놓은 고모(顧母)의 유래는 3가지였다.

첫째, 고모역은 일제강점기에 징병과 징용에 끌려가는 자식과 어머니가 생이별하는 장소였다. 당시 증기 기관차는 경사를 이룬 고모령을 단번에 올라가지 못하고, 더디게 고개를 넘어갔는데 이때 아들의 얼굴을 조금이라도 더 보려고 모여든 어머니들로 일대가 인산인해를 이루었다.

둘째, 어머니와 함께 가난하게 사는 두 남매가 있었다. 어느 날 스님에게 전생의 공덕이 모자라 가난을 벗지 못한다는 말을 들은 가족은 산을 하나씩 만들어 덕을 쌓기로 했다. 하루 종일 쌓은 산을 비교하여 보니 오빠가 쌓은 산이 가장 낮았다. 이것을 본 오빠는 시기심에 여동생이 쌓은 산을 바로 뭉개버렸다. 고모령에는 형봉, 제봉, 모봉 세 개의 봉우리가 있는데 매봉의 봉우리가 밋밋한 사연이 이에 연유한다. 남매가 시기하고 다투는 것에 실망한 어머니는 집을 떠났다. 떠나는 어머니가 마지막으로 아이들의 모습을 보기 위해 바라본 것이 고모령이다.

▲ 고모령 노래비(1991. 10. 17.)

셋째, 옛날 이 마을에 홀어머니를 모시고 가난하지만, 금실(琴瑟)이 좋은 부부가 예쁜 사내아이 하나를 두고 행복하게 살고 있었다. 어느

날 어머니가 갑자기 병석에 눕게 되자 효심이 지극한 부부는 정성을
다해 간병(看病)했으나 좀처럼 병세가 나아지지 않았다. 때마침 탁발
하러 온 스님이 아이를 삶아 어머니께 드리면 병이 나을 수 있다는 말
을 하고 사라졌다.

　고민에 빠진 부부는 아이는 다시 낳을 수 있으되 어머니는 한 번 돌
아가시면 평생 다시 볼 수 없다는 생각에 미치자 마침내 아이를 희생
시키기로 하고 큰 가마솥에 불을 지피고 기다렸다가 밖에서 놀다 오
는 아이를 안고 펄펄 끓는 가마솥에 넣으려는 찰나 아이가 힐끗 어미
를 돌아보았으나 솥뚜껑을 닫고 한동안 멍한 마음으로 계속 불을 지
피고 있는데 조금 전 가마솥에 넣었던 아이가 '엄마' 하면서 사립문
을 열고 들어오자 깜짝 놀란 어미가 아이를 부둥켜안고 마을 사람들
에게 자초지종을 이야기하였더니 한결같이 조금 전 솥에 넣은 아이
는 부부의 지극한 효심에 탄복한 하늘이 보낸 산삼(山蔘)이 천 년을
묵어 아이로 환생한 동삼(童蔘)이라고 했다. 돌아볼 고(顧) 어미 모(母)
는 동삼이 가마솥에 들어가기 전 어머니를 돌아본 데서 유래되었다.

　고모역은 경부선이 1905년 개설된 데 비해 20년 늦은 1925년에 개
설되었다. 한적한 시골이지만 징병이나 징용 대상자가 있을 수 있으
며, 그들이 기차를 탔을 수 있고, 다시 돌아올 수 있을지 모르는 아들
을 보려는 어머니들이 한 번이라도 더 보고 싶었을 것이다. 그러나 인
산인해를 이루었을 만큼 많지는 아니하였을 것이다.

　또 당시 상황은 전국의 어느 역도 마찬가지였을 것이다. 따라서 징용
대상자가 인산인해를 이루었다는 이야기도 신뢰성이 낮다. 둘째 유래
역시 대구시의 자료 "형제봉의 전설"이 부풀린 내용으로 보인다. 반면

에, 셋째 전설이 고모동의 유래로 가장 타당성이 높다.

나도 2005년 같은 내용의 전설을 주민 한(韓) 모씨로부터 직접 채록하였고, 그해 8월 30일 자, 매일신문의 '매일춘추'에 기고한 바 있다. 수성구가 수집한 자료가 그때 내가 기고 내용이 아닌가 하는 생각도 든다. 여하튼 고모(顧母)의 뜻은 어미가 돌아보는 것이 아니라, '(아이가)어미를 돌아본다'는 것이 자전(字典)의 해석이다.

앞의 다른 이야기들, 즉 어머니가 마을을 내려보거나 자식을 돌아본다는 이야기는 자구(字句) 해석에서도 이미 오류를 범했다.

| 맺는말

위에서 살펴보았듯이 고모 일대에는 "형제봉의 전설" 이외 "고모령"도 "고모령의 전설"도 없다. 다만 고모동(顧母洞)의 유래만 있을 뿐이다. 즉 동삼이 아이로 환생한 효자 부부 이야기만 있을 뿐이다. 따라서 세 이야기 중에서 가장 신뢰가 가는 전설은 주민 한 모씨가 말한 세 번째 이야기가 가장 사리에 근접한다. 즉 고모의 유래는 효심 어린 부부 이야기가 정설이라고 할 수 있다.

그러나 현인의 "비 내리는 고모령"은 대구를 무대로 탄생한 국민 애창곡(?)이다.

어느 지역이 많은 사람에게 알려지는 일은 그 지역의 경쟁력과 브랜드 가치를 높이는 일이다. 따라서 각 자치단체는 앞다투어 지역을 소재로 한 노래를 만들거나, 인기 연속극과 영화촬영장을 유치하고 있다. 최근 대중가요 "처녀 뱃사공" 발생지를 두고 자치단체가 다투는 이유도 바로 그런 뜻이다.

대구도 예외가 아니어서 길옥윤 작곡가에게 의뢰해 패티킴이 부른 "대구의 찬가(능금 꽃 피는 내 고향)"를 만들고, 노래비도 세웠다. 이런 점에서 유호가 가사를 쓰고 박시춘 작곡하여 가수 현인이 불렀던 "비 내리는 고모령"은 우연히 탄생했지만, 대구를 상징하는 국민 애창곡이 되었다.

비록 고모령이 없고, 고모령의 전설이 없다 하더라도 노래의 무대가 우리 지역의 '고모(顧母)'인 만큼 거기에 스토리텔링을 더하는 것은 크게 문제가 될 수 없다.

이런 뜻에서 "효자 부부 이야기를 제외하고, 일제강점기에 장병이나 징용으로 멀리 떠나는 자식과 어머니가 이별하는 이야기를 듣고 노래를 만들었다."라는 스토리를 일부러 꿰어맞출 필요는 없다. 모든 이야기를 서로 통섭해서 작품(?)을 만들어야 한다. 왜냐하면 "비 내리는 고모령"은 이미 우리 지역의 중요한 문화자산으로 자리 잡았기 때문이다.

보다 과감하게 노래와 대구(고모)를 알렸으면 한다. 이런 의미에서 "고모령 가요제"는 탁월한 발상이다. 더욱 활성화하고, 고모역에서 제봉(弟峰)까지를 고모령길로 명명함은 물론 만촌동의 고모령 노래비를 고모마을 입구로 옮기고, 제2작전사령부 내에 있는 고모령 표지석을 시민이 잘 볼 수 있도록 적당한 곳에 설치하자.

고모령길 어느 곳에 노래에 등장하는 주막집과 물레방아도 만들고, 여기에 아이를 가마솥에 넣는 부부상과 동삼 이야기를 형상화한 조형물도 세워 노래와 더불어 효(孝) 사상 교육장으로 활용하는 것은 금상첨화(錦上添花)다.

남소(南沼)를 메워서 개장한 서문시장

　　2023년은 동산동 일대에 있던 큰 장이 대신동 쪽으로 옮겨온 지 100년이 되는 해였다. 1920년, 비산동 일대의 고분을 발굴하면서 나온 흙으로 천 황당 못(天皇堂, 어떤 자료는 천왕당(天王堂)을 메우기 시작하여 1923년 3월 31일 축하연을 열고 4월 1일 개장했다.

　조선 시대, 충청도 강경, 평안도 평양과 더불어 우리나라 3대 시장의 한 곳이자 다양한 생필품을 값싸게 공급하여 시민들의 삶을 윤택하게 하고, 대구의 주종산업인 섬유산업 발달에도 크게 이바지한 시장의 기능 이외 국채보상운동 대구 군민대회가 열렸고, 일제의 삼엄한 감시 속에서 3.1만세운동이 전개되는 등 애국 운동의 산실이기도 했다. 특히, 보수 심장이라고 하여 최근에도 유력 정치인들이 자주 찾는 한국 정치의 성지(?)이기도 하다.

　이런 대구 시민의 자존심인 서문시장을 대구시는 크게 관심을 가지지 않는 가운데 대구교육박물관은 주제를 "대구 큰 장, 서문시장", 부제를 "장터에 담긴 100 역사"라는 슬로건으로 기획전을 열고, iM 뱅크의 사외보 계간 『향토와 문화』 2022년 가을호는 전면에 "서문시장 이전 100년"이라는 제호로 자세히 소개했다. 이 전시회와 특집을 통해 시민들의 애환이 깃든 서문시장을 자세하게 알 수 있게 했다.

그러나 『향토와 문화』와 대구교육박물관의 전시자료에 놓친 부분이 있어 이야기를 덧붙여 보기로 한다.

| 천황당 못 = 남소(南沼)

조선 초기 대구가 배출한 걸출한 문신(文臣) 사가(四佳) 서거정(徐居正, 1420~1488)은 재임 중 세종으로부터 시작해 성종까지 모두 여섯 임금을 모시며 23년간 양관(兩館) 대제학을 역임했다. 고향 대구 사랑에도 남달라 장원급제한 도하(都夏, 1418~1479)와 성종 조의 청백리 대봉(大峰) 양희지(楊熙止, 1439~1504)에게 대구에 내려가거든 후배들을 잘 길러 조정에 진출하도록 하는 일에 힘써 줄 것을 당부했다. 뿐만, 아니라. 대구의 아름다운 10곳을 소위 대구 십영(十詠)이라 하여 시를 남겼으니 제1경, 금호범주(琴湖泛舟), 제2경 입암조어(笠巖釣魚), 제3경 구잠춘운(龜岑春雲), 제4경 학루명월(鶴樓明月), 제5경 남소하화(南沼荷花), 제6경 북벽향림(北壁香林), 제7경, 동사심승(桐寺尋僧), 제8경 노원송객(櫓院送客) 제9경 공령적설(公嶺積雪), 제10경 침산만조(砧山晩照) 이다.

이 십경을 향토 문화자산으로 높게 평가한 대구시는 제1경은 금호강, 제3경은 연구산, 제4경은 금학루, 제6경은 도동 측백나무숲, 제7경은 동화사, 제8경은 대노원, 제9경은 팔공산, 제10경은 침산으로 비정(比定)하고 사실을 알리는 표지석을 설치했다.

그러나 제2경 입암조어(삿갓 바위에서 고기 낚기)의 입암(笠巖)을 실제는 북구 옥산초등학교 부근인데 건들바위로, 제5경의 남소하화(南沼荷花, 남소의 연꽃)의 천황당못(현, 서문시장)인데도 성당못 또는 영선못(현,

영선시장 일대에 있었던 못)으로 잘못 비정했다.

천황당 못을 남소로 보는 이유는 첫째, 사가(四佳)가 십경을 쓸 당시 관아(官衙)는 달성(현, 달성공원)에 있었다. 그곳에서 보면 천황당 못이 남쪽이기 때문에 남쪽에 있는 소(沼), 즉 늪이라고 했다.

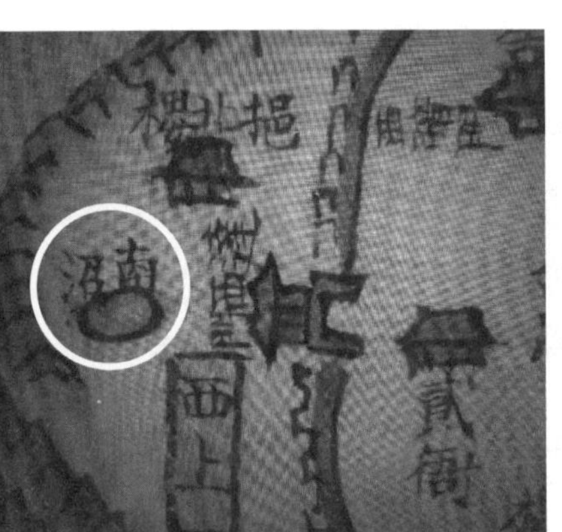

▲ 왼쪽 해동지도의 남소(南沼)와 오른쪽 20세기 천황당못의 위치가 비슷하다. 늪은 홍수의 수위에 따라 크게 범람하면 수면이 넓고, 비가 오지 않아 가물어 물이 줄어들면 면적이 줄어든다. 따라서 위치가 조금씩 달라질 수 있다.

둘째, 15세기 대구의 못 현황을 알 수 있는 사료로 『경상도속찬지리지(1469)』가 있다. 제언(堤堰) 편에 부의 남쪽 감물천리에 성당제(聖堂堤), 남산리에 연화제(蓮花堤), 화산리에 감물삼제(甘勿三堤), 사리동리제(沙里洞里堤) 등 4개소의 못이 있었으나 남소는 없다. 그 까닭은 못 이름 "둑" 제(堤)에서 알 수 있다. 기계와 장비가 부족했던 그때 못 만드는 작업은 사람의 노동력에 의존할 수밖에 없었다. 작은 하천이나 골짜기에 둑(堤)을 쌓아 물을 가두는 것이 고작이었다. 따라서 못 이름에 둑 "제(堤)"를 붙였다. 그러나 남소는 저지대에 자연적으로 물이 고인 늪, 즉 소(沼)였기에 제언(堤堰)으로, 즉 둑(堤)으로 분류하지 않았다.

셋째, 조선 후기 『해동지도』에 남소가 일제강점기 지도의 천황당 못과 같은 위치에 그려져 있다. 그 후 언젠가 이름이 천황당 못으로 바뀌었다가 1923년 마침내 메워서 서문시장을 열었다. 사가의 시 "남소하화(南沼荷花)를 보면 당시 천황당 못은 연꽃이 만발한 연지(蓮池)였다.

갓 돋아난 연꽃은 엽전 포갠 듯하지만,	出水新荷疊小錢
활짝 피면 크기가 배만큼이나 크네	花開畢竟大如船
너무 커서 쓰이기 어렵다고 말하지 말라	莫言才大難爲用
만백성 고질병을 낫게 하리라	要遺沈痼 萬性痊

사가(四佳)는 군자를 상징하는 연꽃과 연잎을 동전, 즉 화폐와 만백성의 고질병을 치료하는 약용식물로 비유했다. 늪지대 남소가 장차 상품을 사고파는 시장(서문시장)과 인근에 질병을 치료하는 대구 최초의 근대식 병원(동산병원)이 들어설 것을 예상한 듯했다.

| 천황당 못 소유자 서예가(書藝家) 박기돈

서문시장 이전은 시설 현대화나 거래 활성화가 주목적이 아니었다. 이 비사(祕史)는 박영규(朴英圭)의 『대구설화(大邱說話)』에 소상하게 나와 있다. 경찰 출신 대구부(大丘府)의 부윤(府尹) 일본인 마쯔이(松井信助)는 시장 이전 대상 부지로 천황당 못을 점찍어 두었다. 종전의 큰장과 달리 도심지에서 떨어져 대구 만세운동과 같은 소요 사태가 발생해도 동산이 가로막아 진압에 유리하며, 토지소유자가 비록 국권

회복 등 조선인의 생활 향상에 노력하고 있는 인물이라 하더라도 비교
적 온건한 회산(晦山) 박기돈(朴基
敦, 1873~1948)이어서 매입에 쉽게
응하리라 간파한 것이다.

회산은 본관이 밀양으로 서울에
서 박문환(朴文煥)의 둘째 아들로
태어났다. 부친이 합천 야로에 방
대한 전답을 가지고 있어 그곳으
로 이주하여 한학자이자 독립운
동가인 시암(是庵) 이직현(李直鉉,
1850~1928)에게 한학을 배웠다.

▲ 회산 박기돈

1903년 대한상공학교 교관으로 처음 공직에 발을 들여놓고 훗날 정
3품까지 승진했다. 그러나 1905년 을사늑약(乙巳勒約)으로 국권이 침
탈되자 가족과 함께 독립운동을 위해 중국 상해로 망명하기 위해 부
산으로 내려갔다. 기다리던 중 악천후가 계속되면서 여객선이 뜰 수
없게 되자 포기하고 대구에 정착했다.

국채보상운동에 열성적으로 참여했다. 1907년, 대구상무소(대구상
공희의소 전신) 소장을 맡아 "나라는 망해도 민족은 망할 수 없다." 야
시장개설 등 조선인의 상권 보호에 앞장섰다. 1910년 경술국치(庚戌國
恥)를 맞아 통곡으로 며칠을 보내기도 했다.

1920년 늦가을 어느 날, 마쓰이는 박기돈을 초청하여 시장 근대화
라는 그럴듯한 말로 승낙받았다. 천황당 못과 일대 전답 1만여 평을
평당 30전(당시 쌀 한 되 45전), 즉 평당에 쌀 한 되 값도 안 되는 가격으

로 매입했다.

마쯔이는 이곳에 대지 4천5백 평, 연건평 4백 96평의 건물을 짓고 나머지 땅은 되팔아 큰 이익을 챙겼다. 이후 회산은 명산대찰을 돌아다니며 서예에 몰두해 일가를 이루었다.

1923년 대구 최초의 전시회인 "대구 미술전람회(교남YMCA)"에서 이상정, 이쾌대의 동생 이여성, 석재 서병오, 이상화의 형 이상정과 함께 참여했다. 당시 석재는 회장 회산은 부회장이었다. 그의 작품은 현재 해인사, 통도사, 운문사, 쌍계사, 파계사 등에 남아 있다. 특히, 국보이자 세계문화유산인 해인사 장경판전 현판이 눈길을 끈다.

2018년 "대구문화재단"이 기획한 대구 근현대 문화예술 인물로 시인 이장희, 영화감독 이규환, 작곡가 하대응과 더불어 서예가로 그가 선정되었다.

대구의 자존심인 서문시장 이전은 명분과 달리 그 이면에는 일제의 음흉한 간계가 숨어 있었다. 매립 전 천황당 못은 시민들의 휴식처였다고 한다. 대구의 한량들은 물론 젊은 남녀의 데이트 장소였다. 그 와중에 한 처녀가 남자에게 버림받아 투신자살했다. 그 원혼이 해코지로 불이 자주 난다는 소문이 돌면서 상인들이 십시일반 갹출하여 굿을 해서 1960년대까지 그녀의 영혼을 위로했다고 한다. 만약 서문시장을 새로 정비할 기회가 있다면 광장 중앙에 이 가련한 여인의 조각상을 세우고 영혼을 달래주며 시장의 번영을 기원하는 축제와 더불어 굿판을 재현했으면 한다.

칠성동의 유래와 칠성바위

북구 칠성 2가 302번지, 대구역 뒤편 한 공지에 바위 7기(基)가 있다. 청동기시대 무덤인 고인돌(支石墓)의 개석(蓋石, 덮개돌)으로 원래 중구 태평로 2가 1-1번지에 있었다. 그러나 일제 강점기에 지은 공회당(公會堂)을 헐고 대구시민회관(대구 콘서트하우스의 전신)을 건축하면서 남쪽 화단에 옮겨 놓았다가 1998년 칠성동 주민의 요구로 현재 자리로 옮겨 놓은 것이다.

처음 고인돌이 있던 일대는 대구읍성 북문, 즉 공북문(拱北門) 가까운 곳으로 넓은 평지를 이루고 있었다.

이 7기의 고인돌은 신천 유역의 다른 많은 고인돌보다 지리적으로 가장 하류 쪽에 있다. 대구는 한때 고인돌의 도시로 불릴 만큼 화원, 진천 가창 등 낙동강과 수성들과 봉덕동 등 신천 유역, 연구산 등 시내 곳곳에 많은 고인돌을 품고 있었다. 그러나 칠성암(七星巖) 또는 칠성바위로 불리는 이 고인돌은 여느 고인돌과 달리 조선 후기 관찰사 이태영이 자기 아들 7형제의 이름을 새기고 일대에 나무를 심고 아름답게 꾸몄으며, 그 후 아이 못 낳는 주민들은 아이를 갖게 해달라고 기도하는 기자석(祈子石)으로 신성하게 여겨 왔다. 현재, 칠성동의 동명(洞名)도 이 7개의 바위로부터 유래되었다.

| 청동기시대의 고인돌(支石墓)

7기의 바위, 즉 칠성암(七星巖)이 세상에 널리 알려지게 된 데에는 대구시가 1982년 펴낸 대구의 전통과 문물에 대하여 시민들이 알기 쉽도록 『대구의 향기』에 의해서다. 제1장 "전설" 편에 칠성바위 이야기를 소개해 놓아 많은 시민에게 알려졌기 때문이다. 대강은 다음과 같다.

"1795년(정조 19)~1797년(정조 21)까지 2년여 경상도 관찰사였던 이태영(李泰永, 1744~1803)은 슬하에 7형제를 두고 있었다.

어느 날 밤, 대구읍성 북문 밖에 북두칠성이 찬란한 광채를 내며 떨어지는 꿈을 꾸었다. 비록 꿈이지만 너무나 기억이 생생해, 다음 날 아침 일찍 일어나 별이 떨어진 곳에 나가보았더니 과연 7기의 큰 바위가 놓여 있었다.

그는 석공을 불러 동쪽에 있는 바위부터 의갑(義甲), 의두(義斗), 의평(義平), 의승(義升), 의준(義準), 의조(義肇), 의장(義章) 등 일곱 명의 아들 이름을 새겼다.

그런데 이상한 것은 그 후 아이들이 장성함에 따라 얼굴이나 성품이 이름이 새겨진 바위를 닮아갔다. 즉, 울퉁불퉁하고 험상궂게 생긴 3개에 이름이 새겨진 아들은 자라서 무관(武官)이 되었고, 깨끗하고 반듯하게 생긴 3개의 바위에 이름을 새겨진 아들은 문관(文官)이 되었으며, 평범하게 생긴 바위에 이름을 새긴 아들은 아무런 벼슬도 하지 못하고, 그저 평범하게 일생을 마쳤다. 그 뒤 둘째 아들 이희두의 후손이 감사가 되어 선대의 유적을 영구히 보전하기 위해 칠성바위 주변에 나무를 심고 그 중앙에 정자를 세워 의북정(依北亭)이라 했다.

▲ 대구역 뒤편, 외진 곳에 있는 칠성바위

　그러나 오랜 세월이 흐르면서 의북정은 퇴락해 헐려 버렸고, 그때 심은 소나무만 노송으로 자랐는데 그 뒤부터 멀고 가까운 곳에서 자식 없는 사람들이 이곳에 와서 다남(多男)을 빌었으며 칠성동(七星洞) 이름도 이 7기의 바위에서 따온 것이다.”

　그러나 이 글에는 몇 가지 오류가 있다, 첫째, 7 형제의 이름, 의갑(義甲), 의두(義斗)…, 의장(義章)을 옳을 의(義) 자를 썼으나 실제로 바위에 음각된 글자를 자세히 보면 숨 “희(羲)” 자이다. 즉, 희갑(羲甲), 희두(羲斗)…, 희장(羲章)이 바른 이름이다.

　둘째, 또 다른 틀린 것은 얼굴이 울퉁불퉁하게 생긴 바위를 닮은 3형제는 무관이 되고, 반듯하게 생긴 바위를 닮은 3형제는 문관이 되었다는 것 역시 실제와 다르다.

　셋째, 희두의 후손이 경상감사가 되어 선조의 흔적이 있는 이곳을 찾아 주변에 소나무 숲을 조성하고 가운데 정자를 세워 의북정(依北亭)이라 했다는 것 역시 사실과 다르다.

『대구읍지, 1899』 임수(林藪) 편, 즉 대구의 아름다운 숲을 소개한 "칠성암수(七星巖藪)" 조를 보면, "在 府北 城外 正廟 丙辰 觀察使 李泰永 奇其 七巖之 拱北 環巖植卉." 이 말은 "칠성바위 숲은 대구부의 북쪽 성 밖에 있다. 정조 병진년(1796) 관찰사 이태영이 7기의 바위가 북극성을 껴안고 있는 것을 보고 기이하게 여겨 바위 둘레에 초목을 심었다."라고 해서 둘째 아들 희두의 후손이 관찰사가 되어 나무를 심은 것이 아니라, 당사자 이태영이 심었다.

또한, 이태영 이후 한산이씨 가문에서 경상도 관찰사를 지낸 사람은 헌종(憲宗)대(1842년 2월 16일~1843년 10월 22일)에 재임한 이경재(李景在, 1800~1873) 한 사람뿐이다. 그의 가계를 보면 아버지가 이희선(李羲先)이고, 조부가 이학영(李學永)으로 돌림자가 아버지는 이태영의 아들 숨, 희(羲) 자와 같고 할아버지는 이태영과 같은 길 영(永)자였다. 즉 같은 집안임을 알 수 있으나 앞서 소개한 『대구의 향기』가 말하는 이태영의 둘째 아들 희두(羲斗)의 직계 후손은 아니었다. 그러나 조선(祖先)이 조성해 놓은 곳을 더욱 빛이 나도록 정자, 즉 의북정(依北亭)을 짓고 허술한 부분에 나무를 더 보식할 수는 있을 것이다. 그것을 두고 새로 심은 것처럼 이야기가 되지 않았나 싶다.

의북정은 1904년까지 존재했던 것 같다. 『대구물어』의 저자 일본인 카와이 아사오(河井朝雄)가 대구역에 내려 주변 풍경을 묘사한 글 "몇 천 년을 그 자리에 있었던 듯한 칠성석(七星石, 칠성바위)이 있었고, 곁에는 정자가 하나 있었다."에서 확인이 된다.

이태영 감사는 본관이 한산(韓山)으로 1772년(영조 48) 문과에 급제한 엘리트다. 1778년(정조 2) 부교리를 시작으로 벼슬길에 나아가 광주 부윤, 장단 부사를 거쳐 1793년(정조 17) 황해도 관찰사, 이후 웅도 경상도 관찰사가 되었다.

재직 중 묵은 토지의 등급을 낮추어 조세의 부담을 덜어주고, 농사를 장려했다. 또한, 이수인, 우재악, 김태익, 이정국, 정위 등 영남의 숨은 인재를 발굴해 천거하는 등 선정을 펼치고, 영덕 영해면 괴시마을에 가정(稼亭) 이곡(李穀)과 목은(牧隱) 이색(李穡) 부자의 "가정 목은 양 선생 유허비"를 세우기도 했다.

그러나 곤양군(지금의 사천시 곤양면 일대)에 있는 봉산(封山)에 2,500그루의 소나무가 도벌된 것에 대해 통제사 윤득규(尹得逵)가 장계를 올려 군수 정문재는 정배(定配)되고, 전 삼군 통제사 이득제와 관찰사 이태영은 신속하게 처리하지 못하였다고 하여 파직되었다.

교통이 발달하지 못했던 당시 감영이 있는 대구에서 멀리 떨어진 현장을 신속히 파악하기 어려웠을 것이고, 그 정도 도벌이라면 군수는 커녕 면장도 파직당하지 않고 담당자만 겨우 징계를 받는 오늘날의 실정을 감안(勘案)하면 조선 후기 엄격한 산림 보호 정책의 한 단면을 볼 수 있다.

그러나 곧 복직되어 대사간, 공조 참판, 충청도 관찰사를 역임하고 지방관의 꽃이라고 하는 평안도 관찰사도 지냈다.

◈ 맏이 이희갑(李羲甲)

1790년(정조 14) 문과에 급제하여, 호남 암행어사·홍문관 교리를 역임하였다. 1801년(순조 1), 부호군으로 사건에 연루되어 칠원에 유배되었다가 곧 석방되었다. 1807년 이조참의, 이듬해 황해도 관찰사를 역임하였다. 1812년 대사간, 1814년 이조참판을 역임하였고, 1816년 함경도 감사로 부임하여서 수재로 큰 피해를 본 함흥을 비롯한 6개 읍에 진휼정책(賑恤政策)을 잘 수행하였다.

이듬해 이조판서로 임명되었고, 1820년 판의금부사로서 동지정사로 임명되어 청나라에 다녀왔다. 그 뒤 예조판서·형조판서·수원부유수·병조판서 등을 역임하였다. 1827년 평안도 관찰사로서 탄핵을 받아 한때 삭직(削職)되었다가 다시 판의금부사로서 1830년 책저도감제조(冊儲都監提調), 이듬해 전의도감 제조 등을 역임하였다. 1833년 70세가 되어 기로소(耆老所)에 들어갔다. 시호는 정헌(正獻)이다.

◈ 둘째 이희두(李羲斗)

정조(正祖) 19년(1795) 생원시 2등하고 부호군(副護軍), 동지사(同知事, 종2품), 나주 목사를 지냄

◈ 셋째 이희평(李羲平)

혜경궁홍씨의 외척으로 부인 풍산 홍씨는 효행으로 이름이 높아 정려된 바 있다.

1810년(순조 10) 사마시에 급제했다. 전주판관 및 황주 목사를

지냈다. 태인 현감을 지낸 심능숙(沈能淑)과 교우관계를 맺었다. 1795(정조 19) 24세에 사도세자의 무덤이 있는 수원으로 가서 혜경궁홍씨의 회갑 잔치에 참여했다는 내용의 국문체 기행문인 「화성일기(華城日記)」를 지었다. 생부 이태영의 행적을 주요 내용으로 삼아 104편의 설화를 모은 『과정록(過庭錄)』을 남겼다.

◈ 넷째 이희승(李羲升)
순조(純祖) 7년(1807) 생원시에 합격하고 진주목사를 지냈다.

◈ 다섯째 이희준(李羲準)
1805년(순조 5) 문과에 급제하여, 1809년(순조 9) 한림도당회권(翰林都堂會圈, 한림의 인원이 부족할 때에 충원을 위한 특별시험)에 올랐다. 1825년(순조 25) 가선대부(嘉善大夫), 1827년(순조 27) 이조참판이 됐다. 1830년(순조 30) 경기감사로 부임하여 칙수불부(勅需不敷)·우역조폐(郵驛凋弊)·환곡모축(還穀耗縮)의 세 가지 병폐를 상소하여 윤허(允許)를 얻기도 했다.

경기감사의 임기가 찼으나 주전사업(鑄錢事業)이 막 펼쳐졌기 때문에 계속 감사직을 하다가 1832년(순조 32)에 물러났다. 1833년(순조 33) 경기 암행어사 이시원(李是遠)이 주전 통용의 폐해에 대한 계(啓)를 올려 삼사의 탄핵을 받아 황해도 배천으로 유배당했다. 이듬해 신위(申緯)와 함께 풀려났다.

1834년 헌종이 즉위하자, 고부겸주청부사(告訃兼奏請副使)로 중국에 갔다. 1837년(헌종 3) 부태묘(祔太廟, 임금의 삼년상을 마친 뒤에 그 신주를 태묘에 함께 모시던 일) 때 종헌관(終獻官)이 되었고, 공조판서에

올랐다. 1838년(헌종 4) 동지정사(冬至正使)로 다시 중국에 갔다 왔
으며, 형조판서·예조판서를 거쳐 1840년(헌종 6) 대사헌을 지냈다.
시문에도 능했다. 시호는 문정(文靖)이다.

◈ 여섯째 이희조(李羲肇)

순조 13년(1813) 문과에 급제했다. 승정원 주서, 호조 참의, 이조참의
(吏曹參議), 성균관 대사성, 사헌부 대사헌, 사간원 대사간을 지냈다.

◈ 일곱째 이희장(李羲章) 훗날 희화(羲華)로 개명

특별한 이력이 없다.

이상 7형제의 생애와 경력은 『민족문화 대백과사전』『조선왕조실
록』 등에서 발췌하였고 일부는 첨삭했다.

| 일인(日人)의 보호(?)를 받은 칠성바위

칠성바위와 이태영에 의해 조성된 칠성 숲은 아이러니하게도 일본인
에 의해 보호(?)된다. 그들이 우리나라를 강점한 1910년대의 대구 지
도를 보면 칠성바위와 칠성숲이 있는 현, 대구 콘서트하우스(전, 시민회
관) 자리는 칠석공원(七石公園)으로 변해 있다.

1905년 일인(日人)들에 의해 대구의 명소 달성을 공원으로 개발하였는
데 비슷한 시기에 지정한 것으로 보인다. 동명도 일본식 금정로(錦町路) 삼
번정(三蕃町)이며, 다만 칠성암의 바위 암(巖)을 돌, 석(石)으로 표기했다.

<1914-15년경 대구시가전도 수정본>

▲ 일제강점기 칠석공원(七石公園)으로 표기된 지도(출처, 대구신택리지)

이 칠석공원은 일본인의 야외 연회장으로도 활용되었는데, 1909년 대구에 살고 있던 일본 거류민으로 경부선 건설공사를 청부받아 많은 돈을 번 이와세(岩瀬靜)가 조선을 방문하는 본국의 일본철도협회 시찰단 300명을 초대해 성대한 환영식을 벌이기도 했다(대구 신택리지).

오늘날과 같이 지번도 없었던 당시 태평로 일대는 식민지 수탈 자본으로 부동산 투기가 일어나고, 일본인이 개발의 주체가 되어 무법천지나 비슷했다. 따라서 대구역과 연접한 칠성바위 일대 역시 그들이 마음만 먹으면 상업용지나 주택용지로 개발할 수 있었다. 그런데도 상당한 면적을 칠석공원으로 지정했다.

공원이 특별한 사유가 없는 한 용도변경이 어려운 점을 고려하면 일본인들도 칠성바위와 칠성숲의 중요성을 이해하고 취한 조치로 보인다. 1901년 착공하여 1904년 완성한 경부선 철도와 1931년 11월 같은 장소에 대지면적 830평, 연건평 1,075평, 높이 19m이고 2,000명을 수용할 수 있는 대회의실, 180명의 소회의실 기타 귀빈실, 오락실, 식당 등을 갖춘 5층의 대구공회당이 들어선다. 그러나 당시로 보아서는 대규모 공사로 업무 추진에 지장이 있었을 것임에도 칠성바위는 본래 위치에 그대로 보존됐다.

이 점은 1970년대 대구시가 수성들을 구획정리사업 하면서 수많은 고인돌을 그냥 땅속에 묻어버린 것과 너무나 대조적이다. 우리가 보존해야 할 문화유산을 우리 스스로 뭉개고 헐어버린 데 비해 일인들이 취한 조치는 시사하는 바가 크다.

1973년 공회당을 헐고 시민회관을 짓기 위해 윤용진 교수 등에 의해 2번째 발굴 조사를 하면서 7기를 남쪽 화단으로 옮겨 놓았다가 1998년 칠성동으로 다시 옮겨 오늘에 이른다. 칠성바위는 묻힐 뻔한 기회가 많았는데도 불구하고 보존되었다.

새로운 주거지와 상업지역으로 각광(脚光) 받는 칠성동의 유래가 된 귀중한 향토 사료이기도 하다. 문화재로 지정하여 선사시대 거석문화와 묘제(墓制)를 살펴볼 수 있게 하고, 왜 칠성동이라는 이름이 생겼는지 알게 했으면 좋겠다.

칠성동의 중심지에 별도로 공간을 마련하거나 아니면 북구 청사 화단에 발굴 조사 보고서에 따라 원형대로 배치하고 주변을 아름답게 꾸며 많은 사람이 볼 수 있도록 옮겨 놓았으면 좋을 것 같다. 울산광역시가 단 1기의 고인돌을 문화재로 지정한 것을 보면 7기를 한 장소에 두고 있는 대구시가 배울 점이라는 생각이 든다.

양잠산업(養蠶産業)의 선구자 서상돈

서상돈(徐相敦, 1851~1913) 하면 가장 먼저 떠오르는 것이 국채보상운동(國債報償運動)이다. 2020년에 제정된 "대구 시민의 날"도 공이 주도하여 1907년 2월 21일 북후정(北堠亭)에서 열린 대구 군민대회에서 일본의 경제적인 예속(隸屬)으로부터 벗어나기 위해 그들이 제공한 차관 1,300만 엔(한화 약 1억 1,700만 원)을 3개월 동안 담배를 끊어 그 아낀 성금으로 보상하자는 국채 보상 취지서를 발표한 날로 정했다.

따라서 많은 시민은 공을 애국지사 또는 독립운동가로만 알고 있다. 하지만, 이외에도 계산성당의 신축 자금을 지원하고, 천주교 대구 교구청부지를 제공한 독실한 천주교 신도이자, 40대에 대구 제일의 거상(巨商)이 된 실업가, 경상도 세정을 총괄하는 세무시찰관이었으며, 서당 해성재를 세운 교육가이기도 하다.

그러나 또 다른 분야에도 우뚝한 공적이 있으니 우리나라 양잠산업에 초석을 놓은 지도자이자 뽕밭을 직접 조성한 양잠업 경영자이기도 하다. 즉 당시 고소득 작물인 뽕나무를 재배하여 고치를 생산하는 양잠업(養蠶業)의 선구자였다.

지금은 오디를 따서 팔거나, 누에를 가공해서 만든 건강보조식품 정도로 활용되고, 천연섬유 명주도 일부 상류층의 고급 의류 소재로 사용되고 있을 뿐, 사양산업(?)으로 전락했지만 60~70년대까지만 해도 고치 생산으로 자식들 대학 보내고 논밭을 사는 고소득 직업이었다.

공은 피폐한 농촌을 보며 양장 산업을 발전시키려고 했던 것 같다. 1902년 대구 전보국 조중운 사장과 함께 경상북도 칠곡군 문주면(현, 대구시 북구 사수, 금호, 팔달동 일대)에 2만 1천 그루의 대단위 뽕밭을 조성(천둥소리, 2017, 여름호)했을 뿐, 아니라. 1904년 당시 잠업(蠶業)이 성행했던 일본의 장야현(長野縣)·군마현(群馬縣)에서 공부하고 온 이종국(李鐘國, 훗날 영일 군수 역임)과 "대구잠업전습소(大邱蠶業傳習所)"를 설립하니 이것이 우리나라 최초의 잠업 지도자 양성 기관이었다.

그 후 초대 소장 이종국이 관계(官界)로 진출하자 둘째 아들 서병조(徐丙朝)가 2대 소장을 맡았다. 1911년 경상북도 잠업전습소가 설립되면서 모든 업무를 인계해 줄 때까지 7년간 운영했다. 이후 대구의 잠사산업(蠶絲産業)은 전국에서 최고로 발전했다(대구부사 '大邱府史' 1943).

옛 문주면 소재지였던 금호동에 거주하는 김정립 칠곡향교 전교에 의하면 일대에 고소득을 올리는 양잠 농가가 많아 한 마을의 대학생이 칠곡군 전체 대학생보다 많았다고 한다. 심지어 헌법학자 김철수(金哲洙, 1933~2022, 전 서울대학교 교수)의 조부도 누에를 길러서 손자 학비에 보탰다고 한다.

▲ 인간을 위해 희생된 누에의 영혼을 위로하기 위해 세워진 잠령탑(蠶靈塔). 1930년 대구 수성4가 대구잠업전습소의 후신인 잠종장에 세워진 것을 1962년 상주로 옮겨 현재 상주 잠사곤충사업장에 이설되어 있으며, 2013년 경상북도 산업 유산으로 지정되었다.

이후 대구는 잠업이 눈부시게 발전하였다. 1939년 통계가 잘 말해 주고 있다.

출처: 대구부사(大邱府史)

업종별	공장 수	종사자 수	생산액(단위: 원)
생사공장	40	2, 842	5, 889, 781
직물공업	30	513	1, 250, 019
철공업	43	1,222	1, 911, 669
정미업	33	531	9, 561, 278
메리야스 제조업	20	244	425,500

즉, 생사 공장 수는 철공업 다음 2위이고, 종사자 수는 1위이며, 생산액도 정미업 다음 2위를 차지해 양잠산업이 대구 경제에 큰 비중을 차지하고 있음을 알 수 있다.

이외에도 공에 관한, 일화로 부지를 제공한 천주교 대구교구청의 드망즈(우리말 이름 안세화) 초대 주교는 사목(司牧) 이외에 보육원을 운영했는데, 필요한 경비를 조달하기 위해 수녀들과 함께 농사를 짓고, 가축을 기르며, 뽕나무를 심어 누에를 치고, 목화를 심어 물레로 씨를 뽑아 베를 짜서 옷을 만들어 입히기도 하였다고 한다. 이때 뽕나무 재배는 서상돈 선생의 지원이 있었을 것으로 보인다.

문주면과 가까운 북구 읍내동(북구 칠곡중앙대로 597) 칠곡향교 경내에는 1912년 돌아가시기 1년 전 주민이 세운 서상돈 선생 송덕비가 있다. 2013년 서거 100주년이 되는 해 내가 발견하여 매일신문이 보도한 바가 있다. (비문은 제5장 "서상돈 선생 송덕비 발견 전말(顚末)"에 소개하고 있음) 뽕나무 재배 이외에도 서씨로 알려진 사람이 팔거들에 약 100두락을 소작(小作)주고 있었는데 이 지주가 바로 공일 것이라고 한다. 연세가 많은 현지 사람의 증언에 의하면 세금을 부과하고 징수하듯 소작료도 공평했음은 물론, 풍흉에 따라 차별적으로 부과하여 억울한 사람이 없도록 했다고 한다.

그러나 아쉬운 점도 있으니 국채보상 취지서를 낭독한 북후정 위치를 두고 지금까지 대구 콘서트하우스 자리라고 비정하여 조형물을 세워놓았으나 최근 (사)시간과 공간연구소 김주야 대표가 중구 시장북로 22-6번지〈대구문화 2월호〉로 발표했다.

따라서 역사적인 이 공간을 바로 잡아 자랑스러운 현장답게 꾸밀 필요가 있다, 더불어 대구 콘서트하우스 앞의 대구상공회의소가 만든 기념 조형물도 이곳으로 옮겨야 한다.

대구의 강남으로 불리는 수성구의 소재지이
자 법원과 검찰청, 증권사 등 금융기관, 수성구민운동장, 범어도서관,
그랜드호텔, 고급 아파트 등 유수의 기관이 즐비한 범어동의 유래에
대하여 수성구청의 홈페이지는 이렇게 설명하고 있다.

"대구부 수북면의 지역으로 조선 시대 범어역(泛魚驛)이 있었으므로
범어 또는 역촌(驛村)이라고도 하였고, 1914년 달성군 수성면에 편입
되었다가 1938년 10월 1일 대구구역이 확정됨에 따라 대구부에 편입
되었다.

1500년 초 철원 부사를 지낸 구수종(具壽宗 ?~?)이 정착하면서 일군
마을이라고 한다. 현재 범어 천주교회가 있는 산이 붕어가 입을 벌리
고 있는 모양을 하고 있었다 하며, 그 아래 냇물이 흐르고 있어 마치
고기가 떠 있는 모양 같다 하여 마을 이름을 '뜰 범(泛), 고기 어(魚),
자'를 써서 "범어(泛魚)"라고 했다고 전해온다."

이러한 구청의 자세한 설명과 더불어 범어대성당(마리아 유치원 앞)에
도 1990년 8월 15일에 세운 붕어 형상의 조형물을 받치고 있는 빗돌
의 윗면에는 물고기가 기독교의 상징이 된 내력과 아랫면에는 구수종

이 명명했다는 지명 유래가 새겨져 있다.

"(물고기는)로마 박해 시대에 신자들이 서로를 알아보던 암호인데 그리스도를 가리켰다. 예수 그리스도 하느님의 아들 구세주라는 희랍어 첫 글자를 따서 모으면 물고기【ΙΧΘΥΣ】라는 희랍어가 된다."

"범어동의 유래는 1450년 철원 부사를 역임한 구수종이 마을을 개척하여 현재 천주교범어교회(天主敎泛魚敎會) 동산이 산 아래 흐르는 냇물(泛魚川)에 붕어가 입을 벌리고 떠 있는 모습과 같다고 하여 이 마을의 이름을 "뜰 범(泛)" 자와 "고기 어(魚)" 자를 합하여 범어동(泛魚洞)이라 하였다."라고 새겨 놓았다.

따라서 위의 설명대로라면 현재의 범어동 이름은 구수종이 지은 것이 된다. 그러나 그의 생존연대 16세기 초로 260여 년 후인 1768년(영조 44)에 간행된 『대구읍지』에는 "무릇 범(凡), 어조사 어(於)"의 "범어(凡於)"이다. 따라서 구수종의 명명설은 설득력이 없다.

그렇다면 이런 상정도 해볼 수 있다. 성당에 다니는 마을 사람이 이곳이 원래부터 기독교 성지(聖地)라는 것을 강조하기 위하여 범어동(泛魚洞)이라고 입소문을 퍼뜨릴 수 있다. 그러나 현, 범어대성당의 모태가 1925년 황청동 홈골의 은곡공소이기 때문에 이 역시 설득력이 없다.

지금의 이름 "뜰 범(泛), 고기 어(魚)"의 "범어(泛魚)"가 처음 세상에 공식적으로 나타난 것은 1899년(고종 36)에 간행된 『대구읍지(大丘邑志)』의 방리(坊里) 편이다. 즉, 대구부 수성현 방리(坊里)에

"수북방(守北坊) : 부(대구)의 동쪽 10리에 있다. 소속된 동이 일곱이니, 금정리(琴汀里)·만촌리(晩村里)·각계리(覺界里)·효목리(孝睦里)·황청리(黃靑里)·소지리(所只里)·범어리(泛魚里)이다."라고 했기 때문이다.

그러나 역원(驛院) 조에는 여전히 "범어역(凡於驛)은 부(대구)의 동쪽 9리에 있었는데 을미년(1895?)에 혁파되었다"라고 하였고. 또 장시(場市) 조에도 "범어장(凡於場)은 부(대구)의 동쪽으로 10리 떨어진 수북(守北)에 있었는데 지금은 없어졌다."라고 해 마을 이름은 바뀌었으나 역(驛)과 시장(市場)은 여전히 종전의 이름을 그대로 사용했던 것으로 보이나, 다만 그 기능은 모두 폐지되었다.

그 후 조선이 일본에 강제 병합되면서 대대적인 행정구역 개편이 이루어진다.

1910년 10월 1일 일제(日帝)는 칙령 제357호로 대구군(大邱郡)을 대구부(大邱府)로 바꾸고, 이어 총독부령 제8호"면(面)에 관한 규정"에 의거 대구를 29개 면으로 개편할 때 범어동(泛魚洞, 228호)은 수북면(守北面)의 소계동(小溪洞 35호), 황청동(黃靑洞 94호), 지계동(支界洞 55호), 만촌동(晩村洞 60호), 검정동(檢汀洞 38호), 효목동(孝睦洞 75호)과 더불어 7개 동의 하나가 된다.

이때 수북면의 전체 가구 수가 585호인데, 범어동은 228호로 40%를 차지할 정도로 7개 동 중에서 가장 큰 마을이었다.

땅 이름은 그곳의 지리나 지형적인 특징, 역사와 문화가 응축되어 있는 귀중한 문화자산이다. 불과 120여 년이 지났을 뿐인데 소계동, 지계동, 검정동은 흔적조차 찾기 어렵고 황청동은 황금동(黃金洞)으로 변했다. 이런 사료를 종합해 볼 때 구수종 명명설은 설득력이 없다. 또 성당 안 조형물의 기재 내용 중 1450년도는 구청 홈페이지

1500년 초와 차이가 있는데, 구청의 설명이 더 설득력이 있는 것은 다음에서 확인할 수 있다.

많은 사람이 오래 세월 그렇게 믿어 왔다면 이 역시 하나의 역사가 될 수 있다. 즉 인구시비(人口是碑)라는 말이 있다. 즉 여러 사람의 말은 돌에 글을 새긴 빗돌(碑石)과 같다는 뜻이다.

▲ 범어대성당 안에 있는 범어동 유래비

앞서 소개한 것처럼 이름이 뜰 범(泛) 자와 고기 어(魚) 자로 바뀌어서 그런지 범어동의 랜드마크가 된 범어성당이 대구대교구 주교좌 대성당으로 승격되어 권위가 높아졌고, 복음 전파의 새로운 시대를 열었다. 구수종 명명설이 인정받은 셈이다.

구수종은 본래 서울 사람이다. 그가 정착한 범어 일대는 처가(妻家)가 있는 곳이다. 아내 전씨(全氏) 집안은 대구의 대표적 명문 사족(士

族)이다. 특히, 장인은 예조판서 전백영(全伯英)의 손자인 전순손(全順孫)으로 그의 증손자가 대구에서 유일한 퇴계 직계 제자이자 형 전응창(全應昌)과 더불어 문과에 급제한 전경창(全慶昌)이다.

특히, 구수영의 처 증조부 전백영은 출생지가 고모 팔현마을이다. 그러나 안타깝게도 수성문화원이 펴낸 『대구의 뿌리 수성 개정판(2019)』 인물 편에 수록되지 아니하였다. 그가 인물 편에 들어가야 하는 이유는 고려 조 문과 출신으로 태종 조 대구 출신으로는 가장 고위직인 판서를 역임했고, 팔현(八峴)의 유래가 그가 살던 집의 향나무로부터 비롯되었다는 이야기가 전해오기 때문이다. 그의 인물됨과 향나무 이야기를 매일신문(2011. 9. 29)에 기고한 내용을 소개하면 다음과 같다.

"망우당공원의 고모령 노래비가 있는 곳에서 팔현마을~고모역~가천을 이어 성동마을의 고산서원까지 이어지는 길 주변의 문물과 역사 자원을 조사해 본 바 있다.

그때 만난 팔현마을의 박병도(朴炳道, 74세) 님에 의하면 마을 이름 팔현은 "고개 옆에 정씨 성을 가진 역적 무덤 양쪽의 향나무가 팔(八) 자 모양으로 생겨서 팔현(八峴)이라 부르게 되었다."라고 한다.

더 자세히 알고 싶으면 유래가 적힌 마을 앞 비석을 보라고 했다. 1993년에 세운 '범죄 없는 마을' 비였다. 내용은 크게 차이가 없었으나 무덤의 주인공은 역적이 아니고 '조선 초 판서 정숙영'이라는 분이었다.

아무리 검색해 보아도 정숙영은 어디에도 나오지 않았다. 판서라는 높은 벼슬을 지낸 분인데도 인명록에 없다는 것은 뭔가 잘못이 있다

는 생각이 들었다. 그러나 고모동 쪽의 이야기를 더 발굴하기 위하여 일단 접어두었다. 어느 날

'조선 태종 조 예조판서 문평공 전백영에 관한 고찰'의 저자 구본욱 박사에게 전화를 걸었다. 문평공은 고모 출신이니 비록 장구한 세월이 흘렀지만, 흔적이 있을 수 있기 때문이었다. 기꺼이 동의하여 후손 한 분을 모시고 왔다.

1988년, 대구직할시교육위원회가 펴낸 『우리 고장 대구(지명 유래)』 고모동 편에 의하면 "전백영은 이곳에서 태어나 파동으로 이사 가기 전인 1369년(공민왕 18년) 살던 집에 심은 향나무가 있었는데 일본인이 캐가고 지금 키가 작은 몇 그루가 남아 있다'는 기록이 있어 함께 직접 현장을 확인하기 위해서였다.

그러나 동행한 후손은 그에 대해 아무것도 아는 게 없다고 했다. 저자 구 박사와 함께 팔현마을로 향했다. 일대를 뒤진 끝에 잡목 속에 섞여 있는 몇 그루의 향나무를 발견했다. 팔자형(八字形)은 아니었으나 문평공이 심은 나무에서 자라난 맹아가 분명해 보였다.

팔현이 옛 고모 땅이었던 것을 감안하고, 유래비의 판서 정숙영을 "판서 전백영"의 오기로 볼 때 이곳은 "생가터"가 틀림없다.

공은 1345년(고려 충목왕 1년) 수성구 고모에서 태어나 파잠(巴岑, 현, 파동)으로 이거(移居) 하면서 아호마저도 파동과 신천에서 따와 파계(巴溪)라고 했다.

포은 정몽주로부터 글을 배워 27세 때인 1371년(공민왕 20년) 문과에 급제했다. 초임부터 관료들의 비리와 왕의 실정에 대해서 바른말을 하는 간관(諫官)을 맡았다.

권신 이인임을 탄핵했다가 그들의 세력에 밀려 10여 년간 하동에서 유

배 생활을 했다. 그러나 간언의 정당함이 알려지면서 수원 부사 좌·우
사의로 다시 복귀했으나 이도 잠시 충청도 결성으로 귀양길에 올랐다.

조선의 개국으로 공의 관직은 대체로 순풍을 만난다.

그러나 초기에는 역시 간의대부(諫議大夫), 즉 언관(言官)이었다. 그
후 병조전서, 풍해도(황해도) 도관찰출척사(都觀察黜陟使) 등을 역임했
다. 1399년(조선 정종 1년) 공의 나이 55세에 어머니의 상을 당하여 시
묘(侍墓)를 하던 중 왕명으로 조정에 복귀, 정사를 논하고 백관을 감
찰하며 기강을 확립하는 오늘날 검찰총장과 역할이 비슷한 대사헌(종
2품)을 맡았다.

이듬해 동지경연사(同知經筵事)로 임금이 불교를 배척하는 이유를 묻
자 "공자의 도는 인의(仁義)를 중시하기 때문이다"고 하였다. 이어 "임
금이 배워야 할 학문으로는 대학만 한 것이 없다."라고 했다.

▲ 범어동의 랜드마크가 된 범어대성당

1400년(정종 2년) 마침내 고향 땅을 다스리는 경상도 도관찰출척사가 되었다.

1404년(태종 4년) 첨서승추부사(簽書承樞府使)로 명나라 서울에 가서 새해를 축하하고 세자의 책봉을 청하였다. 그해 7월 예조판서(정2품)에 올랐다.

1406년(태종 6년) 다시 경기도 관찰사로 나갔다. 1412년(태종 12년) 건강이 좋지 못하여 공직을 그만두고 낙향하고자 하였더니 태종이 허락하면서 "전재신(全 宰臣)이 중외로 근무하여 공로가 있는데 지금 돌아간다고 하니 참으로 안타깝다. 말 먹이와 간식을 주어 보내라."라고 하였다.

내직에 있을 때는 왕을 잘 보좌하여 조선왕조의 기틀을 다지는 데 이바지하고 외직에 나가서는 청렴한 목민관으로 선정을 펼쳐 백성들의 어려움을 보살피는 데 최선을 다했던 공은 그해 68세로 졸했다. 이 소식을 들은 왕은 3일 동안 조회를 금지하고 경상도 관찰사로 하여금 장례를 지원하도록 하고 문평(文平)이라는 시호를 내렸다.

그 후 대구부가 읍지(邑誌)를 만들면서 조선 시대 대구 인물 조에 맨처음 등재해 공을 기렸다. 이번 발품을 통해 우리는 오랜 세월 묻혀있던 문평공의 생가터와 그가 수식(手植)한 귀한 뚝향나무를 확인하는 기쁨을 누렸다. 이런 작은 노력에 의해 대구의 향토사가 완성되어 가는 것이 아닌가 하니 앞으로 할 일이 더욱 많아질 것 같다는 생각이 들었다.

구수종 역시 명문의 후손이다. 능성 구씨 도원수 파로 큰아버지 구치관(具致寬)은 영의정을 했고, 아버지 구치홍(具致洪)은 무과에 급제한 후 해주 목사, 강릉 대도호부사를 지내고 아우 구수영(具壽永)은 영응대군(세종의 8번째 아들)의 사위로 중종반정의 2등 공신이었다.

『조선왕조실록』에 구수종의 기사는 4회 나온다. 첫째는 연산군일기 1497년(연산군 3) 2월 22일에 강동(江東) 현감이던 구수종이 아버지가 늙어 부양하기 쉽도록 경직(京職), 즉 서울 소재 관서로 옮겨야 한다는 의견에 대해 아우 구수영(具壽永, 1456~1523)이 보살필 수 있으니 불허한다는 내용이며, 두 번째는 그 이튿날로 연산군이 구수종의 건의가 전날 부결되었는데도 불구하고 경직(京職)으로 바꾼 사유를 묻자, 이조(吏曹)에서 다른 도의 수령이 빌 때까지 한시적으로 서울에 머물게 했다고 했으며, 세 번째는 같은 날로 그렇다면 그렇게 하라는 내용이었다.

마지막 네 번째 기사는 1504년(연산군 10) 윤, 4월 17일 구수종이 여러 신하와 더불어 정성근, 조지서 등을 죄주어야 한다고 연산군께 아뢰는 기사다.

이런 기사를 보면 구수종은 연산군 초에 강동 현감을 지냈으며, 당시 아버지 연로해 부양이 필요했고 아우가 2년 후에 일어난 중종반정의 2등 공신 구수영이라는 것을 알 수 있다. 또한 1498년(연산군 4)의 무오사화나 1504년(연산군 10)의 갑자사화 등 양 사화에서 무사했음을 알 수 있다.

이즈음을 구수종이 아우 구수영보다 6살 더 많다고 가정한다면 (물론 2~3살 또는 그 이상 10살, 터울일 수도 있지만, 편의상 설정) 구수종은 1450년생이 되고, 갑자사화 때는 55세가 된다.

후손에 모(某) 씨에 의하면 대구로 내려온 때가 갑자사화 전후로 본다고 한다. 그렇다면 그때 나이는 50대 중반 시기는 1504~1510년 사이로 추정할 수 있다. 이로 미루어 보면 범어대성당의 구수종 범어동 명명설 1450년은 그가 태어난 해와 비슷하게 되어 1500년 초로 바로잡을 필요성이 있다.

제2장

금호강 선상시회(船上詩會)의 백미 선사선유

조선국권회복단과 통령(統領) 윤상태

| 들어가는 말

대구는 뿌리 깊은 도시답게 자랑스러운 인물이 많다. 이분들의 행적을 정리하여 달구벌에 발을 디디고 사는 사람들에게 널리 알려 귀감(龜鑑)으로 삼게 하여 자긍심을 높이고 싶었다.

그러나 얕은 지식과 정보 부족으로 그렇게 하지 못해 늘 아쉽게 생각하고 있다. 향산(香山) 윤상태(尹相泰, 1982~1942)도 그런 사람의 한 분이었다. 『달구벌, 대구시, 1977』에 의하면 "1915년 1월 15일(양력, 2. 28) 안일암(현, 앞산 안일사)에서 서상일 등 일단의 인사들이 시회(詩會)를 가장하여 단군을 받들고 나라를 되찾기 위한 독립운동단체 조선국권회복단 중앙총부(朝鮮國權回復團中央摠部)"를 결성했다.

대구는 지방의 한 도시일 뿐인데 "조선(朝鮮)"이라는 전국을 아우르는 이름을 붙인 것도 예사롭지 아니하지만, 조직도 중앙정부의 내각과 비슷하고, 특히, 결사 대장이란 부서를 둔 것을 보면 비장하기까지 하였다.

즉 "통령(統領) 윤상태, 외교부장 서상일, 교통부장 이시영(박영모), 기밀부장 홍주일, 문서부장 이영국(서병룡), 유세부장 정순영, 권유부장 김규, 결사대장 황병기, 역원 이형재, 김기성, 마산지부장 안확 등이며 이들은 만주, 러시아 등 해외의 독립운동 단체와 연계하여 연락은 서상일, 이시영, 박영모 등이 취했으며 윤상태는 1919년 창원에서 주민 1천여 명을 동원해 진동주재소(현, 파출소)를 습격하려다가 미리 연락받는 일본 헌병대와 부딪혀 많은 희생자를 내게 되었다."라고 하였다.

이들 중에서 특히, 통령(統領) 윤상태가 눈길을 끌었다. 회장이나 대표라는 직함을 두고 통령이라는 직위를 맡은 분이자, 대구가 아닌 창원에서 독립운동을 한 사람을 대구가 기리는 것이 의아했기 때문이다. 그가 월배 사람이며 달비골에 그와 관련된 유적이 있다는 것 이외는 알 수 없었다.

그런데 매일신문(2018년 5월 18일)의 책 소개 편에 『지나간 것은 다 그립고 눈물겹다(저자 윤이조)』를 읽고 오래 잊혀있던 그에 대한 기억이 되살아났다. 조두진 기자(현, 논설위원)의 서평은 더욱 흥분하게 했다.

저자 윤(尹)은 향산의 손녀로 독립운동을 하다가 세상을 떠난 할아버지의 일화와 어린 시절을 보냈던 월배지역의 이야기, 가족에 대한 추억을 기리고 있으며 향산의 독립운동 관련 기록을 부록으로 정리해 두었다고 했기 때문이다. 출판사에 전화했더니 아직 시판에 들어가지 않아 입금하면 우편으로 보내주겠다고 했다. 책이 도착하기 전 우선 『월배향토지(월배향토지편찬위원회, 2006)』에서 향산에 대한 기록을 다시 찾아보았다. 경북 고령의 일신학교에 이어 월배에서 덕산학교를 설립하여 인재 양성을 한 이외 달비골 송석헌(松石軒)에서 동지들과 국권 회복을 모의했으며 월배육경(月背六景)이란 시를 남겼다.

송석헌을 찾았다. 풀을 헤치고 힘겹게 들어서니 현판이 세심정(洗心亭)이었다. 잘 못 찾은 것 같아 아쉬움을 뒤로 하고 발길을 돌렸다. 그 사이 책이 배달되어 몇 쪽을 살펴보니 공교롭게도 정인열 광복회 사무국장(전, 매일신문 논설위원)의 독후감도 수록되어 있었으며, 송석헌이 곧 세심정이라는 것을 알았다. 정 위원에게 전화를 걸어 향산의 유허지 송석헌을 가보았다고 했더니 반가워하며 같이 가보자고 했다. 송은석(향토사학자)을 동행해 다시 현장을 찾았다.

저자 윤 선생이 어린 시절 자주 놀러 왔으며 기억 속의 큰 바위와 느티나무, 보기 좋게 자라고 가지가 굽은 백일홍 두 그루, 돌담과 첨운재(瞻雲齋)와 송석헌(松石軒)이라고 쓰인 현판은 그대로 있었다. 그러나 연못과 맛있게 따먹었다는 자두나무는 없었으며 다만 앵두가 빨갛게 익어 가고 있었다. 멱을 감고 다슬기를 잡았다는 개울은 앞산 터널 공사로 묻혀버렸다.

정 위원과 일행은 독립운동을 모의했던 이곳이 안내판은 물론 들어갈 길조차 없는 현실을 안타까워하며 사진을 찍고 발길을 돌렸으나 향산의 혼이 깃든 곳을 찾아보았다는 사실만으로 기뻐했다. 이 책을 통해 향산이 통령으로 추대된 것은 거제 군수를 지낸 전력과 남다른 애국심과 풍부한 재력 때문이었던 것으로 보였다. 지금도 그렇지만 일제강점기 군수는 상당한 고위직 공무원이다. 을사늑약이 부당하다며 사임하지 않았다면 천석꾼의 재산도 보전할 수 있었고, 일제로부터 우대를 받아 권력을 누리고, 가족을 건사하며 편안하게 살 수 있는 안정된 자리였다.

그런데도 독립운동이란 가시밭길을 선택했으니 응당 통령(統領)에 추대될 만하고 또한, 김해에서 태어나고 거제에서 군수를 했으니, 연고가 있는 창원 일대에서 독립운동을 전개하기가 훨씬 쉬웠을 것을 생각하니 평소 품고 있었던 의문이 다 풀였다.

1919년 체포되어 1920년까지 2년여의 옥고를 치르고, 상해임시정부에 자금을 지원하는 한편 장석영, 조긍섭을 도와 파리강화회의 제출할 독립청원서 영문 번역과 관계자의 출국 여비로 5,000원(2016년, 기준 2,700만 원 정도)의 거액을 지원하였다. 그러나 일제의 잔혹한 고문 후유증으로 환갑이 되던 그해 1942년 순국했다.

뿐만, 아니라, 그는 고령의 일신, 월배의 덕산학교 설립 이외 월배지역에 보통학교 유치 기성회장으로, 교남학교의 경영이 어렵게 되자 후원회를 조직하여 정상화하는 데 이바지하였고, 일인들의 대구체육회를 견제하기 위해 영남체육회장으로 대구종합운동장을 조선인이 많이 거주하는 비산동에 건설할 것을 주장했으며, 여운형, 박흥식, 윤치호와 더불어 조선중앙일보사를 창립하여 감사를 맡아 언론인으로도, 왜관에 향산상회를 열고, 대구의 자본가들이 참여한 대구은행 대주주로, 조선인이 운영하는 조양무진주식회사 이사, 대구상공주식회사 대표 이사 등 경제인으로 다양한 분야에서 힘들고 어려운 서민들을 위해 활동했다.

특히, 심산 김창숙(金昌淑)이 쓴 일화(一和) 최현달(崔鉉達, 전, 칠곡· 청도군수, 대구 판관역임, 청구대학 설립자 최해청의 아버지)의 행장에 의하면 일화의 집이 경매로 넘어가자 직접 사서 돌려주었다고 한다. 1991년 정부로부터 건국훈장 애국장이 추서되었다.

▲ 애국지사 향산 윤상태

손녀 윤 선생의 『지나간 것은

다 그립고 눈물겹다, 2018』는 그동안 궁금하게 여겼던 향산(香山)에
대해 많은 것을 알게 하였다. 향산 그는 갔지만 손수 심은 송석헌의
배롱나무는 그의 애국심처럼 해마다 붉은 꽃을 피울 것이다.

후배인 정진우 앞산공원 소장에게 이 사실을 알려주며 주변을 정
비하고 달비골을 찾는 시민들에게 지사(志士)의 유허지 임을 널리 알
릴 필요가 있다고 하였더니 쾌히 동의하며 2020년 진입로를 깨끗하
게 정비하고, 산책로 옆과 정자 안에 석재 서병오가 쓴 또 다른 이름,
첨운재(瞻雲齋)라고 쓴 안내판을 각각 설치하여 윤상태가 독립운동을
모의하던 첨운재를 쉽게 둘러볼 수 있게 하였다. 향산의 국가보훈처
의 독립유공자 향산의 공훈록은 다음과 같다.

| 독립유공자 공훈록

"경북 달성(達城, 현, 달서구, 상인동) 사람이다. 대한제국 정부에서 군수
로 재임 중 을사늑약(乙巳勒約)이 체결되자 사임하고 낙향하였다. 그
후 1911년 경북 고령(高靈)에서 일신학교(日新學校)를 설립하여 교육을
통한 국권회복운동을 전개하였다.

그러다가 1915년 음력 1월 15일 그는 박상진(朴尙鎭)·서상일(徐相日)·
이시영(李始榮)·박영모(朴永模)·홍주일(洪宙一) 등과 함께 달성군 안일암
(安逸庵: 현재 大邱市 安逸寺)에서 시회(詩會)를 가장하여 비밀결사 조선
국권회복단 중앙총부(朝鮮國權恢復團中央總部)를 결성하고 통령(統領)
에 선임되어 동단을 이끌었다.

동단은 대구를 중심으로 주로 경상우도(慶尙右道) 지역의 중산층 이

상의 혁신 유림들이 참여하여 사립교육기관과 곡물상의 상업조직을 통하여 독립군을 지원한 구국 경제활동 단체였다.

그는 서상일의 태궁상점(太弓商店), 윤한병(尹翰炳)의 향산상회(香山商會), 안희제(安熙濟)의 백산상회(白山商會)의 경영에도 참여하여 독립운동의 거점으로 삼았으며, 1917년 비밀결사 대동청년당(大同靑年黨)에 가입하여 3·1 독립운동 당시에는 동단의 변상태(卞相泰)·김관제(金觀濟)로 하여금 경남 일원에서 만세시위를 주도케 하였다.

1919년 3·1독립 운동의 영향으로 국외의 많은 애국지사들이 임시정부를 조직하고 독립군을 양성하는 등 독립운동의 기운이 고조되자, 조선국권회복단 중앙총부에서 단원들의 군자금 모연(募捐)을 통해 이에 필요한 독립운동 자금을 지원하였다.

또한, 그는 1919년 4월 장석영·김응섭(金應燮)·조긍섭(曺肯燮)이 주관하여 파리강화회의에 제출할 독립청원서를 작성, 영문으로 번역게 하였으며, 김응섭·남형우(南亨祐)가 이를 휴대하고 상해(上海)로 건너갈 수 있도록 자금을 지원하였다.

그러나 이 일로 인하여 그는 일경에 체포되어 옥고를 치렀다. 출옥 후 그는 향리인 달성군에서 덕산학교(德山學校)·송석정(松石亭)·회보당(會輔堂) 등의 교육기관을 세워 항일민족교육운동을 계속하였다고 한다.

정부에서는 고인의 공훈을 기리어 1991년에 건국훈장 애국장(1977년 대통령 표창)을 추서하였다."

조선국권회복단의 강령은 다음과 같았다. 첫째, 조선의 국권을 회복할 것, 둘째, 매년 정월 15일 단군의 위패 앞에서 목적 수행을 기도할 것, 셋째, 단원은 마음대로 탈퇴하지 말 것, 넷째, 비밀을 누설하지 말 것, 다섯째, 만약 이를 위반할 경우는 신명(神明)의 주벌(誅罰)을 받을 것, 여섯째, 결사대(決死隊)로 하여금 살육(殺戮)케 할 것을 서약서로 작성한다.

강령 중 단군을 나라의 뿌리로 본 점은 특이하다. 기밀부장 홍주일 등 일부 회원이 천도교 신도들이고 본부의 사무실을 천도교 교구와 함께 사용하는 데 영향을 받은 것은 아닐까?

출처: 대구독립운동사 광복회 대구광역시지부(2019)

통령	윤상태(달성)	전, 거제군수
외교부장	서상일(대구)	재헌 국회의원 역임
교통부장	이시영(대구, 초대 법무부장관 이인의 숙부) 박영모(합천)	
기밀부장	홍주일(달성)	공훈록에는 본적이 대구(남산동)
문서부장	이영국(대구), 서병룡(대구)	
권유부장	김규(마산)	
유세부장	정순영(대구)	
결사대장	황병기(전라도)	
마산지부장	안확, 역원: 이형재(마산), 김기성(마산)	
단원	우하교(달성), 배상연(성주), 서창규(대구) 편동현(영일), 조필연(상주), 윤창기(대구) 김재열(고령), 장석영(성주), 배상렴(성주) 박상진(울산), 정운일(대구), 신상태(칠곡) 이수묵(칠곡), 김응섭(안동), 조긍섭(달성) 최준(경주), 정용기(대구), 남형우(고령) 서상환(통영), 배중세(마산), 이순상(마산) 서상호(통영), 변상태(진해 또는 창원, 진전면), 황병기(전라도)	

간부 9명과 회원 24명 중 특히, 홍주일은 1916년 명신학교(훗날 기생 출신 육영 사업가 김울산 여사가 인수, 복명초등학교 전신)를, 1921년 교남학원 (현, 대륜 중고교 전신)을 김영서, 정운기와 함께 설립하고, 명신학교 교장 직은 자기가 직접 수행하면서 학생들에게 애국 사상을 고취하였고, 외교부장 서상일은 제헌국회에 진출 헌법 기초위원을 역임 정부 수립 에 이바지했으며, 회원 박상진은 대한광복회를 조직하여 총사령을 맡 아 독립군 지원 자금을 마련하기 위해 칠곡의 모 부호를 살해한 죄로 사형을 선고받고 많은 사람의 권유에도 변호사 선임을 거부하고 옥 중에서 처형되었다.

▲ 통령 윤상태 지사가 독립운동을 모의했던 송석헌(현재, 첨운재)

장석영은 이름난 유학자로 곽종석·김창숙(金昌淑) 등과 파리 강화회의에 독립청원서를 제출할 것을 협의하여 청원문 '파리장서'를 초안하고 유림 대표 137명 중의 한 사람으로 서명했으며, 대구대학(영남대학교 전신) 설립자 경주 최부자 최준도 회원으로 활동했으며, 같은 상인동 출신 유학자 노암(魯菴) 우하교(禹夏敎, 1872~1941)도 참가했다. 노암은 1919년 8월 윤상태가 붙잡혀 예심에서 증인으로 불려나가 같은 해 10월 소위 위증죄로 징역 6월형을 선고받고 1990년 건국훈장 애족장을 수훈했다.

조선국권회복단은 일경에 발각되어 많은 사람이 체포되면서 1919년까지 4년여 정도 존속할 수밖에 없었으나, 그러나 그 후에도 각자가 처한 위치에서 독립운동에 참여했다.

| 향산가(香山家)와 월배

향산은 본관이 파평이고, 다른 이름으로는 윤주경 또는 윤상우라고도 불렀다. 경남 김해시 명지에서 윤희순(尹羲淳)의 아들로 1882년 태어났다. 아버지 윤희순은 ?~1903년 7월 6일까지 현풍 군수를 역임했다. 1907년 상인동으로 거처를 옮긴 것은 누나와 자형 우하주(禹夏疇)가 살고 있던 곳이다.

『대구 독립운동사, 2018, 159쪽』 아버지 윤 군수는 훌륭한 목민관(牧民官)이었다.

유가면 금리 1088번지에는 1902년 빗돌을 세우고, 1904년 비각을 세운 "군수윤희순애민선정비(郡守尹羲淳愛民善政碑)"가 있다. 비문이 마모되어 전문을 해독할 수 없음이 아쉬우나 마지막 구절은 "혜택이 널리 퍼지니 00 더욱 길이 전하리라."라로 마무리되었다. 이렇게 대구로 온 향산은 월배에 대한 사랑도 남달라 소위 "월배육경"이란 시를 남겼으니, 다음과 같다.

토현신월(兎峴新月), 토끼고개의 초승달

눈썹 같은 달이 산 위로 솟아 하얀 기운 새로워졌다.

한 개의 갈고리 모양 차가운 옥 맑아서 티끌이라고는 없구나.

거문고 가져와 홀로 바라보며 난간머리에 앉았노라.

청초한 맛에 저절로 그림 속 사람 된 듯하네!

*토현: 달비골에서 수밭으로 넘어가는 고개

배잠낙조(盃岑落照), 배잠에 지는 해

뉘엿뉘엿 지는 해 서쪽 산으로 내려앉으며

한 줄기 밝은 노을 엷은 구름 거두네.

말고 고움 견줘 보니 아침 햇살보다 나은데

푸른 연기가 감싸고 감싸 평평한 숲을 가두네

*배잠: 화원동산, 즉 성산

임암효종(臨庵曉鐘), 임휴사의 새벽종

어렴풋한 숲 끝에 초가 암자가 있어
새벽 되자 희미한 종소리 개울 남쪽까지 들리네
저기 샘물 소리와 어울려 빈 골짝에 메아리치니
은둔자의 게으른 한잠을 흔들어서 깨우네
*임암(臨庵), 임휴사

낙강귀범(洛江歸帆), 낙동강에 돌아오는 배

멀리 떨어진 강가에 저물녘 돌아오는 돛단배
바람 받아 너풀너풀 석양에 돌아오누나
깨끗하고 고요한 절로 강호의 풍광을 실어오기에
술 동이 가지고 달지나 길 기다림이 더욱 좋구나.

도원초적(桃源樵笛), 동원동 나무꾼의 피리 소리

한 곡조 피리 부는 저녁 산의 나무꾼
끊어질 듯 이어지는 소리, 잡되고 소란함이 없구나
옳구나! 여기가 도원에서 멀지 않으니
소 타고 비스듬히 피리 부는 이 모두가 신선의 무리일레라.

가야운장(伽倻雲帳), 가야산의 구름 장막

우뚝 솟은 웅장한 소반 햇살 받으며 구름 띄어서

항상 빗기운 품어 어두워지기를 쉽게 하는구나.

비록 그림 솜씨 있어 진짜 형상을 그려 낸대도

맑았다. 흐렸다. 변하는 환상적 모습 그려 내기 어려우리

| 맺는말

달서구 월배는 대구에서 유일하게 2만 전 구석기 유적이 발굴되어 대구지역에서 가장 이른 시기에 사람이 살기 시작한 대구의 뿌리이다. 특히, 출토된 흑요석은 민족의 영산 백두산에서 가져온 것으로, 약 1만 8천 년 전, 즉 국조 단군이 태어나기 훨씬 이전 구석기인들에 의해 700~800㎞ 떨어진 먼 길을 통해 이동해 온 귀중한 유물이며, 또한 한 자수성가한 주민 승당(承堂) 조용효(趙鏞孝)는 쇠퇴해 가는 효 사상의 전통을 잇기 위해 1956년부터 오늘날까지 해마다 거르지 않고 대구·경북의 효자·효부를 뽑아 표창하는 보화원(補化院)을 설립한 효 문화의 개척지이며, 주민들의 애향심도 높아 대구의 구·군 중에서 가장 먼저 지역의 문화와 문화유적, 지명유래와 설화, 성씨와 인물, 민속과 민요를 담은 『월배향토지, 2006』를 발간했다.

뿐만, 아니라, 임란 시 대구지역에서 최초로 창의한 월곡(月谷) 우배선(禹拜善) 장군이 태어난 곳이자 공을 기리기 위해 조성한 "월곡역사 공원"은 대구 최초로 부지는 민간(단양우씨문중)이 기부하고 구와 시가 투자해 조성한, 즉 민과 관이 서로 협력하여 명소로 만든 곳이다.

이런 점을 볼 때 조선국권회복단의 최고 책임자 통령(統領)으로 부와

명예를 다 포기하고 독립운동단체를 조직하여 국권 회복에 헌신하고, 주민들의 교화와 애국 계몽 운동을 펼치기 위해 덕산학교를 설립한 향산을 기리는 사업은 달서구(월배)의 또 다른 자랑거리가 될 수 있으며 지역의 가치를 높일 것이다.

단원 중 서상일의 동상은 조양회관에, 이시영의 기념탑은 앞산공원 큰 골에 이미 서 있다.

1915년 2월 28일(음력, 1월 15일) 조선국권회복단 결성일과 45년 후 1960년 2. 28. 민주운동이 일어난 날이 같다. 다만 다른 점이 있다면 전자는 일제에 빼앗긴 나라를 되찾기 위한 궐기(蹶起)라면 후자는 부정선거를 막아 국민주권을 되찾자는 학생운동이라는 점이다. 비록 지향했던 바는 차이가 있어도 대구의 자랑이기는 마찬가지다.

한때 향산과 더불어 우국 지사들로 붐볐던 첨운재는 조용하기만 하다. 다행인 것은 달서구 노인문화대학 행복두레봉사단(회장 이명화) 회원들이 나서서 향산의 나라 사랑 정신을 기리며 수시로 잡초 제거며 주변 정리와 청소를 하고 있다.

금호강 선상시회(船上詩會)의 백미(白眉) 선사선유(仙査船遊)

금호강은 태초부터 아름다웠다. 그러나 그 가치를 최초로 높게 평가한 사람은 신라의 대문장가 고운(孤雲) 최치원(崔致遠, 857~?)이다. 그는 불과 12살이라는 어린 나이에 당나라로 유학하여 그곳에서 6년 만에 빈공과에 장원급제했다. 율수현위(溧水縣尉) 등을 지내고 황소(黃巢)가 난을 일으키자, 격문으로 그를 제압한 문장가로 중원에서도 널리 알려진 인물이다. 29세에 고국 신라로 돌아와 당시 세계 최 문명국 당나라의 제도와 문물을 도입하여 혼란한 국정을 바로잡으려고 했다.

그러나 신분의 한계로 뜻을 펼칠 수 없게 되자 천령(함양), 부성(서산), 대산(태인) 군수 등 외직을 자원하고 그 후 진성여왕에게 발탁되어 내직으로 돌아왔으나, 신분의 한계로 더 이상 고위직 진출이 어려움을 알고 시무책 10여 조를 올리고 물러나 해운대, 고운사, 지리산 쌍계사 등 전국의 명승지를 돌아다니다가 마지막 가야산에 들어가 종적을 감춘 것으로 알려진 분이다. 이러한 그의 방랑 과정에 금호강 하류 달성군 마천산 선사암 일대도 포함되었다.

『신증동국여지승람』 불우(佛宇) 조의 선사암(仙槎庵)에 "…암자 곁에 최치원(崔致遠)이 벼루를 씻던 못이 있다." 했고, 『대구읍지』 고적(古蹟)

▲ 현재의 선사 일대의 풍경, 왼쪽의 제방이 없을 때는 강은 바다 같이 넓었을 것이다.
서거정의 대구 십경의 제1경 금호범주도 이 일대의 뱃놀이를 지칭했다.

조에도 "선사(仙槎)는 하서(河西)의 하빈(河濱) 금호강 가에 있다. 문창후 최치원이 노닐며 쉰 곳이다. 난가대(爛柯臺)·무릉교(武陵橋)·세연지(洗硯池)가 있어 선사(仙槎)라고 부른다. 뒷날 이강서원을 세웠다."라고 했다. 선사(仙槎)는 "신선들이 타는 뗏목", 즉 이상향에서의 뱃놀이로 산수가 아름다운 곳이라는 뜻이다.

그가 어느 해 와서 얼마 동안 체류했는지 알 수 없으나 머문 것만은 사료들이 뒷받침하고 있다. 벼루를 씻은 것을 강조한 것을 보면 그의 마지막 작품이라고 여겨지는 수창군(현, 대구) 호국의영도장 이재(異才)에게 써 준 "신라 수창군 호국성 팔각등루기"가 이곳에서 쓰여진 것이 아닐까 하는 생각이 든다.

이후 선사암은 유학자이자 임란(壬亂) 시 대구 최초의 의병장 낙재

(樂齋) 서사원(徐思遠, 1550~1615)이 완락당을 짓고 사후 그의 제자들에 의해 이강서원(伊江書院)이 세워졌다. 지금의 달성군 다사읍 이천리 277번지다. 일대는 지금공단이 들어서고 제방과 도로가 건설되어 풍광이 많이 망가졌다. 그러나 19세기 지역의 선비 도석규(都錫珪, 1773~1837)가 중국의 명승지 서호(西湖)에 빗대 "선사"를 아우른 시 "서호병십곡(西湖幷十曲)"의 제3곡으로, 조선 후기 문신 경도재(景陶齋) 우성규(禹成圭, 1830~1905)는 "운림구곡(雲林九曲)"에서 제7곡으로, 학암(鶴巖) 신성섭(申聖燮, 1882~1959)이 "와룡산구곡(臥龍山九曲)"에서 제9곡으로 설정할 만큼 선사(仙槎)는 최치원과의 인연이 깊은 잊지 못할 곳이자 아름다웠던 것 같다. 금호강의 경승(景勝)은 조선 전기 최고의 문장가 사가(四佳) 서거정(徐居正, 1420~1488)이 대구의 아름다운 10곳을 노래한 대구십영(大丘十詠)에서도 빠지지 않았다.

제1영(詠) 금호범주(琴湖泛舟), 즉 금호강 뱃놀이였으며, 제8영 노원송객, 제10영 침산만조 역시 금호강의 노원에서 벌어지는 이별(離別)과 침산에서 바라보는 저녁노을과 더불어 3곳이 포함되어 있다. 다시 말해서, 신라 최고 문장가 고운, 조선의 최고 문장가 사가 서거정 모두 금호강의 경승(景勝)을 높이 평가했다.

금호강 뱃놀이는 17세기 초가 절정이었다. 특히, 임진왜란과 정유재란이 끝난 후 대구지역 사람의 영수 낙재(樂齋) 서사원(徐思遠)이 강학(講學)할 곳으로 선사암 옛터에 완락당(玩樂堂)을 지으니, 이를 축하하기 위해 인동의 여헌 장현광(張顯光)을 비롯한 원근의 선비 23명이 모여 뱃놀이를 즐기며 시회(詩會)를 열었다.

이 1박 2일 선유(仙遊)의 면면은 낙재, 서사원, 감호 여대로 등의 문집은 물론 1833년(순조 33) 화가 난파(蘭坡) 조형규(趙衡逵)가 그린 그림

▲ 금호선사선유도 난파 조형규 작(서수생
전 경북대 교수는 1833년에 그린 것으로
보고 있다.)

〈금호선사선유도(琴湖仙査船遊圖)〉에 잘 나타나 있다. 때는 임란이 끝난 3년이 되는 1601년(선조 34) 3월 23일 화창한 봄날 일단의 선비가 선사에서 배를 타고 중국의 성리학자 주희(朱熹, 1130~1200)의 어정시(漁艇詩) 출재장연중(出載長煙重, 아침노을 가득 싣고 떠나갔다가), 귀장편월경(歸裝片月輕, 조각달 싣고 가벼이 돌아오누나), 천암원학우(千巖猿鶴友, 첩첩 바위에서 원숭이와 학을 벗하고), 수절도가성(愁絶棹歌聲, 뱃노래 소리에 수심이 사라지네)의 20자로 구성된 시에서 각자 한 글자식 나누어 시를 지었다.

그러나 이들 중에서 곽대덕, 서항, 정연 등 3명은 어떤 이유인지 운(韻)자를 받지 못했고, 이종문, 정용, 서사진, 정약, 정선 등 5명은 받았으되 시를 짓지 못했다. 즉 23명 중 20명이 운자를 받고 그중 15명만 시를 지었으며, 5명은 시를 짓지 못했고 3명은 아예 운자도 받지 못했다. 승선자의 인적사항을 살펴보면 다음과 같았다.

승선자	호	득 자	거주지	주요 경력
서사원(徐思遠) (1550~1615)	낙재 (52세)	출(出)	대구	한강 문인, 임란 의병장, 저서 낙재집 구암서원에 배향됨 모당과 함께 대구사림을 주도
여대로(呂大老) (1552~1612)	감호 (50세)	재(載)	김천	한강 문인 1583년(선조 16) 대과 급제, 성균관 박사 김천 의병장
장현광(張顯光) (1554~1637)	여헌 (48세)	장(長)	인동	조선 중기의 학자, 공조판서 등 20여 차례 관직 에 불렀으나 응하지 않고 학문연구, 사후 영의정 에 추증, 시호 문강
이천배(李天培) (1558~1604)	삼익재 (44세)	연(煙)	성주	정구의 문인, 유학자, 천곡서원 중창, 덕암서원에 제향
곽대덕(郭大德)	죽오 (44세)		대구	임란 시 공산회맹에 참가, 죽곡에 사현재(似賢 齋)를 지어 후진 양성
이규문(李奎文) (1562~ ?)	지주헌 (40세)	중(重)	성주	무과급제 부안 현감 제직 시 창의, 안동, 종성 부사 전라좌도 수군절도사 역임 선무원종공신 증 병 조참판
장내범(張乃範) (1563~1640)	극명당 (39세)	장(裝)	인동	한강, 여헌 문인, 임란 시 창의, 증 공조참판, 저서 『가례의절』 소암서원 배향(配享)
송후창(宋後昌) (1563~ ?)	고헌 (39세)	귀(歸)	성주	여헌 문인 창신교위 역임
정사진(鄭四震) (1567~ 1616)	수암 (35세)	편(片)	영천	학문에만 전념, 선조가 왕자사부(師傅)로, 광해 군이 세마시직을 제수했으나 모두 사양, 여문십 현의 한 사람
이종문(李宗文) (1566~1638)	낙포 (35세)	월(月)	대구	계동 전경창의 사위, 1588년 사마시 합격, 팔공 산 의병, 비안, 군위 현감 하목정 창건, 선무원종공신
정용(鄭鏞) (1567~?)	(35세)	경(輕)	대구	한강, 낙재 문인, 임란 시 창의, 하빈동면장(東面 將), 영남충의단에 배향 의병장 정여강의 맏아들
서사진(徐思進) (1568 ~ 1645)	(34세)	천(千)	대구	임란 시 창의, 학문연구와 자기 수양에 전념
도성유(都聖兪) (1571~1649)	양직당 (31세)	원(猿)	대구	한강, 낙재 문인, 임란 시 창의, 용호서원 배향, 달 성 십현의 한 분 칠곡향교 건립 시 부지 희사, 저 서『양직당집』
정약(鄭鑰)	동헌(桐軒) (30세)	암(巖)	대구	임란 시 창의 하빈 서면유사(西面有事), 영남충 의단에 배향, 정수의 종형
정수(鄭錘) (1573~1612)	양졸재 (29세)	학(鶴)	대구	한강의 문인, 정용의 아우, 문명(文名)이 높았음. 칠곡 오양서원에 제향 달성십현의 한 분

승선자	호	득 자	거주지	주요 경력
도여유(都汝兪) (1574~1640)	서재 (28세)	우(友)	대구	한강, 낙재 문인, 이괄의 난 시 손처눌과 함께 창의, 달성 십현의 한 분 용호서원에 배향 마을 이름 서재는 그의 아호에서 따온 것임.
서항(徐恒) (1574~?)	(28세)		대구	낙재의 아들이다. 낙재일기, 낙재문집을 필사(筆寫)했다. 언양 현감, 수군 절제사를 지냈다.
정선(鄭銑) (1579~1644)	이계(伊溪) (23세)		대구	한강, 낙재 문인, 대구 십현의 한 분인 정수의 아우
서사선(徐思選) (1579~1650)	동고 (23세)	수(愁)	대구	1613년(광해군 5) 생원 시 합격, 이괄의 난 때 창의, 유일로 천거되어 예빈시 참봉을 지냄, 옥천서원에 배향
정연(鄭鋋) (1575~1637)	이헌(伊軒) (27세)		대구	동래인 이헌공파 파조, 족보상 이름 정횡(鄭鈜), 달성 십 현 정수의 아우
이흥우(李興雨) (1579~?)	(23세)	절(絶)	성주	모당 손처눌 문인
박증효(朴曾孝) (1581~?)	세심당 (21세)	도(棹)	영천	모당 손처눌 문인
김극명(金克銘) (1581~?))	반학정 (21세)	가(歌)	서울	모당 손처눌 문인

연령대를 보면 50대가 2명, 40대가 4명, 30대가 8명, 20대가 9명이고, 출신 지역별로는 서울 1, 성주 4, 김천 1, 인동(현, 구미시) 2, 영천 2, 대구 13명으로 대구 출신이 주를 이루지만 서울에서 온 분도 있었다. 본관을 동래로 쓰는 정용, 정수, 정연은 형제간이다. 15명의 작품 중에서 낙재, 여헌, 감호 3분의 작품을 소개하면 다음과 같다.

서사원: 득(得) 출(出)자

저무는 봄에 한을 견딜 수 없어,　　　　　(春殘恨不堪)

노을 가득 싣고 봄놀이 가네　　　　　（滿載烟霞出)

사방에서 뜻있는 이 모여드니,　　　　　(心人自東西)

구름 안개 기쁘게도 막 걷혔다.　　　　(雲霧欣初豁)

이수(伊水)와 낙수(洛水)의 물을 거슬러 올라가니,

　　　　　　　　　　　　　　　　　(伊洛始沿浙)

물이 깊은 곳에서 발원하는 것을 기대한다.　(原泉期濬潑)

햇빛은 아름답게 고이 빛나고,　　　　　(麗日爲明媚)

풍광은 숲 그늘을 흔들어대네.　　　　　(光風振林越)

한들한들 구름 헤쳐 은하수를 넘어　　　(搖搖入雲漢)

똑바로 월궁을 찾아 들어올제,　　　　　(直抵探月窟)

청풍이 두 겨드랑이 사이에 불어,　　　　(淸風生兩腋)

취하여 나는 신선을 끼고 창공을 나는 듯.　(醉挾飛仙忽)

<h2 style="text-align:center">장현광(張顯光): 득(得) 장(長)자</h2>

어제 놀던 그 일을 그려보니,　　　　　(追思作日遊)

지난 일의 그 뜻이야 깊지 않으랴.　　　(事過意何長)

어른들과 젊은이들 수십 명이,　　　　　(長幼數十人)

한 배를 취향으로 만들었지.　　　　　　(一船爲醉鄕)

바람 따라 배 멋대로 흘러가니,　　　　(隨風縱所如)

가도가도 그 방향이 희미하구나.　　　　(去去迷其方)

유연한 이 속의 즐거움이야,　　　　　　(悠悠箇中樂)

술 마시고 시 읊는데만 있나.　　　　　(豈但在詠觴)

저물어 강촌에서 이 밤 지새니,　　　　(暮投江上村)

배꽃 향기 저 멀리서 풍겨 올시고.　　　(梨花來遠香)

새벽녘에 일어나 벗들에게 당부했지,　　　(曉起觸諸勝)

이 뱃놀이 길이길이 잊지 마소.　　　(玆遊永不長)

여대로(呂大老): 득(得) 재(載)자

봄빛을 모두 다 여기에 거두어,　　　(收拾春光盡)

조각배에 그 빛을 가득 실었네.　　　(滿却孤舟載)

천지간 수많은 전쟁　　　(乾坤百戰餘)

저 산하는 탈 없이 있구나.　　　(山河無恙在)

달빛 어린 맑은 물 거슬러 올라가니,　　　(沿洄擊空明)

평평한 저 물결이 하늘에 닿았네.　　　(連天流逸逸)

산들산들 봄바람에 배를 맡기고,　　　(飄飄任所之)

아득한 푸른 바다 저어가누나.　　　(萬頃凌滄海)

최치원은 가고 오지 않건만,　　　(儒仙去不還)

저 풍경은 이내 몸을 기다린 듯.　　　(景物如我待)

석 잔 술에 호기가 발동하니,　　　(三盃豪氣發)

온 우주가 내 품 안에 가득할시고　　　(宇宙皆度內)

이 선유 이외에도 1603년(선조 36) 5월 10일 서사원이 선사재에서 배를 타고 세심정에 묵고, 이튿날은 도동의 곽재겸 12일은 세심정에 도착하여 유숙하고 13일에 돌아감 이즈음 서사원, 곽재겸, 이주, 전한(全澣) 등이 함께했으며, 1606년(선조 39) 2월 26일 역시 서사원이 선사재에서 상주에서 온 검간(黔澗) 조정(趙靖, 1555~1636)과 함께 배를 타고 세심정에 가서 술자리를 가졌다는 기록이 보인다.

선사재는 다사에, 세심정은 무태에 있다. 따라서 양 정자를 금호강 뱃길을 통해 오고 갔음을 알 수 있다. 계동 전경창의 연보를 통해 살펴본 기록이다.

모당 손처눌의 연보에는 "정 선생(한강)을 모시고 선사에서 강론하고 이어서 낙동강에서 선유를 가졌는데 모인 사람이 모두 70명이었다(1605년, 3월)."라고 한 것 역시 금호강은 단순히 물이 흐르는 강이 아니라, 지역 선비들의 강학 공간이자, 창작의 무대, 손님의 접대 장소이고, 주요 교통로, 삶의 터전이었다.

특히, 대구 성리학에 꽃을 피운 한강 정구(1543~1620) 역시 낙재, 모당, 여헌 등과 이 일대를 수시로 주유(舟遊)하였으며, 물길 710리 뭍길 20리 동래온천행, 즉 봉산욕행도 금호강 서재 가지암에서 출발했다.

이런 점에서 금호강은 지역 문인들의 소통하고. 교유하며, 학술과 문학 발전의 구심점 역할을 했고, 이런 잦은 모임을 통해 결속력을 높이고 대구 문풍을 활짝 꽃 피웠다. 그중에서 승선자가 가장 많고, 임란으로 사회 전반이 매우 피폐한 상황임에도 유대강화와 학구열이 매우 뜨거웠음을 알 수 있게 한 선사선유 시회(詩會)가 백미이다.

선상 시회(詩會)를 보다 사실적으로 살펴볼 수 있게 한 앞서 소개한 〈금호선사선유도〉는 현재 대구의 마지막 유학자로도 불리던 임재(臨齋) 서찬규(徐贊奎)의 현손 서대교(徐大敎)가 소장하고 있다. 전 경북대 서수생 교수는 "조선 교육사상사(敎育思想史上)에서나 한문학사상(漢文學史上), 회화사상(繪畫史上)에도 응분(應分)의 가치를 인정할 수 있는 작품"이라고 평가했다. 문화재로 지정하는 방안도 검토해 볼 만하다.

비슬산(琵瑟山)은 이름에 임금 왕(王) 자가 네 개 들어있는 영험한 산이기 때문에 4명의 왕이 배출될 것이라는 전설이 있다. 민주주의를 지향하는 오늘날에 절대 권력자인 왕이 태어날 수는 없지만, 권력의 정점에 있는 사람을 왕에 비유한다면 대통령이 바로 왕일 수도 있다.

▲ 폐사되었다가 2014년 복원된 대견사(사진, 매일신문)

공교롭게도 대구에서는 박정희. 전두환, 노태우, 박근혜 등 4명의 대통령을 배출했다.

특히, 박근혜 대통령은 태어난 곳은 중구이고, 아버지의 고향이 경북 구미이지만 몇 년 전 선거구를 달성군으로 옮겨 국회의원을 거쳐 대통령에 당선되었다.

그러나 달성군 사람들은 박정희, 전두환, 노태우 대통령은 대구에서 성장기를 보내거나 태어난 인물이기는 하지만, 비슬산 정기를 직접 받지 않았기 때문에 박근혜만 인정하고 아직도 3명의 대통령이 더 태어날 것으로 믿는다.

남쪽 대견사(大見寺)는 절을 지을 때 조성한 축대가 그대로 남아있었고, 해발 1,000m 정도로 높지만, 샘물이 솟은 신비하면서도 전망이 좋은 곳이다.

▲ 대견사 삼층 석탑과 저녁노을

저녁노을이 기가 막힐 정도로 아름답다. 특히, 대견사지 삼층석탑 (대구시 유형문화유산)이 긴 그림자를 드리우고 낙조의 붉은 빛이 낙동강

물에 반사되면 형언할 수 없는 색을 나타낼 때는 황홀하기까지 하다.

대구에는 15세기 서거정이 대구의 아름다운 열 곳을 읊은 십영(十詠)이 있다. 그러나 오랜 세월이 흐르면서 노원이나, 금학루, 남소 등은 흔적도 없이 사라졌고, 입암(笠巖)은 그 위치에 이설(異說)이 있어 현재 대구를 대표하는 경승(景勝)이라고 할 수 없다. 뿐만, 아니라, 대구의 행정구역도 당시보다 확장되어 비슬산도 대구 땅이 되었다. 따라서 문제를 안고 있는 대구십영을 현 여건에 맞게 새로 제정할 필요가 있다.

그때가 된다면 국내 최대의 참꽃군락지도 좋지만 "대견사 3층 석탑에서 바라보는 낙조(落照)"는 반드시 포함되어야 한다고 생각하고 그런 제안을 할 수 있는 기회가 주어지기를 바라고 있다. 그러나 아직 오지 않았다. 그런데 대견사를 다시 생각할 기회가 우연히(?) 왔다.

달성군(군수 김문오)이 주체가 되어 대견사 중창 불사를 하는데 추진위원으로 위촉받았기 때문이다. 대견사지의 낙조를 십영에 반영하는 작업은 아니지만, 이곳에 관심을 가질 기회가 다시 주어졌다. 달성군에서 만든 자세한 자료를 보니 여느 사찰과는 다른 특별한 창건 내력이 있었다. 그러나 무엇보다 놀라게 한 것은 오랫동안 찾고자 했던 보당암이 바로 대견사라는 기록이었다.

삼국유사가 군위 인각사에서 간행되어 군위군이 "삼국유사의 고장"이라며 일연스님의 현창(顯彰) 사업을 군정의 역점시책으로 추진하고 있지만, 국존 일연스님은 태어난 곳은 경산이고 득도한 곳은 비슬산이다.

인흥사, 용천사 등은 이미 알려진 스님의 수도 도량이나 보당암, 묘문암, 무주암 등은 지금은 없어져 어느 곳에 있는 암자를 말하는지 알 수 없었다.

특히, 보당암에서는 무려 22년간이나 머물렀다는데 그곳이 바로 수시로 찾아 낙조를 바라보며 즐겼던 대견사라고 하니 놀라지 않을 수 없었다.

대견사는 신라 41대 헌덕왕(憲德王, 재위 809~826) 대에 창건되었다고 한다. 임진왜란 때 많이 퇴락했고 들보 위에 책자가 있었는데 그 내용이 산세가 내뿜는 기가 일본의 대마도를 눌러 절을 지었으며 임란 때 초유사로 활동했던 학봉 김성일이 읽어보았으나, 그 후 분실하고 절도 폐사가 되었다고 전해온다.

고려가 대장경을 만들어 몽골군을 물리치려고 한 것처럼 신라는 이 절을 통해 왜구(倭寇)의 발호를 막으려고 했던 것 같다. 또 다른 이야기로는 "중국의 당나라 황제가 절을 지을 곳을 찾던 중 세수(洗手)를 하고자 할 때 대야에서 한 폭의 아름다운 산수가 눈에 들어왔다. 황제가 그곳에 절을 짓기 위하여 온 중국 천지를 뒤지다가 마침내 신라에서 찾게 되었는데 그곳이 바로 비슬산 주봉에서 1㎞ 정도 떨어진 곳으로 절을 지으니 당나라에서 보이는 절이라 하여 큰 대(大) 볼 견(見) 자의 대견사(大見寺)라고 하였다."라고 한다.

그러나 고려 시대에 보당암이라고 했고, 1416년(태종 16)과 1423년(세종 5년) 경상도 현풍현 대견사의 관음상이 땀을 흘린 이적이 있었다는 왕조실록의 기록으로 보아 조선 초기에 이름이 대견사(大見寺)로 바뀐 것 같다.

광해군과 인조 대에 중창이 있었다고 한다. 창건 설화에서 대마도의 기를 누르려고 했던 것과 같이 일본인들에게는 기피 대상의 절이었던 것 같다. 1900년(고종 37), 이재인(李在寅) 스님이 조선의 마지막 황태자 이은(李垠, 1897~1970)이 영친왕(英親王)에 봉해지자, 축하하며 수복(壽福)을 기원했다고 한다.

1917년 조선총독부에서는 동화사 말사로 있던 대견사를 마침내 폐사 시켜버리고 그 사실을 관보에 게재했다. 달성군에서는 대한불교조계종 제9교구 본사 동화사의 말사로 2014년은 완공했다. 건축 양식을 두고 추진위원 간에 토론이 있을 때 일연 스님이 고려 시대 인물인 만큼 고려양식이 되어야 한다고 제안해 그렇게 실현되었다. 유서 깊은 절 중창에 참여할 기회가 주어진 행운을 부처님께 감사한다.

| 한훤당 생애

한훤당 김굉필(1454~1504)은 본관이 서흥으로 증조부 예조참의 김중곤(金中坤)이 현풍인 병조전서 곽주의 딸과 결혼하여 처향 현풍에 정착하게 되었다. 그러나 할아버지인 의영고사 김소형이 개국공신 조반(趙胖)의 사위가 되면서 한양에도 연고를 가지게 되어, 할아버지 이래 살아오던 한성부, 즉 서울시 정릉동에서 태어났다.

1472년(성종 3), 18살 때 경남 합천군 야로면 말곡 남교동에 사는 순천인 박예손의 딸과 혼인했다. 장인이 서재로 한훤당(寒暄堂, 합천군 가야면 매안리 989)을 지어주었다. 그는 이곳에서 가야산 내원사를 왕래하며 학문을 닦고 시를 짓기도 했다.

1474년(성종 5) 20세에 점필재 김종직의 문인이 되었다. 1478년(성종 9) 24세에 "임소각음"과 "상 지지당"을 지었다. 26세 생원시에 합격했다.

1483년(성종 14) 29세에 자칭 "소학동자"라고 하였다. 32세에 점필재와 갈라섰다. 40세인 1494년(성종 25) 경상감사 이극균의 천거로 남부참봉에 나아갔다. 이어 사헌부감찰, 형조좌랑으로 옮겼으나, 무오사화가 일어나 김종직의 제자라는 이유로 곤장 80대를 맞고 1498년(연산군 4) 44세에 평안도 희천에 유배되어 봉화대를 관리하는 허드렛일을 맡았다. 이때 조선 선비의 표상으로 불리는 정암 조광조(趙光祖)를 대구 출신 양희지(楊熙止)의 추천으로 제자로 맞아드렸다. 1500년(연산군 6) 46세에 다시 전남 순천으로 옮기고 4년 후인 1504년(연산군 10) 50세로 사약을 받고 타계했다.

1575년(선조 8) 우의정 추증되고 문경공(文敬公)이라는 시호가 내려졌으니 "문(文)은 도덕이 있고 들은 것이 넓다는 뜻이요, 경(敬)은 새벽에 일어나고 늦게 잠자서 깨우치고 조심함을 이룬 것이다."라는 뜻이다.

다음 해에 이조 정랑 김성일이 시호를 받들고 본가로 와서 전했다. 1610년(광해군 2) 대간과 성균관 및 각도 유생들의 상소로 정여창·조광조·이언적·이황 등과 함께 오현(五賢)의 수현(首賢)으로 문묘(文廟, 공자의 신위를 모신 사당)에 배향되었다.

아산의 인산서원, 서흥의 화곡서원, 희천의 상현서원, 순천의 옥천서원, 현풍의 도동서원 등에 제향되었다. 저서로는 『경현록』 등이 있다. 특히, 도동서원(1605)은 2020년 7월 6일 소수서원(1543), 남계서원(1552), 옥산서원(1572), 도산서원(1574), 필암서원(1590), 병산서원(1613), 무성서원(1615), 돈암서원(1634)과 함께 유네스코 세계문화유산으로 등재되었고, 이외 순천의 옥천서원(1564)은 호남에서 가장 먼저 세워진 서원이자 최초의 사액서원(1568)인 점이 특이하다.

▲ 한훤당 '김굉필 선생' 상

한훤당은 유림의 사표로 존경받은 인물이기는 하나, 대구에서 직계 후학을 두지 못했음은 아쉬움으로 남는다. 그러나 외증손 한강(寒岡) 정구(鄭逑)에 의해 도동서원이 건립되고, 그의 도학이 대구사림(大邱士林)에 의해 오늘날 대구가 "대한민국 교육수도 대구"로 발돋움할 수 있는 기반이 되었다. 그의 업적 대강을 요약해 보면 다음과 같다.

◇ 길재‒ 김숙자로 이어지는 조선 성리학의 계승자이다.
◇ 소학을 최고의 가치로 여겼다.
◇ 문묘에 배향된 동방오현의 수현이다.
◇ 호남 유학 발전에 디딤돌이 되었다.
◇ 조광조 등 뛰어난 제자를 배출했다.
◇ 대한민국 교육수도 대구의 뿌리가 되었다.

『경현록(景賢錄)』에는 모두 13편의 시가 전하는데 그중 2편은 본래 빠져있던 것을 다른 자료에서 얻은 것으로 이 글에서는 제외했다. 총 11편에서 그나마 2편은 사우(師友) 지지당의 시이고, 공의 시는 9편이다. 이 중에서 지지당에게 보내는 시가 4수이다. 희천이나 순천 등 유배 생활을 하면서 겪은 고초나 억울함에 대하여 감회가 남달라 글감이 많았을 것이나 사화로 수습할 수 없어 그런지 작품이 많이 남아 있지 않다. 그러나 작품 수준은 매우 높다는 평가를 받는다.

| 한훤당의 시의 세계(世界)

1. 임소각에서 읊음(臨沼閣吟)

달빛은 가없는 땅을 감쌌고,	月鎖無邊地
못 물은 쉼 없는 하늘을 머금었네.	池涵不住天
내가 여기와 여름을 보내고 있으니,	我來消畏日
바람 타고 다님보다 한결 낫구나.	絶勝馭冷然

한훤당(寒暄堂)이 36세 되던 해(1490) 5월에 청도 출신의 탁영(濯纓) 김일손(金馹孫: 1464-1498)과 가야산 내원사에 있는 조현당(釣賢堂)에서 강학하였다. 이 시는 그때 지은 것이다.

암자 옆에는 득검지(得劍池)라는 못이 있고, 그 곁에 임소각(臨沼閣)이라는 건물이 있었다. 이 시는 한훤당의 자연을 보는 시각이 잘 녹아 있는 작품이라고 평가받는다. 즉 어느 초여름날 고요한 달밤에 못에 비친 흘러가는 밤하늘의 구름과 별을 보며 자연 속에서 진리를 찾으며 세속의 굴레에서 벗어나고자 하였다. 초여름 가야산에서 보내는 마음이 신선들이 바람을 타고 다니는 것보다 낫다고 했다. 절은 없어졌다.

2. 배 위에서(船上)

배는 하늘 위에 앉아 있는 듯하고,	船如天上坐
물고기는 거울 속에 노니는 것 같네.	魚似鏡中遊

술 마신 뒤 거문고 안고 돌아가나니,　　　　飮罷携琴去

강 복판에 달빛이 배에 가득 찼다네.　　　　江心月一舟

한훤당이 배를 타고 앉아서 고개를 숙여 물밑을 보니, 물속에서 노니는 고기들이 거울 속에서 노니는 것과 같다. 물이 그만큼 맑다는 말이다. 한훤당의 마음도 이 잔잔한 물처럼 맑기만 하다.

이제 강 위 배에서 술을 마시고 거문고를 안고 돌아가려 한다. 물론 노 젓는 사공이 따로 있다. 그러나 돌아가려 하니 달빛이 배에 가득 차 우주 만물이 모두 정지된 것 같다. 이 시는 한훤당이 세상일에 거리낌이 없다는 일반적인 평가와 차이가 있는 서정적인 작품이라고 평가한다.

▲ 도동서원 전경

3. 소학을 읽음(讀小學)

글공부를 하였어도 천기를 몰랐더니,	業文猶未諳天機
『소학』에서 어제까지의 잘못 깨달았네.	小學書中悟昨非
이로부터 정성껏 자식도리 다 하련다,	從此盡心供子職
잗달게 어찌 잘 사는 사람 부러워하랴.	區區何用羨輕肥

한훤당은 많은 책을 읽었으나 세상 사는 이치를 깨닫지 못했다. 그러나 『소학』을 통해서 인간이 지켜야 할 도리를 깨달았다. 이후 그는 사서삼경 등 수준 높은 경전에 매달리기보다는 가장 기초적이지만 사람이라면 반드시 지켜야 할 규범이 적힌 8세 전후 아동들이 읽어야 할 소학을 몸소 실천하여 학문과 벼슬이 높지만, 생활이 바르지 못한 사람을 부러워하지 않겠다고 다짐했다. 실제 그는 이후 스스로 "소학 동자(小學童子)"라고 하였다.

4. 삼가 지지당께 드림(伏묘止止堂)

해 저문 산마을에 세월이 깊었는데,	斜界山村歲月深
적막할 손 이내 마음 아는 이 없네.	蕭條索莫少知音
이웃을 옮겨 고양[高靈]으로 가서,	徙隣欲向高陽地
시 구절 잘못된 곳을 고침 받자네.	詩病時時得細鍼

사흘 밤을 은근히 적선(謫仙)의 꿈꿔,	三夜慇懃夢謫仙
남쪽 하늘 우러르는 마음 어찌 견디리.	那堪瞻仰斗南天

섬계(剡溪)의 그지없는 흥취를 타고서,　　欲乘無限剡溪興

눈 달빛에 산처럼 솟은 어깨 서로 보려네.　　雪月相看山聳肩

이 시는 한훤당이 24세에 쓴 작품이다. 성주 출신으로 17세나 많은 죄를 지어 유배 생활을 하는 올곧은 선비 지지당(止止堂) 김맹성(金孟性)을 만나 시를 지도받기 위해 고령을 찾았다.

공은 지지당을 적선(謫仙), 즉 중국의 천재 시인 이태백에 비유할 만큼 존경했다. 또한, 그의 시를 배우려는 열정을 진(晉)나라 왕휘지(王徽之)가 폭설이 내린 밤에 술을 마시며 좌사(左思)의 초은(招隱) 시를 읊다가 갑자기 섬계(剡溪)에 있는 친구 대규(戴逵)가 생각이 나서 밤새 배를 저어 그 집을 찾아갔던 고사와 같은 생각을 가졌다.

즉 자신이 존경하고 그를 알아주는 사람이 생각나면 거리가 멀고 가까움에 관계없이 찾아가는 한훤당의 시작(時作) 열정을 잘 나타내고 있다.

5. 지지당께 받들어 화답함(奉和止止堂)

시내 가에 정자 있어 시름을 씻었고,　　川上亭開愁已洗

빗속에 읊고 나도 흥이 아직 남았네.　　雨中吟罷興猶存

지금부터 오가며 가르침을 받아서,　　從今來往承提耳

천지를 바로잡는 데 이르고 싶답니다.　　托庇期將到轉坤

이 시는 고령(高靈) 벽송정(碧松亭) 현판에 걸려 있었다. 선배인 지지당(止止堂) 김맹성(金孟性: 1437 -1487)의 시에 화답하였다. 지지당이 머무는 곳은 시냇가이다. 한훤당이 이 시를 지은 시기는 1478년에서 1482년 사이이다.
지지당은 1470년 성종 즉위 초에 유일로 천거되어 중부 참봉이 된 분이다.
1476년 문과에 급제하여 사간원(司諫院)의 헌납(獻納)과 정언(正言)을 지내
면서 맡은 임무를 다하였다. 1478년 홍문관 들어가 문한(文翰)을 맡았다.
이때 좌부승지 임사홍(任士洪: ?-1506)과 함께 도승지 현석규(玄錫圭: 1430-
1480)를 탄핵한 죄로 고령(高靈)에 유배되었다가 1482년 풀려난 분이다.
이 시는 한훤당의 기개를 거침없이 드러내고 있다. 장부의 기개만 드러낸
것이 아니라 자신의 사회개혁에 대한 강한 의지를 공표하여 이를 더욱 굳
건히 하고 있다.

6. 회포를 서술한 두 수를 지지당께 올림(述懷二絶上止止堂)

임금 가까이 봄날 옥당에서 휘두르는 붓,	日邊揮翰玉堂春
자욱한 푸른 구름 뒤에 떠들썩한 먼지들.	靄靄靑雲鬧後塵
재 너머 띠 집에 책 베고 누운 밤,	嶺外枕書茅屋夜
곱고 고운 외로운 저 달 제 차지랍니다.	娟娟孤月屬斯人

칠월에 화답(和答)하신 시를 받잡고,	暫把酬章七月天
세 번 분향 세 번 목욕 높은 덕을 우러르네.	三熏三浴仰高堅
작별한 뒤 어느덧 다섯 달이 지났는데,	暌來已見五朓朒
맑은 꿈만 지지당 앞을 찾아간답니다.	淸夢勤尋止止前

이 시는 한훤당이 42세 되던 해(1496) 군자감 주부, 사헌부감찰(司憲府監察)

로 있을 때 지은 것으로 보인다고 한다. 공은 이듬해(1497)에는 형조좌랑이 되었다. 이시는 한훤당이 옥당(玉堂, 홍문관의 별칭))에서 공무를 처리하면서 많은 책과 씨름하며 지냈다. 간관(諫官)으로서 할 일이 많음을 묘사하고 있다. 그러나 딱딱한 관직을 벗어나 언젠가는 자연에 묻혀 살기를 희망하며 지지당과 서로 이별한 뒤에도 그를 생각하고 있다. 헤어진 뒤 다섯 달이 지났지만, 밤이면 밤마다 꿈속에서 지지당을 찾아간다. 그만큼 공은 지지당을 존경했다.

7. 화답함(和)

–지지당시집(止止堂詩集) 권1에는 이 시의 제목이 "김대유(金大猷, 한훤당의 字)의 시에 차운하다."로 되어있다.

깨끗한 그대 마음 세상 밖의 봄이로다,	灑落胸中物外春
구름 뚫고 솟은 날개 속세를 떠났다네.	凌雲逸翮迥離塵
묻노라 그때 기둥에 이름 적은 나그네	爲問當時題柱客
뒷날 비단 버린 사람일 줄을 누가 알리.	誰知他日棄繻人

임금 은혜 못 갚았으니 하늘을 어찌하리,	君恩未報奈何天
다만 궁한 가운데도 지조는 더욱 굳네.	但覺窮中志益堅
온갖 계획 깊은 생각, 시름에 잠 못 들고,	百計深思愁不寐
몇 번이나 등 아래서 맑은 눈물을 흘리네.	幾回淸淚落燈前

이 시는 경현록에 등재되어 있으나, 지지당 김맹성의 작품이다. 앞의 부분은 한훤당이 장차 큰일을 할 사람이라는 칭찬하는 글이고 뒷부분은 지지

당 자신의 처지를 나타내는 글이다.

시 중 제주객(題主客)은 "한나라 사마상여(司馬相如)라는 사람이 촉중(蜀中)에서 장안으로 가면서 승선교를 지나다가 다리 기둥에 글을 쓰기를 '귀하게 되어 높은 수레와 사마(駟馬)를 타지 않으면 이 다리를 지나지 않으리라' 하더니 과연 그대로 되었다는 이야기이고, 기유인(棄綖人)은 한나라 종군(終軍)이 장안으로 가는데 관문을 통과할 때 지키는 관리가 비단 한쪽을 끊어주면서 '돌아올 때 이것을 가져와서 증명하라' 하였다. 종군은 그것을 버리고 '내가 장차 임금의 명을 받아서 사절이 되어 나올 것인데 이따위가 무슨 소용이랴' 하였는데 그 뒤에 과연 사절로 관문에 당도하니 관리들이 알아보고 '이 분이 전 일에 비단을 버리고 갔던 소년이다." 하였다는 고사를 인용한 바 지지당이 한훤당을 두고 장차 크게 될 사람이라고 격려한 표현임.

8. 길 가 소나무(路傍松)

늙은 소나무 한 그루가 길가에 서서는,　　　　一老蒼髥任路塵
분주히 오가는 길손들을 맞고 보내네.　　　　勞勞迎送往來賓
찬 겨울에도 너와 같이 변치 않는 마음,　　　　歲寒與汝同心事
지나가는 사람 가운데 몇이나 보았느냐.　　　　經過人中見幾人

경현록에는 시에 등장하는 소나무가 밀양에 있다고 했다. 사람은 주변 상황의 변화에 따라 언제나 변한다. 그러나 의지가 강한 사람은 그렇지 않다. 세상에는 의지가 강한 사람이 그다지 많아 보이지 않는다. 한훤당은 홀로 서 있는 길가의 소나무처럼 상황이 나빠진 뒤에도 흔들리지 않고 꿋

꿋이 버틸 사람이 별로 없을 것을 암시하고 있다.

이 시는 스스로 다짐이면서 세상에 대한 불만을 묘사하고 있다. 젊은 나이의 한훤당이 앞으로의 자신의 삶에 많은 어려움이 있을 것을 예견한 시이기도 하다. 훗날 일을 생각해 보면 일종의 참언(讖言)을 담은 시라고 하겠다.

9. 회포를 씀(書懷)

▲ 소학당(처음 환훤당으로 불렀으나 불타고 새로 지으면서 이름을 바꾸었다)

홀로 한가롭게 사니 오고 가는 이도 끊기고,　處獨居閒絶往還

외롭고 싸늘히 비추는 밝은 달을 불러보네.　只呼明月照孤寒

그대는 번거롭게 나의 살림살이 묻지 말게,　煩君莫問生涯事

뜰 가득 메운 자욱한 물안개와 겹겹의 산뿐.　數頃烟波數疊山

이 시는 공의 장인이 지어준 합천군 가야면 매안리 989번에 있는 지금은 이름이 소학당으로 바뀐 한훤당에서 읊은 시이다. 자신은 현재 홀로 지내고 있다. 혼자 있다는 것은 호젓하기도 하겠지만 또 아쉬울 때도 있다. 혼자 지내니 한가로울 수밖에 없다. 오고 가는 이도 끊겼다고 했으니, 자신을 찾아오는 사람이 거의 없다는 말이다. 어린 시절을 번화한 서울에서 보낸 데 비해 이곳 첩첩산중에서 느낀 소회를 읊었다. 자신은 현재 외부와 단절된 체 혼자서 지내고 있다. 외로움이라는 것은 사람의 마음을 가라앉게 한다. 자신의 마음이 지금 침잠(沈潛)하고 있다. 오직 대화 상대는 공을 비춰주는 싸늘한 달뿐이다.

10. 지지당께 올림(上止止堂)

무더운 여름날에 어떻게 지내시는지요? 나날이 새로워지길 우러러 사모합니다. (저는)선생님 덕택에 지금도 전과 같이 잘 지내고 있습니다. 여기에 제가 이전에 찾아뵈러 갔다가 뵙지 못하고 돌아온 회포를 서술하여 근체시 한 수를 지어 올리니, 한 번 보시고 화답하여 주시기 바랍니다. 가서 찾아뵐 날을 기약할 수 없습니다. 삼가 건강하시기를 빕니다. 절하며 답장을 드립니다.

선생의 도덕 울타리를 엿보고 싶어서,	欲瞰先生道德藩
야천(倻川)의 서쪽 마을을 찾아 갔었네.	爲尋倻水水西村
마구간엔 말 울음소리가 들리지 않고,	閑中恨欠嘶風馬
문밖엔 달밤에 우는 원숭이만 남았네.	門外驚留嘯月猿

첫봄에 비 온 뒤라 개구리 소리 들리고,　　凍雨過來聞兩部

강물이 휩쓸고 가 나무뿌리 드러났네.　　長江呑去露孤根

이리저리 배회했지만 임을 뵙지 못해,　　彷徉不得承顔采

멍하니 아득한 심사에 애만 끊는다네　　惘惘悠悠正斷魂

한훤당은 지지당을 선생이라 불렀다. 앞에서도 언급했듯이 한훤당은 지지당보다 17살이 적다. 공은 지지당의 흐트러지지 않는 삶이 보고 싶고 시작(詩作)도 지도받고 싶어 그를 찾았다.

그러나 마구간에서는 말 울음소리가 들리지 않는다. 지지당이 출타하고 없음을 간접적으로 묘사하고 있다. 공은 또 문밖에는 달밤에 울부짖는 원숭이만 남았다고 하였다.

실제로 우리나라에는 원숭이가 없다. 따라서 상투적인 중국 시인의 말을 그대로 인용한 것인지, 아니면 늑대 등 산짐승 울음소리를 원숭이에 비유하여 표현한 것으로 보아야 할 것 같다. 존경하는 사람인 지지당의 집을 찾아갔으나 그가 집에 없다. 이때 먼 길을 찾아 나선 그의 심정은 허탈하다. 첫봄에 비 온 뒤라 개구리 울음소리가 들려 평화롭기는 하나 나무뿌리가 다 드러날 정도로 험한 길을 마다하지 아니하고 찾았다.

그러나 만날 수 없는 안타까움에 집 주위를 이리저리 배회하다 돌아올 수밖에 없으니 안타까운 마음에 애가 끊는다고 하였다.

11. 화답함(和)

–지지당시집(止止堂詩集) 권1에는 이 시의 제목이 "김대유(金大猷, 한훤당의 字)의 시에 차운하다"로 되어있다.

두어 칸 초가집에 대나무 울타리,	數間茅屋竹爲藩
울 밑으론 긴 강물 마을 안고 흐르네.	籬下淸江曲抱村
뜰 앞 나무 그늘엔 아침 안개 감췄고,	庭樹半陰藏宿霧
산세는 종일 원숭이 울음 주고받네.	山禽盡日和啼猿
내 감히 인택(仁宅)에 산다고 하리요,	嗟余敢擬居仁宅
당신과 함께 의리 근본 토론하렵니다.	待子須同討義根
이밖에 할 일이 없다고 말하지 마소,	此外休言都省事
끝없는 풍경 시인의 넋을 흔들어 주네.	無邊光景攪詩魂

이 작품은 지지당의 시이다. 초가집, 대나무, 맑은 강, 아침 안개, 산새, 원숭이 울음(앞서 말한 늑대 등 산짐승 소리) 등의 표현에서 현재 사는 곳이 깊은 산골임을 강조하는 것 같다.

따라서 지지당 스스로 인택(仁宅), 즉 도덕이 바로 선 선비가 사는 곳이라고 말할 수 없다.

그러나 당신, 즉 상대가 한훤당이라면 의리의 근본을 토론해 보겠다고 했다. 이런 점에서 비록 시골에서 한가하게 산다고 하여서 할 일이 없는 사람이라고 하지 말고 인간이 알 수 없는 삼라만상(參羅萬像)의 끝없는 변화에 대해 혼을 흔들어 놓을 만큼 얽히고설킨 인간 세상의 인의(仁義)를 밝혀보자고 다짐하는 것 같기도 하다.

이 글은 한훤당이 우리 대구의 자랑스러운 인물이자, 도동서원이 유네스코 세계문화유산으로 등재되어 대구의 품격을 한 단계 높인 인물이라는 점에서 무한한 자부심을 느끼며 도학자이기에 앞서 시인으로서 한훤당의 면모를 소개하기 위해서였다.

한훤당의 방손(傍孫) 이자 직장 동료였던 김덕용으로부터 『경현록(景賢錄)』을 빌려 대본으로 삼고, 숙항(叔行) 이구의 경북대학교 교수의 논문을 받아 정리했다. 그가 유학(儒學)을 전공하든 건축을 전공하든, 조경을 전공하든, 대구 시민이면 누구나 한번 도동서원을 방문할 것을 권한다. 유학사에 우뚝한 사표(師表)이자, 400여 년이 지나도 서까래 몇 개만 갈아 끼울 만큼 우수한 건축물이고, 강당을 둘러싸고 있는 흙담이 전국에서 유일하게 보물로 지정된 곳이기 때문이다.

달성보(洑)로 낙동강 수위가 높아지면서 국내 최대의 맹꽁이서식처인 "달성습지"가 망가졌다는 소문을 듣고 화원동산을 찾았다.

정상에서 내려다보니 지형이 다소 달라졌을 뿐 크게 우려할 정도가 아닌 것 같았다. 강 안에 설치된 나무 데크를 걸어가며 보는 화원동산에는 수백 그루의 모감주나무 군락과 북한 회양(淮陽) 지역에서 발견된 회양목(淮陽木) 일명 도장나무가 큰 군락을 이루어 자생하는 것을 볼 수 있었고, 전에 없던 민물가마우지도 보여 생태계의 건강성이 오히려 더 좋아진 것(?)이 아닌가 하는 생각이 들었다.

우리 인간이 생태계의 오묘한 기제(機制)를 다 이해한다는 것은 거의 불가능하다고 본다. 특히, 환경·시민단체의 극렬한 반대와 언론의 부정적인 보도에도 쓰레기매립장에 수목원을 조성하여 복원에 성공한 현장을 직접 지켜본 본 당사자로서는 더욱 그런 생각이 든다.

이런 상념을 머리에 떠올리며 조선 후기 대구의 마지막 거유(巨儒)로 이곳 사문진에 서재를 열어 학문을 연구하고 제자를 가르치며 명시 "주유낙강상화대(舟遊洛江賞花臺)"를 남긴 임재(臨齋) 서찬규(徐贊奎, 1825~1905)의 낙동정사(洛東精舍)를 찾았다.

같은 배로 달밤에 뜨고 보니 안개 피는 강물은 넘실넘실 넓구나.

(同舟泛夜月烟水浩湯湯)

흘러가는 것들은 무릇 이와 같아서 만 굽이 꺾이어도 동쪽 바다에 이르는 법

(逝者夫如斯萬折必東洋)

호수와 산은 예나 지금이나 같으니 이 경관 누가 주재했으랴

(湖山猶古今風物孰主張)

이락(伊洛)과 사수 인접해 있어 자나 깨나 잊을 수 없다네

(伊洛接泗洙寤寐寓羹墻)

선현께서 놀이하고 감상하던 곳 천년토록 그 이름 향기롭구나

(前修遊賞地千載姓名香)

부끄럽도다! 나에겐 부지런함이 없어, 마음 밭은 날마다 거칠어가네

(媿我無勤力心田日就荒)

다행히 좋은 벗이 있어, 흰머리 되도록 함께 도왔네.

(賴有良朋在皓首共相將)

향기로운 풀이 섬에서 반짝이기에 캐고 캐지만, 광주리에 차지는 않네,

(芷蘭暎芳洲採採不盈筐)

쓸쓸히 바라보며 무슨 생각하는가, 미인께서는 하늘 저쪽에 계시는 것을

(悵望何所思美人天一方)

초사(楚辭) 몇 곡절 마침에 슬프디 슬퍼서 애간장만 저미네

(楚辭歌數関悽悽空斷腸)

강마을 닭이 울려고 하기에 노를 돌리며 다시 술잔을 잡는다

(江村鷄欲唱回棹復引觴).

▲ 철거 위기에 놓인 낙동정사,
대구지역 파리장서운동 참가자 13명 중 9명이 배출된 곳이다.

이락(伊洛)은 정호(程顥)·정이(程頤) 형제가 성리학의 토대를 쌓은 곳
이자, 낙재 서사원이 살던 다사읍 이천을 말하고, 사수(泗水)는 유학
의 종조 공자의 고향이자 한강 정구가 예학을 완성한 북구 사수동을
말한다. 거리는 비록 수만 리 떨어져 있으나 지명과 그들 학문의 계승
자라는 공통점이 있다. 임재가 거처하고 있던 화원동산과는 불과 10
여 리 안팎이다.

임재는 본관이 달성으로 매산(梅山) 홍직필(洪直弼, 1776~1852)에게
글을 배웠다. 1846년(헌종 12) 생원시에 합격하고 암행어사, 의금부 도

사 등 여러 벼슬에 천거되었으나 모두 사양하고, 남산동 수동재에서 글을 읽고 제자들만 가르쳤다.

그러나 배우러 오는 사람들로 집이 좁아 여러 문중, 즉 경주 김씨(성주 벌지), 경주 최씨(대구 동구), 김해 김씨(녹동), 김해 허씨(장동, 선원), 남평 문씨(쾌진), 능성 구씨(서변, 세천, 동변), 단양 우씨(월촌), 달성 서씨(단음, 옥분, 성주 다산, 산격, 일촌), 담양 전씨(행정), 담양 전씨(박곡), 동래 정씨(문양), 성주 이씨(서부곡), 순천 박씨(묘동), 영천 이씨(동구 지저), 이씨 문중(갈산), 이씨 문중(장동), 인천 이씨(무태), 인천 채씨(장동), 전주 이씨(청도 대산), 중화 양씨(수성구 지산), 진주 강씨(대산), 청주 한씨(강정), 파평 윤씨(문산), 평산 신씨(경주, 옥포), 평택 임씨(금동) 등 25개 문중이 5,000여 량(兩 현, 3억 원 정도?)을 출연(出捐)하여 장소를 화원동산으로 옮겨 1901년 낙동정사를 지어 632명의 제자를 길러냈다.

최익현 등과 교류하며 토론을 즐겼다고 한다. 원래는 현 정사의 조금 북쪽 낙동강이 바로 보이는 서향이었으나 세월이 지나면서 낡아지자 1971년 남향으로 새로 지었다.

학통은 기호학파를 계승했다. 이런 점을 보면 이 정사는 이례적으로 대구지방 기호학파의 거점이었고, 아울러 노론계 문중의 교류장소이기도 했던 것 같다.

10여 년 전만 해도 선비들의 발길이 끊어지지 않았다고 한다. 문집과 고서 5,000여 점은 안동의 한국국학진흥원에 기증하였다고 한다. 더 특별한 것은 파리장서 서명자 대구지역 13명 중 서건수, 우성동, 우하교, 우경동, 우승기, 우찬기, 박순호, 이복래, 김용호 등 9명이 임재(臨齋) 문인으로 개인별 수훈 내역(內譯)은 다음과 같다.

연번	유공자명		서훈		운동계열	출신지	비고
			구분	연도			
1	서건수	徐健洙	건국포장	1995	국내 항일	대구	
2	박순호	朴純鎬	건국포장	2004	국내 항일	대구 달성	문양
3	김용호	金容鎬	건국포장	2003	국내 항일	대구 달성	매곡
4	이복래	李福來				대구	무태
5	우하교	禹夏敎	대통령표창 애족장	1983 1990	국내 항일	대구 달성	월촌
6	우경동	禹涇東	건국포장	1995	국내 항일	대구 달성	월촌
7	우성동	禹成東	건국포장	1995	국내 항일	대구 달성	월촌
8	우승기	禹升基	건국포장	1995	국내 항일	대구 달성	월촌
9	우찬기	禹纘基	건국포장	1995	국내 항일	대구 달성	월촌

그러나 이런 대구 독립운동사에 기념비적인 건물이 보전되기는커녕 화원유원지 정비계획에 포함되어 철거 위기에 놓여있어 안타깝다.

보존을 전제로 설계를 변경할 수도 있고, 수리하여 기념관 등으로 활용할 수 있을 것이다. 정사(精舍) 북동쪽에는 임재가 심은 것으로 보이는 큰 회화나무만 무모한 당국의 처사를 거부라도 하듯 홀로 버티고 있다.

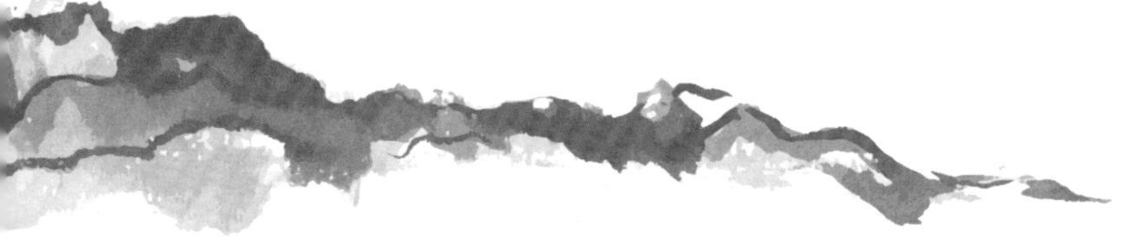

조선 후기 고승 인악 대사

| 들어가는 말

대구의 진산인 팔공산을 자랑한답시고 이곳저곳 돌아다니면서 두서없이 쓴 글을 모아 낸 책이 『팔공산을 아십니까?(1993년 도서출판, 그루)』이다. 그런데 200년도 더 전에 비록 방법은 다르지만, 팔공산 동화사에 머물며 생로병사로 고통받는 중생을 구제하기 위하여 불심을 편 방계 선조(傍系先祖) 인악(仁岳, 1746~1796) 스님이 있었다는 사실을 알고는 하찮은 글로 시민의 마음을 사려고 했던 어리석음을 깨닫고 크게 부끄러워했다.

▲ 인악 대사 의첨 진영
(대구시 유형문화유산, 동화사)

동화사는 유서 깊은 절이다. 따라서 수많은 고승 대덕이 거쳐 갔다.

그러나 대부분은 흔적도 없이 떠났음에도 특이하게도 인악 스님은 귀부(龜趺)가 봉황이자 1808년(순조 8) 당시 지방의 최고 실권자인 관찰사 김희순(金羲淳, 1757~1821)이 비문을 쓴 빗돌이 있을 뿐 아니라, 『인악집』이란 문집을 남겼고, 조사전(祖師殿)에 개산 조 극달 화상의 가장 가까운 곳에 스님의 진영(眞影)이 놓여 있다. 더 놀라운 것은 한 세대 뒤에 태어난 추사 김정희(金正喜, 1786~1856)가 동화사를 찾아와 스님을 흠모(欽慕)하여 다음과 같은 시를 남겼다.

스님 오심은 한가로운 구름 무심히 피어남/ 스님 가심은 외로운 학 한 마리 긴 울음/ 위세와 힘으로 굽힐 수 없었고/ 부귀로도 더럽힐 수 없으니/ 뉘 알랴 나아가고 물러설 줄 아는 고결한 인품이/ 도리어 총림(叢林) 속에 있었던 것을/ 내가 와서 스님을 찾았더니/ 구름 흩어지고 학은 묘연한 채/ 오직 한 조각 그림만 남았으니/ 어찌 칠분(七分)이나 닮았으랴/ 아득한 저 허공 너머에서 마음으로 깨닫고 정신으로 만나리라.

이런 몇 가지 정황으로 볼 때 조선 후기 불교가 핍박받던 시대에도 예외적으로 스님은 고위 관료나, 예술가들의 존경을 받았던 것 같다.
그러나 본관이 성산(星山)이라고 하나 애석하게도 문중(門中)의 족보에는 없었다. 이 뜻깊은 사실을 일족은 물론 많은 사람에게 알려야겠다는 욕심으로 1997년 졸저 『나의 사랑 나의 자랑 대구』에서 "인악 대사"라는, 2000년 『대구가 자랑스러운 12가지 이유』에서 "조선 최고의 문장가 인악 스님"이라는 제목으로 짤막한 글을 썼고, 성산이씨 대구화수회에도 알렸으며, 2003년에는 동화사 경내에 있는 큰 느티나무를 골라 "인악 대사 나무"로 명명한 바 있다.

얼마나 지났을까? 어떻게 알았는지 인흥에서 후손 계돌(季乭) 종인이 찾아와 스님에 관한 자료가 필요하다기에 드렸다. 그 후 다른 일로 이 문제를 잠시 잊고 있었다.

그런데 『응와 이원조의 삶과 학문』 뒤이어 『한주 이진상 연구』가 경북대학교 퇴계학연구소에서 간행되는 것을 보고 『인악집』은 물론 조선조 전기 대사간, 이조참의를 역임한 연담 이세인(1452~1516) 선조가 남긴 『연담집』도 번역되었으면 좋겠다는 생각이 들어 아우 만농을 통해 대종회가 아니면 파종회에 건의하도록 했다. 사실 어느 성씨를 막론하고 문중을 널리 알리는 방법은 사당과 재실을 잘 보전하는 것도 중요하지만 문집을 번역하여 여러 사람에게 읽히게 하는 것이 그 못지않게 중요하다고 생각한다.

| 인악대사의 생애

얼마 전, 평소 알고 지내던 금석문 전문가 전일주(田日周) 박사를 만났더니 책을 한 권 선물로 주는데 『인악집』 번역본이었다. 감격에 감격을 거듭하며 고맙다고 했다. 이 소식을 아우에게 전하면서 다시 『연담집』이야기를 꺼냈더니 경대에서 한문을 가르치는 숙항(叔行) 이구의 교수가 개인적으로 번역해 보겠다고 하여 어쩌면 바라던 바가 다 해결될 것 같은 예감이 들었고 실제 몇 년 후 그렇게 되었다.

번역된 『인악집』을 배낭에 넣고 화원 본리로 향했다. 후손 계돌 종인(宗人)이 보면 얼마나 기뻐할 것인가? 생각하니 발걸음도 가벼웠다.

그런데 한 번 가본 기억으로는 도시 집을 찾지 못해 지나가는 마을 어른께 물었더니 추석 전날 돌아가셨으며 가족은 시내로 나가고 집에는 아무도 없다고 했다.

억장이 무너지는 심정이었다. 불과 몇 달만 더 살아계셨다면 스님에 대해보다 자세히 알 수 있었을 터인데 하는 아쉬움에 생전에 스님의 빗돌을 세우겠다는 이야기를 들어 혹시나 하고 물었더니 천수봉 아래를 가르쳐 주며 한동안 비를 세우느라고 애를 많이 먹었다고 했다.

현장을 찾으니 기가 막힐 지경이었다. 규모가 큰 것이 인악대사는 물론 한솔 효상, 선략(宣略) 장군 인곤(仁坤), 통정대부 랑(琅), 무려 4기의 비석이 한 곳에 서 있었기 때문이다. 혼자 하셨는지 누구로부터 도움을 받아서 했는지 비용 또한 만만하지 않을 것 같았다. 인악대사 비문은 동화사 김(金) 감사가 쓴 것을 그대로 옮겨 적어 놓았다.

스님의 이름은 의첨(義沾)이요 법호는 인악(仁嶽)으로 고려 개국 벽상공신 대광사공(大匡司空) 성산 부원군 능일(能一)의 23세손으로 달성 인흥에서 1746년(영조 22) 아버지 휘징(徽澄)과 어머니 달성서씨 사이에 태어났다.

여덟 살 때 향교에 들어가 『소학』을 읽었는데 그 뜻을 깊이 이해하였다. 재주가 이웃 마을에까지 퍼졌을 뿐만 아니라, 품행도 방정하여 고을 사람들이 도와주면서 혹시 대성하지 못할까 걱정하였다고 한다. 열다섯 살에 이르러 『시전』, 『서전』, 『주역』을 다 읽고 문장도 잘 지어 이름난 선비가 되었다.

18세 때 동료들과 함께 인근에 있는 용연사에 들어가 공부했는데 엄숙한 분위기에 감동이 되어 가선헌(嘉善軒) 공에게 출가하고 벽봉

(碧峯) 화상으로로부터 구족계(具足戒)를 받아 승려가 되었다. 벽봉 스님은 그가 큰 그릇임을 알고 『금강경』과 『능엄경』을 가르치는 한편으로 서악(西嶽), 추파(秋波), 농암(聾巖) 등 여러 대사(大師)의 가르침을 받도록 했다. 23세 되던 해 비로소 벽봉 화상의 후계자가 되었다.

▲ 인악대사 부도(옥포 용연사 적멸보궁 경내)

계보로는 중국 당나라 때의 선사 임제로부터 34세이고, 임란 때 구국운동에 앞장섰던 서산 대사(西山大師)로부터 8세손이며, 상봉 대사의 5세손이다. 그 후 다시 화엄종장 설파(雪坡, 1707~1791) 화상을 찾아가 아우가 되기를 자청해 승낙을 받았다.

비슬산, 팔공산, 불영산 등 여러 곳의 사찰을 돌면서 불법을 펼쳤다. 스님은 배우는 사람들의 수준을 고려하여 누구나 알기 쉽게 강의하여 당시 최고의 명강사로 통했으며, 유학에도 조예가 깊어 배우는 선비들이 많았다고 한다. 1790년(정조 14) 정조는 아버지 사도세자의 원당(願堂)으로 수원에 용주사를 지으면서 주관할 이름난 스님을 고르라고 하니 스님이 선발되었다.

스님께서 불상(佛像) 복장에 넣을 기원문을 지었는데 정조가 보고 "어찌하여 스님이면서 이처럼 문장을 잘하는 이가 있단 말인가!" 격찬하며 선물을 주었다고 한다. 스님에게 왕이 직접 선물을 준 사례는 사명당, 벽암 이후 없었던 일이라고 한다.

1796년(정조 20) 애초 머리를 깎았던 용연사 말사 명적암에서 돌아가시니 향년 51세 법랍 34년이다. 부도는 같은 절 적멸보궁 왼쪽에 있다. 저서로 『화엄사기』, 『금강사기』, 『인악집』이 있다.

| 스님의 시문

『인악집』은 제자 성안(聖岸)이 스님이 입적한 이듬해 편집 간행했다. 몇 부를 간행했는지 알려지지 않고 있으나, 현재 동화사와 몇 서울대학교도서관 등 몇 곳에만 있는 것으로 알려져 있다. 당대 석학이었던 매산 홍직필(洪直弼, 1776~1852)이 서문과 우재악(禹載岳, 1734~1814)이 발문을 썼으며 총 3권으로 구성되어 있다.

제1권에는 절구와 율시 등 모두 77수가 수록되어 있고, 제2권에는 봉안문 1편, 소(疏) 4편, 축문 1편, 제문 1편, 서 1편, 기(記) 10편, 비문 1편, 유공록 2편, 상량문 4편, 제3권에는 서(書) 34편, 행장 1편이 수록되어 있다. 이번 번역에는 이들 이외에 김희순이 쓴 비문도 포함되어 명실공히 인악 대사가 남긴 글은 모두 살펴볼 수 있다. 짧은 시 두 편을 소개하면 다음과 같다.

5월의 홍류동은/ 봄이 흐드려진 은사(隱士)의 집이라네./ 바위 끝 꽃은 볼수록 괴이하고/ 숲속의 새소리는 들을수록 아름답네,/ 산도 구름도 걸린 때가 좋고/ 개울은 돌이 많은 곳에 소용돌이 이네/ 신선이 멀지 않은 곳을 아노니/ 웃으며 산봉우리 안개 속에 들어가네.

-홍류동

하늘 높은 가을 들판 빛깔은 누르러 가는데/ 보이는 곳마다 가을 바람에 벼 이삭이 향기롭네./ 우리들은 경술년에 이러한 풍경을 보노니/ 사람을 만날 때마다 태평 시절의 임금이라 칭송한다네.

-가을 들판

| 맺는말

번역자(전일주·구본섭)는 서문에서 "인악 스님은 동화사의 고승 대덕으로 학문이 출중한 학승(學僧), 후학을 널리 지도한 강백(講伯), 많은 시문을 남긴 시승(詩僧)"이라고 격찬했을 뿐 아니라, "글 가운데 기문과 상량문은 주로 사찰 건립이나 중건에 관한 사실의 기록으로 영남 일원의 사찰과 당우(堂宇)의 역사를 고증할 수 있는 중요한 사료"라고 했다. 이로써 성산 이가는 진주 출신 근대 큰 스님 청담(靑潭, 1902~1971)과 더불어 한국 불교계에 우뚝한 두 분 스님을 배출했다.

야은 길재 선생이 패망한 고려 도읍지를 돌아보며 "500년 도읍지를 필마로 돌아드니 산천은 의구하되 인걸은 간데없다…"라고 하였으나 사실 인걸뿐만 아니라, 산천 역시 세월의 무게 앞에 변하지 않은 것이 없다.

즉 산천은 의구(依舊)하지 않다. 화원동산도 그중 한 곳이다. 낙동·금호강과 진천천이 합류하여 수량이 많아지고 넓은 습지를 이루어 다양한 철새 등 생물들의 보금자리가 되고, 가야산과 비슬산이 한눈에 들어오는 일대도 많이 변했다.

주산의 원래 이름은 '잣뫼'였다. 이 순수한 우리말이 한자로 '성산(城山)'이 되었다. 주변의 토성과 산재한 고분이 사실을 뒷받침하고 있다. 선사시대 일대에는 대구를 지배하던 "달구벌국(?)"에 버금가는 고대 성읍 국가가 있었다고 보는 학자도 있다. 이들 집단이 고령을 중심으로 발달했던 대가야가 세력을 넓힐 때 이를 피해 달구벌로 옮겨 정착한 곳이 오늘날 달성 토성이라고 한다.

이와 연관된 전설도 있다. 달성이 오목하게 요형(凹)으로 생겨 여성을 상징하여 자달성(雌達城)이라 부르는 데 비해 성산은 뾰족한 것이 철형(凸)으로 솟아 남성을 비유해 웅달성(雄達城)이라고도 한다. 1995년 대구시가 광역시로 승격할 때 달성군을 편입한 이유를 두고도 시(市)

측의 홍보는 부족한 택지와 공장용지 확보라고 했다. 더 많은 주거지와 공장용지를 확보함으로 대구발전에 획기적인 전기가 될 것이라고 했고 사실 그렇게 되어가고 있다.

그러나 이러한 외형적인 효과도 중요하고 실제로 구지공단 등이 그렇게 진행되고 있지만, 그보다 더 의미 있는 것이 있다면 그동안 떨어져 있던 음(陰)과 양(陽)이 서로 융합하여 조화롭게 상승(相乘)하면 대구의 발전이 더 앞당겨지리라 믿으며 나아가 달성군의 많은 문화유산이 편입되어 대구의 품격이 높아지는 것도 또 다른 효과라고 생각된다.

성산, 즉 화원동산은 낙동강 1,300리 중에서 경승(景勝)이 가장 뛰어난 곳이다. 그러나 신라 35대 경덕왕이 가야산 해인사에서 요양하고 있는 세자를 문병하러 오고 가면서 이곳의 경치에 반해 행궁을 짓고 9번이나 와서 아홉 구(九), 신라라는 뜻의 비단 라(羅)자를 써서 마을 이름을 구라리(九羅里)라 하고, 주변의 아름다운 꽃을 감상하던 곳이라 하여 상화대(賞花臺)라 불렀으며, 왕이 머물며 목욕(沐浴)을 하였다는 어욕천(御浴泉)도 있었다고 한다.

그러나 이 자료는 잘못되었다. 화원동산을 찾았던 왕은 제35대 경덕왕(재위, 742~765년)이 아니라 제40대 애장왕(재위, 800~809년)이라고 보는 것이 타당하다. 뒤에 소개하는 사료 등을 통해 알 수 있다.

꽃을 완상했다는 상화대(賞花臺)도 경덕왕과 관련된 이름이 아니라 애장왕과 관련된 이름으로 보아야 한다. 택민국학연구원(연구총서 7, 2009) 역시 애장왕(哀莊王)이라고 했다.

애장왕 설의 근거는 『삼국사기』 애장왕 조에 해인사는 신라 왕실 소유였다는 것과 함께 『가야산 해인사 고적, 943년(고려 태조 26)』의 창건 설화에서 알 수 있다.

▲ 대구시설공단(이사장 이현희)이 세운 상화대 십경비

"사람이 잘되고 못 됨은 곳에 달려 있고, 땅의 성하고 쇠함은 시절에 관계되는 것이다. 가야산(일명 牛頭山) 해인사는 해동의 명찰이다. 옛날 양(梁)나라 무제(武帝, 재위 502~549) 때, 보지공(寶誌公)이 임종할 때 『(동국)답산기』를 제자들에게 주면서 유언하기를 '내가 죽은 뒤에 고려의 두 스님이 와서 법을 구할 것이니 그때 그들에게 이 답산기(踏山記)를 전해 주어라.'고 하였다.

그 뒤에 과연 신라의 순응(順應), 이정(利貞) 두 스님이 중국에 가서 법을 구하였는데, 보지 공의 제자가 답산기를 내주면서 공이 임종할 때 하던 말을 전하였다. 두 스님이 그 말을 듣고 공의 묘소에 찾아가서 '사람은 고금이 있거니와 법에야 어찌 앞뒤가 있겠습니까?' 하면서 밤낮 이레 동안을 선정에 들어 법을 청하였다.

어느 날 묘문(妙門)이 저절로 열리면서 공이 나와서 법을 말씀하고 의발(衣鉢)과 신발을 전해 주면서 말하기를 '너희 나라 우두산 서쪽에 불법이 크게 일어날 곳이 있으니, 너희들은 본국에 돌아가 해인사를 세우라.' 하고는 다시 묘문 안으로 들어갔다.

두 스님이 신라로 돌아와 우두산 동북쪽으로 고개를 넘고 다시 서쪽으로 내려가다가 사냥꾼들을 만나 '그대들이 이 산을 두루 다녀 잘 알 것이니, 어디 절을 지을 만한 곳이 없던가?' 하고 물었다. 사냥꾼들은 '여기에서 조금 내려가면 물 고인 데(지금의 대적광전 자리)가 있고 또 거기에는 철와(지금은 비로전 지붕에 있음)가 많으니 거기에 가서 보시오' 하고 대답하였다.

두 스님은 물 고인 곳에 이르러 바라보니 마음에 흡족하였다. 풀을 깔고 앉아 선정에 들었는데, 이마에서 광명이 나와 붉은 기운이 하늘에 뻗쳤다.

그때 마침 신라 제39대 왕(40대의 잘못 재위 800~809, 필자) 애장왕의 왕후가 등창 병이 났는데, 어떠한 약을 써도 효력이 없으므로 임금이 신하들을 여러 곳에 보내어 고승 석덕(碩德)의 구호를 찾고 있었다. 사신이 지나가다가 하늘에 치솟는 붉은 기운을 바라보고, 이상한 사람이 있는가 여겨, 산 아래에 이르러 숲을 헤치면서 수십 리나 들어갔으나 시내가 깊고 골짜기가 좁아 더 나아갈 수가 없었다. 한참 동안 망설이고 있는데, 때마침 여우가 바위 위로 지나가는 것을 보고 신기하게 여겨 따라가다가 두 스님이 선정에 들어 방광 하는 것을 보았다. 공경하여 예배하고 왕궁으로 함께 가기를 청하였으나 두 스님은 허락하지 아니하였다.

'이 실 한끝은 궁전 앞에 있는 배나무에 매고, 다른 한 끝을 아픈 곳에 대면 병이 곧 나으리라.'고 하였다.

사신이 돌아가 임금에게 여쭈었더니 그대로 시행하였다. 과연 배나무는 말라 죽고 병은 나았다. 임금이 감격하여 나라 사람들을 시켜 이 절을 짓게 하였으니, 때는 애장왕 3년(802) 임오(壬午), 당(唐)의 정원(貞元) 18년이다. 임금이 친히 이 절에 와서 전답 2천 5백 결을 시납(施納)하고 경찬하였다.

(하략)"

또 다른 자료『합천해인사지(陜川海印寺誌), 한찬석·권영호 공저 1994』에 의하면 "…등창병이 하루아침에 낫자 두 스님의 은혜에 보답하기 위해 애장왕 3년 수레를 타고 친히 해인사를 찾아와서 봉접사(鳳接寺)를 짓고 여러 해 동안(3년이라는 설도 있다) 머물면서 여러 당우를 세우고 정사(政事), 즉 나라에 관한 일을 보았다."라고 했다.

따라서 애장왕은 해인사를 오갈 때 상화대에 잠시 머물거나, 그렇지 않으면 해인사에 머물 때 경치가 좋은 상화대를 자주 찾거나, 그것도 아니면 경주와 해인사의 중간 지점쯤 되는 상화대에서 정무(政務)를 수행하는 문무백관들을 불러 국사를 논의했을 수도 있었을 것이다.

반면에, 경덕왕은 신라의 지방조직을 개편할 때 본래 설화현(舌火縣)을 화원현(花園縣)으로 바꾼 것 이외 해인사와 이렇다 할 연관성을 찾을 수 없다.

그 후 지역의 선비들이 태고정과 낙동정사 등을 짓고 학문을 강론하고 시회(詩會)를 즐기며 주변의 아름다움을 노래한 흔적이 곳곳에 남아 있다. 뿐만 아니라, 공원 개념이 생소하던 일제강점기에 유원지로 개발하였고 현재 사문진 주막촌은 대구의 명소가 되었다.

특히, 일제강점기 향토 출신 영화감독 이규환이 이곳을 배경으로 명

작 '임자 없는 나룻배'를 촬영하여 명성이 전국적으로 높아지기도 했다. 또한, 서양악기 피아노도 이 나루를 통해 최초로 들어왔다. 그런데 언제부터인지 엉뚱하게도 '잔뫼'가 배성(盃城)으로 한자화된 이름이 되었고 근거도 없는 배성십경(盃城十景)이란 시문이 달성군이 발행한 『내 고장 전통 가꾸기, 1981』에도 등장했다. 성(城)의 옛말 '잣'이 '잔'으로 잘못 불리면서 '술잔'이 되고, 이 말이 더 확대되어 쟁반 배(盃)로 되면서 배성(盃城)이 된 것으로 보인다.

 이런 오류를 바로잡기 위해 "달구벌 얼 찾는 모임"이 감수하고, 대구시시설관리공단(이사장 이현희)이 주체가 되어 동산 제일 높은 곳 한쪽 모퉁이 시민들이 잘 보이는 곳에 상화대십경(賞花臺十景) 시비를 세웠다.

 낙수귀범(洛水歸帆), 금호어적(琴湖漁笛), 연암낙안(淵巖落雁), 다산취연(茶山炊煙), 대평경가(大坪耕歌), 삼포추석(三浦秋色), 가야낙조(伽倻落照), 비슬숙운(琵瑟宿雲), 화대모춘(花臺暮春), 노강월주(老江月柱), 즉 낙동강으로 돌아오는 배, 금호강에서 들어오는 어부들의 피리 소리, 연암(소 바위를 말하는 것 같음)에 앉은 기러기, 다산마을의 저녁연기, 넓은 대평들의 풍년가, 삼포의 아름다운 가을 풍경, 가야산의 낙조, 비슬산에 머무는 구름, 상화대의 늦은 봄 경치, 강물에 비친 달빛이다.

 한때 "한반도 대운하" 계획이 발표되면서 많은 기대를 했었다. 내륙도시 대구가 획기적으로 발전할 것이라는 꿈에 부풀었으나 결국 무산되고 말았다. 15세기 초 조정에 의해 왜물고(倭物庫)가 설치되면서 10여 년 동안 화원 나루는 일본산 제품이나 일본인이 가져온 남방산 수입 물품을 가득 실은 무역선이 드나들었던 국제 무역항이었던 것을 생각하면 매우 아쉽다.

고운 최치원 선생과 대구

고운(孤雲) 최치원(崔致遠, 857~?)은 경주 출신이며 신라 최대의 문장가로, 그 문명(文名)이 중국에도 널리 알려진 국제적인 인물이라는 것은 이미 다 알려진 일이다.

유불선(儒佛仙)을 통달한 학자였고, 또 훌륭한 관리였다. 우리나라 18현의 한 분으로 향교 대성전에 모셔져 있다. 혹자는 조선의 최고 벼슬인 정승 10명보다 대제학 1명을 배출한 가문이 더 자랑스럽고, 대제학 10명보다 향교 대성전에 모셔지는 1명이 있는 가문이 더 영광스럽다고 한다.

고운은 황소의 난을 "토황소격문(討黃巢檄文)을 통해 비폭력적으로 평정한 일로 중국에서도 유명하지만, 함양 태수로 근무할 때 시가지의 범람을 막기 위해 제방을 쌓은 치수(治水) 사업의 원조 목민관으로 평가받을 수 있다. 그때 조성한 상림(上林, 천연기념물)은 우리나라 최초의 호안림(護岸林, 제방을 보호하기 위해 조성한 숲)으로, 지금은 함양의 상징물이 되었다.

이런 훌륭한 인물이기 때문에 고운과 직간접 연고 있는 곳은 단지 그가 머물렀다는 사실만으로도 자랑스럽게 여겨 부산 해운대구는 최치원 기념사업회를 조직하고 고운의 동상을 세웠으며, 의성군은 최치원 문학관을 건립했다. 이는 국내뿐만 아니라 중국에서도 마찬가지였다. 양주시가 최치원 기념관을 만든 것도 같은 맥락으로 그 도시의 가치를 높이기 위한 것이라고 볼 수 있다.

이런 도시들이 많은 돈을 투자하여 그를 기념하는 것은 고운(孤雲)이라는 인물과 연관 지어 지역의 브랜드를 업그레이드하기 위해서이다. 고운은 세계 최강의 나라 당(唐)의 관리로서 선진 문화와 문물, 제도를 경험한 분이다. 그가 귀국한 것은 기울어져 가는 조국 신라에 이러한 선진 제도를 도입해 다시 일으키려는 큰 포부를 실현하기 위해서였다.

그러나 6두품이라는 두꺼운 신분의 장벽이 진로를 가로막으니 스스로 외직을 자원하였고, 그것도 모자라 시무책 10조를 올렸으나 그것마저 채택되지 아니하자, 관리 생활을 접고 명승지를 주유하다가 마침내 가야산에서 신선이 되었다는 일화가 전해온다.

최근 경남 하동 사람들은 그가 입적한 곳이 하동의 화개면 법왕리 일대라고 한다. 입산하면서 꽂은 지팡이, 즉 푸조나무(경상남도 자연유산)가 그곳에 있기 때문이다. 고승들이 지팡이가 싹이 돋아 지금까지 자라고 있는 대표적인 사례가 강원도 정선의 정암사에도 있다. 자장 율사의 지팡이로 알려진 주목(朱木)이 아직도 살아있다. 그러나 고운의 지팡이 전설은 하동뿐만 아니라 해인사에도 있으니 학사대 전나무(태풍으로 현재는 소실) 역시 지팡이가 자란 것이라고 한다. 이런 전설을 두고도 서로 인연을 강조하는 것 역시 고운의 명성이 그 지역의 자랑이기 때문이다.

옻골마을을 비롯해 고운의 후예들이 살아가는 대구에도 관련된 유적이 있다. 그럼에도 시민은 물론 외부에 잘 알려지지 않아 아쉽다. 의성의 최치원 문학관에서 더 절실하게 느꼈다.

▲ 문창후 영정(달서구 대곡영당 소장)

전시실에는 고운 생전에 연고가 있는 곳을 지도에 표기해 놓았는데 대구는 빠져있었다. 한마디 하려다가 대구 사람도 잘 모르고 있는데 이곳 관계자가 모르는 것은 어쩌면 당연하다 싶어 포기하고 돌아섰다. 고운(孤雲)이 한때 대구에 머물렀다는 기록은 『신증동국여지승람』 불우(佛宇) 조에 나온다. "선사암(仙槎菴)은 마천산에 있다. 암자 곁에 최치원이 벼루를 씻던 못이 있다." 했고 이런 사실은 후대 사람들도 기억해 15세기 점필재 김종직은 선사사라는 작품을 남기니 다음과 같다.

우연히 선사사(仙槎寺)에 이르니	偶到仙槎寺
주인 떠난 바위엔 소나무 계수나무 가을이 깊어가네.	巖空松桂秋
학은 아라한의 하늘을 날갯짓하고	鶴翻羅代蓋
용은 도솔천의 여의주를 밟고 있네.	龍蹴佛天毬
가랑비 속에 스님은 장삼을 깁고	細雨僧縫衲
차가운 강에 나그네 노 저어가네.	寒江客棹舟
최고운의 서대초(書帶草)는	孤雲書帶草
하늘하늘(獵獵) 못가에 가득하네.	獵獵滿池頭

그뿐만, 아니라, 16세기 초 송계(松溪) 권응인(權應仁, 1517~?)도 다음
과 같이 시를 지었다.

층층 바위 가에 맑은 못 하나   數層巖畔一澄潭

학사 당년(當年)에 놀던 풍취를 찾으니   學士當年恣意探

애석하구나! 탄환처럼 좁은 곳이라   可惜彈丸疆界窄

선유(仙遊)의 종적 다만 하늘 남쪽이었네.   仙遊蹤跡只天南

서대초는 책을 엮을 만한 튼튼한 풀을 말하고 학사(學士)는 곧 고운
을 말한다. 훗날 이곳에 대구지역 사림(士林)의 영수 낙재(樂齋) 서사원
(徐思遠)이 독서실로 완락당(玩樂堂)을 지었고 사후에는 후학들이 이강
서원(伊江書院)을 세웠다.

일대는 금호강과 낙동강이 합류하는 곳으로 지금과 같이 개발되기
전에는 바다와 같은 곳이어서 신라왕들도 선유(船遊)를 즐겼다고 한
다. 18세기 선비 서호 도석규(都錫珪)는 아예 자호(自號)를 서호라 하고
일대를 중국의 서호에 빗대 "서호병십곡(西湖屛十曲)"의 시를 쓴 데서
도 알 수 있다. 산수를 사랑한 고운이 즐길만한 충분히 아름다운 곳
이다. 다만 그가 얼마 동안 그곳에 있었던지 알 수 있는 자료는 없다.

고운과 대구와의 또 다른 관계는 나말(羅末) 대구지역의 호국의영도
장(護國義營都將) 중알찬(重閼粲) 이재(異才)와의 관계에서 알 수 있다.
이재가 대구지역의 맹주로 있는 기간은 신라의 중앙집권체제가 거의
무너져 변방이 어지러울 때였다. 전주에서는 견훤이 후백제를 세우
고, 궁예가 스스로 왕이라 칭하며 반란을 도모한 때였다.

이런 혼란 속에서 대구의 호족 이재는 신라를 지키기 위한 방책의 하나

로 대구의 남령(南嶺)에 팔각등루(八角燈樓)를 세우고 고운으로부터 기문을 받으니 "신라수창군호국성팔각등루기"이다. 이때 고운은 해인사에 머물고 있을 때였다고 한다(그러나 필자는 대구 곧 선사암에 머물 때라고 본다, 대구학 연구원장 구본욱 박사도 같은 생각이다). 이러한 시기에 대학자 고운에게 기문을 받을 수 있었던 이재는 대구의 유력한 인물이었음을 알 수 있다.

908년(효공왕 12) 등루(登樓)의 준공식이 열렸다. 이 행사에는 동화사의 홍순대덕(弘順大德)을 좌주(座主), 즉 최고 스님으로 모시고, 그 외에 태연대덕(泰然大德), 영달선대덕(靈達禪大德), 경적선대덕(景寂禪大德), 지념연선대덕(持念緣善大德), 흥륜사(興輪寺)의 융선주사(融善呪師) 등의 고승들이 참여하여 장엄하게 진행되었다.

고운의 등루기에는 이재의 특별한 능력과 나라 사랑하는 마음, 부부가 독실한 불교 신도라는 점을 강조하고 대구 사정도 간략하게 소개했다.

"서쪽에 둑이 있는데, 이것을 불좌(佛佐)라 하며, 동남쪽으로는 불체(佛體)라는 못이 있고, 그 동쪽에 또 따로 천왕(天王)이라는 못이 있으며, 그 땅(坤維)에 옛 성이 있는데 이것을 달불(達佛)이라 하고, 성의 남쪽에 산이 있는데 또한 불(佛)이라 한다. 명칭이 아무렇게나 생긴 것이 아니요, 이치상 반드시 원인이 있을 것이다. 환경이 이렇게 좋은 곳은 좋은 시기와 서로 맞게 된다." 라고 했다.

즉, 10세기 초의 대구 모습을 그렸다. 그러나 이 지명 중 일부는 『신증동국여지승람』이나 『대구읍지』에는 없어 향후 대구 지역사 연구에 귀중한 사료가 될 수 있다.

고운은 이렇게 대구와 직접 인연을 맺었다. 더 나아가 대구는 다른 지역과 달리 두 점의 고운의 영정(影幀)을 모시고 있다. 달서구 대곡의 대곡영당이 한 곳이요, 동구 도동이 그 다른 한 곳이다. 그중에서 도동의 영정은 대구시 문화재(대구시 문화유산 자료)로 지정되어 있다. 이만하면 고운과 대구가 무관하다고 할 수 없을 것이다. 다시 말해서, 대구도 고운(孤雲)을 보유한 도시가 된다. 그럼에도 대내외적으로 알려지지 않는 점은 너무 아쉽다.

지난, 이른 봄, 아직 풀이 돋지 않고 나무가 잎을 내지 않아 주변을 살피기 좋은 날을 골라 동료 이대영 박사, 김형일 이사와 더불어 선사암이 있었다는 마천산 이강서원 부근의 골짜기를 샅샅이 뒤져 보았다. 혹 계곡 바닥이나 암벽에 해운대(海雲臺)와 쌍계(雙溪), 선유동(仙遊洞)과 같이 남긴 글이 남아 있지 않을까 하였다. 그러나 아쉽게도 찾지 못해 물증으로 뒷받침할 수 없었다.

고운의 등루기는 왕건과 견훤의 공산 전투에도 많은 사람이 인용하고 있다. 927년(고려 태조 10) 왕건과 견훤의 공산 전투에서 왕건이 크게 패한 원인을 두고 동화사의 법맥(法脈)이 백제의 전주 금산사에서 이어온 관계로 스님들이 친 백제계로 견훤을 도왔다는 견해다.

그러나 필자는 친신라계 이재가 신라를 지키기 위해 개최한 호국성 팔각등루 준공식에서 동화사 좌주와 여러 대덕(大德)이 참석하여 축하한 것을 보면 동화사 스님들은 오히려 신라를 지키기 위해 고군분투한 이재(異才)의 후원하에 있었다.

따라서 비록 준공식이 있었던 908년과 전쟁이 벌어졌던 927년은 19년이라는 시차가 있으나 동화사 스님들의 견훤 지원설은 지나친 비약이라는 생각이 든다. 또한, 당시 동화사 승려가 친 백제계라는 어떤 문헌의 기록도 없다.

귀화 왜장 김충선과 대구

대구가 다른 도시와 다른 특별한 점은 여러 가지가 있다. 그중에서 임진왜란 중 적군의 장수로 왔다가 우리나라의 문물에 반해 싸움 한 번 하지 않고 귀화해 일가를 이루어 420여 년 대를 이어 살아온 사람들이 사는 집성촌이 있다는 점도 빼놓을 수 없다.

주인공은 사야가(沙也可)로 아호는 모하당(慕夏堂)이며, 선조가 하사(下賜)한 이름은 김충선(金忠善, 1571~1642)이다. 임진왜란 시 포악하기로 이름난 가등청정(加藤淸正)의 우(友) 선봉장이었다. 평소 야만국인 일본에 태어난 것에 대해 늘 불만이었다. 따라서 전쟁광인 풍신수길(豊臣秀吉)의 조선 침략에 대해서도 반대하는 마음을 가졌다. 하지만 참전하지 아니하고는 조선에 올 수 없음을 알고 침략군 대열에 동참할 수밖에 없었다.

1592년(선조 25) 4월 13일 부하 3,000명을 이끌고 부산에 상륙한 공은 수하들에게 무고한 조선 사람을 해치지 말 것을 당부하고, 4월 20일 경상좌병사 박진(朴晉, 1560~1597)에게 귀순했다. 이때가 22세 혈기 왕성한 청년이었다.

공은 귀순을 청하는 글, 즉 〈강화서(講和書)〉에서 "제가 지금 귀화하려 함은 지혜가 모자라서도 아니요, 힘이 모자라서도 아니며, 용기가 없어도 아니고, 무기가 날카롭지 않아서도 아닙니다. (중략)여기 예의의 나라에서 성인의 백성이 되고자 할 뿐이다.”라고 하였다.

이어 울산·양산 전투에 참전하여 며칠 전까지 같은 민족이었던 왜군과 싸워 한 달 만에 무려 78회나 승전하였다. 이 사실이 조정에 알려지자 선조는 크게 기뻐하며 그를 불러 무예를 시험하고, 가선대부(嘉善大夫, 종2품)의 벼슬을 내리고 남쪽 방면의 방어를 책임지게 했다.

공은 조선의 무기가 열세인 것을 보고 글을 올려 여러 곳의 진(鎭)에 당시로서는 최첨단 무기인 조총과 화약 만들기를 건의해 이때부터 조총이 보급되기 시작했다.

공은 새로운 무기인 조총의 기능을 설명하면서 통제사 이순신, 경주 부윤 박의장(朴毅長), 전라도 체찰사 정철 등에게 하루빨리 많이 만들어 적을 섬멸하라고 했다.

그해 12월, 진을 경주로 옮겨 이견대, 봉길리, 소봉대 등지에서 300여 명의 적의 목을 베니 도원수 권율 장군과 어사 한준겸이 함께 장계(狀啓, 임금께 보고하는 문서)를 올려 선조로부터 본관을 김해로 하는 김(金)씨 성과 충선(忠善)이라는 이름을 하사받고 자헌대부(정2품)로 승진되었다.

성을 김씨로 한 것은 우리나라에서는 모래에서 사금(沙金)이 많이 나서 성을 김(金)이라 하고, 본관을 김해로 한 것은 바다를 건너왔기 때문이라고 한다. 그러나 그들은 기존 김수로왕계의 김해 김씨와 달리 ‘사성(賜姓) 김해 김씨’로 하고 시조를 김충선으로 삼는다.

1594년(선조 27) 김응서 장군이 공을 불러 “소서행장(小西行長)” 등 일본 장수들이 함안에서 만나자고 하는데 귀하의 의견은 어떠냐고 묻자, 그들의 간계에 응하지 말고 계속 싸우는 것이 좋겠다고 했다.

이듬해, 명나라 지원군에 쫓긴 왜군들이 남쪽으로 후퇴하자, 공도 울산에 진을 치고 만약의 사태에 대비했다. 1596(선조 29) 부대를 증성(甑城)으로 옮겼다. 적이 흩어진 병사들을 모아 성안에 집결시켰다. 부대를 이끌고 적진에 다다르니 때마침 의병장 곽재우, 고경명 등이 와서 10여 일 동안 공격했으나, 적장 현소 등이 굳게 성을 지키며 싸움에 응하지 아니하고 가져온 식량도 모자라 철군할 수밖에 없었다.

1597년(선조 30) 2월, 김응서 장군이 편지를 보내 적장 소서행장이 통역을 통해 말하기를 "조선과 일본이 화해하지 않는 것은 전쟁을 좋아하는 가등청정(加籐淸正) 때문인바, 그가 다시 군사를 몰고 오는데, 이때 격침시키라고 하는데 귀하의 생각은 어떤가?" 하고 묻자 "기회를 놓치지 말라"고 했다. 그해 8월 많은 군사를 이끌고 오자 사기가 오른 적장 현소가 군사를 몰아 추격하자 부득이 김해로 진을 옮겼다.

10월 명나라 원군 마귀 제독이 김응서 장군에게 증성에 있는 적을 치라고 했으나 실패했다. 이에 격노한 마 제독이 군율(軍律)로 김 장군을 처형하려고 하자 그가 나서서 "소장이 왜장의 머리를 잘라 올 테니 용서해 주기를 바란다."고 청해 승낙받고 즉시 전장에 나아가 적의 머리를 베어 옴으로써 김 장군을 구할 수 있었다.

1598년(선조 31) 1월, 마 제독의 명을 받고 왜장 의지부대를 증성에서 크게 이겼다. 이때 경상우도에 있는 적들이 낙동강 하류를 건너서 영산, 창녕, 밀양, 현풍 등지를 다니면서 밤낮으로 노략질하고 대구, 경산까지 범했다. 도원수 권율이 김응서로 하여금 대구에 진을 치게 하자 그는 밀양에 진을 치고 밀양은 물론 청도에 있는 적까지 토벌했다.

1599년(선조 32) 체찰사 유성룡에게 만약을 대비하여 각진(陣)마다 총과 탄환을 보충하고 낡은 무기는 새것으로 바꿀 것을 건의하여 성사시켰다. 1600년(선조 33) 공의 나이 30세 지루하게 진행되던 전쟁이 끝났다. 공은 경상도 깊은 골짜기 우록동으로 들어와 진주목사 인동인 장춘점(張春點)의 딸과 혼인하여 세상을 등지고 평소 바랐던 문화민족의 땅인 조선에 살게 되었다.

▲ 모하당 김충선 장군 영정(상반신)

그러나 만주족이 해마다 국경을 침범하여 소란스럽게 하자 공은 글을 올려 방어의 방책을 진술하고 자원하여 10년 동안 국경 수비를 담당했다. 1604년(선조 37) 사명당이 정사로, 김응서가 부사로 일본을 다녀왔다. 그들이 선발된 이유는 일본이 불교를 존중하고 김응서를 두려워했기 때문이었다고 한다.

1613년(광해군 6) 상소를 올려 귀향을 청하니 임금이 그동안의 노고를 치하하며 문신 계 품격인 정헌대부(정2품)로 승진시키고 "자원잉방 기심가가(自願仍防 其心可嘉)", 즉 "자원하여 계속 변경을 지켰으니 그 마음

가상하다.”라고 친필을 써 주었다. 10년 만에 다시 향리로 돌아왔다.

1624년(인조 2) 3월 부원수 이괄(李适, 1587~1624)이 난을 일으켜 서울을 침범하자 임금은 공주로 피난하는 일이 벌어졌다. 도원수 장만이 이괄을 죽였으나 부장이자 왜군 출신인 서아지가 잡히지 않고 남으로 도망쳐 오자 밀양까지 추격하여 영남루 숲에서 잡아 죽였다.

그 공으로 왕이 서아지(徐牙之)의 땅을 사패지(賜牌地)로 주었으나 소를 올려 그 땅을 수어청의 둔전으로 쓰게 했다.

1628년(인조 6) 가훈과 향약을 지어 자손들이 지켜야 할 규범을 만들었다. 1636년(인조 14) 병자호란이 일어났다는 소식을 듣고 부름이 있기도 전에 66세라는 노구를 이끌고 주야로 달려갔으나 임금은 벌써 남한산성으로 피신한지라 광주 쌍령(雙嶺)에 이르러 많은 적을 무찔렀다.

적병 500여 명의 코를 베에 자루에 담고 임금을 지키기 위해 남한산성으로 가는 중에 화의가 이루어졌다.

공은 예의의 나라 왕이 오랑캐 앞에 무릎을 굽힌 사실에 통곡하며 우록동으로 돌아왔다. 1642년(인조 20) 파란만장한 일생을 이역 땅에서 마감하니 향년 72세였다. 저서로 1798년(정조 22)에 간행된 『모하당문집』이 있고 녹동서원에 배향되었다.

모하당에 관한 내용은 중학교 『도덕』 책은 물론, 일본의 『고교 일본사 A』, 시바 료타료의 소설 『한나라 기행』, 고사카 지로의 『바다의 가야금』으로도 소개되고 일본의 공영방송 NHK, 요미우리신문 등이 특집으로 보도했다. 이외에도 많은 일본 사람이 관심을 가지고 연구하고 있으며 해마다 관광객이 찾고 있다.

그러나 이 문집 어느 줄에도 가족 사항 이외 출신지를 밝히지 않고 있을 뿐 아니라, 더욱 흥미로운 사실은 당시 가등청정이 인솔했던 병력이 2만 2천8백 명이었다. 그중에서 3천 명을 인솔한다면 계급이 상당히 높았을 터인데도 출전 장수 명단, 즉 〈진립서(陳立書)〉에 이름이 없는 점이다.

따라서 조선총독부에서는 『모하당문집』이 위서이며 사야가의 투항 자체가 조작으로 단정 지었다. 그러나 최근 일본에서도 사야가와 같은 평화주의자가 있었던 점을 강조하기 위해 기정사실로 받아들이고 있다. 공에 대한 뿌리 찾기가 일본 사람들에 의해 활발하게 진행되고 있다. 우선 조총 제조 기술에 능한 점을 근거로 소설가이자 일본의 구식 총연구회 고문인 고시카 지로는 전국시대 와카야마현의 "사이카"로 불리는 철포부대의 대표 "스즈키 마고이치"라고 주장한다. 이곳은 지금도 중화학공업의 중심지이지만, 예부터 총포를 잘 다루었으며 우두머리가 "스즈키 마고이치"인데 조선 출정 후 자취를 감추었다고 한다.

다음은 『한나라 기행』의 시바 료타료는 사야가가 4월 13일에 조선에 상륙했다는 주장을 근거로 가등청정 소속의 장수가 아니라, 소서행장이 이끌고 온 대마도주 소속의 무사 출신일 것이라고 했다. 왜냐하면 가등청정은 2번대로 4월 17일에 부산에 상륙했기 때문이다.

마지막은 그가 전쟁을 싫어하는 평화주의자의 한 사람이었다는 점에서 규수 지방의 반(反) 도요토미 히데요시 세력인 "하리타 노부타네"라는 설이다. 가등청정의 직속으로 4천 명의 부하를 이끌고 참전해 조선 침략 1년 후 울산 전투에 전사한 것으로 보고 된 그가 사야가라는 설이다. "하리타 노부타네"가 전쟁을 피해 조선에 투항한 것을 숨기기 위해 전사한 것으로 허위로 보고했을 가능성이 크다고 했다.

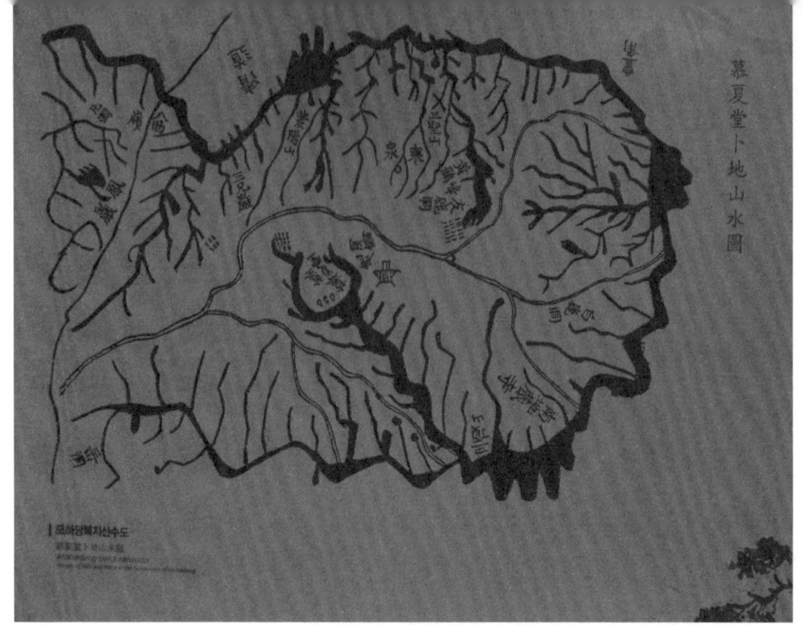

▲ 모하당이 그린 우록동 지도

그 증거로 전사자 유족에게 주는 녹봉을 "하리타 노부네" 후손에
대해서는 오히려 삭감하는 조치를 했다는 것이다. 즉, 가등청정이 풍
신수길에게 잘 보이기 위해 부하의 투항 사실을 숨기고 전사자로 보
고했지만, 괴심(愧心)한 나머지 녹봉을 깎아 지급했다는 것이다.

그가 우록동에 정착한 배경에 대해 『녹촌지』에서 "이곳은 반곡(盤
谷, 당나라 시인 이원이 은거한 골짜기)이 아닌 반곡 같은 곳이요, 율리(栗里,
도연명이 살던 곳)가 아닌 율리 같은 마을이다. 그 터전 됨이 산은 높지
않으나 수려하고, 물은 깊지 않으나 맑으며, 봉암산(鳳巖山)은 그 동쪽
에 있고 황학봉(黃鶴峰)은 그 서쪽에 솟아 있으며 남에는 자양(紫陽)이
요' 북에는 백록(白鹿)이라, 찬 샘물은 그 오른편에서 솟아나고 선유
동(仙遊洞)은 그 왼편에 깊숙하다. 대개 봉(鳳)이라는 것은 문명한 상서
라 요순과 문왕 때 나타났으니, 봉으로써 바위를 이름함은 문명한 징
조를 볼 수 있음이요, 학이라는 것은 신선이 좋아하는 새라 이적선(李
謫仙)의 "석인이승황학거(昔人已乘黃鶴去, 당나라 시인 최호의 작품 황학루의

첫 연으로 옛사람은 이미 황학을 타고 떠나고…, 이태백이 이 작품을 격찬했다고 함)
"시구(詩句)가 있는, 즉 산봉우리를 학으로써 이름한 것은 선인(仙人)이 깃들일 수 있다는 것이다. 하물며 자양과 백록은 옛날 주부자(朱夫子, 남송의 성리학자 주희)가 도학을 강명하던 지명이니 나의 자손 중에서도 혹 도학을 강명할 사람이 날 것인가? 또 동리 이름이 우록(友鹿)으로 되어 있는 데에 내가 취하는 바가 있으니, 산중에 은거하는 사람은 대개 사슴을 벗하며 한가로움을 탐하는 것이라, 우록의 뜻은 내 평생토록 산중에 숨어 살고자 하는 뜻과 부합하나니, 찬 샘물에 마음의 티끌을 씻고, 선유의 동혈(洞穴)에서 흰 구름을 비질할 수 있으리라. 그러므로 한 칸의 띠 집을 세워서 자손에게 남기노니 이곳이 곧 내가 원하는 땅이다."라고 했다.

조선천지 넓은 땅 중에서 그가 대구의 우록동에 정착한 이유를 말하고 있다. 그러나 일본인으로 많은 시간을 전장에서 보낸 공이 언제 어떻게 이곳을 알아 두었다가 자리를 잡았을까 궁금하다. 생각할 수 있는 것은 비록 외진 곳이지만 영남대로 변에 있어 1598년 상관 김응서가 대구에, 그가 밀양에 진을 치고 적을 토벌할 때 영남대로의 주요 요충지였던 팔조령을 넘나들며 점지해 두었거나, 남지장사에서 사명당이 승군 훈련을 시킬 때 어떤 일로 방문하면서 보아둔 곳일 수도 있다.

고국과 가족을 버리고 스스로 조선에 귀화하고 풍신수길의 무도한 전쟁을 반대하여 동족을 베는 데 앞장섰던 그였지만, 고향에 대한 향수는 어쩔 수 없었던 것 같다.

남풍이 때때로 불 때/고향을 생각하니
조상의 무덤은 평안한가/ 일곱 형제는 무사한가

구름을 보며 고향을 생각하는 마음과
봄풀을 보며 솟아오르는 생각이/ 어느 때인들 없을쏘냐
아마도/ 세상에 흉한 팔자는/ 나뿐인가 하노라.

라며 향수에 젖기도 했다. 그는 20세에 불과한 청년 무장이었지만, 출정 전에 이미 높은 경지의 학문을 쌓고 풍수지리에도 밝았던 것 같다. 또한, 그의 향약이 대구 최초의 향약이라는 점에서도 의미가 크다. 공은 혹시 있을 당파나 타인의 모함으로부터 자손들을 보전하기 위해 일체 글과 유물을 남기지 않았다고 한다.

『모하당문집』이 세상에 나온 것은 그의 사후 200여 년이 지나 상관으로 모셨던 김응서(金應瑞) 장군의 후손으로 강원도에 살고 있는 김사눌(金思訥)의 집에서 발견된 것을 출간했다고 한다. 공은 아버지 익(益)으로부터 7형제 중 막내로 태어났다고 한다. 그러나 귀화(歸化) 후 5남 1녀를 두었다. 현재 7,500여 명 정도의 후손이 대구 등지에 살고 있다고 한다.

묘 터를 잡으면서 후손들에게 이르기를 "8세까지는 출세할 생각을 말라. 내가 이곳에 눕고서 350년이 지나면 넓은 세상에 나가도 좋다."고 했다고 한다. 그래서 그런지 제4공화국 시절 김치열(1921~2009)이 내무·법무부 장관을 지냈다.

공은 비록 귀화 왜장이었지만 임진왜란, 병자호란, 이괄의 난에 공을 세운 이른바 3난 공신으로 충성심이 넘치는 조선 사람으로 살았다.

화원 유원지의 숨겨진 명소 소바위

수질오염 등을 우려하며 환경단체가 반대했음에도 달성군이 낙동강 사문진에 유람선 달성호를 띄웠다. 상화대와 주변 풍광을 강바람을 맞으며 선상(船上)에서 조망할 수 있어 이 외로 많은 시민의 사랑받고 있다. 또한, 운영에도 묘를 살려 문화관(디아크)이 있는 북쪽에도 선착장을 만들어 잠시 내려서 일대를 구경하다가 다음 배에 승선이 가능하도록 배려했다.

그러나 사문진교 남쪽으로 내려와서는 강 복판에서 그냥 배를 돌려 출발지로 되돌아오도록 하고 있다. 특히, 회선(回船) 부근의 강변에는 오누이의 애환과 중국의 고사 화우지계(火牛之計)의 이야기가 숨어 있는 소바위(혹자는 沼 바위라 하고 혹자는 牛 바위라고 하나 강물이 바위에 부딪혀 소용돌이 쳐 흐르는 현장을 보면 소(沼) 바위가 오히려 더 정확한 표현이다)가 있음에도 유람선과 연계 활용하지 아니하고 있어 못내 아쉽다.

| 소(沼) 바위 전설

『달성마을지』에 의하면 옛날 옥포면 간경리에 한 부부와 여동생이 살고 있었다. 어느 해 큰 홍수로 논이 물에 잠기자 세 사람은 물을 빼

내기 위해 들판으로 나갔다. 그런데 그때 낙동강 물이 갑자기 불어나 제방이 터지면서 세 사람이 모두 물살에 휩쓸리게 되었다. 한 참 떠내려가다가 오라버니가 절벽 위에 있는 뾰족하게 튀어나온 바위 끝을 잡게 되었다.

뒤를 돌아보니 아내와 여동생이 허우적거리고 있었다. 그러나 한 손은 바위를 잡고 있었기 때문에 두 사람을 한꺼번에 잡을 수 없었다. 따라서 아내를 먼저 구하고 이어 여동생을 구하기 위해 손을 뻗었으나, 이미 멀리 떠내려가 익사하고 말았다. 이 말을 전해 들은 마을 처녀들이 함께 놀던 그녀의 영혼을 위로하기 위해 지어 부른 노래가 다음과 같다.

능청 휘청 저 비럭(벼랑) 끝에/ 무정하다, 우리 오라비(오빠)
나도 죽어 후생(後生, 저승) 가서/ 낭군님부터 섬길라네(섬기려네).

몇 년 전까지만 해도 모내기를 할 때 불렀다고 한다. 혈육인 누이를 먼저 살리지 않고 부인을 먼저 구한 오라비에 대한 원망이 담겨 있는 농요(農謠)다.

| 우(牛) 바위 전설

한편 『금성지(錦城誌, 화원 일대의 옛 이름, 금성에 대한 인문 지리서)』에 의하면 "연암(淵巖) 한편으로는 우암(牛巖)이라고 한다. 옥포 간경 아래 있다. 강가에 임한 석벽의 반이 푸른 물속에 들어간 채 상화대와 서로 바라보고 있다."라고 하며 작자 미상의 시를 소개하고 있다.

▲ 소(牛) 바위라고도 하나, 소(沼) 바위가 맞다

너는 어찌해 우암이란 이름을 얻게 되었나.	爾何得牛名
제(齊)나라 성에서 제일가는 공이 있지	齊城第一功
지금까지 아직도 꼬리가 뜨거워서	至今猶尾熱
물러나 푸른 물결 속에 누워 있구나.	退臥碧波中

　시는 소 바위를 물속에 누워있는 소(牛)에 빗대 춘추전국시대 제나라의 화우지계(火牛之計)를 노래했다. 번역자 최오현의 주석에 따르면 "제나라 장군 전단(田單)이 소 1천여 마리에 용의 무늬가 그려진 붉은 비단을 입히고, 그 뿔에 칼날을 부착하고 꼬리에 기름을 먹인 갈대를 매달았다. 그리고 꼬리에 불을 붙여 5천 명의 군사들을 따르도록 하여 연(燕)나라 진영을 향해 내달리게 하여 크게 승리했다.

　이어 빼앗긴 70여 성을 되찾았다."라는 내용이다. 작가는 소(牛) 바위가, 전단이 꼬리에 불을 붙인 소가 아직도 꺼지지 않은 불을 식히려 물속에 누워있다고 생각했다. 과장이 다소 지나친(?) 것 같으나 동방의 한 이름 모를 시인이 기원전 제나라 장수 전단의 불소(火牛) 이야기를 소환했다는 점은 높은 학문을 가진 분이기에 가능했다는 점을 생각하면 놀라움을 금하지 못하게 한다.

소 바위에는 이런 옛이야기가 숨어 있을 뿐 아니라. 윗부분은 여유 공간도 많다. 2012년 4대강 정비 사업할 때 심은 것으로 보이는 벚나무가 잘 자라 벚꽃이 만발할 때는 경관도 아름답다.

맨 꼭대기에 정자를 세우고, 일대에 의자. 산책로 등 편의시설을 설치하고 곁들여 독일 라인강의 명소 로렐라이 언덕과 같이 부부와 오누이를 형상화한 조형물을 설치해 놓고 선착장을 만들어 유람선 이용자들이 내려서 구경하게 하면 유람선 관광 효과가 배가 될 것이다. 또한, 인근 옥포 들에 100만 평 규모의 제2국가산업단지가 조성될 예정이라 하니 종사하는 근로자들의 휴식 공간도 될 수 있어 유람선 운영의 활성화와 더불어 개발의 필요성이 더욱 높아진다.

금호강 둔치의 진객(珍客) 맹꽁이

신천(新川)과 금호강이 만나는 두물머리 오른쪽 둔치 약 10,000㎡는 대구 YMCA 김경민 사무총장(현, 한국YMCA 사무총장)이 대표로 운영하던 신천 에스파스(Espace) 사업장이다. 에스파스는 영어 스페이스(Space)의 프랑스식 표현으로 "공간(空間)"이라는 뜻이다.

이 이름은 프랑스 파리시 한 시민단체의 성공적인 활동(活動)에 감명받아 우리 대구에도 적용해 보자는 취지에서 따왔다. 즉, 센(Seine) 강변에 있던 프랑스 대표 자동차회사 르노(Renault)가 외곽지로 옮기고 나자, 그 장소가 우범지역이 되고, 쓰레기가 쌓이면서 악취가 나는 등 도시미관을 헤쳤다.

이에 에스파스란 시민단체가 파리시 정부와 협업으로 그들에게 청소 작업을 시켜 주변을 정비하고, 노임을 제공하여 자립(自立)하도록 하여 성공했다. 이에 김 총장은 사회적기업을 만들어 버려져 있다시피 한 둔치를 장애인과 부녀자 등 취약계층을 취업시켜 나무와 꽃을 심는 작업을 진행했다. 공직을 떠나 모 대학에 계약직으로 있다가 퇴사한 필자도 합류했다. 그 후 정부 지원이 중단되어 더 이상 고용이 어렵게 되자 해산하고 지금은 현장만 유지 관리하고 있다.

2007년 10월 7일이었다. 맹꽁이 한 마리가 현장을 기어가는 것이 보였다. 도시 한복판에 웬 맹꽁이가 나타난 걸까? 미리 파 놓았던 습지에 던져 넣었다. 그때는 맹꽁이가 물에 사는 동물로 알았다.

그러던 10년 후 2017년 6월 26일, 애초 던져 넣은 곳이 아닌 인근의 작은 웅덩이, 즉 바닥이 갈라진 곳이라 몇 시간 후면 물이 빠질 곳에 갑자기 내린 폭우로 물이 고이자 맹꽁이가 요란하게 울었다.

그때 살려준 맹꽁이의 후손들인지 아니면 어디 숨어 있다가 새로 나온 맹꽁이인지 모르겠으나 가슴을 설레게 했다. 수면(水面)을 보니 약간 희뿌옇고, 아주 작은 알갱이 같은 것도 보였다. 산란한 것 같다는 생각이 들었다. 좋은 관찰 기회로 생각하고 변태(變態)하는 데 30일 정도 걸린다고 하니, 그동안 물이 빠져지 않도록 인근 습지(濕地)의 물을 양수(揚水)하도록 관리인에게 부탁했다.

뜻밖에 찾아온 귀한 손님이 안정적으로 알을 낳고 부화할 수 있도록 웅덩이를 새로 정비하고 싶으나, 시민단체들이 그렇듯 돈이 없었다. 특히, 대구 시민들은 맹꽁이 하면 달성습지를 연상할 만큼 그곳은 개체수가 많고 널리 알려진 곳이다. 또 서식과 산란 장소를 지자체가 보호하고 맹꽁이 축제 등을 개최해 홍보도 하고 있다.

그러나 이는 지역이 달서구로 시 전체적으로 볼 때 한쪽에 치우쳐 있고, 낙동강 수계이다. 반면에, 에스파스의 서식지는 시역(市域)의 북쪽이고, 금호강 수계이다. 따라서 맹꽁이 서식지가 북쪽에 하나 더 늘어났으니, 대구의 생태계가 그만큼 풍부해졌다고 할 수 있다. 이에 영남일보사에 제보하여 서식(棲息) 사실을 보도했다(영남일보, 2017. 7. 12). 그러나 누구 하나 관심 있게 본 사람이 없는지 알아보려고도 하지 않고 심지어 "야생생물 보호 및 관리에 관한 법률"에 의한 멸종위기 2급이라 조사가 필요한데도 시나 구청의 담당 공무원으로부터 사실을 확인하는 전화 한 통도 없었다.

공직 생활 중 업무와 관련된 보도가 나면 신문을 스크랩해 두었다가 자료로 활용했던 지난 날을 생각하면 더 부아가 났다. 구나 시의 지원을 포기하고 (사) 한국조경사회 대구경북시도회 이제화 회장을 찾았다.

▲ 에스파스에서 만난 맹꽁이(2007)

조경기술자와 조경업계의 발전을 위해 구성한 이 모임에서는 해마다 회비 일부를 적립하여 사회 공헌사업을 하는 것을 알고 있었기 때문이다.

맹꽁이가 안전하게 산란할 수 있도록 웅덩이 하나 파줄 것을 제안했다. 주로 조경설계나 나무 심기를 지원하는 단체라 맹꽁이 문제를 언급하는 것이 좀 엉뚱했으나 나무 심는 것이 곧 생태계를 건강하게 하는 것이니 맹꽁이 산란지를 만드는 것도 같은 취지라고 간청하니 기꺼이 지원해 주었다. 2018년 6월 10일 마침내 웅덩이가 탄생했다. 오래전부터 달성습지에서 맹꽁이 보호 운동을 하던 김상기 활동가의 자문을 받고 주식회사 지엘(GL)조경이 시공했다.

그러나 이듬해 들어 문제는 엉뚱한 곳에서 발생했다. 어렵게 만든 웅덩이를 제쳐두고 엉뚱한 옆 습지에서 산란했다. 그해뿐만 아니었다. 다음 해, 즉 2년을 아예 오지 아니하고 계속 그 옆에 있는 습지에 산란했다. 3년 차가 되어서 비로소 새로 만든 웅덩이에 요란한 울음소리를 내며 짝짓기를 하는 것 같았다.

그들에게 안전한 산란지를 만들어 주려고 고생했던 것을 생각하면 억울하기도 했다. 그러나 인간의 생각과 맹꽁이 생각이 다르며 하찮은 (?) 동물이지만 대를 잇는 방법이 매우 신중하다는 것을 알았다. 웅덩이가 더 커지고 수심이 산란에 적당한 것 같아도 그것은 사람의 생각일 뿐 거듭 탐색해 보고 안전하다 싶으면 비로소 알을 놓는 것 같다.

처음 맹꽁이를 목격한 해로부터 14년 만이고, 웅덩이를 만든 지 3년 만이다. 이 우연히 얻은 기회를 통해 맹꽁이의 까다로운 산란지 선택 행태(行態)를 이해하게 되었고, 야행성이라 낮에는 쉽게 접근하기 어려운, 알에서 태어나 성체(成體)가 되는 과정을 단편적이나마 사진으로 남겨 한살이의 일부나마 알 수 있었던 소중한 경험을 했다.

제3장

겨레의 산 팔공

2012년 가을, 영화 "광해, 왕이 된 남자"가 관객 1,000만 명을 돌파하는 기록을 세웠다. 이어 제49회 대종상 영화제 시상식에서는 작품상을 비롯해 남우주연상(이병헌), 감독상(추창민), 남우조연상(류승룡), 시나리오상(황조윤), 기획상(임상진), 촬영상(이태윤), 조명상(오승철), 편집상(남나영), 의상상(권유진, 임승희), 미술상(오흥석), 음악상(모그·김준성), 음향 기술상(이상준), 영상 기술상(정재훈) 등 모두 23개 부분 중에서 절반이 넘는 15개 부분을 수상해 우리 영화사상 또 하나의 금자탑을 쌓았다는 보도를 보면서 비운의 왕 광해(光海)를 다시 주목하게 되었다.

소위 인조반정으로 광해를 몰아낸 서인 세력은 본디부터 광해가 왕재(王才)로 적합하지 못할 뿐만 아니라, 친형(親兄) 임해군과 배다른 아우이자 적자인 영창대군을 죽이고, 인목대비를 유폐시켰다가 다시 평민으로 강등시킨 패륜을 저질렀으니, 그의 폐위를 당연하다고 했다. 이후 평민으로 강등된 광해는 강화도에서 다시 제주도로 유배되었다가 67세로 죽었다. 이 일을 소재로 한 영화가 이처럼 큰 관심을 불러일으킨 것을 두고 평론가들은 다음과 같이 분석했다.

"광해, 왕이 된 남자"는 조선 광해군 8년, 독살 위기에 놓인 '광해'

를 대신하여 왕 노릇을 하게 된 천민 '하선'이 왕의 대역을 맡게 되며 벌어지는 이야기를 그린 작품이다. 실제 실록에서 소실된 것으로 알려진 광해군의 15일간의 행적을 영화적 상상력으로 창조한 "광해, 왕이 된 남자"는 양면성으로 대표되는 왕 광해를 조명하는 데 있어 그의 대리 역할을 했던 또 다른 인물이 있었다는 참신한 설정을 가미함으로써 차별화를 꾀한다. 하늘이 내린 임금이 천하를 호령하던 시대, 아무도 모르게 왕의 대역을 맡았던 천민이 있었다는 신선한 발상으로 기존 사극과는 다른 새로운 재미를 선사할 "광해, 왕이 된 남자". 실제 역사와 상상력을 넘나들며 펼쳐지는 긴장감 넘치는 스토리를 통해 역사 뒤에 감춰진 다양한 인물들의 사연을 담아낸 휴먼 픽션 드라마 "광해, 왕이 된 남자"는 2012년 가을, 진한 웃음과 감동으로 관객들을 강렬하게 사로잡을 것이다."

이 지적처럼 영화는 『조선왕조실록』에 기록된 역사적 사실이 아니라, 작가의 상상력이 동원된 허구를 영화화한 것이다. 또한, 앞서 이야기한 것처럼 광해는 비록 패륜을 저질렀지만, 무능한 군주가 아니었다. 이런 점에서 광해를 나쁜 왕으로 치부한 것은 쿠데타를 일으킨 서인(西人)들이 반정을 정당화하려는 음모이다.

오히려 광해는 중원이 명(明)에서, 청(靑)나라로 교체되는 혼란기에 가장 적절히 대처한 왕으로 평가된다. 피난(실제로는 도망?) 간 부왕(父王) 선조를 대신해서 분조(分朝, 선조가 요동으로 망명하기 위해, 의주 쪽으로 피란 갈 때 왕자 광해군에게 본국에 남아 나라를 다스리는 왕명을 내렸는데 이때 만들어진 조정)를 이끌며 약 8개월 동안 전란 수습을 위해 동분서주했었다.

아버지 선조로부터 그가 물려받은 조선은 황폐한 국토와 도탄에 빠

▲ 2012년 보도사진(매일신문)
아래 오른쪽이 필자

져 허덕이는 백성이었다. 이즈음 후금과 명 사이에 전쟁이 시작되었다. 명이 임란 때 우리를 도와주었으니 당연히 협조해야 하겠지만, 임란 중 수많은 사람이 전사했고, 경제적으로도 어려워 군사를 지원할 형편이 되지 못했다.

게다가 명나라는 이미 쇠한 상태였다. 이런 상황에서 명을 도와주었다가는 새롭게 등장하는 후금의 미움을 받을 게 분명했다. 형편이 이러한데도 일부 신하들은 명에 의리를 지켜야 한다며 군사 지원을 주장했다. 이에 마지못한 광해는 강홍립을 대장으로 1만여 명의 군사를 지원했다. 다만, 강홍립에게 밀명(密命)을 내려 전세가 불리하면 항복하라고 했다.

이런 깊은 사정을 알 수 없는 신하들은 강홍립이 항복하자 배신자라며 그와 가족들을 모두 죽여야 한다고 했다. 그러나 광해는 신하들의 주장을 물리치고 오히려 선물을 보내고 공신(功臣)으로 치하(致賀)했다. 이렇게 실리외교를 펼친 광해는 내치에도 힘을 써서 무너진 나라를 재건하는 데 최선을 다해 빠른 속도로 국정을 안정시켰다.

다수의 학자는 광해군이 폐위(廢位)되지 아니하였다면 이후에 일어난 정묘호란이나 병자호란도 없었을 것이라고 한다. 오히려 제3대 태종이 1, 2차 왕자의 난을 통해 세자 방석과 이복동생 방번을 죽였고, 세조는 조카 단종을 몰아내고 왕위에 올랐으며, 연산군은 무오와 갑자사화를 통해 수많은 사림파와 문신들을 처형했다. 이런 점을 보면 광해의 그간 행위는 크게 문제 삼을 일이 아니라고 한다.

반면에, 광해군을 몰아내고 왕위에 오른 인조는 아들 소현세자를 독살(?)하는 더 끔찍한 폐륜(廢倫)을 저질렀으며, 또한 망해 가는 명에 우호적이었다가 새로운 강국 청나라의 미움을 사서 야만족이라고 깔보던 청 태종에게 삼전도의 굴욕을 당하고 백성들을 다시 도탄에 빠트렸다. 어떤 학자는 조선의 무능한 왕으로 선조 다음이 인조(仁祖)라고 한다.

한편, 광해군은 경기도에 대동법을 시행하여 세금을 공평하게 부과하고, 경작지를 넓혀 재원을 확보하였으며, 난중 불타 회의조차 할 수 없는 처지에 창덕궁을 비롯한 궁궐을 중건하고, 일본과 중단되었던 외교를 재개하였으며, 병화로 소실된 서적의 간행에도 힘써 『신증동국여지승람』·『용비어천가』 등을 다시 발간하고, 『국조보감』·『선조실록』을 편찬하였으며, 적상산성(赤裳山城)에 사고(史庫)를 하나 더 설치하였다. 다른 한편으로, 허균의 『홍길동전』, 허준의 『동의보감』도 이때 발간되었다.

조선왕조 518년에 왕은 모두 27명이다. 그중에 태(胎)를 대구에 묻은 왕은 광해군(재위 1608~1623)이 유일하다. 그는 선조와 공빈 김씨와 사이에서 태어났다. 이름은 혼(琿)이다. 부인은 폐비 유 씨와 숙의 윤 씨인데 윤 씨에게는 자식이 없었고, 폐비 유 씨가 아들 질(侄)을 낳았으나 강화도 유배 중에 자살하여 후손이 없다. 재위 기간은 15년 1개월이다. 영화 "광해, 왕이 된 남자"는 역설적으로 광해가 쿠데타로 물러날 만큼 무능한 왕이 아니라는 사실을 밝혔다.

북구 연경동 산 136-1번지 태봉에 있는 그의 태실(胎室)은 영화가 크게 화제를 불러일으킬 때까지도 방치되어 있었다. 또 영화를 즐기는 대구 시민은 물론 구(區)나 시(市)조차 광해의 태실이 대구에 묻혀 있는 사실에 관심을 가지지 않았다. 실제로는 몰랐을지도 모른다.

이런 점은 영화 촬영 장소나 관련 시설을 관광 자원화하여 지역의 가치를 높이고 있는 다른 자치 단체들에 비하면 너무 무관심했다. 이에 신문에 제보했다.

이대현(매일신문 논설실장으로 퇴임) 문화부장에게 연락하였더니 신선화 기자와 김태형 사진부장을 현장에 보냈다. 2012년 11월 6일 마침내 "광해군 태실, 비석 나뒹굴고 항아리는 사라져."라는 제목과 "북구 연경동 태봉산 보존 울타리·안내판 없고 석물 흉물스럽게 부서져"라는 부제로 보도되었다. 이때, 사진부 김 부장은 흩어진 여러 개의 석물을 각기 촬영하여 왕자경룡아지태실(王子慶龍阿只胎室), 즉 광해군 태실이라고 보정(補正)했다. 경룡(慶龍)은 광해군의 유아일 때 이름이며, 아지(阿只)는 아기라는 뜻이다.

▲ 도굴꾼이 세탁하여 보물로 지정된 태지석(왼쪽)과 태 항아리(소장, 용인대학교 박물관)

보도 이후 다시 현장을 찾아보았더니 흩어진 석물을 두꺼운 비닐로 덮어둔 것 이외 크게 달라진 것이 없었다. 그로부터 6년이 지난 2018년 11월 9일, 태실 발굴조사 현장 설명회가 열려 참관했다. 태를 담은 항아리, 즉 태호(胎壺)를 넣어 두었던 태함이 인상적이었다. 또 왕자가 태어나면 아기 태실을 만들어 두었다가 그가 왕이 되면 다시 규모를 크게 하고 주변에 빗돌을 세우는 등 위엄 있게 정비하는 가봉태실(加封胎室)을 만든다는 것을 새로 알게 되었다. 그러나 아쉽게도 도굴되었다고 했다.

문화재 관련 자료를 찾아보니 도굴된 태 항아리와 태지석은 "백자 태 항아리 및 태지석(白磁 胎壺 및 胎誌石)"이라는 이름으로 1991년 1월, 25일 문화재(보물)로 지정되고, 용인대학교 박물관에 소장되어 있었다. 대구시나 구청이 관리를 소홀히 하고 있던 사이에 도굴꾼의 손을 거쳐 어떠어떠한 세탁 과정을 거쳐 소중한 보물로 지정되었다.

태지석(태를 묻은 사람의 이름, 생년월일, 행적 등을 적어 태실에 묻은 돌)에는 "황명 만력(萬曆) 3년 4월 26일 묘시(卯時), 생 왕자경룡아지씨태 만력 9년 4월 초 1일 계시(癸時) 장(藏)"이라는 글씨를 새겨 놓아 왕자 경룡은 1575년 4월 26일 오전 5시~7시 사이에 태어났으며, 1581년 4월 1일 오전 0시 30분~1시 30분 사이에 태를 묻었다는 것을 알 수 있었다.

이 발굴조사를 토대로 북구청이 향후 복원하여 사적지로 지정할 예정이라고 하나, 태지석 없는 복원은 "앙꼬(팥소) 없는 찐빵" 같은 것이다. 그나마 2022년 대구시 기념물로 지정하여 다행이라고 할 수 있으나 필자가 매일신문에 제보하여 기사화된 10년 후다.

이제 남은 과제는 첫째, 태실을 복원하는 일이고, 둘째, 용인대학에 소장된 유물을 반환받아야 하며, 셋째, 정쟁으로 억울하게 폐주(廢主)가 된 광해군의 명예를 회복시켜는 일이다.

유학자 모당 손처눌(孫處訥)의 『영모당 선생 문집』에 의하면 1609년

(광해군 1) 오봉(五峯) 이호민(李好閔)과 선원 김상용(김상헌의 형)이 각기 태실상사(胎室上使)와 부사(副使)로 대구에 왔다고 하니 가봉태실은 광해가 즉위한 그해 조성되었음을 알 수 있다. 즉, 1차 아기태를 묻은 해는 1581년(선조 14) 4월 1일이고 왕위에 올라 2차 가봉 태실을 조성한 해는 즉위한 그해 1609년 11월이 된다.

고맙게도 북구 김상선 의원이 복원을 위해 노력하고 있어 기대가 크다. 영천시가 은해사 부근의 인종(仁宗, 1515~1545) 태실을 복원했듯이 그보다 시세가 큰 대구가 못할 이유가 없다고 본다.

한편, 태실로 인해 일어난 재미있는 이야기도 전해온다. "태봉 북쪽 도덕산 아래 안도덕 마을이 있다. 한때 이 동네 처녀들이 바람이 많이 났다고 한다. 마을에서 바라보이는 태실의 뾰족한 석물이 남자의 생식기(凸)를 닮은 형상이기 때문이라는 말이 돌았다. 이에 마을 사람들이 석물이 보이지 않도록 숲을 조성하였다고 한다. 신기한 일은 그로부터 멎었다고 한다". 그러나 현재 숲은 사라지고 경작지로 변했다.

태실이 파괴된 것에 대해서는 광해군의 폐위를 지지했던 이들의 소행으로 본다.

대구의 두문동 대명동과 반청(反淸) 14현

| 들어가는 말

고려가 망하고 조선이 건국하자 한 하늘 아래에 살면서 두 임금을 섬길 수 없다며 관직을 버리고 낙향하는 사람들이 많았다. 그러나 이와 달리 개경의 성거산(경기도 개풍군 광덕면 광덕산의 옛 지명) 서쪽 골짜기에 들어가 두문불출(杜門不出)하는 분들이 있었으니 이른바 "두문동 72현"이다. 조선의 건국을 반대하고, 고려의 신하로 남기를 맹세한 충신들이 모여 살던 곳이다.

조선 초기에는 두문동(杜門洞)에 대하여 말하는 것조차 금기하였다. 후세에 절의의 표상으로 숭앙(崇仰)되어 350여 년이 지난 1783년(정조 7)에는 왕명으로 개성의 성균관에 표절사(表節祠)를 세워 배향

▲ 반청활동 14현을 기리는
동구 효목동 1108번지에 있는 경현당(景賢堂)

하게 함으로 널리 알려지게 되었다. 이로써 겨우 기록으로 남길 수 있었고, 제사를 모실 수 있었다. 두문불출(杜門不出)이라는 말의 어원은 이런 연유에서 시작되었다고 한다.

그러나 72현 모두가 끝까지 그곳에 머물다가 돌아가시진 않았다고 한다. 간의 대부였던 차헌부가 죽자 많은 사람이 고향의 노부모를 모시거나 몸이 불편하거나 혹은 새롭게 정권을 잡은 이성계가 중책을 맡겨 다시 벼슬길에 나가기도 하였다.

성사제(成思齊) 등 13명만 끝까지 남아 가시덤불을 쌓고 스스로 불을 질러 화염 속에서 죽었다. 그러나 그곳에 들어간 자체가 선비들의 가장 큰 덕목인 절의(節義) 있는 분이라고 하여 조선조는 물론 지금까지도 존경의 대상이 되고 있다. 특히, 혈연을 중시한 우리 민족은 조선(祖先) 중에서 한 분이라도 포함되어 있으면 가문의 자랑으로 여긴다. 대구 출신으로는 인천인 다의당 채귀하(蔡貴河), 성주인 청송당 도응, 하빈인 이우당 이경 등이 있었다.

| 병자호란과 명의 멸망

병자호란은 1636년(인조 14) 12월부터 1637년 1월까지 청(淸)나라가 조선을 침략하여 일어난 전쟁을 말한다. 이 전쟁은 결과적으로 인조가 성을 나와 삼전도(三田渡)에서 청 태종에게 항복함으로써 마무리가 되었다. 이때 항복의 조건은 다음과 같다.

청나라와 조선은 군신의 의를 맺고, 명의 연호를 버리며, 명나라와의 국교를 끊고, 명나라에서 받은 고명책인(誥命冊印, 왕이 즉위하는 것을 승인한다는 문서와 이를 증명하는 금으로 만든 도장)을 청나라에 바칠 것, 인조의 장자와 다른 아들 및 대신들의 자제를 인질로 할 것, 조선은 성

을 보수하거나 쌓지 말 것, 조선의 일본과의 무역을 종전대로 하고 일
본의 사신을 인도하여 청나라에 내조하게 할 것, 매년 1번씩 청나라
에서 정하는 일정한 양의 세폐(歲幣, 해마다 음력 시월에 중국에 가는 사신이
가지고 가던 공물)를 바칠 것 등이다.

화의가 이루어지자 청 태종은 돌아갔으나, 소현세자와 빈궁, 봉림대
군과 부인 그리고 척화론자인 오달제(吳達濟)·윤집(尹集)·홍익한(洪翼漢)
등의 대신들이 인질로 잡혀 선양으로 갔다. 이후 조선에서는 명을 숭
배하고 청을 배척하는 숭명배청의 사상이 전쟁 전보다 굳어져 갔다.

그 후 세력이 더욱 강성해진 청은 1644년(인조 22) 명나라까지 멸망
시켰으나 조선의 많은 선비는 명을 사모하며 청에 대해서는 적개심을
가졌다. 따라서 청의 연호를 쓰지 않고 명나라 마지막 황제 의종의 연
호 숭정(崇禎) 쓰기를 고집했다.

대구 사림의 반청활동과 남영사(南寧社)

대구, 사림(士林)의 반청활동은 좀 특이했다. 귀화 왜장 모하당 김충
선 같은 사람은 직접 출정하여 광주 쌍영(雙嶺) 전투에 참전했는가 하
면 대암 최동집과 도곡 박종우 등은 숭정처사를 자임하며 세상을 등
지고 깊은 산골로 은거했으며 다른 일단의 친명파 14명은 집단으로
반청활동을 전개했다.

소위 "대명 14현"이라고 불리는 이들은 삼전도에서의 치욕을 씻고 임
진왜란 때 지원해 준 명나라의 은혜를 보답하기 위해 "남영사(南寧社)"라
는 결사를 조직했다. 특히, 비밀을 유지하기 위해 구성원을 친인척으로
한정하고 호를 명(明) 자 돌림으로 짓고, 이를 운(韻)으로 한 줄의 시로
결의를 다졌다. 또한, 은거한 곳의 마을 이름을 명나라를 기리는 뜻에서

"명동(明洞)"이라고 했다. 이들은 그곳에서 집단생활을 하며 반청 숭명(崇明) 운동을 벌였다. 그러나 구체적인 내용은 확인할 수 없다. 다만 이 모임은 1640년(인조 18)부터 1700년(숙종 20)까지 약 60년 존속한 것으로 보인다. 결사에 참여한 14현과 시문 그리고 간단한 이력은 다음과 같다.

◆ 최도남(崔道南, ?~?): 본관 경주, 자호 명동주인(明洞主人), 쳐다보아 마음에 부끄럼 없이 대명 절의, 지키겠노라. (俯仰心無愧, 一生守大明), 임란 시 공산의병장 최인의 손자

◆ 이언직(李言直 1631~1698): 본관 영천, 자호 명호산인(明湖散人), 단 앞의 한 떨기 꽃은 만세토록 대명을 보호하리라. (壇前一樹花, 萬歲保大明), 채생만의 누이 남편이자, 여위흥의 누이가 자부이다.

◆ 전극초(全克初, 1643~1695): 본관 옥천, 자호 명천어자(明川漁子), 늦게 바다의 한 모퉁이에 나서 마음과 더불어 일월이 밝으리라. (晚生海之隅, 心與日月明), 우석련의 매형

◆ 정기(鄭錡, 1574~1642): 본관 동래, 자호 명루노수(明樓老叟), 누가 능히 의리를 도와서 천일의 잃은 빛을 높일까? (誰能扶義理, 天日失高明), 임란 초대 의병장 정사철의 손자

◆ 허계(許誡, 1632~1685): 본관 김해, 자호 명곡유인(明谷幽人), 영남에 우거하여 마음으로 옛 황명을 높였더라. (流落嶠之南, 心上舊皇明), 호란공신 허 상무헌의 아들

◈ 서장태(徐長泰, 1635~1700): 본관 달성, 자호 명령처사(明嶺處士), 천지가 긴 밤에 들어갔으나 일월은 밝아질 때가 있으리라. (天地人長夜, 日月有時明), 구암 선생의 후손이자 임의현의 처질(妻姪)

◈ 채생만(蔡生晩, 1634~1719): 본관 인천, 자호, 명계학사(明溪學士), 바다 건너 목야에서 글을 읽다가 언제나 맑고 밝은 것을 볼까? (願讀牧野書, 何時見淸明), 다의당 채귀하의 후손이자 이언직과 양시좌의 처남

▲ 대구시 동구 도동 한이골 입구에 있는 14현 대명동 유적비

◈ 양시좌(楊時佐, 1616~1686): 본관 중화, 자호, 명암거사(明巖居士), 중원 땅을 바라보니, 악덕이 대명을 더럽혔네. (忍看中州土, 積德汚大明), 대봉 양희지의 후손이자, 정기의 외손자, 채생만의 매형

◈ 도신행(都愼行, 1609~1674): 본관 성주, 자호 명애병수(明崖病叟),

하늘이 삼학사로서 만고의 강상을 밝혔네. (天以三學士, 綱常萬古
明), 서재, 도여유의 아들, 서재와 정기는 사돈지간

◆ 류여장(柳汝樟, 1602~1645): 본관 문화, 자호 명당거사(明塘居士),
백세토록 종주를 근본하면 예악이 밝고 빛나리라. (百世宗州統, 禮樂
煥然明), 형수가 명동주인 최도남의 누이

◆ 이찬(李贊, 1558~?): 본관 덕산, 자호 명포노인(明圃老人), 머리 돌려
장검을 어루만지니 해일은 누가 밝힐까? (回首撫長劍, 海日爲誰明),
아버지의 고모가 전극초의 둘째 큰아버지의 아내

◆ 임이현(任以賢, 1588~1649): 본관 풍천, 자호 명와은사(明窩隱士),
빛나는 숭정자는 해사에 크게 밝으리라. (煌煌崇禎字, 海史重大明),
서장태의 고모부(姑母夫)

◆ 우석련(禹錫連, 1657~1740): 본관 단양, 자호 명야일민(明野逸民),
연경에 말을 전하려니 어디가 바로 황명일까? (傳語燕京使, 何處是皇
明), 임란공신 우배선의 증손이자 전극초의 처남

◆ 여위흥(呂渭興, 1606~1673): 본관 성산, 자호 명월산인(明月山人),
중원이 멀다고 하지 말라 이곳이 또한 대명일세. (莫道中州遠, 此地亦
大明), 누이가 이언직의 며느리

| 대구의 두문동 대명동

반청 인사 14현은 당시로서는 매우 오지였을 대구시 동구 도동 한 골짜기에 모여 공동생활을 하면서 청나라를 반대하는 운동을 도모했다. 『명동세고(明洞世稿, 2001), 발행인 최영호』에 의하면 그들이 집단생활을 한 곳의 원래 마을 이름은 한이골(汗耳谷)로 지금의 동구 도동 225-2번지, 불로고분공원 동쪽 일대이다.

그러나 한이골의 한(汗)이 청나라 태조 누르하치, 즉 타이주 호롱오 한(太祖武皇帝, Taidzu Horonggo Han)를 지칭하는 "한(Han)"과 발음이 같은 데 비해 명나라는 임란 때 우리나라를 도와준 나라로 은혜를 잊지 않기 위해 명나라를 숭모하는 의미에서 14현의 한 분인 한천 최인의 장손 최도남(崔道南)이 명동(明洞)으로 바꾸었다. 그 후 둘째 손자 휴헌(休軒) 최진남(崔眞南)이 문과에 급제하여 숙종께 그 사실을 알리니 왕이 기뻐했다고 한다. 뒤를 이어 휴헌의 아들 명곡(明谷) 최경식(崔慶湜) 역시 대과에 급제하여 1703년(숙종 29) 병조 좌랑(佐郎)으로 있을 때 조회에 참석한 숙종이 명곡을 보고 "너희 아비가 명동이라 하였거늘 너 또한 그런 좋은 계책을 가졌다니 참으로 가상하다. 다만 때가 이르지 못했으니 한스럽다고 하며 친히 대명동(大明洞) 세 글자를 써 주었다."고 한다.

이런 사연이 있는 대명동은 임란 때 아우 태동(台洞) 최계(崔誡), 조카 우락재(憂樂齋) 최동보(崔東輔)와 함께 창의하여 이른바 "최씨 3충"으로 불리는 의병장 한천(寒川) 최인(崔認)이 개척한 곳이자 한천의 손자 휴헌과 증손자 명곡이 연달아 대과 급제하였고 숙종이 마을 이름을 하사(下賜)한 특별한 곳이다.

두문동 72현이 고려의 사직이 무너지는 것이 억울해 숨어든 데 비해 명나라의 은혜를 잊지 않기 위해 숨어들어 은거의 목적에는 두문동과 차이가 있다.

또한, 인조가 친청 정책을 펼쳤다면 병자호란과 같은 참혹한 피해를 막을 수 있었고 그 후에도 청에 유입된 서양의 새로운 문물(文物)을 받아들였더라면 우리나라가 일본보다 먼저 개화했을 것이라는 주장도 있다.

그러나 지금 시점에서 보면 그 시대에는 그 시대의 가치관이 따로 있었던 만큼 그때 반청을 도모한 사람들의 입장을 터무니없는 일이라고 단정할 수만 없다. 이미 망한 명나라를 잊지 않겠다는 것은 눈앞에 보이는 실리보다 대의(大義)를 쫓은 것이다. 이러한 명분을 중시했던 사상이 이어져 오면서 대구가 자랑하는 국채보상운동이나 2, 28의거로 연결되었다면 지나친 비약일까? 시대 상황과 지향하는 바는 달라도 저항 정신이 깃든 곳이라는 의미에서 이곳을 감히 대구의 두문동(杜門洞)이라고 할 수 있을 것이다.

| 맺는말

남영사는 1637년~1642년 사이에 결성된 것으로 보인다. 그러나 세상에 알려진 것은 250여 년이 지난 1928년이다. 자호(自號)가 명천어자(明川漁子)인 전극초의 후손이 집안에 보관하고 있던 먼지 묻은 상자에서 14현에 대한 기록이 나타남으로 빛을 보게 되었다.

후손들이 새롭게 모임을 만들어 우선 동촌유원지 아양아트센터 동쪽에 14현을 기리는 경현당(景賢堂)을 짓는 일부터 시작했다. 지연도 없을 뿐만 아니라, 규모도 작아 함께 거처하며 살아서는 뜻을 같이하고 죽어서는 의를 같이 하고자 한 14현의 숭고한 뜻에 비하면 다소 초라하고 이외의 지역이다.

또한, 대구시 동구 도동의 한이골, 즉 대명동은 후손들이나 알고 있지, 그곳이 어디에 있는지 시민들에게는 잊혀진 곳이 되었다. 대명동 입구에 14현의 유적비만 서 있을 뿐 현장은 더 들어가서 있는 옛 터에는 안동인 권상규가 쓴 "대명동유허번역문음기비"와 "대명동천"이라고 쓴 두 개의 빗돌만 잡초 속에 서 있을 뿐이다.

14현 모두의 이력을 적은 커다란 유허비를 세워 그분들의 영혼을 위로하고 한 시대 소명을 다하고자 했던 그들을 기렸으면 한다. 개발제한구역이라는 제약이 있으나 시민들이 기억해야 할 만한 유적지인 만큼 성역화해 인접한 불로고분공원 탐방객들에게 볼거리로 조성하면 단지 고분만 보는 것에 머물지 않고 선대들의 저항 정신을 엿볼 수 있어 공원 활성화에도 효과가 있을 것이다. 당국에 자료를 몇 번 제공했으나 이루어지지 아니하여 애석한 마음은 후손들도 마찬가지다.

각 지자체가 없는 이야기도 만들어 지역의 가치를 높이는 마당에 대구정신의 또 다른 면이 될 수 있는 엄숙한 역사적 사실을 외면해선 안 될 것 같다는 생각이 든다. 현재 대구에는 중국의 귀화 장수 두사충과 관련된 남구의 대명동이 있고 조선 후기 반청 인사들이 숨어서 집단생활하던 대명동이 있다. 전자는 법정동으로 널리 활용되고 있음에 비해 후자는 기록으로만 전해올 뿐이다. 특히, 왕(숙종)이 하사한 대구에서는 유일한 마을 이름임에도 알려지지 않고 알려는 사람도 드물다.

　　　　　팔공산은 지역의 한계를 뛰어넘어 온 국민이
사랑해야 할 겨레의 산이다. 백두(白頭)처럼 정상이 구름으로 덮여 신
비로움을 간직하거나, 천지(天池)라는 신령스러운 못이 있거나, 아니면
한반도의 골격이라고 할 수 있는 백두대간의 시발점이라는 지형적 특
성이 있는 것도 아니고, 한라처럼 난대(暖帶) 특유의 이색적인 풍경을
연출하는 것도 아니며, 지리산처럼 국립공원 제1호라는 명성이 붙은
것도 아니다.

　그런데도 겨레의 산이라고 부르는 데는 나름대로 몇 가지 이유가 있다.
　여느 산처럼 봄이면 진달래, 여름이면 우거진 숲, 가을이면 붉은 단
풍, 겨울이면 흰 눈, 사계절 모두 아름다운 것은 물론, 적당한 크기의
바위나 사시사철 물이 흐르는 계곡, 다양한 동·식물 등 산(山)이 가져
야 할 조건을 모두 갖추고 있는 이외에 다른 산에서는 찾아볼 수 없
는 호국의 정신, 불교의 성지, 문화재의 보고라는 특별한 의미를 간직
하고 있기 때문이다.

| 팔공산의 유래(由來)

유래가 많은 것도 또 다른 하나의 특징이다. 그만큼 다양한 분야의 많은 사람의 사랑을 받고 있다는 뜻이 되기 때문이다.

신라초에는 공산(公山) 또는 부악(父岳)으로 불렀다. 그러나 신라가 삼국을 통일한 이후 국태민안을 기원하는 제사를 지내는 곳으로 전국의 주요 산 중에서 큰 제사, 즉 대사(大祀)와 그다음 규모의 제사, 즉 중사(中祀)를 지내는 산을 구분하여 삼산오악(三山五嶽)을 지정했는데 이때 대사(大祀)를 지내는 곳은 삼산(三山)이라 하여 수도 경주와 가까운 경주의 낭산, 영천의 금강산, 청도의 오리산을, 그 이외 중사를 지내는 곳으로 토함산(동악), 계룡산(서악), 지리산(남악), 태백산(북악)과 팔공산은 중악(中岳)으로 했다.

이렇게 불리게 된 배경에 대해서는 지리적으로 통일신라의 중심지이기도 하지만 모든 것의 중심이라는 뜻에서 장차 대구로 천도(遷都)할 것을 염두에 두고 명분을 축적하기 위해서라는 설도 있다.

689년(신문왕 9), 실제로 신문왕이 대구로 천도를 시도했었으나 기득권층의 반대로 포기했다. 이후 대체로 공산으로 불려 왔는데 공산에 팔(八)자가 더하여 팔공산(八公山)이 된 배경에 대해서는 다음과 같은 여러 이야기가 전해온다.

◈ 여덟 장수가 순사했다는 설

일반적으로 가장 많이 알려진 유래다. 후백제의 견훤이 신라의 수도 서라벌을 쑥대밭으로 만들고 장인(匠人)과 금은보화 등 많은 전리품을 가지고 의기양양하게 귀로(歸路)에 접어들고, 개경에 있던 고려 태조 왕건은 신라를 구원하기 위해 정예 기병 5,000명을 이끌고 남하하다가 조우(遭遇)한 곳이 바로 팔공산자락이다.

처음 패퇴(敗退)한 곳 태조지(太祖旨), 그다음은 양측이 쏜 화살이 내를 이루었다는 살내, 즉 전탄(箭灘), 사지(死地)를 피해서 오른 산이 왕산(王山), 많은 군사가 패한 재가 파군재(破軍峙), 도망가며 혼자 앉았다는 독좌암(대구읍지는 염불암 뒤 일인석이라 했다), 흩어진 병사를 모아 마지막 결전을 앞두고 하늘에 제를 올렸다는 초례산, 금호강을 건너 숨어든 곳이 앞산의 은적사, 왕굴, 쉬어갔다는 임휴사, 왕건을 대신해 죽은 신숭겸을 위해 지어주었다는 지묘사에서 비롯된 지묘동 등의 지명이 1,000년이 지난 지금도 남아 있듯이 격렬한 전투가 벌어졌으나 왕건이 결국 패(敗)한 전투였다.

이때 신숭겸, 김락 등 8 장수가 순사(殉死)했다고 해서 그들의 충절을 추모하기 위해 팔(八)자를 더했다는 것이 『달성군지』의 기록이다.

◆ 동화사에 팔간자를 모셨다는 설

모악산 금산사의 진표율사가 사지(四肢)를 찢는 처절한 수행 끝에 미륵으로부터 189개의 간자를 얻었는데 그중에서 8번째 간자, 즉 팔간자(八簡子)는 누구나 부처가 될 수 있다는 증표(證票)라고 한다.

이것을 법주사에 있는 제자 영심 스님에게 전수한 것을 동화사의 스님 심지(心地)가 모셔 왔기 때문에 팔(八)자를 더해 팔공산이라 한다는 〈동화사사적기〉의 기록이다.

심지 화상이 영심으로부터 팔간자를 얻어 동화사에 모시는 과정은 『삼국유사』 "심지계조(心地繼祖, 심지가 진표를 계승하다)" 편에 자세히 기록되어 있다. 심지 스님 이전의 동화사의 이름은 유가사였는데, 832년(흥덕왕 7) 심지가 중창 불사를 할 때 겨울인데도 오동나무가 꽃을 피워 동화사(桐華寺)로 바꾸었다고 한다.

동화사가 미륵(彌勒)을 모시는 사찰이라는 것은 이 인연에 따른 것이다.

▲ 국태민안을 기원하는 제를 올리던 제천단 터

◈ 군위, 경산 등 여덟 고을에 걸쳐있는 산

워낙 뿌리가 깊고 넓게 펼쳐져서 앉은 고을, 즉 대구(동구)를 비롯해 경산, 하양, 영천, 신녕, 군위, 칠곡 등 여덟 고을이라서 유래되었다.

◈ 중국의 팔공산에서 따왔다는 설

오대산, 낙가산, 아미산 등 우리나라의 많은 산 이름이 중국과 같은 곳이 많듯이 팔공산도 중국에서 따왔다는 설이다. 즉, 중국의 전진왕(前秦王) 부견(符堅)이 100만 대군을 이끌고 안휘성에 있는 팔공산에서 진(晉)나라 군사와 대회전을 벌였으나 진의 명장 사석(謝石)의 선전으로 대패한 고사가 나말여초(羅末麗初) 태조 왕건과 견훤의 싸움과 비슷해서 팔공산이라 했다는 설.

◆ 원효가 중국 승려 8명을 득도시켰다는 설
　원효대사의 명성이 중국에까지 알려졌다. 그러자 중국에서 1,000명의 승려가 찾아왔다. 스님은 이들을 이끌고 경남 천성산 내원암으로 들어가 992명은 득도시켰다. 그러나 8명은 아무리 가르쳐도 깨닫지 못했다. 마침내 이들을 이끌고 당신이 해골 물을 마시고 도당(渡唐) 유학을 포기하고 팔공산으로 들어와 수도했던 팔공산에 데리고 와서 깨우치게 했다고 해서 팔공산이라 했다는 설.

◆ 3명의 성인과 5명의 깨우친 자가 났다는 설
　서봉의 삼성암(三聖庵, 또는 三省庵)은 세 분의 성인(聖人)이, 군위의 오도암(悟道庵)은 다섯 분의 깨달은 자가 나서 지어진 절의 이름이라 한다. 지금은 오도암은 승려가 수행하고 있으나 삼성암은 폐사되어 흔적만 남아있다.

이 다양한 유래들은 각기 나름대로 일리가 있다. 그러나 8 장수의 이름을 구체적으로 확인하기 어렵고, 팔간자 봉안(奉安)설 역시 신라시대에 이루어진 일이나 조선 초까지 공산(公山)으로 불러진 점이 사실을 뒷받침하기 미흡하고, 8고을 설 또한 7고을에 불과하고, 중국에서 따왔다는 설, 원효가 8명을 득도시켰다는 설, 3분의 성인과 5분의 깨달은 사람이 났다는 설 등도 고증하기 어려운 사안들이라 딱히 맞아떨어지는 유래는 없다.

그러나 모든 신화나 전설이 과학적으로 검증할 수 없듯이 팔공산 유래 또한 그런 신화들과 다르지 않다. 오히려 이런 풍부한 이야기가 오늘을 사는 우리에게 무한한 상상력을 제공해 주어 또 다른 즐거움을 주는 것이 아닌가 한다.

반면, 2023년 국립공원으로 승격되면서 자체 조사한 결과 김종직(金宗直)의 『점필재문집』에 "팔공산 아래에는 아직 가을이 아니로다"라는 시구와 1474년(성종 5) "환성사미타삼존조성결원문"에 경주 왕룡사원 목조아미타여래좌상을 "팔공산 미륵사에서 조성했다."라는 기록을 발견, 15세기 후반에 팔공산이라 불렀다고 한다.

| 팔공산의 경관

일찍이 여말 포은 정몽주가 시회를 열었고, 태제 유방선(1388~1443)이 영천에 적거(謫居)하면서 많은 시문을 남겼으며, 향토 출신 사가 서거정(1420~1488)은 대구의 아름다운 열 곳을 노래하면서 동사심승(桐寺尋僧), 즉 "동화사 찾는 중"을 제7경으로. 공령적설(公嶺積雪), 즉 "팔공산에 쌓인 눈"을 제9경이라는 시제로 대구 10 경중에서 무려 2경이나 팔공산을 노래했고, 천재 시인 매월당 김시습(1435~1493), 퇴계 이황(1501~1570) 등 시인 묵객들의 찬사가 그치지 아니한 아름다운 산이다. 뿐만, 아니라, 자체적으로 전해오는 8경이 있을 뿐 아니라, 10경도 있다.

▲ 금호강에서 바라본 팔공산

　"팔공산 팔경"과 "팔공산 10경"을 소개하면 다음과 같다.

　무심봉의 흰 구름, 제천단의 소낙비, 적석성의 밝은 달, 백리령의 쌓인 눈, 금병장 단풍, 부도폭포, 약사봉의 새벽 별, 동화사 종소리이다. 이상이 기존에 전해오던 팔공산 8경이다.

　무심봉은 정상인 비로봉(천왕봉이라고도 함)을, 제천단은 최근 유구(遺構)가 확인된 중사(中祀)를 지내던 곳을, 적석성은 공산성을, 백리령은 가산에서 관봉까지의 뻗친 백 리 능선을, 금병장은 병풍바위를, 부도폭포는 구(舊)길 절, 즉 옛 동화사 길 안내판 부근의 작은 폭포를, 약사봉은 갓바위로, 비정하고 있다. 이 팔경에서 특별히 감동을 주는 부분은 눈으로 보이는 특정 장소만 거명한 것과 달리 종소리와 같이 가슴으로 느끼는 아름다움까지 경관에 포함시켰다는 높은 심미안(審美眼)이다. 이외에도 신 팔공산 팔경이라 불리는 8경이 있다.

　수태골의 국두림폭포, 병풍바위, 갓바위, 선주암 폭포(공산폭포), 가산바위, 가산 남포루, 중암암(中巖庵), 불굴사 석굴이다. 최근 누군가에 의해 지어진 것 같으나 단순히 장소만 나열해 구 팔공산 팔경보다 격이 낮다.

이외에도 팔공산 십경이 있는데 구(舊) 팔공산 팔경 중에서 부도폭포를 팔공산 비폭으로, 약사봉의 새벽 별을 약사봉(갓바위)의 안개로 고친 것과 미타봉(동봉)의 일출 가산성의 낙조를 추가한 것이 다를 뿐이다.

특히, 조선 후기 대구 출신의 예학자 하시찬(夏時贊, 1750~1828)은 〈공산팔영(公山八詠)〉이라고 하여 제1경 소년대(少年臺), 제2경 방은교(訪隱橋), 제3경 동화사, 제4경 염불암, 제5경, 일인석, 제6경 삼성암(三省菴), 제7경 선인대(仙人臺), 제8경 용문동(龍門洞) 등 매우 구체적인 장소를 들어 시를 남겼다. 어떻든 팔공산은 오래전부터 많은 사람이 즐겨 찾아 시문을 남긴 명산(名山)임이 틀림없다.

| 팔공산의 자랑

◈ 호국의 산이다

삼국통일의 주역 김유신이 화랑이 되어 입산수도하던 중 난승이라는 기인을 만나 통일의 비법을 전수(傳授) 받은 곳이요, 통일신라가 제천단을 두고 국태민안을 기원하던 곳이며, 신숭겸과 김락 장군이 사지(死地)에 몰린 왕건을 견훤으로부터 살려낸 산이자, 임란 시 지역의 의병들이 공산성에서, 사명대사가 동화사를 본부로 승군을 이끌고 왜병과 싸운 곳이요, 한국동란의 마지막 보루이자 반격의 거점이 되어 나라를 지켜낸 산이다. 전국의 어느 산이 있어 이처럼 호국의 혼이 담긴 산이 있으랴.

동화사는 신라가 불교를 공인하기 이전에 창건된 유서 깊은 절이다. 원효 스님이 해골에 고인 물을 먹고 도당 유학을 포기하고 입산한 곳이 이곳이다. 타락해진 고려 불교를 개혁하기 위해 보조국사 지눌(知訥, 1158~1210) 스님이 이곳 거조암에서 전국 최초로 정혜결사를 시작해 승풍(僧風)을 바로잡아 조계종을 오늘날 불교의 가장 큰 종단으로 발돋움할 수 있었고, 조계산 송광사가 승보사찰로 자리매김하게 했다.

▲ 거조암 영산전(국보)

그뿐만 아니라, 조계종 25개 교구본사 중 9교구본사인 동화사와 10교구본사인 은해사가 있으며, 관봉석조여래좌상 일명 갓바위는 가난한 사람이나 부자나 누구에게나 한 가지 소원은 반드시 들어준다는 영험이 있어 전국에서 가장 많은 참배객이 찾아 기도 소리가 사시사철 주야로 끊이지 않는 곳이다.

◈ 문화유산의 보고이다

전국에는 지리산, 설악산을 비롯해 23개의 국립공원이 있다. 통계에 의하면 국보 2점을 포함한 국가지정문화재 30점, 지방문화재 61점, 등록문화재 1점 등 모두 92점의 문화유산이 있어 제1호로 지정된 지리산 국립공원 다음으로 많다.

특히, 제2석굴암으로 알려진 삼존석굴(국보)과 거조암 영산전(국보)은 문화재 중에서 가장 격이 높은 국보이다. 우리나라의 대표적인 고려 시대 목조건물로 부석사 무량수전(국보)을 들지만, 거조암 영산전(국보)은 배흘림기둥으로 잘 알려진 부석사의 무량수전보다 1년 먼저 지어진 건물로 본다.

또한 가산산성(사적)은 산성중에서 내성과 외성과 더불어 중성까지 쌓은 국내에서 유일한 삼중성(三重城)이다.

| 맺는말

이외에도 자랑거리는 많다. 선덕여왕의 어머니 마야부인의 원찰(願刹) 부인사는 판각 기술이 팔만대장경보다 더 뛰어나다는 초조대장경이 보관되었던 호국의 사찰이다. 1011년 처음 판각되어 그 후 천년이 지난 2011년인 대구에서 세계 육상선수권대회가 열린 것 결코 우연이 아닌 것 같다.

서식하는 생물 5,296종(평균 4,892종)은 23개 국립공원 중 8번째로 종 다양성이 풍부한 산일 뿐 아니라, 북방계 식물의 남하(南下) 과정의 최남단이고, 남방계 식물이 북상하는 과정의 최북단으로 식물지리학적으로도 매우 중요한 산이다.

또한, 방짜유기박물관이 건립되어 전통 유기 제품에 대한 시민들의 관심을 높이고 있다.

최근에는 팔공산의 아름다움을 즐기려는 문학, 음악, 조각가 등 많은 예술가가 거주지를 팔공산자락으로 옮기고 있다. 제천단을 흉물스럽게 둘러싸고 있어 시민들의 접근을 어렵게 했던 비로봉의 철조망도 헐려 정상 출입이 자유로워졌다.

특히, 순환도로와 팔공로의 가로수는 아름답기로 전국 제일 수준이다. 공산터널에서 백안 삼거리까지 가을을 노랗게 물들게 하는 은행나무는 당시 문희갑 시장이 직접 수종을 골랐을 정도로 관심을 가지고 가꾼 길이다.

또한, 단풍 구경 철 내장산 등 먼 곳까지 가는 시민들의 수고나 경비를 덜어 주기 위하여 일부러 호남 지역의 단풍나무를 구해 심기도 했다.

"구슬이 서 말이라도 꿰어야 보배"라는 속담처럼 자랑스러운 문화유산을 간직한 팔공산을 어떻게 엮어 국민의 관심을 불러일으켜야 할 것인지 시(市)나 자치구의 적극적인 자세와 국립공원공단의 특단(特段)의 대책이 요망된다.

김유신이 그러했듯이 우리 지역의 젊은이들, 이 산에서 호연지기를 키워 남북통일의 주역이 되었으면 한다. 참고로 전국의 23개 국립공원의 평균 탐방객(2021)이 196만 명인 데 비해 팔공산은 392만 명으로 3위를 차지했다.

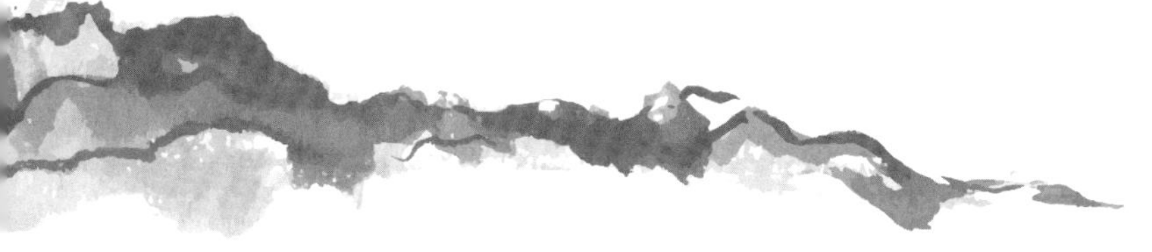

선덕여왕과 부인사

신라 제27대 선덕여왕이 생애의 마지막 4년을 팔공산 부인사(夫人寺)에 유폐되었을 것이라는 주장이 제기되어 관심을 끈다. 단국대학교 김용희 교수는 그의 저서『상처 입은 봉황, 선덕여왕(다산초당, 2009)』에서 647년(진덕여왕 1)부터 651년(진덕여왕 5)까지 약 4년 동안 선덕여왕이 팔공산 부인사에서 쓸쓸하게 보내다가 돌아가셨을 것이라고 주장했다.

그 이유로 중국의 사서『자치통감』를 예로 들었다. 중국 주변 국가의 역사를 기록한 이 책에서 선덕여왕이 651년(진덕여왕 5)에 돌아간 것으로 기록되어 있기 때문이라는 것이다.

2009년 드라마로 인기리에 방영되었던 신라 최초의 여왕 선덕(재위 기간 632~647)은 집권 기간은 비록 15년에 그쳤지만, 그 기간을 통하여 자장율사(慈藏律師)에게 신라인을 호국 불자로 만들어 국론을 통일하게 함으

▲ 선덕여왕상

로써 삼국통일의 기틀을 마련한 왕으로 불린다.

남성 중심 사회에서 어렵게 집권한 여왕은 재위 5년(636) 백제 장군 우소가 군사 500명을 이끌고 여근곡에 잠복하고 있는 것을 장군 알천(閼川)에게 지시하여 섬멸케 하고, 7년(638)에는 북단의 요충지 칠중성(지금의 경기 파주시, 적성면 양주시 남면 일원, 사적)을 고구려가 공격해 오자 역시 물리치는 등 비교적 안정적으로 국정을 수행해 나아갔다.

그러나 집권 후반기인 재위 11년(642) 백제 의자왕에게 40여 성(城)을 빼앗겼다. 이어 고구려와 백제의 연합작전으로 당나라와의 통로인 당항성(唐項城, 지금의 경기 화성시 서면 일대 사적)을, 같은 달 백제 장군 윤충에게 대야성(지금의 합천)을 빼앗기는 등 곤경에 처하게 된다.

이러한 어려움을 타개하기 위해 당 태종에게 원군을 요청하였으나 여자가 왕이 되어 일어난 일이라며 도움은커녕 조롱만 받았다. 재위 13년(644) 김유신에게 명하여 백제에 빼앗겼던 성을 되찾고, 이듬해 당 태종이 고구려를 공략하기 위해 지원을 요청하자 원군 3만 명을 보내 도왔으나 백제(百濟)에 다시 7성을 빼앗기는 등 정세가 혼란해진다.

재위 15년(647) 마침내 기회를 엿보고 있던 상대등 비담과 염종이 반란을 일으킨다. 주모자가 고위 관직에 있던 사람인 만큼 추종 세력이 많았고, 명활산성에 근거지를 마련하여 사태 진압이 매우 어려웠다. 그러나 김유신 장군이 선봉에 서서 10여 일 만에 제압하고 비담 등 주모자를 잡아 9족을 처형했다. 이 급박(急迫)한 지경에 이르러 왕이 죽었다.

김 교수는 이때의 상황을 보면 선덕여왕이 살해되었는지 감금되었는지, 자연사인지에 대한 자세한 설명이 없고, 김춘추와 김유신이 느닷없이 사촌인 진덕을 왕위에 앉힌 점, 또한 오래전부터 부인사에 선덕여왕을 모시는 숭모전을 따로 두고 해마다 여왕을 기리는 선덕제(善德祭)를 올리는 점 등을 들고 있다.

부인사는 현재 부인사(夫人寺)로 부르고 있으나, 다른 이름으로는 부인사(符仁寺)라고도 한다. 병란 등으로 기록이 인멸되어 자세한 창건 내력은 알 수 없으나 경북대학교 문경현 교수가 쓴 사적기에 의하면 선덕여왕이 재위 13년(644) 삼국통일을 기원하고 어머니 마야부인(摩耶夫人)의 명복을 비는 원찰(願刹)로 지었다고 한다.

이런 왕실과 깊은 인연 때문인지 전성기에는 39동의 당우(堂宇)와 부속 암자에 2,000여 명의 스님이 수도하는 대가람이었으며, 전국에서 유일하게 승시(僧市, 스님들의 일용품을 사고파는 장)가 열렸으며, 부처님의 가피(加被)로 외적을 물리치기 위하여 1011년부터 1078년까지 무려 반세기 이상에 걸쳐 고려 국민의 정성으로 만든 초조대장경(初雕大藏經)이 1132년(인종 10) 당시 고려 최대의 사찰이자, 수도 개경의 덕적산 흥왕사로부터 먼 이곳에 이안(移安) 되었다.

지금의 해인사 팔만대장경보다 판각(板刻)의 기술이 뛰어나고, 무려 200여 년 앞서 만들어진 이 장경(藏經)이 1232년(고종 19) 몽고군(蒙古軍)의 2차 침입 때 불타버리고 만다. 고려의 대문장가 이규보는 그의 글 "대장경판각군신기고문"에서 불타버린 이 장경(藏經)에 대해 다음과 같이 슬퍼했다.

"심하도다, 몽고의 침략이여! 그 잔인하고 흉포(凶暴)한 성정이야 이루 말할 수 없을 지경인데 심지어 어리석고 아둔함 또한 짐승보다 심하니 어찌 천하가 공경하는 바를 알겠으며, 이른바 불법이 있음을 짐작하겠습니까? 지나는 곳마다 불상과 범서를 태워 없애지 않은 바가 없었습니다. 이에 부인사에 갈무리했던 대장경판본도 남김없이 쓸어버렸으니, 아! 여러 해 쌓은 공이 하루아침에 재가 되어 나라의 큰 보배를 잃어버리고 말았습니다."

2011년 세계 육상 선수권 대회를 맞아 대구시에서는 천 년 전에 있었던 고려 국책 사업을 현실에 맞게 재현하여 우리 문화의 우수성을 세계인들에게 알리고 시민의 자긍심을 고취하기 위해 다양한 프로그램을 기획했었다.

▲ 대웅전 마당의 보리수(찰피나무, 1988년 필자가 기증)

이런 점으로 볼 때 선덕여왕이 정사(正史)에서 죽었다고 하는 647년(진성여왕 1)부터 651년(진성여왕 5)까지 4년간을 부인사에 유폐(幽閉)되었다는 것과 초조대장경을 수도 개경은 물론 전국의 크고 작은 사찰을 제외하고 부인사에 봉안했다는 점은 부인사가 매우 특별한 사찰이었다는 것을 증명한다고 할 수 있다.

선덕여왕 하면 빼놓을 수 없는 이야기가 모란이다. 부귀(富貴)를 상징하기 때문에 가정에는 물론 청자 등의 문양(紋樣), 자수(刺繡), 병풍, 이불, 신부의 예복, 그림 등으로 많은 사람의 사랑을 받고 있으나, 사실은 중국이 원산지이다.

『삼국유사』기이(奇異) 편과 『삼국사기』 설총 조에 등장하는 것으로 보면 일찍부터 우리나라에 전래한 것으로 여겨진다. 특히 『삼국유사』의 "선덕왕이 세 가지 일을 미리 알다."는 매우 흥미롭다.

"당(唐) 태종이 붉은빛, 자줏빛, 흰빛 세 빛깔의 모란꽃 그림과 그 꽃씨 석 되를 그에게 보냈더니 왕이 꽃 그림을 보고 말하기를 '이 꽃은 필시 향기가 없을 것이다.' 하면서 이내 뜰에 심으라고 명령하고 그 꽃이 피고 떨어지는 것을 기다려 보았더니 과연 그의 말과 같았다.

신하들이 아뢰기를 '어떻게 하여 그럴 줄 알았습니까?' 하니 왕이 말하기를 '꽃을 그리면서 나비가 없으니 향기가 없다는 것을 알 수 있을 것이다. 이는 바로 당 황제가 내가 혼자 지내는 것을 조롱하는 것이다.' 하였다.

이때야 신하들은 모두 그의 갸륵한 지혜에 탄복하였다. 세 가지 빛 꽃을 보낸 것은 혹 신라에 여왕 세 사람이 날 것을 알아서 그러함인가? 선덕, 진덕, 진성이 곧 그들이니 당나라 황제도 어지러운 세상을 구원할 총명(聰明)이 있었던 까닭이다."라고 하였다.

선덕여왕(?~647)은 이외에도 앞서 말한 개구리 울음소리를 통해 백제군의 침략 사실을 알고, 자기 무덤 밑에 뒷날 사천왕사가 세워질 것을 예측하는 등 우리나라 최초의 여왕답게 즉위 초부터 진휼(賑恤)과 세금 감면 등 내치에 힘쓰고 독자 연호를 사용하여 자주성을 높였을 뿐 아니라, 황룡사 9층탑을 쌓는 등 삼국통일의 초석을 놓은 분이다.

따라서 이 고사(古事)와 왕의 현명함이 결합 되어 지금도 많은 사람이 모란에는 향기(香氣)가 없는 것으로 믿고 있다. 그러나 사실은 향기가 난다. 이는 선덕여왕이 틀렸다기보다 1,300여 년 전 그때에는 향기가 없었지만, 현대의 발달 된 육종 기술로 향내 나는 모란을 개발해서 그랬다고 해야 여왕의 현명함에 누가 되지 않을 것 같다는 생각이다.

여왕을 모시는 부인사 숭모전 양쪽 처마 밑 화단에 모란을 심은 것은 탁월한 선택이라고 할 수 있다. 지금은 당우가 여느 사찰 못지않게 화려(?)하지만 40여 년 전만 해도 위치도 현재보다 남쪽이고 초라하기 그지없었다. 2023년 열반한 비구니 성타 회주(당시, 주지)와 현 종진 주지 스님 등 여러 비구니가 온갖 어려움에도 꺾이지 않은 원력으로 지금의 모습으로 바꾸었다.

"빈자(貧者)의 일등(一燈)"이라 할까? 대웅전 마당 한쪽에 잘생긴(?) 보리수(찰피나무)와 절 입구의 참빗살나무, 칠엽수 등 몇 그루 나무는 필지가 등(燈) 대신 보시한 것이다.

| 향산의 유래

동구 도동 측백나무 숲(천연기념물)이 있는 산을 향산(香山, 160m)이라고
한다. 식물에 대한 분류가 오늘날처럼 체계화되지 아니하였을 때 향나
무와 측백나무를 따로 구분하지 아니고 향나무로 불렀기 때문이다. 이
점은 느티나무나 회화나무를 한자로 괴목(槐木)으로 부르는 것과 같다.

▲ 천연기념물(측백나무)이 있는 향산

영조 때에 간행된 『대구읍지』에는 나가산(羅伽山)이라고 했다. 이는 절 이름에서 비롯된 것으로 생각된다. 향산의 관음사는 관음보살(觀音菩薩)을 주존 불로 모신 절을 말하는데 관음보살의 성지인 중국 절 강성의 낙가산에 비유했기 때문이다. 따라서 낙가산(洛伽山)으로 해야 할 것을 읍지(邑誌) 편찬자들이 착오로 나가산으로 오기한 것이거나, 아니면 읍지 편찬 관련 인물이 모두 유학자들이었기에 불교에 대한 이해가 부족한데 기인했을 것으로 여겨진다.

중국에는 이외에도 사천성의 아미산(보현보살), 산서성의 오대산(문수보살), 안휘성의 구화산(지장보살)을 아울러 불교의 4대 성지라고 한다. 중구 남산동(삼성생명빌딩 건너편)에 자리 잡은 동화사 말사 보현사 일대를 아미산(峨眉山)이라고 부르는 것도 같은 이유다.

향산에는 고찰 관음사와 더불어 구로정, 문창후 최치원의 영당(대구시 문화유산 자료)과 영정(같은 문화유산 자료)도 있어 작은 산임에도 불구하고 다양한 문화유산을 간직하고 있다.

| 사가 서거정과 향산

대구 출신으로 조선 초기 문신으로 활동했던 사가 서거정(1420~1488)은 고향에 대한 사랑이 남달랐던 분이다. 그는 대구의 아름다운 풍경 10곳을 골라 "대구십영(大丘十詠)"이라 하여 노래했다. 그중 제6경이 북벽향림이다.

오랜 절벽 향나무 옥으로 만든 창같이 긴데   古壁蒼杉玉槊長

바람은 그치지 않고 사시사철 향기가 나네.　長風不斷四時香

은근히 다시 북돋아 기른다면　　　　　慇懃更着栽培力

맑은 향기 온 고을에 머물게 되리라.　留得淸芬共一鄕

제목 "북벽향림(北壁香林)은 읍치(邑治) 북쪽 절벽의 향나무 숲, 즉 측백나무 숲을 말한다.

사가의 생존연대를 감안(勘案)한다면 적어도 15세기에도 측백나무 숲이 무성했고, 그가 시의 제목으로 삼을 만큼 특이한 경관을 연출했음을 알 수 있다.

| 향산과 문학

향산이 또 다른 이유로 지역의 선비들로부터 많은 사랑을 받게 된 것은 이백, 두보와 더불어 당나라 3대 시인의 한 사람인 백거이(白居易, 772~846)의 고향 향산과 이름이 같고 그의 삶을 닮고자 했기 때문이다.

백낙천(白樂天)(낙천, 백거이의 자) 스스로 호를 향산거사(香山居士)라고 했을 정도로 그는 고향 향산을 사랑했고 은퇴 후 그를 포함한 9명의 문사들이 모여 향산구로회(香山九老會)라는 시회(詩會)를 조직해 만년을 보냈다고 한다.

이런 옛이야기를 모를 수 없는 대구지역의 선비들 역시 향산구로회를 조직했다. 대개 당파(黨派)가 남인이어서 관계에 진출하지 못하고 자연을 사랑하고 시를 즐기는 선비들이었다.

그러나 산 중턱 아슬아슬한 곳에 구로정이라는 정자와 향산 입구 작은 표지판에 이름만 새겨두었지, 그분들의 생몰 연도나 본관, 남긴 시문 등을 알 수 없었다.

다만, 회원 중 한 사람이었던 도윤곤의 성주 도씨 문중 자료집을 통해 회원 이름과 출생연도가 있는 자료는 확보했으나 그 역시 남긴 시문이 없었다.

마을 사람 중에서 알 만한 사람을 만날 때마다 회원의 자료 수집에 힘을 써 달라고 부탁했었다. 그러나 그런 당부에도 불구하고 많은 세월이 지나도록 소식이 없다.

| 대구문협 권대자 부회장과의 만남

2013년 5월 25일, 대구문인협회가 주관하는 김삿갓박물관과 청령포 문학기행에 동참했다. 갈 때는 자기소개와 노래 부르기, 돌아올 때는 덕담을 나누는 시간이 있었다. 혹은 노래로 혹은 이야기로 회원 각자의 특기대로 진행되었다.

권대자 부회장 차례가 되었을 때 『향산구로회』 문집을 입수해 번역 작업과 출판까지 마치고 다음 달 회지가 발송될 때 함께 보내주겠다고 했다.

눈이 번쩍 떠졌다. 오래전부터 찾던 것이 정말 우연한 기회에 번역까지 완료되었다고 하니 참으로 기뻤다. 며칠 후 배달되겠지만 그때까지 기다릴 수가 없었다. 5월 29일 미리 전화하고 권 부회장이 열정적으로 추진하고 있는 "도동시비동산"을 찾았다.

　참으로 기이한 인연으로 손에 들어왔으며, 많은 돈을 요구하는 것을 깎아서 번역하고 사비(私費)로 출판했다고 했다. 지역은 물론 국내 유명 작가들의 시비 동산을 조성하는 일만 해도 벅찬 터인데, 옛날 문집까지 챙긴다는 것은 시나 구청(區廳)도 못 할 일을 해낸 쾌거(快擧)라

고밖에 달리 할 말이 없다. 책 받으니 감개무량했다.

　이분들의 시비도 만들었으면 좋겠으나 자금이 부족하다고 했다. 후손 중에 아는 분이 있으니, 그분이 주동이 되어 성사되도록 주선해 보겠다는 말로 위로하고 나왔다.

▲ 구로정

| 향산구로회 현황

　문집에 의하면 향산구로회는 향산을 중심으로 가깝게 지내는 분들이 1873년(고종 10), 3월 15일에 조직했다. 처음에는 무태 꽃밭소(일명 화담)에 모여 시회를 열었는데, 이 소식을 듣고 너무 많은 사람이 참가하여 번거롭게 되자 행와(杏窩) 곽종태(郭鐘泰)가 향산으로 옮기자고 제안해 이루어졌다. 그 까닭은 물론 백거이의 고사 때문이다. 생년이 가장 빠른 분이 1817년, 가장 늦은 분이 1831년생으로 15살 차이가

있었으며, 성씨별로는 경주 최씨 2명, 성주 도씨 1명, 현풍 곽씨 2명, 달성 서씨가 2명, 인천 채씨가 2명이었다.

성주 도씨 한 분을 제외하고는 모두 향산 인근 마을에 사는 선비들인 것으로 보인다.

이름	본관	출생년도	나이	아호	기문	시문	비고
최운경 (崔雲慶)	경주	1817	58	목간		1 수	
채정식 (蔡正植)	인천	1817	58	만호	향산기 (香山記)	4 수	
도윤곤 (都允坤)	성주	1819	56	낙고	향산기	4 수	
곽종태 (郭鍾泰)	현풍	1822	52	행와		3 수	
최완술 (崔完述)	경주	1823	51	국오			
채준도 (蔡準道)	인천	1824	50	석문	향산기	4 수	
곽치일 (郭致一)	현풍	1828	46	금상	향산기	1 수	
서우곤 (徐宇坤)	달성	1828	46	향려	향산기	4 수	
서영곤 (徐泳坤)	달성	1831	43	겸산	향산기	5 수	

그 후 세월이 흐르면서 회원 중에서 유명을 달리하는 분이 늘어나자, 결성 후 13년째인 1886년(고종 23년)에 폐지된 것 같으며, 문집은 그 4년 후 1890년(고종 27)에 만들어진 것 같다.

| 향산의 식물상

향산은 우리나라 천연기념물(제1호) 측백나무 숲이 있는 산으로 널리 알려져 있다. 지표 조사(경북대학교 농업과학기술연구소, 2003) 결과에 의하면 현존하는 측백나무 개체 수는 6cm 이상이 899, 한두 해 정도 자란 어린나무나 257그루라고 한다.

주변의 소나무가 연간 1.01mm, 굴참나무가 1.28mm 자라는 데 비해 측백나무는 0.29mm 자란다고 보고했다. 이는 생육환경이 매우 열악하다는 증거라고 했다.

또한, 향산에서 측백나무가 차지하는 면적은 4.3%에 불과해 주변에 자생하고 있는 굴참나무 등 다른 넓은잎나무들을 제거해 주지 않으면 점점 도태(淘汰)될 것이라고 했다.

그러나 6·25 이후 혼란기에 큰 나무 일부가 벌채되는 과정을 거쳤고, 생육환경이 좋지 못한 조건에도 불구하고 수령 100년 이상 된 측백나무가 899그루 보존되어 있다는 것은 자랑스러운 일임이 틀림없다. 현재 289종의 식물이 자생하고 있다고 한다.

특히, 일제강점기 측백나무 숲을 조사했던 일본의 식물학자 나까이가 "큰구와꼬리풀"을 이곳에서 발견해 학계에 처음 공개했으나, 지금은 사라졌는지 보이지 않는 점이 아쉽다.

| 맺는말

140여 년 동안 장롱 속에 감추어져 있던 문집이 세상에 빛을 본 것은 전적으로 권 부회장의 개인적인 노력이라는 점에서 다시 한번 감사드린다.

향려 서일곤의 〈향산기〉의 인물평에 목간 최운경은 덕망이 높고, 만호 채정식은 경학에 밝으며, 낙고 도윤공은 성품이 우아하고, 행와 곽종태는 훌륭한 선비를 존경했고, 국오 최완술은 문장이 뛰어났으며, 석문 채준도는 박학하고, 금상 곽치일은 중후하며, 겸산 서영곤은 온화했으며, 본인은 소광(疎狂)하여 참여하기가 두렵다고 했다. 또한, 이들은 이 회를 오래도록 기억하기 위해 13년째 되는 해 암벽에 일일이 아홉 명의 이름을 새겼다고 한다. 구로정이 1903년에 지어진 것으로 보아 그때까지 후손들은 상호 교류했던 것 같다.

이 번역집을 통해 궁금했던 많은 부분을 해소할 수 있었다. 그러나 각자의 개인 문집이나 행장을 알 수 없어 아쉬웠다. 후손들이 소장하고 있을 것으로 생각된다.

다시 모여 선조들이 남긴 아름다운 모임을 새로 결성해 우의를 다지는 기회를 가졌으면 한다. 권 부회장의 희망 사항이기도 한 회원들의 대표작 한두 편을 시비 동산에 세우는 일도 뜻있는 일이 될 것 같다. 후손들이 좀 나섰으면 한다.

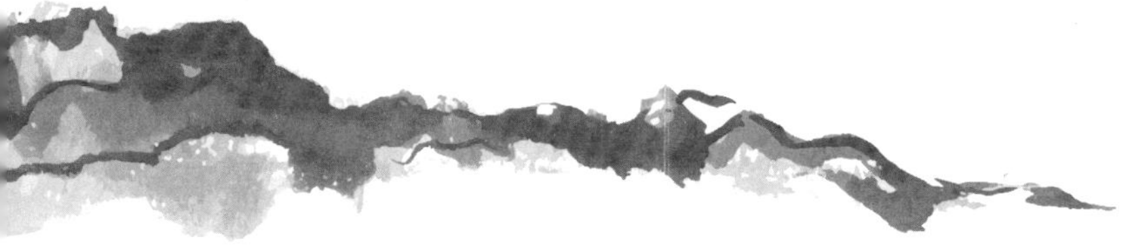

노태우 전 대통령과 팔공산

조선 전기 제주목사와 병조 참판을 지낸 청백리 이영(李榮, 1494~1563), 이괄의 난에 창의한 채선견(蔡先見, 1574~~1644), 유형원의 『반계수록(磻溪隨錄)』을 교정한 유학자 최흥원(崔興遠, 1705~1786)의 현양비(顯揚碑)와 6·25 및 월남 참전 유공자 기념비를 세우는 등 공산지역 정체성 찾기에 오래 활동해 온 김태락 전 동화집단 시설지구 번영회장이 2021년 8월 어느 날, 노태우 대통령 기념비를 세우고 싶다며 도면과 비문을 보내왔더니 2개월여 후인 10월 18일, 생가에서 제막식을 하는데 참석해 주면 좋겠다고 하여 기꺼이 참석했다.

빗돌 만들기부터 제막식 행사까지 혼자 하다시피 한 김 회장은 새길 내용과 넣을 문구(文句)에 많은 고심을 했다. 즉, 생각이 다른 사람의 비난으로부터 자유롭도록 정치색을 최대한 배제하면서도 가장 대표적인 업적을 담으려 했다. 처음에는 북방정책의 성과를 내 세우려고 고르바초프와 만나는 장면을 선택했으나 그 역시 적당치 못하다 하여 88올림픽 상징 마크로 했다. 잘 알려진 바와 같이 이 세계인의 축제는 우리나라를 전 세계에 알리는 단군 이래 가장 큰 국제행사였다.

비석은 두 개였다. 하나는 생가 출입문 오른쪽에 노 대통령이 오른손을 들어 대중을 반기는 친근한 모습과 88올림픽 슬로건 "세계는 서울로·서울은 세계로"와 함께 오륜기를 새겼고, 뒷면에는 자당(慈堂)이

정화수를 떠 놓고 기도하는 모습에 이해인 시인의 "엄마의 고운 음성·맑고 그윽한 기도의 향기"로 채웠으며, 안마당의 빗돌에는 "민주화를 연 노태우 대통령 업적"이라는 제하(題下)에 "6.29 선언, 남북한 동시 유엔 가입, 인천국제공항착공, KTX 건설, 주택 200만 호 건설" 등 대표적인 공적 몇 가지를 적어 놓았다.

아드님 노재헌 변호사·정해용 대구시 경제부시장·차수환 동구의회 의장·배기철 동구청장 등 내빈과 주민 20여 명이 참석한 아주 조촐한 행사였다. 노 변호사는 고맙다는 말과 더불어 병상에 누워있는 아버님께 사진을 보여드렸다고 했다.

▲ 김태락 동화집단시설지구, 전 번영회장이 주관하여 완성한 생가 기념비

마음이 착잡했다. 살아 있을 때는 물론 사후 행사에도 TV 화면이 가득 차고 신문이 대서특필하는 다른 대통령의 행사와 너무 달랐기

때문이다. 그날부터 8일 후 10월 26일 향년 89세로, 그것도 당신께서 늘 존경했던 박정희 대통령의 기일에 영면하셨다. 비록 몸이 불편해 제막식을 보지 못했으나 마음에 담고 갔을 것으로 짐작된다.

그 후 11월 19일 다시 김 회장으로부터 전화가 왔다. 노 변호사가 아버님 장례를 잘 치렀다며 인사차 오니 저녁이나 함께하자고 했다. 식후 노 변호사의 인사말을 들었다. 김 회장의 주선으로 몇 분이 상주를 위로하고 고인에 대한 추억을 이야기했다. 그 일이 있고 난 후 문득 노 전 대통령과 관련된 몇 가지 에피소드가 생각났다.

노 대통령이 내무부 장관 시절이었다. 그때는 전국적으로 가뭄이 심해 모내기를 하지 못했다. 그의 출신지 공산지역도 예외가 아니었다. 정부가 부족한 쌀 생산에 전 행정력을 기울일 때였다.

대구시에서는 관정(管井, 농사용 우물)을 파기로 했다. 수질 전문가를 초빙하여 조사했으나, 예상과 달리 지하수가 충분치 않았다. 이런 여건을 고려하여 벼농사를 대신해 과수 등을 재배하도록 밭으로 바꾸기로 했다. 그러나 당시 논을 밭으로 바꾸는 것을 법으로 금지하고 있었다. 이때 내무부는 각 시도의 어려움을 해당 부처(部處)와 협의하여 해결해 주는 제도가 있었다. 이 제도를 활용하기로 했다. 노 장관이 고향 사람들의 애로를 충분히 들어주리라 믿었기 때문이다. 예상은 적중했다. 농림부의 승인을 받았음은 물론, 한 발 더 나아가 농촌진흥청이 나서서 토양 검사를 하고 적합한 품종을 선발하도록 했다. 그 결과 포도와 복숭아가 추천되었다. 묘목 대금은 시(市)가 지원하고 농촌지도소(현, 농업기술센터)가 재배방법을 교육했다. 이런 연유로 순환도로를 주행하다가 만나는 달콤한 "팔공산 포도"가 탄생하게 되었다.

다행인 것은 해발 400m 정도라 출하 시기가 평지보다 늦어 도매시장에서도 한 시세 더 받았다. 이 전전한(田轉換) 사업은 지금까지 알려지지 않은 노태우 대통령의 고향 사랑의 작은 공적이다.

그 후 팔공산 공원관리사무소로 자리를 옮겨 산림보호와 시설물 관리 등으로 순찰이 잦았다. 그때 만난 사람 중에 어떤 분이 생가 뒷산이 순환도로건설로 맥이 끊어져 대통령 당선이 어려울 것이라고 했다. 그러나 그런 우려와 달리 1987년 개헌 이후 치러진 첫 대통령 직접 선거에서 무난히 당선되었다. 다시 자리를 옮겨 녹지과에 있을 때 파계사 부근에 산불이 났다. 빨리 끄지 않으면 천년고찰 파계사는 물론 팔공산 전체로 번질 위급한 상황이었다. 시와 구청, 소방공무원 동원은 물론 주민들도 진화에 나섰다.

그러나 쉽게 불길이 잡히지 않았다. 그 와중에 청와대에서 전화가 왔다. 노 대통령 부친 묘소와 발화(發火) 지점이 표시된 지도를 보내라고 했다. 화재 지역과 멀리 떨어져 피해가 없을 것이라고 보고하고 지도도 그려 보냈다.

그리고 포항에 있는 해병대 사령부에 헬기를 요청해 산림청 헬기와 합동 진화 작업으로 진화를 마무리했다. 그 후 언론에서 대통령 부친 묘소를 보호하기 위해 군 헬기까지 동원했다고 보도했다. 그러나 이는 분명히 오보(誤報)다. 평소 산불 발생 시 취하는 재난방지 시스템을 활용했을 뿐이다.

팔공산의 한 지맥에 자리 잡은 생가는 명당이라고 한다. 공교롭게도 안채 북쪽에는 봉황이 깃든다는 큰 오동나무가 있고, 뒤 안에 길상의 동물인 거북같이 생긴 바위가 있다.

또한 입구 옆에 큰 감나무가 있는데 문화관광해설사가 "장군나무"

로 팻말을 붙였다. 모친이 감을 내다 팔아 번 돈으로 학비를 보태 장군이 된 일화를 소개하기 위해서라고 했다. 노 전 대통령은 산업화 시대에서 민주화 시대로 넘어가는 한 중심에 서서 과도 있었지만, 사후 평가는 긍정적인 점이 더 많았다.

풍수상 팔공산은 천황제일봉(天皇第一峯)으로 제산지상((帝山之像), 즉 임금의 형상이고, 성현배출공경임립(聖賢輩出公卿林立), 성현이 배출되며 공경(公卿, 높은 벼슬아치)이 숲과 같이 많고, 천백년부식국강배양풍화자진출(千百年扶植國綱培養風化者盡出) 천백 년 나라의 기강을 세우고, 풍속을 교화할 사람이 배출된다고 한다.『조선의 풍수 촌산지순(村山智順), 최길성 역, 228쪽』

"보통 사람" 노태우가 대통령 자리에 오른 것은 본인의 노력이겠지만, 팔공산 정기도 더했으리라 본다. 생가 기념 사업에 이어 추가로 더할 것이 있다면 용진마을에서 공산초등학교까지 가칭 "노태우 길"을 개설했으면 한다, 소년 노태우가 비가 오나 눈이 오나 공산초등학교를 다니던 길이다. 당신께서 육사에서 축구와 럭비선수로 뛸 만큼 강건한 체력을 가질 수 있었던 것은 학교를 파하고 저녁녘 귀가할 때 산짐승이 무서워서 뛰어다닌 결과라고 술회한 적이 있다.

우리 청소년들이 이 길을 걸으며 호연지기를 키워 남북통일의 주역이 되었으면 한다. 비록 시대는 다르지만, 김유신이 팔공산에서 기인난승(難勝)을 만나 삼국통일의 비법을 전해 받았고, 그 천년 후 태어난 노태우 대통령은 남북통일을 위해 1988년 7월 7일 남북공동선언, 6 개항 이른바 "민족자존과 통일 번영을 위한 대통령 특별선언"을 하여 평화통일의 초석을 놓았으며 돌아가도 당신 재임 시에 실향민을 위해 조성한 파주의 통일동산 북녘땅이 보이는 곳에 묻혔다.

제천단(祭天壇)과 공산성 유구 발견

팔공산에 대해서 모든 것(?)을 알고 싶은 욕심은 오래전부터 꿈꾸어 오던 일 중 하나였다. 특히, 나라의 번영과 백성의 평안을 기원하는 천제(天祭)를 올렸다는 제천단를 찾는 것도 그 중에서 하나였다.

그러던 중 대구시가 지원하고 경북대학교가 지표조사 한 보고서 『팔공산 1987, 대구직할시』에 제천단 사진이 게재(揭載)되어 있는 것을 보고 날듯이 기뻤고 하루속히 현장을 보고 싶었다.

우선 정상 가장 가까운 절에 사는 염불암 홍관 스님에게 전화를 걸어 제천단으로 추정되는 유적이나 흔적을 본 적이 있느냐고 물었더니 자기는 잘 모르고 석굴암(제2석굴암을 말함)의 법등 스님이 알고 있는 것 같다는 이야기를 해 주었다. 다시 법등 스님에게 전화를 걸었더니 보지 못했다고 했다.

이번에는 『팔공산』 지표 조사 책임자였던 경북대 문경현 교수께 전화를 걸어 사진의 제천단(祭天壇)이 어디냐고 물었더니 팔공산의 제천단 사진이 아니고 현장을 찾지 못해 강원도 태백산 제천단의 사진을 게재한 것이라고 했다. 참으로 난감했다. 다시 원점에서 시작해야 했다.

제천단은 천신(天神)에 제사를 지내는 곳이고 그렇다면 하늘과 가장 가까운 정상, 즉 비로봉(또는 천왕봉이라고도 한다)으로 추정되나 당시에는 군사 보호지역이라 접근이 불가(不可)했다. 세월이 한동안 흐른 2002년이 되었다.

그해는 대구를 비롯한 전국 주요 도시에서 월드컵 대회가 열리는 해이자 UN이 정한 "세계산의 해"였다. 산림청은 각 지방자치단체가 산의 해 취지에 맞는 자체 사업을 개발해 보라고 했다. 나는 "산 이름 찾기"를 추진하기로 했다.

산림공무원(정식 직함은 임업직공무원)은 도시에 나무와 꽃을 심는 등 자연과 가깝게 접하는 좋은 점도 있지만 힘든 일도 있으니 바로 산불 업무다. 우선 불이 나지 않도록 철저히 예방해야 하고, 불이 났을 때는 빨리 꺼서 피해를 최소화해야 한다. 따라서 대구에 있는 모든 산을 답사하기로 마음먹었다. 첫째는 어느 계곡이나 산길을 이용하는 것이 빨리, 그리고 수월하게 불이 난 현장에 진입할 수 있는가를 파악하는 것이고, 둘째는 동원된 소방헬기가 어느 저수지를 이용하면 물을 쉽게 공급받을 수 있느냐, 못의 위치를 파악하는 것이고, 다음은 임상(林相)의 특성을 살펴보는 일이었다. 그러다가 새로운 사실을 발견했다.

▲ 『대구읍지』에서는 없다고 하였으나, 조현제 박사의 도움으로 필자가 찾아낸 공산성 유구

어떤 산은 "대동여지도"의 이름과 다르고, 다른 어떤 산은 주민들이 부르는 이름이 있으나 지도에는 표기되지 아니한 산이 많은 것을 확

인할 수 있었다.

이것을 바로잡는 일이 지역의 정체성을 살리고, 산림 행정을 효율적으로 추진하는 일이라 생각하고 세부 계획서를 작성하여 구, 군에 내려보냈다. 이런 와중에 시장(문희갑)이 팔공산 동봉(東峰)과 서봉(西峰)이 산악인들이 동쪽 또는 서쪽에 있는 봉우리라는 뜻에서 편의(便宜)상 부른 이름일 뿐이니 본디 이름을 찾아보라는 지시가 있었다.

산림업무를 보는 기관은 녹지과(綠地課)이지만, 팔공산은 자연공원법에 의거 지정된 도립공원(道立公園 지금은 국립공원)이기 때문에 공원과에서 조사하는 것이 합리적이다.

▲ 팔공산 지표조사보고서에 게재된 제천단 사진, 책임연구원이었던 문경현 교수는 현장을 발견하지 못해 태백산 제천단의 사진을 사용했다고 했다.

지금도 마찬가지일 것이지만 그때도 그랬다. 귀찮거나 부담스러운 일은 과(課)끼리 서로 맡기를 꺼렸다. 아니나 다를까 공원과에서 직접 조사하지 아니하고 팔공산 공원관리사무소로 이첩 했다. 황(黃) 소장으로부터 전화가 왔다. 관리사무소 능력으로는 조사하기 어려우니 녹지과에서 해 주면 좋겠다고 했다.

다른 산도 이름을 조사하기로 했기 때문에 기꺼이 동의했다. 시장의 지시 사항이 사업소로 내려갔다가 한 바퀴를 돌아 다시 시(市)로 되돌아오는 희극이 연출되었다.

이 일이 있기 몇 해 전이었다, 경북대 홍성천 교수가 팔공산 식생 조사(調査)를 위해 군부대 허가를 받았으니 조현제 박사, 모규석 대구야생초우회 회장과 동행하자고 하여 참여했다. 이때 주목적은 희귀 야생화 등 식물조사였지만, 나의 의도는 제천단이나 공산성 유구를 찾는 일이 더 큰 관심사였다. 조사 범위를 넓히기 위해 각 자기 다른 골짜기로 흩어지기로 하였다. 이때 일행에게 제단(祭壇)이나 성(城)터 같은 곳이 보이면 연락해 달라고 부탁했다. 그때까지만 해도 공산성은 『대구읍지, 1899』 고적 조에 이렇게 기술되어 있었다.

"부의 동쪽으로 50리 밖에 있다. 돌로 쌓았는데 둘레가 1,560척이고 높이가 4척이다. 2개의 샘과 3개의 도랑이 있었으나 지금은 없어졌다."

그런데 얼마 후 서쪽 사면을 조사하든 조 박사가 여기 뭔가 있는 것 같다며 큰 소리로 불렀다. 풀숲을 헤치고 다가가니 성벽(城壁) 일부였다. 이렇게 『대구읍지』에는 없다는 공산성 유구가 내 앞에 나타났다.

그 후 이 경험을 살려 대구시장 명의로 군부대에 공문을 보내 허가

를 받고, 김진원 사무관(녹지과장으로 퇴임), 안은영 주임(현, 대구시 녹지사
무관)과 함께 본격적으로 제천단 찾기에 나섰다.

▲ 1958년의 제천단 모습(사진 제공, 고, 김종욱 박사. 사람들의 발아래 쌓인 석축이 제
천단의 일부) 지금과 같이 방송, 통신시설이 없을 때의 팔공산 정상.

　비로봉(천왕봉이라고도 함), 즉 정상을 살펴본 결과 제천단으로 짐작되
는 흔적을 발견했다. 산 주변을 깎아 설치한 KBS는 물론 MBC, KT
등 방송, 통신 관련 시설과 송신탑이 우뚝 서 있어 공사할 때 굴착기
(掘鑿機)로 한 삽만 잘못 떠도 망가졌을 정상(頂上)이 기적처럼 남아 있
어 가슴이 벅차올랐다.
　대구의 상징이자 미래 사회의 주역들이 공부하고 있는 많은 학교의
교가는 물론 대구시민의 노래에도 등장하는 팔공산의 정기가 모여 있
는 정상이 위태위태했던 여건 속에서도 나무 한 그루, 풀 한 포기 다치

지 아니하고 태초(?)의 모습 그대로를 보전되고 있어 감개무량했다.

현장 사진을 찍고 돌아와 문경현 교수에게 전화를 걸었다. 신라사 전공의 역사학자이자 지표조사 보고서『팔공산』의 책임연구원인 그로부터 확인을 받아야 공식적으로 인정받을 수 있기 때문이다.

교통사고로 몸이 불편한 문 박사를 관용차(官用車)로 모시고 현장을 보여드렸더니 제천단 터가 틀림없다고 했다. 오랜 기간 묻히고 잊혀 있던 호국의 성지 팔공산을 대표하는 제천단이 비로소 세상에 알려지게 되었다.

이후 지역 언론이 크게 보도했다. 이듬해 2003년부터는 "국학운동시민연합(대표 이용수)"이 개천절 행사를 해마다 제천단에서 개최하며 헌관(獻官)으로 나를 초청해 지금까지 빠지지 않고 시행하고 있으며, 2004년에는 제천단 발견을 기념해 정상에 표석을 설치하고 고유제를 지냈다. 표석 제작, 제수(祭需) 준비 등 많은 경비를 김태락 전 동화지구번영회장(큰아들 "산중식당", 작은아들 "산에 꽃이 피네" 식당 대표)가 출연(出捐)해 성대하게 치를 수 있었다.

그 후 관할 공군부대 근무하다가 퇴직한 김택주 문관으로부터 일제가 민족정기를 끊기 위해 정상에 박아 놓은 쇠말뚝을 보았다고 제보하여 2006년 "달구벌 얼 찾는 모임(대표 이정웅)"이 주관하고, 역시 김태락 전 회장이 행사비를 지원하여 250여 명의 시민이 참가한 가운데 뽑아냈다.

그날 행사에는 쇠말뚝 뽑기 전문단체 민족정기선양위원회 소윤하 위원장에게 진위(眞僞)를 확인하고 대구시 문영수 부시장 초헌관, 이재만 동구청장 아헌관, 김태락 회장이 종헌관을 맡아 제를 지내고 작업을 진행했다.

2007년에는 "달구벌 얼 찾는 모임"과 "팔공산동화집단시설지구 번영회"가 공동으로 2011년에 개최될 세계육상선수권대회 대구 유치기원제를 지냈고, 2012년에는 대구에서 개최된 제93회 전국체전에 "달구벌의 불"이라는 이름으로 제천단에서 사상(史上) 처음으로 성화를 채화했다.

이재만 동구청장이 칠선녀로부터 받은 불을 달구벌 얼 찾는 모임 한영기(전, 대구시 서기관). 김정숙(여류 서예가) 회원이 첫 주자가 되어 대구시 의회 앞에 안치하였고, 국채보상운동기념공원에서 "달구벌 정신의 불"이라는 이름으로 채화한 불과 멀리 강화도 마니산에서 가져온 "민족 화합의 불" 3개의 성화를 합화(合火)하는 행사를 국채보상운동기념공원 광장에서 가졌는데 의회 앞에 있던 팔공산 제천단에서 채화한 "달구벌의 불"은 내가 마지막 주자(走者)로 행사장에 전달했다.

(첫 주자, 한영기 회원은 생애(生涯)에 영광이라며 늘 자랑스러워했으나 지난봄 타계했다)

2002년 제천단 유구 발견 이후 이런 여러 종류의 활동을 통해 팔공산이 시민 곁으로 한 발 더 수월하게 다가가는 계기를 마련됐다. 그 후 군부대도 철조망을 철거하고 개방함으로 시민들이 쉽게 정상 접근을 할 수 있게 되었다. 공원과에서 의뢰한 동봉은 불교 아미타불(阿彌陀佛)의 준말 미타봉(彌陀峰)으로, 서봉은 삼성봉(三聖峰, 또는 三省峰)으로 결론지었다. 공산성(公山城)과 제천단(祭天壇) 유구 발견으로 팔공산의 모든 것을 알고 싶은 내 간절한 소망의 일부를 이루었다.

최근 제천단의 위치를 두고, 정상이 아니고 "미대동"이다, "동봉"이다라는 설이 제기되고, 공산성 유구도 여러 곳이 추가로 발견되었다. 굳이 내 견해를 고집하고 싶지 않다. 다만 이를 계기로 팔공산 연구가 더욱 활발하게 전개되어 명산 팔공의 제 모습을 찾으면 더 이상 바랄 것이 없다.

백아와 종자기의 전설이 깃든 아양교

대구는 낙동강이 서·남부를 금호강이 동·서를 감싸 흐르고, 신천(新川)이 시가지의 동서를 가르면서 남쪽에서 북쪽으로 역류하기 때문에 곳곳에 다리가 놓여 있다. 그러나 일부 예외적인 것을 제외하고는 그 지역의 이름이나 큰 건물에 따르고 있다. 사문진교, 팔달교, 강창교, 무태교, 수성교 등이 전자이고, 경대교, 도청교 공항교 등이 후자이다.

반면에 이런 이름과 달리 역사성이나 아름다운 전설을 담은 이름도 있으니 대표적인 다리가 금호강 하류 다사읍의 방천리와 박곡리를 잇는 해랑교(海娘橋)와 동구 입석동과 효목동을 연결하는 아양교이다. 두 다리 모두 특별한 유래가 전해 오지만 우선 왕복 6차선인 아양교(연장, 230.8m. 폭, 35m, 높이 10m)부터 살펴보고자 한다.

아양교(峨洋橋)의 머리글자 높을 아(峨)를 자전에서는 "높다(구름 따위가 높이 떠 있다, 산이 높고 험한 모양)", "재(높은 재)", "위엄이 있다(위의가 당당하다)", "산(아미산의 약칭)"으로 쓰이고, 뒷글자 바다 양(洋)은 "바다(大海, 外海)", "넘치다(가득 차서 넘치다)", "큰 물결(거센 파도)", "외국(특히 서양)"을 뜻한다.

그러나 두 글자를 조합한 아양(峨洋)이라는 고유나 보통명사는 없으며 아(峨) 자와 양(洋)자를 붙여서 해석해도 의미를 명확하게 표현할

어휘가 없다. 뿐만, 아니라, 지금까지 밝혀진 아양교의 유래 또한 없었다. 이런 점에서 기원 400여 년 전 열어구(列禦寇)가 지은 중국 도가의 고전 『열자(列子)』〈탕문(湯問)〉편의, 〈유백아전(兪伯牙傳)〉에서 비롯된 것으로 보인다.

"중국 전국 시대 초(楚)나라의 유백아(兪伯牙)는 성연자(成蓮子)로부터 음악을 배웠다. 때로는 태산으로 데리고 올라가서 해와 달이 뜨고 지는 우주의 오묘한 이치를 보여주었고, 때로는 바다로 데리고 가서 거센 파도를 보여주면서, 바다와 비, 바람 소리도 듣게 했다.

백아(伯牙)는 이러한 스승의 엄격한 지도를 받아 비로소 대자연이 어울려 화합하는 신비하고 무궁한 자연의 이치를 터득하게 되었다. 그는 복잡하고 힘겨운 과정을 거쳐 마침내 칠현금(七絃琴, 훗날 고구려에 도입되어 왕산악이 개량한 거문고의 전신)의 금곡(琴曲) 천풍조(天風操), 수선조(水仙操)라는 뛰어난 작품을 완성했다.

명성이 알려지면서 출세의 길도 열려 진나라에 가서는 대부(大夫)가 되었다.

그러나 그의 작품을 진정으로 알아주는 사람을 만나지는 못했다. 이런 일상은 음악가로서는 불행이며, 힘든 생활이었다. 20여 년을 진나라에서 보낸 그는 다시 고국 초나라에 돌아가 자신을 훌륭한 음악가로 이끌어준 스승 성연자를 찾았다. 그러나 그렇게 그리워하던 스승은 이미 저세상의 사람이 되었다. 상심한 그는 강을 따라 배를 저어 갔다. 때마침 언덕에는 가랑잎이 지고, 강변에는 갈대꽃이 만발하여 고독한 나그네를 더욱 수심에 젖게 하였다. 강기슭에 배를 대고 뱃전

▲ 아양교가 표기된 지도(1915년)

에 걸터앉아 탄식하며 한 곡을 연주하였다. 그런데 참으로 이상스럽게도 그의 연주하는 소리에 맞추어 화답하는 소리가 들려왔다. 가을 저녁 적막한 강기슭에서 누가 그의 거문고를 들어 주었고 이해했단 말인가. 그의 앞에 나타난 사람은 땔나무를 해 팔면서 사는 가난한 나무꾼 종자기(鍾子期)였다

그는 비로소 자신의 음악을 제대로, 알아들을 줄 아는 사람을 만난 반가움에 아끼던 또 다른 한 곡을 연주했다. 이에 종자기는 뜻이 높은 산에 두고 있으면 훌륭하다.
"우뚝 솟은 그 느낌이 태산 같구나(峨峨兮若泰山)."라 했고, 흐르는 물을 노래하면 멋있다. "넘칠 듯이 흘러가는 그 느낌은 마치 바다와 같다(洋洋兮若江河)."라고 했다. 비록 서로 말은 하지 아니하였지만, 백아가 연주하는 금곡(琴曲)의 의미를 종자기는 다 알아차렸다.

백아는 종자기가 이처럼 자신의 음악을 제대로 평가해 주는 데 놀라지 않을 수 없었다. 두 사람은 다음 해 다시 만날 것을 약속하고 헤어졌다. 때가 되어 백아는 종지기를 찾아갔다. 그러나 그는 병들어 죽고 없었다. 백아는 종지기의 무덤을 찾아가 통곡하면서 칼을 들어 그동안 소중하게 간직해 오던 칠현금의 줄을 끊어 버렸다. 자신의 음악을

알아주는 오직 하나뿐인 그 사람이 세상에 없는데 다시 연주하여 무엇 하느냐 하고 슬퍼했다.”

이 고사에서 “아아혜약태산(峨峨兮若泰山), 즉 우뚝 솟은 그 느낌이 태산 같구나.”와 “양양혜약강하(洋洋兮若江河), 즉 넘칠 듯이 흘러가는 그 느낌은 마치 바다와 같다.”의 머리글자, 즉 높을 “아(峨)” 자와 뒷글자 바다 “양(洋)” 자를 따와서 아양교(峨洋橋)라고 지었다고 볼 수 있다.

백아가 칠현금을 부수고 줄을 끊은 데서 “백아절현(伯牙絶絃)”이, 그리고 서로 마음을 알아주는 막역한 친구를 뜻하는 “지음(知音)”, “지음지우(知音之友)”의 고사가 유래했다.

아양교 부근의 아양루(峨洋樓)는 해방 후 경주의 마지막 최부자 최준(崔浚, 1884~1970)을 비롯해 지역의 유지들이 시회(詩會) 모임인 아양음사(峨洋吟社)의 회원 31명의 회합 장소였고, 또 아양아트센터는 다양한 장르의 예술가들의 활동 무대이다. 이 이름 역시 아양교에서 비롯된 이름이다.

한때 아양이라는 격조 높고 고상한 이름이 시문에 능했던 아양음사 회원들에 의해 지어졌을 것으로 믿었다. 그러나 아양루는 1956년 지어졌고 아양교라는 이름은 일제강점기인 1915년(다른 자료에는 1932년도 준공)도 간행된 지도에 등장하는 것을 보면 단지 희망 사항이었을 뿐 사실이 아니어서 아쉬웠다. 따라서 아양교는 암울한 식민지 시대에 건설된 것을 알 수 있으며, 그때 어떻게 이런 고전에 나오는 고사를 인용하여 다리 이름을 지을 수 있었던지 선조들의 지혜와 학문이 예사롭지 않았다는 생각이 든다.

산을 비교하는 데 있어 어떤 사람은 경관이 우수한 산을, 어떤 사람은 면적이 넓은 산을 제일로 평가할 것이다. 그러나 나는 의견을 달리한다. 그 산이 가지고 있는 역사와 문화, 지역사회나 나라에 끼친 영향, 인간에게 주는 교훈 등 다방면으로 접근해야 한다고 본다.

이런 의미에서 팔공산이 전국 제일의 명산이라는 생각을 유지하고 있다. 비록 다 이루지는 못했지만, 한때 골짝 골짝마다 발자국을 남기려고 했었다. 희귀식물 고란초(皐蘭草), 문자로만 전해오던 공산성 유지(遺址), 학자들에게도 외면되었던 제천단(祭天壇) 터를 발견한 행운은 그 결과의 산물이다.

1987년 대구시 "팔공산 자연공원 관리사무소"가 발족할 때 보호계장을 자원하여 근무한 것도 큰 도움이 되었다. 그러나 현재 나이가 팔순이라 걷기는커녕 등산이 힘들고 또한 세월이 흐르다 보니 팔공산을 사랑하는 사람도 많이 늘어나 이제는 접고 있었다. 그런데 "팔공산 국립공원 서부사무소"로부터 팔공산을 대표하는 깃대종 선정위원으로 위촉한다는 한 통의 공문이 왔다.

아! 아직도 내가 팔공산을 사랑하는 사람으로 기억하는 사람이 있구나. 하는 반가움과 팔공산을 상징하는 깃대종 선정에 참여할 기회가 주어졌구나! 하는 반가움에 흔쾌히 승낙했다.

명산 팔공산은 2023년 우리나라 23번째 국립공원으로 승격되었다. 1980년 도립공원으로 지정된 지 43년 만이고 1993년 졸저『팔공산을 아십니까』낸 이후 30년 만이다. 어쩌면 이번 기회가 팔공산에 대한 나의 마지막 봉사가 될 수 있겠구나. 하는 생각을 하니 숙연해지기까지 했다.

팔공산에는 식물 1,578, 포유류 32, 조류 117, 양서류 13, 파충류 15, 담수조류 473, 곤충류 2,301, 저서성 대형 무척추동물 298, 기타(어류, 고등균류) 469종 등 모두 5,296종이 서식하여 생물 다양성이 높다.

이런 다양한 생물 자원을 두고 팔공산을 대표하는 깃대종을 선발하는 것도 난제(難題)이지만, 특정 지역을 상징하는 깃대종은 한번 정하면 바꾸기가 매우 어렵다. 실제로 그런 사례가 있었다.

▲ 팔공산 '국립공원' 식물 부분 깃대종 국화방망이

녹지과장으로 재직할 때 한대(寒帶) 수종인 전나무를 폭염(暴炎)의 도시 대구의 시목(市木)으로, 중국의 원산지인 백목련을 대구 시화(市花)로 지정된 것에 대해 기후에 맞지 아니하고, 외래종이라는 이유로 변경할 것을 간부 회의에 제안했으나 시정시키지 못한 아쉬움이 있기 때문이다.

이번 팔공산의 깃대종 지정에는 이런 오류를 범해서 안 된다고 생각하니 머리가 혼란스러웠다. 선정위원으로 생물학 교수, 생태 관련 연구원, 해당 시군 공무원, 시민단체 대표 등 권위 있는 전문가가 참여하는데 내 의견이 받아들여질까, 하는 생각에서였다.

2024. 3. 22. 1차 회의에서는 공단이 추천한 의미 있는 동, 식물 중에서 각각 3종씩만 선정했다. 동물 부분은 문외한이기 때문에 다른 전문가의 의견을 존중하는 대신 식물로 국화방망이, 꽃창포, 참좁쌀풀을 추천했다. 그러나 토론 결과 개복수초가 1위, 국화방망이가 2위, 홀아비바람꽃이 3위로 결정되었다.

공단은 이 결과를 다시 국민 여론 수렴을 거쳐 그 결과를 2차 회의 시에 다시 논의한다고 했다.

3월 26일, 2차 회의가 열린다는 공문과 함께 여론 수렴 결과를 보내왔다. 총 응모자 1,582명 중 개복수초가 652명(41%)으로 1위, 홀아비바람꽃이 482명(31%)으로 2위, 국화방망이가 448명(28%)으로 3위였다. 내 생각과 전혀 다른 결과에 참담했다. 이렇게 마무리되어선 안 되는데 하는 생각으로 국화방망이가 팔공산의 깃대종이 되어야 하는 이유를 나름대로 정리했다.

첫째, 국화방망이는 팔공산에 자생하는 1,578종 식물 중에서 학명

(Scnecio koreanus KOM)에 코리아가 붙는 지구상에서 우리나라에만 자라는 특산식물이다,

둘째, 관상 가치, 즉 누가 보아도 예쁘고 여러해살이풀로 재배가 까다롭지 않아 널리 보급할 수 있으며 셋째 주봉(主峯)인 비로봉(혹자는 천왕봉이라고도 한다)에 자생해 대표성이 강하다. 넷째, 지금까지 중부 이북에만 자라는 것으로 알려져 식물지리학적으로 특수성을 가진다. 반면에 선호도 1위인 개복수초는 꽃이 귀한 이른 봄에 피고, 장수(長壽)를 상징하는 의미로 널리 알려져 있으나, 이름에 "개" 자가 들어가 다소 천박한 느낌이 들고, 전국적으로 분포되어 팔공산을 대표하는 상징성이 부족하고, 또한 가산산성 일대만 분포해 팔공산 권역을 다 아우르지 못한다.

2위 홀아비바람꽃(Anemone koraiensis Nakai) 역시 한국 특산식물이고, 중부 이북에 자라 식물지리학적으로 중요하나, 키가 3~7cm 정도로 작아 관상 가치가 떨어지고, 습한 곳에 자라며 꽃이 핀 후에는 전초가 휴면(休眠)하며, 재배하기 어려운 데 비해 이름에 아내를 잃고 혼자 사는 남자를 지칭해 아름답지 못하다고 자료를 만들었다.

3월 26일, 마침내 2차 회의가 열리고 발표할 시간이 주어졌다. 다소 떨리는 마음을 진정시키며 미리 준비한 내용을 설명하고 국화방망이가 팔공산의 깃대종이 되어야 한다고 열변(?)했다. 이어 투표 결과 참석자 10명 전원이 국화방방이를 1위로 추천해 나의 간절한 소망이 이루어졌다(동물은 물론 1, 2차 회의 결과 모두 담비였다). 비록 공단 본부에서 다시 검토한다고 하나 이는 형식적인 절차일 뿐이라고 하더니, 드디어 2024년 4월 17일 확정되었다는 통보를 받았다. 나의 팔공산 사랑은 깃대종 선정으로 마무리(?)되는 듯하다.

왕건과 견훤의 팔공산(桐藪) 전투 재조명

| 문제의 제기

천 년 전, 우리나라 역사가 뒤바뀔만했던 고려 태조 왕건과 후백제 견훤의 팔공산 전투를 살펴봄에 있어 먼저 삼국사기에 등장하는 미리사(美理寺, 삼국유사· 고려사는 美利寺)를 찾는 일부터 시작했다.

왜냐하면, 미리사는 의상대사(義湘大師, 625~702)가 당나라에서 유학을 마치고 귀국하여 세운 태백산의 부석사, 원주의 비마라사(또는 전주 모악산의 귀신사), 가야산의 해인사, 비슬산의 옥천사(현, 용천사), 금정산의 범어사, 지리산의 화엄사, 계룡산의 갑사, 서산의 보원사, 삼각산의 청담사 등 화엄십찰(華嚴十刹)의 한 절이자, 절 앞에서 고려 개국공신으로 팔공산 전투에서 희생된 좌상 김락(金樂, ?~927)이 전사한 곳이기 때문이다.

따라서 미리사의 위치만 확인되면 고려 태조 왕건과 견훤의 팔공산 전투 경로를 더 소상하게 알 수 있고, 동시에 같은 시기에 창건된 부석사나 화엄사처럼 명찰(名刹)로 복원할 가능성도 있다. 이런 연유로 나는 1991년 『대구문화』 4월호에 "미리사"를 고찰하면서 그 위치를 동구 평광동 시량리로 비정한 바 있다.

그러나 이런 나의 주장에도 불구하고 그 후에 간행된 『대구시사

(1995)』나 『평산신씨역사유적집(2001)』 어디에서도 이를 수용하려 하지 아니하고 있어 아쉬웠다.

그러던 차 동구지역혁신협의회가 발족되면서 팔공산 관광 자원화에 대한 자문역할을 할 기회가 있었다. 구성원들의 의견이 팔공산의 정체성은 "불교문화"와 "왕건 설화"에서 찾아야 한다고 했다.

나 역시 이 말에 동감하면서 그동안 묵혀 두었던 숙제, 즉 고려 태조 왕건과 후백제 견훤의 공산 싸움을 다시 한번 점검해야겠다는 생각에서 문헌 조사와 현장답사를 진행했다.

팔공산 전투의 전개 과정이 여러 문헌마다 상이하게 한 원인 제공은 공교롭게도 정사인 『고려사』라고 할 수 있으며, 그다음은 빈약한 사서의 내용을 이유로 저마다 상상력을 동원하여 소설을 쓰다시피 하고 있기 때문이다. 나 역시 그 범주를 크게 벗어나지 않으리라 생각되지만, 사실(史實)에 부합하려고 부단한 노력을 했다.

『고려사』 태조 10년(927) 9월 조를 보면.

"왕이 이 소식을 듣고 크게 노하여 (신라에) 사절을 시켜 조문과 제사를 치르게 하고, 친히 정예 기병 5천을 거느리고 공산 동수(桐藪)에서 훤(견훤)을 맞아 큰 싸움을 진행하였는데 형세가 불리하게 되었다. 훤(견훤)의 군사가 왕을 포위하여 사태가 매우 위급하였다. 고려 대장 신숭겸과 김락이 힘을 다하여 싸우다가 희생되고, 각 부대는 패배를 당하였으며, 왕은 겨우 몸만 피하였다."

라고 했다.

이 글에 등장하는 동수에 대해서도 『달구벌(1977년 대구시)』에서는 분명히 지묘동 일대로 비정(比定)했다. 또한, 후손 신흠(申欽, 1566~1628)이 쓴 비문(1607)에도 같았다. 그러나 앞서 소개한 『대구시사(이하 시사)』나 『평산신씨역사유적집(이하 유적집)』은 동수를 동화사로 비정(比定)하고 있다. 그러나 나는 전자, 즉 지묘설을 수용하면서 이야기를 풀어가고자 한다.

다시 고려사로 돌아가

"훤을 맞아 큰 싸움을 진행하였는데 형세가 매우 불리하게 되었다. 고려 대장 신숭겸과 김락이 힘을 다하여 싸우다가 희생(犧牲)되고, 각 부대는 패배를 당하였으며, 왕은 겨우 몸만 피했다."

라고 하는 부분을 살펴보자.

▲ 1670년(현종 11)에 대장 신숭겸 장군이 순절한 자리에 세워진 표충사

이 문장을 자구(字句) 그대로 해석하면 두 장수는 동수, 즉 오늘날 지묘동에서 순절한 것이 된다.

그런데 문제가 다시 불거지는 것은 같은 『고려사』의 그 뒤의 기록이다. 927년 9월 팔공산 전투에서 왕건을 패퇴시킨 견훤은 여세를 몰아 10월에는 대목군(현, 칠곡군,

약목면)을, 11월에는 벽진군(현, 성주 벽진면) 일대도 노략질하고, 12월에
는 한 통의 편지를 왕건에게 보내는데 내용 일부분을 옮겨보면 다음
과 같다.

> "당신의 군대는 나의 말 대가리를 보거나 소털을 뽑기도 전에 초
> 겨울에는 벌써 고려의 도두(都頭) 색상(索相)이 성산 진 아래서
> 패배하였고, 같은 달에 좌상 김락이 미리사 앞에서 해골(骸骨)을
> 버렸다. 우리가 죽이고 포획한 것도 많았으며, 추격하여 사로잡
> 은 것도 적지 않았다. 강약의 역량이 이와 같으며 승세의 형편은
> 알 만한 일이다. 기도하는 바는 나의 활을 평양의 다락 위에 걸
> 며 나의 말에 패강(대동강)의 물을 먹이는 데 있다."

라고 하는 부분이다.

 이 글에서 가장 주목할 만한 대목은 "미리사 앞에서 김락의 해골을
버렸다. 즉, 미리사 앞에서 김락을 죽였다."라는 표현이다. 이 말은 두
가지 사실을 추측하게 한다. 첫째는 표현 그대로 미리사 앞에서 김락
을 죽였을 경우이다. 즉 신숭겸과 김락을 함께 죽였다면 두 분의 이름
을 다 기명(記名)할 것인데 그렇지 아니하기 때문에 김락만 명기(銘記)
한 것이 아닌가 하는 점이다. 둘째는 실제로 두 장수가 함께 순절했는
데, 『고려사』를 찬술한 사관(史官)이 실수하여 한 분만 기명한 경우이
다. 이 경우에는 내용을 오기(誤記)한 사관의 잘못이 된다. 그러나 역
사서 편찬에는 한 명의 사관만 참여하지 않는 것을 참작할 때 실수
를 범했다고는 볼 수 없는 일이다. 따라서 첫 번째 경우, 즉 미리사 앞
에서는 김락만 전사한 것이 된다. 사관의 실수가 아니라, 김락 혼자만

미리사 앞에서 전사했기 때문에 사실 그대로 쓴 것이다. 그렇다면 남은 과제는 김락이 순절한 미리사 위치가 어디인지를 밝히는 일이다.

| 팔공산 전투의 전개 과정

우선 『신증동국여지승람』의 대구 도후부와 영천군의 고적 조, 하양현의 산천 조를 보면 태조 왕건과 견훤의 팔공산 전투는 동구 지묘동 일대에만 국한되었던 것이 아니라, 은해사 입구(태조지)에서부터 지묘동(동수), 평광동 시랑리(미리사 앞), 하양과 대구의 접경지 초례산에 이르는 넓은 지역에서 전개되었음을 알 수 있다.

특히, 태조 왕건 군사와 견훤 군사가 처음으로 조우(遭遇)한 곳에 대해서도 『달구벌』은 동수(지묘), 『대구시사』는 동수(동화사), 『유적집』은 태조지(영천)로 각기 상반된 주장을 하고 있다.

그러나 나는 영천군 신녕면 은해사 입구의 태조지(太祖旨, 위치 미확인, 운부암 일대로 추정하는 사람도 있음)로 비정한다. 그 이유는 그곳은 견훤이 경주를 유린(蹂躪)하고 영천을 거쳐 팔공산 쪽으로 회군(回軍)하는 길목이자, 개성에서 충주, 문경, 용궁, 의흥, 신녕, 영천, 경주를 잇는 주요 교통로로 태조 왕건이 정예 기병 5천 명을 이끌고 내려오는 가장 빠른 길과 교차하는 지역이기 때문이다. 다만 고려군은 먼 길을 오느라고 지쳐 있는 데 비해, 견훤군은 경주를 초토화하고 많은 전리품까지 챙겨 사기가 높아 있었기 때문에 처음부터 견훤에게 밀렸던 것이다. 이후 태조 왕건은 능성재-백안-미대-지묘를 거쳐 무태까지 후퇴와 후퇴를 거듭했을 것으로 여겨진다. 반면에 첫 전투에서 승기를 잡은 견훤은 병사들을 독려하기 위해 나팔을 불며(나팔고개) 뒤따르니 더 물러설 수 없는 왕건은 무태에서 대오를 정비(신숭겸과 김락이 이끌고 온 지원군의 합류하여 병력이 증강되었다고도 하나 이 또한 사서에 나오는 것은 아니다)한 다음 반격을 시도한다.

양 진영은 살내(箭灘, 지묘천과 동화천이 만나는 곳)를 사이에 두고 쏜 화살이 내(川)를 이룰 정도로 치열하게 전개했다. 그러나 오히려 왕건군이 대패(파군재)했음은 물론 자신의 목숨마저 위태로운 처지에 이르렀다. 이때 신숭겸 장군이 왕건의 어가(御駕)를 타고 견훤군을 유인하는 사이에 왕건은 탈출을 시도하여 왕산을 거쳐 혼자 한 바위(봉무동 독좌암)에 앉았다가 도동 측백나무 숲 앞을 지나 평광동으로 잠입하여 초례산에 오른 것으로 추정된다.

그는 이 산에 올라 흩어진 병사들을 모아 천지신명에게 제사(산 이름 초례(醮禮)는 이렇게 해서 지어진 이름이다. 초례는 혼례를 뜻하기도 하지만, 원래는 하늘에 제사를 지내는 것을 말한다. 이 이름을 두고 어떤 이는 왕건이 29번째 부인과 혼례를 치러 부쳐진 이름이라고 한다. 그러나 견훤군의 추격으로 목숨이 위태로운 처지에 혼례를 치른다는 것은 상식적으로도 맞지 않다.)를 올리고, 마지막 일전을 각오하고 다시 견훤을 치러 시량리 부근의 미리사 앞까지 진격했으나, 아쉽게도 여기에서도 밀려 마침내 좌상 김락마저 잃는 또 한 번의 패배를 맞는다.

이 부분은 『하양읍지』의 기록을 참고했다. 『하양읍지』 산천(山川) 조 초례산 편에 의하면 "동수에서 견훤을 치고 이 산에서 올라 하늘에 제사를 지냈다(高麗 太祖 征 甄萱 于 桐藪 登 此山 祭天)."라고 했기 때문이다.

또한, 이 기록은 동수(지묘)전 이후 이곳에서 전쟁이 이루어졌음을 알 수 있게 한다.

그 후의 행적은 금호강을 건너 시내로 들어가 앞산 일대로 숨어들어 은적사, 안일사, 왕굴, 임휴사 등에서 틈틈이 휴식을 취하다가 성주(벽진)를 거쳐 개경으로 복귀한 것으로 추정된다.

| 두 공신의 순절 장소

이상으로 팔공산 전투의 전개 과정은 주로 『신증동국여지승람』이나 『대구읍지』, 『영천군지』, 『하양읍지』 등을 통해 엮어 보았다. 팔공산 전투에서 핵심적인 인물인 대장 신숭겸은 전투가 가장 치열했던 파군재를 포함한 지묘동 일대에서 순절(殉節)(대구시 기념물, 신숭겸 장군 유적지 내 순절단 참조)한 것이 분명하다. 그러나 좌상 김락은 세 번째 전투라고 할 수 있는 평광동의 시량리에 소재한 미리사 앞에서 순절한 것으로 보인다.

이 사실을 뒷받침하는 물증이 1832년(순조 32) 세워진 신숭겸 장군의 영각유허비(影閣遺墟碑)가 있는 모영재(慕影齋)이다.

이 비(碑)는 장절공(壯節公)의 영정을 모셨던 대비사(大悲寺)가 아전 김철득이라는 사람이 자기 아버지의 묘를 쓰기 위해 스님을 매수하는 간계(奸計)를 부려 절이 불타 없어지자 바로 그 앞에 세운 것이라 한다.

그러나 이런 역사성을 가진 대비사는 평산 신씨 문중 자료집과 인근 주민들의 구전으로만 전해올 뿐, 『대구읍지』 등 어느 곳에서도 기록이 나타나지 않는다.

▲ 팔공산 전투의 상상도
① 은행사 입구 '태조지(太祖旨)', ② 가운데 지묘동, ③ 오른쪽 초례산

따라서 유추해 볼 수 있는 것은 대비사는 본래 미리사였는데 많이 퇴락했거나 폐사 지경에 이르면서 이름이 바꾸어진 것으로 볼 수 있다.

또 하나 간과할 수 없는 점은 태조 왕건이 두 충신을 기리기 위해 지어준 지묘사가 조선조에 와서 폐사되어 신숭겸 장군의 영정을 대비사로 옮겼다고 하는데 이 대비사(?)가 팔공산 전투와 아무런 관련이 없다면 영정을 이 절로 옮겼겠느냐 하는 점이다. 다시 말해서 신숭겸 장군은 고려 개국 공신이었던 만큼 그를 기리기 위해 지은 지묘사가 관리부실로 폐사가 되었다면 가까운 동화사나 파계사에 충분히 모실 수 있는 존경받는 인물인데 굳이 오지 시량리에 있는 작은 절(?) 대비사를 선택했을까 하는 의문점이다.

이런 이유로 평소 미리사가 시량리에 있었다고 생각해 왔던 나는 이번 재조사하는 과정에서 두 가지 결정적일 수 있는 귀중한 자료를 얻었다. 하나는 1950년대 백안초등학교 교장을 역임했던 문보근(文輔根)이 공산지역 학생들 교재용으로 쓴 『우리 고장』이라는 책과 두 번째는 『유적집』이었다. 이 두 책에 미리사의 위치가 시량리라는 필자의 주장을 보충할 수 있는 내용이 있었기 때문이다.

우선 문 교장이 쓴 『우리 고장』 제13장 제11절 "실안이(지금의 시량리)

영각 유허비" 편을 보면,

'평광동 실안이에 신 장절공 영각 유허비가 있다. 본데 장절공의
명복을 빌기 위하야 대비사(大悲寺)를 지었던 곳인데 뒤에 영각
으로 사용하다가 임란에 소실되고 지금부터 20년 전에 유허비각
을 재건한 것이다. 동명 음(音을 말하는 것 같음) 시랑이(時良), 설
어서(大悲)라 하나 실안이(谷內)가 설어니(大悲)로 화하야 시랑이
가 되지 아니하였냐고 생각한다.'

라고 해서 오늘날 시랑리는 원래 이름이 실안이(谷內)였으나 이것이 설
어서(大悲)로 변해 '설어니'를 한자화하면서 슬프다는 뜻의 대비동이라
했다는 것을 알 수 있으며, 두 번째 『유적집』의 제19장 제3절 "동수전
역사" 제3 독좌암(獨坐岩) 편을 보면

"…왕건은 이곳에서 잠시 후 30리 떨어진 대구 동구 현 평광동
실왕리(失王里) 모영재(당시 그곳에는 모영재가 없었다)로 피신하
고 있을 때 신숭겸 장군의 순절 소식을 듣고 크게 슬퍼하였다
하여 대비동(大悲洞)이라 하며, 왕건은 다시 해안(현, 방촌)을 지
나 반야월 안심을 거쳐 피신하였다고 전한다."

라는 이야기이다.

위의 글 중에서 해석하기 다소 애매한 부분도 있으나 전자는 시랑리의
본래 이름 '실안이(谷內)가 설어서(大悲洞)'가 되었다고 했으며, 후자는 왕건
이 신숭겸 장군의 순절 소식을 듣고 슬퍼서 이곳을 대비동(大悲洞)이라 했

다는 공통점을 가지고 있다. 따라서 당시 영각 유허비문을 쓴 사람은 대비사가 실제로 있어서 "대비사"라는 고유명사를 사용한 것이 아니라 대비동에 있는 절이라는 뜻으로 썼을 것으로 보인다. 그 절이 비로 미리사다.

또한, 평광동 시량리를 직접 대비촌(大悲村)이라고 한 문헌도 있다. 『대구·달성지(달성지편찬위원회, 1972, 협성인쇄공사 340쪽)』

나의 이러한 추론이 어느 정도 타당하다면 신숭겸 장군의 영정을 처음부터 이 절, 즉 "미리사"에 모셨을 가능성도 배제(排除) 할 수 없다. 왜냐하면, 전쟁 초기였던 만큼 비록 장절공이 왕을 대신해 순절했다 하더라도 새로운 절을 짓기에는 시간이 부족하고, 재원 마련도 쉽지 아니하였을 것이기에 기존의 절 미리사를 활용했을 가능성이 충분하다.

이러한 관련 문헌과 정황으로 보아 좌상 김락은 평광동 시량리에 있던 미리사 앞에서 순절했으며 신숭겸 장군의 영각 유허비문을 쓴 사람은 대비사라는 절이 있어서 대비사로 표현한 것이 아니라 대비동 또는 대비촌에 있는 절이라는 의미에서 대비사로 표현한 것으로 여겨진다.

신숭겸 장군의 전사지가 지묘동이라는 사실은 고려 장절(신숭겸 장군의 시호) 신공 순절지지(殉節之地)라는 비가 현존하고, 지묘동이라는 마을 이름 역시 훗날 왕건이 자신을 대신해서 순절한 신숭겸 장군의 전사지에 지어준 절 지묘사에서 비롯되었으며, 1670년(현종 13) 사액 된 표충사(表忠祠) 또한 이 절터 위에 지어졌다고 하니 달리 의심할 여지가 없다.

따라서 지묘사와 미리사를 같은 절이라고 한 현재 유적지 입구에 놓인 안내판이나 방문객들에게 나누어 주는 홍보물의 "문화재 안내" 편도 고쳐야 할 내용이다. 다시 말해서 미리사는 고려 초에 지묘동에 지어진 절이 아니라, 통일 신라 시대에 의상대사에 의해 평광동의 한 마을 시량리에 지어진 절이다.

▲ 대비사(미리사?) 절터 앞에 세웠다는
모영재

팔공산 전투를 보다 깊고 폭넓게 이해하기 위해서는 정사(正史)인 『삼국사기』나 『고려사』뿐만 아니라, 『신증동국여지승람』, 『대구읍지』, 『달구벌』, 『평산신씨역사유적집』, 『팔공산자락』 등의 신구(新舊)서적은 물론 인근 군·현의 읍지(邑誌), 전설(傳說) 등을 두루 참고해야 하는데 많은 사람은 이 점을 간과해 오류가 거듭되는 것 같다.

팔공산 전투에서는 나라를 구하기 위해 죽음마저도 두려워하지 않는 충신을 통해 애국심을 배울 수 있고, 더 나아가 목숨이 위태로운 처지에 놓여 있으면서도 사리를 잘 분석하여 삼한 통일의 대업을 달성한 태조 왕건의 지혜로움을 배울 수 있다.

| 도이장가의 무대 달구벌

사지(死地)를 벗어난 태조 왕건은 일생일대의 패전에서 죽음으로 그를 지켜낸 두 충신의 은혜를 잊을 수 없었다. 지묘사를 지어 넋을 위로해 줌은 물론 각기 장절(壯節)이라는 시호를 내리고, 신숭겸의 아우 능길과 아들 보장(甫藏)에게 원윤(元尹, 16등급 중 10위)이라는, 김락 아우 철(鐵)에게도 역시 원윤이라는 벼슬을 주었다.

그뿐이 아니었다. 팔관회를 열어 신하들과 즐겁게 놀 때 공신들이 앉은 자리에 두 분이 없음을 안타깝게 여겨 가상(假像)을 만들어 앉게 했더니 가상이 일어나서 술을 마시고 음식을 먹는 것은 물론 여러 사람과 춤까지 추는 기이한 현상이 일어났다. 이 광경을 지켜본 태조가 이후 후대 왕들이 팔관회를 개최할 때는 반드시 그들의 가상을 만들어 앉히라고 했다.

1120년(예종 15) 왕이 서경(지금의 평양)에서 팔관회를 주관할 때 짚으로 만든 가상이 살아있는 사람처럼 술을 마시고 춤을 추자, 그 까닭을 물었다. 그러자, 한 신하가 이 두 분은 팔공산 전투에서 태조를 대신해서 죽은 신숭겸과 김락의 가상으로, 태조의 유훈으로 참석시킨다고 하였더니 어여삐 여긴 예종이 지은 가사가 두 장수를 추모한다는 뜻의 "도이장가(悼二將歌)"다.

"임을 온전케 하시기 위한/ 그 정성은 하늘까지 미치심이여/ 그대 넋은 이미 가셨지만/지니셨던 직책을 수행하고자 하는 마음은 변함이 없구려./ 오, 오, 돌아보건대 두 공신의/ 곧고 곧은 업적은/ 오래 빛나리소이다."

라는 노래(의역)다.

이런 점에서 볼 때 동구의 지묘동과 평광동 일대는 이 노래가 탄생한 무대가 된다. 또한, 이 시가(詩歌)는 향가로부터 고려가요로 변해가는 과도기의 문학작품으로 우리 국문학사(國文學史)에서도 매우 귀중한 사료이다. 이번 현장답사를 통해 팔공산 전투의 실상과 미리사의 위치를 재조명해 보면서 도이장가의 무대까지 아울러 살펴본 좋은 기회가 되었다.

그러나 아쉬운 점은 이런 좋은 문화자원을 우리 지역에서는 묻혀두고 있는 데 반해, 전남 나주시에서는 지난 2008년 그곳 출신이자 태조 왕건의 두 번째 왕비인 장화왕후(莊和王后)의 일대기를 오페라로 창작해 공연했으며, 그중에서 제4장은 도이장가를 삽입했다는 점이다.

▲ 장절공의 피 묻은 투구 등을 묻었다는 순절단

| 맺는말

비록 역사를 전공한 학자는 아니지만, 이번 기회를 통해 팔공산 전투의 실상과 미리사 위치를 바로잡아 보려고 많이 노력했다. 그 결과를 요약해 보면 다음과 같다.

첫째, 태조 왕건과 견훤이 처음 전투를 치른 곳은 북구 무태나 지묘가 아니라, 영천의 은해사 입구 태조지(太祖旨)라는 산봉우리이며,

둘째, 팔공산 전투는 지묘동 한 곳에서만 전개되었던 것이 아니라,

은해사 입구-지묘동-시량리 3곳이 주 된 전쟁터이자 글의 순서와 같이 전개되었고,

셋째, 미리사는 대장 신숭겸을 위해 지묘동에 지은 지묘사(智妙寺)와 달리 의상대사가 화엄시찰의 하나로 통일 신라 시대에 지어진 절이며 위치는 시량리이다.

넷째, 대장 신숭겸은 지묘에서 좌상 김락은 시량리에서 순절했고,

다섯째, 신숭겸 장군의 영정을 모신 절, 대비사가 곧 미리사이며,

여섯째, 왕산은 지금 지도에 표기된 산이 아니고 파군재를 안고 있는 산이며,

일곱째, 태조 왕건이 무태 쪽에서 진출해 가다가 은해사 앞에서 패(敗)해 갔던 길을 되돌아온 것이 아니라, 처음부터 은해사 앞에서 패해 능성재-백안-지묘-무태 쪽으로 후퇴했다고 본다.

팔공산 전투는 운주(지금의 홍성) 전투, 병산(지금의 안동) 전투와 함께 고려가 후삼국을 통일하는 과정에 있었던 3대전투의 하나이다.

다른 점이 있다면 팔공산 전투에서는 태조 왕건이 대패했지만, 다른 두 곳에서는 승리해 결국 삼한을 통일했다. 패한 원인을 두고 일부 학자들은 당시 동화사가 백제영토의 김제 출신 진표율사가 개창(開創)한 법상종(法相宗) 계열이라서 스님들이 견훤 편에 가담했기 때문이라는 주장도 있다. 그러나 이 역시 추측일 뿐 직접적인 증거는 아무것도 없다. 비슷한 시기 동화사는 오히려 친 신라계의 수창군 호국성 성주 이재(異才)의 영향력 밑에 있었다.

또 하나 이번 기회를 통해 바로잡을 필요가 있는 것은 태조 왕건으로부터 비롯되었다는 곳곳의 지명(地名)들이다. 오래된 일이고 정사에 기록된 것도 아니며, 단지 읍지(邑誌)나 구전(口傳)에 의해 전해오는 이

야기인 만큼 정확히 밝힌다는 것은 사실상 불가능하다. 그나마 재미있는 이야기가 되어 시민들에게 흥미를 자아내게 한다면 그대로 인정해도 좋을 곳도 있다.

그러나 역사적인 사실이었던 만큼 사실과 가장 가깝게 접근해 볼 필요성은 대두된다. 『유적집』에 등장하는 애수(礙藪), 즉 견훤군으로부터 위급한 태조를 숨겼다는 곳은 같은 책에서도 부인사(81쪽)라 했다가, 덤불(91쪽)이라 했다가, 미리사(97쪽, 365쪽)라고 하는 등 페이지마다 서로 달라 특정 지역으로 확정하기 어렵고, 염불암 뒤의 일인석(一人石)의 경우에도 『대구읍지』에서 왕건으로부터 지어진 이름이라고 하나, 전투가 전개된 상황으로 볼 때 적의 배후지 깊숙한 곳이어서 무리한 해석이라고 할 수 있다.

즉, 지묘동과 파군재 일대에서 패한 왕건이 역방향인 그곳까지 탈출할 수 있었겠느냐 하는 점에서 설득력이 부족하고, 양측(兩側)이 쏜 화살이 내를 이루었다는 살내(箭灘) 역시 『달구벌』 등 여러 곳에서 동화천과 금호강이 만나는 지점이라고 하나 『대구읍지』를 보면 북쪽 20리라고 하여 왕산 옆 지묘천과 동화천이 만나는 곳이며, 연경(研經)마을 역시 태조가 이곳을 지나갈 때 글 읽는 소리가 낭랑(朗朗)해서 부친 이름이라고 하나, 조선 중기에 지은 연경서원(研經書院)이 있던 곳이라는 데서 비롯되었으며, 해안(解顔) 역시 포위망을 벗어나 긴장했던 얼굴이 풀려 지어진 곳이 아니라, 8세기 통일 신라 시대에 이곳에 설치되었던 현(縣)의 이름이다.

팔공산 전투는 개전 초부터 태조 왕건이 밀렸기 때문에 전 구간 구간이 모두 도주로라고 할 수 있다. 그러나 이 글에서는 도주로(逃走路)라고 하는 말을 대신해 탈출로(脫出路)로 부르기로 한다.

왕건이 위기로부터 탈출하여 후삼국을 통일하였듯이, 국내외적으로 어려운 위기로부터 탈출하여 잘사는 나라로 만들자는 교훈으로 삼기 위해서이다. 금호강을 건너 몸을 숨긴 앞산 쪽을 제외하고 현재 답사가 가능하고 비교적 흔적이 뚜렷한 곳을 골라 은해사에서 퇴각했던 길과 반격을 시도하다가 패했던 곳과 탈출했던 길로 나누어 보면 다음과 같다.

◈ 퇴각로: 태조지-능성고개-백안-지묘-나팔고개-무태

◈ 반격했던, 즉 전투를 전개했던 곳: 무태(나팔고개)-살내-지묘-왕산-파군재

◈ 탈출로: 독좌암-도동 까마귀재-측백나무숲 앞-신숭겸장군영각유허비(미리사지)-초례산…(앞산)

도이장가(悼二將歌)의 두 주인공 신숭겸과 김락은 고려 건국의 일등공신들이다. 두 장수의 현명한 대처가 없었다면 그 뒤의 역사는 견훤에 의해 쓰였을 수도 있었다. 이런 의미에서 본다면 팔공산은 최근 한국전쟁에 이르기까지 나라를 지켜낸 호국의 산이다.

팔공산은 이런 역사 자원만을 가진 호국의 산이 아니다. 한국불교를 개혁시킨 보조국사 지눌이 정혜(定慧)결사를 한 산이요, 김유신이 기인으로부터 삼국통일의 비법을 전수받은 산이요, 동식물의 종 다양성이 높은 생태적으로 건강한 산이다.

명산 팔공산자락에는 현재 많은 예술인이 보금자리나 작업실을 마련

하고 있다.그뿐만, 아니라, 문학, 건축, 미술, 조각, 공예 등 장르도 다양하다고 한다. 팔공산의 아름다움과 이 작가들의 영혼이 결합하여 세기를 빛내는 예술가들이 탄생하는 공간 되었으면 한다. 아울러 국립공원 승격되었으니 미라사지에 대한 학술조사도 실시해 보았으면 한다. 또한, 시민들에게 하고 싶은 말은 초례산을 두고 산보다 격이 낮은 초례봉으로 부르고 있는데 이 역시 초례산으로 불러 주었으면 한다.

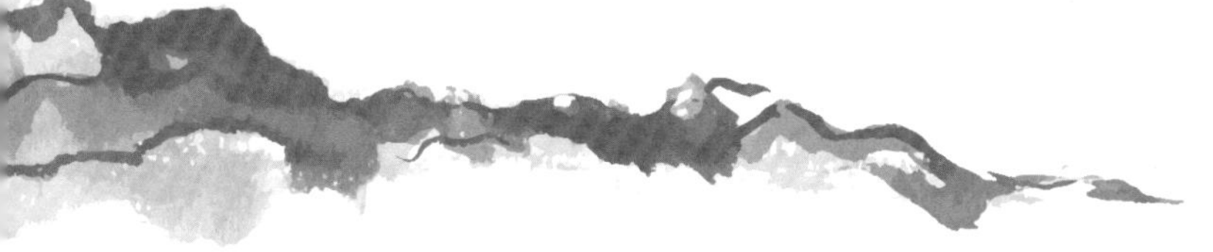

팔공산은 대구의 진산(鎭山)이다. 하지만 지역의 한계를 넘어 민족의 영산(靈山)으로 불러도 손색이 없다고 본다. 많은 문화유산과 호국의 흔적은 차치하고라도 식물상도 다양해 많은 학자의 연구 대상이기 때문이다. 즉, "팔공산 일대의 식물연구(이국진, 1958년)", "팔공산 식물조사 보고서(오수영, 1972)", "팔공산 현재 산림 군락과 식물상(이영근, 1989)" 등이며, 이 외에도 임학은 물론 생물학을 전공하는 석, 박사과정 학생들의 단골 연구 대상이다.

▲ 고란초(팔공산 폭포골)

그러나 조사자들이 골짜기와 산등성이를 수없이 오르내렸을 것이나, 내가 1992년 수태골에서 발견하기 전까지 고란초(皐蘭草)는 몸을 숨기고 있었다.

그러나 기쁨도 잠시, 이 풀을 고란초로 동정(同定)하는 데에는 많은 우여곡절이 있었다. 생전 처음 보는(고교 재학 시 수학여행지 부여 부소산에서 안 본 것은 아니지만, 그때는 건성으로 보아 자세히 기억나지 않는다) 이 희한한 풀에 호기심이 발동되어 집에 와서 도감과 대조해 보니 느낌상으로는 반드시 고란초[Crypsinus hastatus (THUNB), COPEL]였다.

실로 감개무량했다. 학자들의 조사에도 숨어있던 여리고 귀한 이 풀을 발견한 기쁨으로 흥분이 가라앉질 않았다. 식물분류학자인 양인석 박사께 간청하여 현장에 가서 자생지를 보여드렸다. 그러나 대답은 고란초는 팔공산에 자랄 수 있는 풀이 아니고 어쩌면 같은 과의 산일엽초(山日葉草, Lepisorus ussuriensis(Regel & Maack) Ching)의 변이종 같다고 했다.

그동안 들떠 있던 마음이 일시에 무너져 내리는 순간이었다. 그러나 속으로 "이게 아닌데. 틀림없이 고란초인데…" 되뇌었으나, 권위 있는 학자의 검증에 이의를 제기할 수 있는 처지가 아니었다.

혹시나 하고 다시 경북대학교 임학과 홍성천 교수께 부탁하여 현장을 찾았으나 그 역시 "가능성은 있으나 꼭 맞다 할 수는 없다."라고 해 크게 낙담했다. "그러면 그렇지, 그 귀한 풀(그때는 환경부가 지정한 멸종위기종이었다)이 어떻게 못난 나에게 발견되는 행운이 있으랴!" 심지어는 지금까지 살아온 잘못된 삶의 결과가 아닌가 하는 낭패감마저 들었다.

　요즘은 환경부나 산림청 등 국가기관 산하의 연구기관이나 야생화를 좋아하는 동호인들이 많아졌고 그들이 전국을 누비며 자생지를 발견하여 온라인을 통해 발표하고 있고, 나도 그 후 동화사 폭포골 입구와 군위 동산계곡에서 군락지를 발견하였지만, 30여 년 전 그때는 고란초는 부여 부소산 고란사

▲ 고란초
(수태골, 지금은 개체수가 많이 줄었다)

부근에만 자라는 것으로 알려져 있었으니, 학자들도 당연히 그렇게 알고 있었을 것이라는 생각이 들긴 했다.

　그 후 고란초 얘기를 꺼내지 않고 덮어 두었다. 하지만, 그것은 휴화산과 같이 가슴 속에 묻어 둔 것이지 정말 관심 밖으로 밀어낸 것은 아니었다. 그러던 어느 날 계명문화대학교 김용원 교수를 만났더니 충청남도 농촌진흥원(현, 충청남도 농업기술원)에서 고란초 증식 작업을 하고 있다고 했다.

　"됐다!" 하고 쾌재를 불렀다. 실물을 들고 대전 유성으로 향했다. 연구진에게 보였더니 "똑같다."는 답이 나왔다. 날아갈 것 같았다. 담당자의 안내를 받아 배양실에 들어서니 혹은 돌에 혹은 썩은 나무에 많은 개체를 붙여 놓았고 가져간 실물과 다른 점이 없었다.

　실내에는 "백제 천 년의 얼 고란초 증식실"이라고 커다랗게 쓰여 있었다. 부여 부소산의 자생지가 관광객들에 의해 훼손되어 이곳에서 증식해 자생지에 다시 복원하고 나머지는 지역특산품으로 개발할 것

이며 서울대학교 교수를 지낸 이창복 박사의 지도로 이 사업이 진행되고 있다고 했다. 돌아오는 차창으로 전개되는 풍경이 새롭고 마음은 날아갈 듯이 기뻤다.

보고서를 만들어 간부 회의 자료로 제출했더니 이영일 녹지담당관(동구청장으로 퇴임)이 돌아와 화제가 되었다고 했다. 당시 노태우 군사정부로부터 김영삼 문민정부로 정권이 교체되는 시점이어서 회의가 열려도 분위기가 무거웠었는데, 그날은 고란초 이야기로 모처럼 밝았다고 했다. 따지고 보면 하나의 풀일 뿐인 이 식물이 많은 이야기를 제공한 셈이다.

늘 푸르며 다년생으로 공중 습도가 높은 그늘진 바위틈에 자라고, 포자(胞子)로 번식하며 그때에는 자생지가 그리 많이 알려지지 않고 개체수도 적어 환경부가 보호 대상 식물로 지정(지금은 해제되었다)하여 특별히 관리했었다.

"고란초는 고승 원효대사가 발견했다고 한다. 스님이 백강(白江) 물을 마셔 보고 상류에 진란(眞蘭)과 고란(皐蘭)이 있음을 알고 강을 거슬러 올라가다가 부소산에서 발견했는데 그 후 진란은 사라지고 고란 만 오늘날까지 전해 오며 백제 왕실에서 고란사 뒤에 있는 약수를 길어다 마셨는데 향기를 더하기 위하여 고란초 잎을 띄워 오게 했다고 한다. (출처, 『명산고찰 따라, 1982년, 이고운, 박설산』)"

그러나 고란(皐蘭) 이라 난과(蘭科)의 식물로 알고 있는 사람도 있으나 난과는 다른 고란초과이며 따라서 특별한 향기도 없다.

이 일로 신문에도 나고 TV에도 출연해 일약 스타(?)가 되는 분에 넘치는 행운을 누렸다. 그러나 풀리지 않는 수수께끼는 조사를 위해 팔공산을 이 잡듯이 뒤졌을 수많은 연구원을 제쳐두고 왜 그들보다 전문성이 부족한 내게 그 귀한 풀이 발견되었을까 하는 의문이다.

팔공산과 모악산

　　　　팔공산을 머리에 이고 사는 평범한 대구 사람
이 문득 전주 모악산(母岳山) 이야기를 끄집어내는 것은 두 산이 간직
하고 있는, 우리가 알지 못하는 어떤 깊은 비밀이 숨어 있는 것이 아
닌가 하는 의구심을 떨쳐 버릴 수 없기 때문이다.

　팔공산의 옛 이름은 부악(父岳)이다. 우리나라의 많고 많은 산 중에
서 팔공산은 아버지 산이고, 이와 달리 호남의 고도 전주의 진산은
모악산(母岳山)이다. 즉 어머니 산이다. 이런 두 산의 의미를 해석해 보
면 비록 지리적으로는 멀리 떨어져 있으나 원래는 모든 이의 어버이라
고 할 수 있다.

　모든 어버이는 슬하에 자식이 있고, 그중에는 말을 잘 듣는 아이와
그렇지 못한 아이, 공부를 잘하는 아이, 그렇지 못한 아이도 있다. 그
러나 세상의 모든 어버이는 엄부자모(嚴父慈母)로 밉든 곱든 그들을
잘 다독거려서 화목을 하고 바르게 키울 책임에서 벗어날 수 없다.

　그런 의미에서 부악(팔공산)을 껴안고 있는 대구와 대구 사람과, 모악
을 껴안고 있는 전주와 전주 사람은 부부의 범위를 뛰어넘어 영호남
은 물론 대한민국을 잘 이끌어 가야 할, 즉 국태민안(國泰民安)의 명제
를 해결할 책임이 있다.

▲ 팔공산

부(父)는 아버지를 말하지만 "만물을 나게 하고 그것을 기르는 뜻도 포함되어 있다.

두 도시 간의 또 하나 수수께끼는 금산사의 진표율사가 미륵불을 친견하여 얻은 누구나 부처가 될 수 있다는 신표, 즉 간자(簡子)가 속리산 법주사를 거쳐 동화사에 전래(傳來)되었다는 사실이다. 『삼국유사』 심지계조(心地繼祖), 즉 "심지가 진표율사를 계승하다."라는 조항은 다음과 같다.

"승려 심지(心地)는 진한(辰韓, 신라) 제41대 왕 헌덕대왕(憲德大王) 김씨의 아들이다. 태어나서 효성과 우애가 깊었고 천성이 깊고 지혜로웠다. 15세 때 머리를 깎고 스승을 따라 불도에 힘썼다.

중악(中岳, 지금의 팔공산)에 머물렀는데, 마침 속리산(俗離山) 영심공(永深公)이 진표율사의 부처님 뼈로 된 간자(簡子)를 전해받아 과증법회

(果證法會)를 연다는 것을 듣고 찾아갔으나, 이미 날짜가 지났기 때문에 참례가 허락되지 않았다. 이에 땅에 자리를 펴고 여러 사람을 따라 예배하고 참회하였다.

7일이 지나서 하늘에서 비와 눈이 몹시 내렸으나 심지가 서 있는 자리 사방 10척 정도는 눈이 흩날려도 내리지 않았다. 여러 사람이 그 신기함과 기이함을 보고 불당 안으로 들어오는 것을 허락하였다. 심지(心地)가 병이 있다고 사양하고 물러나 있으면서 당(堂)을 향해 몰래 예배하니 팔꿈치와 이마 모두에서 피가 흐르는데 진표율사가 선계산(仙溪山)에서 피를 흘리던 것과 같았다. 지장보살(地藏菩薩)이 날마다 와서 위문하였다.

법회가 끝나고 산(팔공산)으로 돌아가는 도중에 두 개의 간자(簡子)가 옷깃 사이에 붙어 있는 것을 보았다. 그것을 가지고 돌아가 영심(永深)에게 아뢰었다. 영심이 말하기를, '간자(簡子)는 함(函)안에 있는데 어찌 이를 수 있겠느냐?'라 하고 확인해 보니 봉해 놓은 것은 예전과 같은데 열어보니 간자가 없었다. 영심(永深)은 매우 이상하게 여기고 겹겹이 싸서 보관하였다. 심지가 다시 가는데 먼저와 같았다. 다시 돌아가 아뢰니 영심(永深)이 말하기를 '부처님의 뜻이 너에게 있으니, 네가 그것을 받들어 봉행하라.'라고 하고 간자(簡子)를 주었다.

심지(心地)가 머리에 이고 산으로 돌아오니 산신이 두 선자(仙子)를 이끌고 산꼭대기에 이르렀다. 심지(心地)를 인도하여 바위 위에 앉히고 그들은 바위 아래로 내려가 엎드려 삼가 계(戒)를 받았다.

심지(心地)는 '이제 터를 골라 불타의 간자를 모시려 하는데 우리로서는 정할 수 없소이다. 청컨대, 산신과 두 선자(仙子) 세분과 함께 높은 곳에서 던져 점을 칩시다.' 하고는 즉시 산신들과 함께 봉우리 꼭

대기로 올라가 서쪽을 향해 던졌다. 간자는 곧 바람에 날려갔다. 이때
산신이 노래를 이렇게 지어 불렀다.

▲ 모악산

'막힌 바위 저 멀리 물러가니 편편해지고(礙嵓遠退砥平兮)./ 낙엽
이 날아 흩어지니 나타나는 선명함이여(落葉飛散生明兮)./ 부처님
뼈로 된 간자 찾아 얻어서(覓得佛骨簡子兮)/ 깨끗한 곳에 맞이하
여 정성을 바치리라(邀於淨處投誠兮)'라고 하였다.

노래를 마치고 간자(簡子)를 숲의 샘 속에서 찾아내어 곧 그 땅에 불
당(佛堂)을 짓고 안치하였다. 지금 동화사(桐華寺) 참당(籤堂) 북쪽에 있
는 작은 우물이 이곳이다."

이 글은 신라 오교(五敎) 중의 한 종파인 법상종의 개창자 진표율사

의 법통(法統)이 발상지 모악산 금산사에서 속리산 법주사를 거쳐 팔공산의 동화사로 이어지는 과정을 기록한 것이다. 즉, 동화사는 법주사에 이어 진표율사의 법상종을 이은 신라의 세 번째 사찰이 된다.

모악산과 팔공산의 세 번째 인연은 견훤과 왕건의 팔공산 전투이다. 『고려사』 태조 10년(927) 9월 조를 보면. "왕(고려 태조, 왕건)이 이 소식을 듣고 크게 노하여 (신라에) 사절을 시켜 조문과 제사를 치르게 하고, 친히 정예 기병 5천을 거느리고 공산(公山, 팔공산) 동수(桐藪, 현, 대구시 동구 지묘동 일원?)에서 견훤을 맞아 큰 싸움을 진행하였는데 형세가 불리하게 되었다. 견훤의 군사가 왕을 포위하여 사태가 매우 위급하였다. 고려 대장 신숭겸과 김락이 힘을 다하여 싸우다가 희생되고 각, 부대는 패배(敗北)를 당하였으며 왕은 겨우 몸만 피하였다."라고 했다.

전주를 도읍지로 정하고 후백제를 건국한 견훤은 탁월한 전투 능력으로 마침내 신라의 서울 경주를 유린(蹂躪)하고 경애왕을 대신해 경순왕을 옹립해 놓고 많은 전리품을 노획하여 돌아오는 도중에 신라를 지원하기 위해 개경에서 출정한 왕건을 팔공산에서 맞아 크게 승리했다. 즉, 견훤은 이곳에서 왕건을 대패시켰다.

이런 점을 살펴보면 팔공산과 모악산의 이름의 신비, 금산사 진표가 개창(開創)한 법상종의 팔공산 동화사에 전래(傳來)된 점, 고려 태조 왕건과 후백제 견훤의 전투에서 견훤이 대승한 사실은 두 도시가 보이지 않는 끈으로 연결되었다는 것을 알 수 있다.

이런 전국의 어느 산도 가지지 못한 특별한 인연들은 동서 갈등을 봉합할 책임이 두 도시와 도시민에게 있다는 저자 일연 스님의 간곡한 당부가 아닌가 하는 생각을 지울 수 없다.

현직에 있을 때 대구 시화(市花) 목련(백목련)을 이팝나무로 바꾸자고 제안했었으나 받아들여지지 않았던 일이 있었다. 그런데 모 대학교 K 교수는 모감주나무를 시화로 하자며, 그 이유로 대구의 깃대종이기 때문이라고 했다. 한국수목도감(1992, 임업연구원)은 모감주나무를 수고가 4~5m 정도로 크는 소교목(小喬木)으로 분류했다.

그러나 대구시 자연유산으로 지정된 동구 내곡동의 여러 개체 중 4그루는 가슴 높이 지름이 31~45㎝, 수고가 8~10m에 이르러 교목의 형태로 자란다. 나무를 처음 발견한 것은 1988년이었다. 시청에 몸담은 지 19년 만에 꿈에 그리던 사무관이 되었고 첫 보직이 산림계장이었다.

매사에 최선을 다하겠다며 조림, 육림, 국공유림 관리, 산림 보호 등 맡겨진 일 어느 하나 소홀히 하지 않으려 하였고, 그중에서도 산불 예방에 역점을 두었다.

대책을 수립하면서 그럴듯한 문구를 나열하기보다는 유사시에 즉각 적용할 수 있도록 했고, 수시로 산하기관을 돌며 직원을 독려하고, 그들의 활동을 점검하며 부단히 노력했다. 그러나 4월도 늦은 하순 동구 동내동 초례산 일대에서 큰 산불이 발생하여 좀 과장하면 대구시 개청(開廳) 이후 "가장 큰 산불(?)"이 될 것 같은 30만 평(실제 산림청 보고는 3만 평)을 연 3일간 태워 잿더미로 만들었다.

진화(鎭火) 기간에는 내내 사무실에서 인력과 헬기 등 장비 지원계획을 수립하는 등 밤샘으로 힘들었지만, 결과는 동구청장이 직위 해제되고, 공무원, 군인 등 많은 사람이 동원되어 물적, 인적 손실이 컸었다.

진화가 완료된 후에도 피해지 복구계획과 산림청에 제출할 자료준비 등 뒷일로 시간을 보냈다. 두 달여가 지나 현장을 찾으니, 숯과 같이 변한 나뭇가지로 산에 오르는 동안 입고 간 옷이 검은 물을 들인 듯 까맣게 변했다. 내려올 올 때 내곡동 초입(初入) 개울가 언덕에 샛노란 꽃이 핀 나무가 눈에 들어왔다.

가까이 가서 살펴보니 여태까지 대구지역에서 발견된 적이 없는 모감주나무였다. 사무실로 돌아와 경북대학교 홍성천 교수께 검증을 요청한 결과 수고나 수령, 지리적 특징 등 학술적으로 가치가 매우 크다고 했다. 그때까지만 해도 모감주나무는 충남 안면도 바닷가에서만 자생(천연기념물)하며 예외적으로 경상북도 안동에서 발견(경상북도 자연유산)되었을 뿐 세계적인 희귀 수종으로 알려져 있었다. (포항시, 북구 금호강 변, 화원동산 군락지는 이후 발견되었다.)

중국이 원산지인 이 나무가 충남 안면도에서 큰 군락을 이루고 있는 이유를 두고 학자들은 열매가 중국 황하를 타고 흘러 내려와 서해를 떠돌아다니다가 안면도 백사장에 닿아 싹이 터서 자랐을 것. 즉 열매 이동설로 보았다. 그런데 바다가 없는 내륙인 안동과 그보다 더 남쪽인 대구에 자라는 것이 확인됨으로써 종전의 주장이 배척될 정도로 매우 이례적인 발견이었다. 이후에는 한국 자생설을 주장하는 학자도 있게 되었다.

▲ 모감주나무꽃과 수능향탄금계 표석

모감주나무는 꽃이 귀한 6월 말이나 7월 초 샛노란 황금색 꽃을 피워 관상 가치가 클 뿐 아니라, 관목(灌木)인데도 비교적 크게 자라고, 열매와 단풍도 아름다운 나무다. 영명(英名)"Golden rain Tree"는 꽃 핀 모습이 황금색 빗줄기와 같기 때문이다. 모(某) 교수가 대구 시화로 지정하자고 제안한 뜻도 이러한 나무의 아름답고 희귀종인데도 불구하고 대구에 군락이 있어 지역성이 강한 나무라고 보기 때문으로 여겨진다.

당시 이영일 녹지담당관(동구청장으로 퇴임)에게 보고서를 제출하여 마침내 문화재 관계 부서에서 대구시 자연유산으로 지정하였다. 대구시에는 많은 문화재가 있으나 나무가 문화재로 지정되기는 일제강점기 우리나라 천연기념물 제1호로 지정된 "대구 도동 측백나무숲" 이후 모감주나무가 처음이었다. 매사에 불공평하지 않은 하늘은 산불로 내게 큰 고통을 주었지만, 대신 이 나무를 발견하는 보상(?)을 주었다.

이 외에도 팔공산 동화지구에 있는 수능향탄금계(綏陵香炭禁界) 표석(標石)도 함께 문화재(대구시 문화유산 자료)로 지정되도록 했다.

원래 10여 미터 서쪽 떨어져 있던 것을 지금의 위치로 옮겨 놓은 것이다. 수능(綏陵)은 조선 24대 헌종(憲宗, 1827~1849)의 아버지 익종(翼宗)의 능을 말하고, 향탄(香炭)은 좋은 숯을, 금계(禁界)는 출입을 금지하는 경계라는 뜻이, 즉 "이곳은 수능 관리에 필요한 숯을 생산하도록 허용한 국유림으로 출입을 금지한다"는 뜻이다.

 이 표석은 강원도 원주나 경북의 울진 등 목재의 질이 좋아 궁궐 등을 보수하는 데 쓰이는 소나무를 공급하기 위하여 지정한 봉산(封山, 현, 국유림)과 같은 개념으로 대구권에서는 극히 이례적으로 발견된 조선 시대 산림정책을 살펴볼 수 있는 귀중한 사료(史料)이다. 그 후 수태골에서도 하나 더 발견됨으로써 봉산의 범위가 수태골까지 이어졌음을 알 수 있게 한다.

제4장

달구벌 산책

국민화가 이중섭과 대구

| 들어가는 말

　국민화가 또는 천재 화가로 불리는 대향(大鄕) 이중섭(李仲燮, 1916~1956)의 인생 역정은 그야말로 파란만장하다. 평안남도 평원의 부유한 집안에서 태어난 그는 당시 사정으로서는 흔치 않은 일본 유학을 마친 엘리트이다.

　그는 해방되지 않았다면 오히려 더 행복(?)한 삶을 누렸을지도 모른다. 북쪽에서는 사상이, 남쪽에서는 가난이 족쇄가 되어 꿈을 펼쳐보지도 못하고 젊은 나이에 작고했기 때문이다. 한국전쟁이 일어나자 보다 자유로운 땅을 찾아 남하했다. 낯선 땅 부산에서 부인과 두 아들을 건사하기 위해 막노동으로 전전해야 했으며 거처마저도 안정되지 않아 서귀포, 통영, 진주, 서울 등으로 떠돌아다녔다.

　그러나 이런 역경 속에서도 주옥같은 작품을 남겼으나 그림으로는 생계를 잇기조차 힘들었고, 호의호식 한번 못했다. 하지만 사후 국내 유수의 미술관에 소장되는가 하면 고가로 거래되어 소장자들의 배만 불리게 하였다.

　우리 대구는 통영, 서울에 이어 3번째 그의 개인전이 열렸던 곳이자 "복숭아밭에서 노는 아이들", "낙원의 가족들", "신문을 보는 사람들"

3점의 은지화가 미국 공보원장 맥타가트(Mctaggart)에 의해 뉴욕현대미술관에 소장되는 행운(?)을 누린 곳이자 원산에서 각별한 우정을 쌓았던 구상(具常, 1919~2004)이 전시회를 후원하였음은 물론 정신이상 증세를 보였던 그를 소설가 최태응과 함께 성가병원에 입원시켰던 곳이다. 또한, 그의 짧은 대구 체류(滯留)는 장석수, 강우문, 서석규, 정점식 등 지역 화가들에게 큰 자극제가 되었다.

그러나 그의 대구 생활이 어떠했는지에 대해서는 자료가 매우 단편적이고 소략하다. 이글은 미술에는 문외한인 내가 대구의 자랑거리를 발굴하기 위한 차원에서 최열의 『이중섭 평전, 2014』, 조향래의 『향촌동 소야곡, 2007』, 최석태의 『황소의 혼을 사로잡는 이중섭, 2001』, 강원희의 『천재 화가 이중섭과 아이들, 1999』 구상의 『모과옹두리에도 사연이 2002』, 나건식, 황석모, 오성현 3인의 『맥타가트 박사』 등을 참고하여 시차별로, 장소별로 재구성해 보고자 만용을 부려본 소설 같은 글이다. 훗날 전문 연구자에 의해 보다 자세히 정리되는 기회가 되었으면 하는 바람이다.

| 이중섭의 내구(來邱)와 개인전

이중섭은 1955년 2월 24일, 시인 구상의 권유로 대구에 내려왔다. 그해 1월 18일부터 1월 27일까지 서울 미도파화랑에서 열었던 전시회에서 팔고 남은 30여 점을 가지고 구상과 포병 대령 이기련, 이중섭 셋이서 개인전을 준비하기 위해서였다.

서울 전시회는 시민들의 높은 반응에도 불구하고 그림은 거의 팔리지 않았다고 한다. 예약(豫約)을 해 두었던 사람이 작품을 가져가지 않거나 설령 가져갔다고 하더라도 돈을 주지 않았다. 따라서 대구행에 큰 기대를 걸었다고 한다. 하루빨리 전시회를 열어 끝나면 바로 상경하여 미처 수금하지 못한 그림값을 받을 생각이었다.

영남일보에 재직하고 있던 구상(具常)은 이중섭이 내려오기 전 같은 신문사 문화부 김요섭 기자에게 거처를 마련하라고 했다. 이에 중학교 한 여교사 집의 빈방을 얻어 두었는데 갑자기 그 여교사가 "소문을 들으니 방을 쓸 사람이 전쟁 노이로제증 환자"라며 거절했다고 한다.

부랴부랴 얻은 곳이 대구역 앞 경복여관 2층 9호실로 이후 이곳은 그의 활동 거점이 되었다. 3월 4일 자, 20일 자, 4, 17일 자로 매일신문이 주문한 삽화를 그렸고, 또한 3월 27일 자 기사 "이중섭 화백 소의 묵종(默從)"에서는 "몇몇이 가끔 술집으로 유인하는 외에는 여관 방은 쓸쓸하기 짝이 없다."라고 지적하면서 "음산한 날씨와 같이 침통한 그의 표정", "곧잘 소를 그리는 그의 눈동자에는 민족적 숙명에의 따뜻한 빛이 얽혀 반항 정신이 어울려 기이한 조화를 이루고 있다."고 묘사했다.

함께 유숙하던 소설가 최태응이 그의 소 그림 한 점을 가지고 미국 공보원장 맥타가트를 만나 대관 승낙을 받았다. 다음날, 맥타가트의 요청으로 이중섭과 함께 백마다방(白馬茶房)에서 만났다. 이때 맥타가트는 이중섭의 소에 대하여 "꼭 스페인의 투우와 같이 무섭군요."라고 했다. 이에 이중섭은 "뭐라고요? 투우라구? 내가 그린 소는 그런 싸우는 소가 아니고 착하고 고생하는 소, 소 중에서 한국 소란 말이우다."라며 자리를 박차고 일어나 그가 묵고 있던 경복여관으로 달려가 엉엉 울었다고 한다. "이제까지 보고 그리고, 보고 그린 소를 스페인 투우에 비교하다니 내 그림이 그렇게 보이면 나는 다 틀렸어."라고 밤새 울었다고 한다.

 이런 우여곡절 끝에 영남일보가 주최하는 〈이중섭 개인전〉 날짜가 잡혔다. 맥타가트의 특별한 배려라고 한다. 1955년 4월 11일부터 16일까지 6일간이었다. 육군본부에 근무하고 있던 김광림, 구상, 육군 대령 이기련이 이중섭의 부탁으로 성냥개비에 잉크를 찍어 서투른 글씨를 더 서툴게 하여 그로테스크하게 그림 제목을 붙이는 등 전시회를 준비했다.

 1948년 문을 연 미국공보원은 1952년 6월 전국문화단체총연합회 북한지부 주최 월남화가 작품전을 시작으로 9월 이상범 개인전, 12월 공군작품전, 1953년 육군 창설 기념 시화전 및 6·25기념 종군화가단 작품전을 연 뒤 휴관상태였다.이런데도 이중섭 개인전이 열린 것은 매우 이례적이었다고 한다. 이중섭이 대구로 내려오기 전 맥타가트는 동아일보에 이중섭 작품은 "수집할 만한 가치가 있다"고 평론을 한 것을 보면 화가 이중섭에 대한 맥타가트의 지지에서 비롯되었을 수도 있다.

 '봄', '아동', '새벽', '달밤', '길 떠나는 가족', '닭', '달밤 B', '고기잡이', '그림 조각', '무제 A', '피난민의 첫눈', '바닷가', '실제(失題)', '두 마리 소', '소(素)', '무제', '동(童)', '옛이야기', '씨름하는 소', '제주도', '동심', '무제 C', '씨름하는 소 B', '왜관 풍경 A', '왜관 풍경 B', '이조 때 초롱' 등 안내장에 표기된 26점과 대구에서 그린 10점 기타 서울에서 가져온 작품 20점을 모두 56점을 출품했다. 전시회 준비를 위해 물감은 물론 계성학교에 작업실을 마련해 주고 안내장을 만든 정점식 화가의 축사는 다음과 같다.

▲ 자화상(출처, 블로그, 오로그로그)

"중섭 씨의 세계는 양화를 동양에로 이식하는 과정의 '포인트'로서 Persia적인 극히 적응한 자세에서 이룩하고 있는 것이다. 그의 그림은 임자 없는 규방의 문을 들여다보는 신비로운 진기(珍奇)와 구들목의 훈기를 품고 있으며, 그의 내적으로 타오르는 불길은 보는 사람으로 하여금 동양적인 소란한 정적(靜寂)의 세계에로 이끄는 것이며, 이는 곧 우리나라 고공예품(古工藝品)에 대한 지극한 관심을 기울이고 있는 씨의 평소 태도와도 부합하는 것이다. 씨는 일찍이 일본의 유력한 전위 미술단체인 신제작협회에서 그 이채를 발휘하였으며 또한 우리나라 재야 화단의 중진으로서의 존재는 다언을 필요치 않는다.

이 작품전이 동호지우(同好知友)들의 노력에 의해 대구시민들 앞에 개진된 것을 다행으로 알며 감사하는 바이다.”

　이중섭의 전시회는 많은 사람의 도움이 있었다. 영남일보 김요섭 기자는 붓과 벼루 등 전시장에 필요한 물품을 밤늦게까지 준비하는 한편, 음악감상실 녹향에 있던 문학 지망생을 불러내 그림을 벽에 걸게 했다. 구상의 “이중섭의 인품과 예술”에 의하면 전시 기간 중 어떤 사람이 그림에 빨간딱지를 붙이게 되면 친구들에게 귓속말로 “잘해, 잘해, 또 한 사람 업어넴겼어(속였어).” 하고, 상대방에게 가서는 아주 정중하게 “이거 아직 공부가 덜된 것입니다. 앞으로 진짜 좋은 작품을 만들어 선생님이 지금 가지신 것과 꼭 바꿔드리겠습니다.”라고 했다고 한다. 이에 구상은 “결과적으로 부도(?)가 났지만, 이것은 그의 빈말이 아니라, 자기의 현재 작품에 대한 불만과 함께 장래 할 대성(大成)에 대해서 자신을 가지고 있었다.”라고 회고했다. 전시 기간 중 이중섭은 가톨릭신자가 되려고도 했다. 4월 14일 구상에게 이런 내용에 편지를 보냈다.

구형(具兄) 그새 알마나 바쁘셨습느까 제는 여러분의 두터운 사랑에 쌓여 정성껏 맑게 바로 참사람이 되기 위해 노력하고 있습니다. 제는 하나님을 믿을려고 결심을 했습니다. 구형의 지도를 구해 가톨릭교회에 나가 제의 모든 잘 못을 씻고 예수그리스도님의 성경을 배워 깨끗한 새사람이 되고 싶습니다. 성경을 구해 매일 읽고 싶습니다. 명일 15일 오후 4시경에 사(社=영남일보사)로 찾아 뵙겠으니 지도하여 주십시오.

제(第) 이중섭

이중섭은 1916년생이고, 구상은 1919년생으로 이중섭이 구상보다 3살 위인 것을 고려하면 이례적으로 존칭을 썼다. 그러나 전시회는 서울에서와 같이 실패로 끝났다. 출품작 반 정도가 팔렸다고 한다. 실망한 이중섭은 남은 작품을 경복여관 아궁이에 태우거나 우물 속에 처넣어버리기도 했는데 이를 발견한 최태응이 애인의 친구 순자(順子)와 같이 달래거나 두레박에 소쿠리를 달아 건져 올렸다고 한다. 일부 은지화 그림은 구상이 그가 근무하던 영남일보사의 사무실에 보관했는데 잃어버리고, 나머지는 김요섭에게 맡겨 훗날 김이석과 한묵에게 전해졌으나 그때는 이미 이중섭이 사망한 뒤였다고 한다.

또 다른 이야기는 이중섭의 지친 모습을 본 한 아주머니가 닭을 고아주었는데 전시회가 끝난 후 그 분에게 감사의 뜻으로 3점을 주어 훗날 그분의 생계에 큰 보탬이 되었다고 한다. 다만, 특이할 점은 맥타가트가 "싸우는 소", "환희" 2점을 구입하여 훗날 그림 판매 대금이 영남대학교 학생들의 장학금이 되고, 이중섭이 기증한 은박지 그림 3점은 뉴욕현대미술관에 소장되는 행운이 주어졌다.

그러나 맥타가트가 사는 것을 이중섭이 거부했기 때문에 최태응을 통해 몰래 구입했다는 설도 있다.

| 이중섭·최태응과 태전동

이중섭은 전시회가 끝난 후 곧바로 상경할 예정이었다. 그러나 서울에서와 같이 외상으로 가져간 그림값을 수금해야 했고, 또 기대와 달리 시민의 반응이 저조해 심신이 고달팠다. 향촌동의 백록다방에서

은박지로 그림을 그리며 소일하거나 음악감상실 르네상스에서 무료함
을 달래거나 지인들과 어울려 술을 마시기도 했으며 때로는 왜관의
구상 집과 태전동의 최태응 집을 찾아 몸을 추슬렀다.

▲ 대표작 흰소(출처, 이중섭미술관)

　왜관은 구상의 아내 서영옥이 순심병원을 개원하여 가족들과 함께
사는 집이고, 태전동은 최태응의 부인 김경애 여사가 매천초등학교
교사로 재직하며 비교적 안정된 생활을 하고 있었다.
　그러나 왜관에서의 활동은 "왜관 성당 부근", "구상 네 가족 2점",
"낙동강 풍경", "자기네(이중섭) 가족 풍경" 등 5점의 작품을 통해 잘
드러나 있는 데 비해 태전동에서는 특정할 만한 그림도 확인되지 아

니하고, 마을 이름도 잘 못 알려져 있다.

서규수(대구시 중국어 문화해설사)의 그간 연구 실적과 배석운(팔거 역사 문화 연구회장), 도성탁(대구보건대 교수), 필자 등이 최태응의 맏아들 최수철의 학적부(매천초등학교)를 살펴보고 현장을 확인 한 바에 의하면 이중섭이 잠시나마 머물렀던 최태응이 살던 곳은 처음은 북구 학정로 82-52(태전동 459-5)이고, 두 번째 집은 같은 학정로 102(태전동 571)였다. 이중섭은 두 번째 집에서 기거했다.

최태응의 아들 최수철은 1951년 9월 7일 부산남항국민학교에서 매천국민학교로 전학해 1955년 3월 21일 제1회로 졸업했다. 따라서 최태응도 아들 전학과 비슷한 시기에 태전동(太田洞)으로 이사 왔을 것으로 짐작된다. 밤이면 이중섭은 부인과 아이들의 이름을 부르며 잠꼬대를 해 최태응 부부는 눈시울을 붉혔다고 한다.

그러나 태전동 거주도 잠시 최태응의 부인 김경애 선생이 1956년 급성복막염으로 죽자, 학교 부근 야산에 매장하고 이후 서울로 이사함으로 끝나고 말았다.

2016년 조선일보(7월 4일)는 미국에 거주하는 최태응의 차녀 은철 씨가 부친의 일기장을 정리하다가 발견한 이중섭의 미공개 자작시 6점과 그림 3점을 국립현대미술관에 기증하기로 했다는 보도가 있었다.

그녀는 이 신문사와 인터뷰에서 이중섭의 태전동 시절에 대해 "아침마다 시골길을 산보(散步) 갔다가 돌아오면 늘 저를 업어주었던 아저씨(이중섭)의 넓고 편안했던 등이며, 우리 아버지(최태응)가 사다 준 그림물감을 가지고 동네 연못가에서 그림을 그리시던 모습 등이 제겐 모두 소중한 추억"이라고 했다. 또 다른 자료는 태전동 시절 이중섭은 소 그림 한 점을 매천초등학교에 주었다고도 했다.

이외에도 "새벽부터 일어나 길에 버려진 쇠똥을 치우고 밭에 묻고 했다. 그랬기에 그 일대의 사람들은 모두 다 중섭을 너무 잘 안다." 했고 "소를 사랑했던 이중섭은 시골의 소에 눈길을 주었고 그래서 작품 소를 그려 국민학교에 주었다."라고 했다.

이런 정황들을 보면 소 그림 한 점과 그가 대구에서 그린 것으로 알려진 "우리 안에 든 청조(파랑새)", "병든 새", "열리지 않는 창", "거꾸로 서 있는 동자상", "달과 해" 중에서 "우리 안에 든 청조"는 태전동에서 그려졌을 가능성이 높고, 더불어 이번 국립현대미술관에 기증하기로 한 미발표작 3점을 포함하면 5점 정도는 태전동에서 그려진 것으로 보인다.

특히, 〈이중섭의 생애와 예술〉의 석사학위 논문을 쓴 조정자는 "우리 안에 든 청조(파랑새)"에 대해. "우리 안에 갇혀 있는 청조(파랑새)는 이중섭 자신을 표현하고, 복숭아꽃도 가지가 꺾여 있는 것을 보면 절망스러운 심리상태를 나타내는 것으로 보인다."라고 평해 이를 간접적으로 뒷받침한다. 그 얼마 후 이중섭은 정신이상 증세로 병원에 입원하게 된다. 즉 서울에 이어 대구에서도 성공하지 못한 전시회, 가족과 함께할 수 없는 외로움, 불투명한 장래, 자신을 옥죄는 가난 등 이중섭 자신의 불행한 모습을 잘 표현된 작품이라는 것이다.

필자가 이 작품을 태전동에서 그려졌다고 보는 또 다른 이유는 당시 일대에는 복숭아밭이 있어 그림 속의 가지가 꺾인 복숭아꽃은 일대의 복숭아밭에서 영감을 얻었을 것으로 보기 때문이다. 이외도 이중섭의 그림 중에는 "사과 따는 남자" 등 사과를 주제로 한 그림이 있는데 그 그림들 역시 태전동에서 그려졌을 가능성이 높다. 그가 잠깐씩 머물렀던 서울, 제주, 통영 등에는 사과가 널리 재배되지 아니하였던 반면에 대구의 태전동 일대는 복숭아, 사과 재배가 활발했던 곳이기 때문이다.

현재 태전동은 그때와 달리 상전벽해로 변했다. 복숭아밭도 없어지고 최태응과 이중섭이 함께 살던 집도 헐리고 새로 지워졌으며, 그림을 그리던 연못은 고층 아파트가 되었다. 그러나 옛 모습이 다소 남아 있는 골목에는 어쩌면 그의 자취가 숨겨져 있을 수도 있다. 표석이라도 하나 세워 국민화가 이중섭과 한국 휴머니즘 문학의 기수 최태응을 다시 대구로 불러왔으면 한다.

특히, 이번 기회에 이중섭의 "칠곡 매천동 거주"를 "대구시 북구 태전동"으로 바로 잡아야 한다. 매천동이라고 알려진 까닭은 최태응의 부인 김경애 선생이 매천국민학교 교사였던 데에서 비롯된 것 같다.

대구에서 이중섭을 말하면 최태응이 따라붙는다. 두 분이 이북 출신이라는 공통점이 없는 것은 아니지만 '최'는 황해도, '이'는 평안남도로 고향이 각기 다르고, '최'는 소설가이며, '이'는 화가로 장르도 다르다. 그런데도 '이'와 '최'가 같이 경복여관에서 묵었을 뿐 아니라, '이'가 '최'에게 정신이상 증상에 특효약이라며 해골을 구해달라고 부탁할 정도의 막역한 사이이고, 1남 3녀가 세 들어 사는 태전동까지 불러 물감까지 지원해 주고, 입원한 이중섭의 간병(看病)은 물론, 입원비까지 부담한 호의를 이해할 수 있는 특별한 이야기를 발견할 수 없다. 이중섭이 한 때 부산 범일동에서 피란살이를 할 때 이웃에 살며 쌓은 친분 때문일까? 아니면 경복여관에서 합숙하다시피 한 최태응의 남다른 친화력일까 상상해 볼 뿐이다.

최태응(1916~1998)은 이중섭과 동갑으로 황해도 은율의 부유한 집에 태어나 일본 니혼대학을 졸업했다. 탁류의 작가 채만식의 지도로

24세에 "바보 용칠이" 등을 『문장』에 발표하여 데뷔했다. 그는 피란지 대구에서 매일신문에 장편소설 〈낭만의 조각〉을 연재하기도 했다. 친구와 술을 좋아해 고료를 받으면 백록다방 등을 전전하다가 술집으로 향했다고 한다. 그에게 소설 수업을 받은 대구 출신의 소설가 윤장근은 "유순한 데다 정이 많다 보니 따르는 여인도 많았다. 대구에서도 몇 사람의 여인이 그의 주변을 서성거렸다. 이상하게 최태응은 모성애 같은 여성의 본성을 자극하는 데가 있는 사람이다."라고 평을 했다. 가정을 뒷전으로 하며 친구와 술 마시기를 좋아했던 것 같다.

▲ 동촌유원지(출처, 김영동의 시대와 미술. 매일신문 2019. 3. 21.)

최태응의 대구 출현은 작가 지망생들에게 하늘과 같은 존재였다고 한다. 그의 또 다른 제자로 미국에 거주하던 최태응과 서신을 주고받았다는 임도순(대구 여성문학회 초대 회장 역임) 씨에게 최태응·이중섭 두 사람에 관한 일화를 듣기 위해 전화를 시도했으나 대화가 이어지지 못했는데 그 얼마 후 작고해 아쉬움이 남는다.

| 이중섭의 발병과 입원·상경

이중섭은 전시회가 끝난 4월 하순부터 6월 하순까지는 비교적 자유스럽게 생활했던 것 같다. 칠곡군 왜관과 대구시 북구 태전동을 오간 것은 이때라는 것이 통설이다. 그러나 주 거주지는 역시 경복여관이었다. 여관비를 못 낸 미안한 마음에 청소를 하거나 손님들 신발을 닦아주기도 했다고 한다.

어느 날 구상이 병원에 입원해 있을 때 큰 복숭아 속에 한 동자(童子)가 청개구리와 노니는 그림을 가져와 불쑥 내밀었다. "어쩌란 것이냐?" 하고 물었더니 "그거 왜 있잖아. 무슨 병이든지 먹으면 낫는다는 천도복숭아 있잖아. 그걸 먹고 얼른 나으라."고 하며 겸연쩍어 하더라는 것이다. 구상은 그때 이중섭의 표정이 순하디순하게 보였다고 한다. 사실풍의 그림 "자화상"을 그려 보여주기도 했다.

구상의 절친한 친구이자 이중섭과도 잘 어울렸던 포병 대령 이기련이 취중에 "너는 빨갱이다."라고 놀렸더니 경찰서를 찾아가 나는 공산주의자가 아니고 구상의 친구라고 해. 대구경찰서 사찰과장이 구상이 근무하던 영남일보에 전화를 걸어 급히 데리고 나와 성가병원 정신과에 입원시켜 치료를 받게 했다고 한다. 이중섭은 이때 "나는 세상을 속였어! 그림을 그린답시고 공밥을 얻어먹고 놀고 다니며 훗날 무엇이 될 것처럼 말이야."

"남들은 세상과 자기를 위하여 저렇듯 열심히 봉사하고 바쁘게 돌아가는데 나는 그림만 신줏단지처럼 모시고 다니며 이게 무슨 짓이냐? 내가 동경에 그림 그리려 간다는 건 거짓말이었어! 남덕(부인 야마모토 마사코의 한국 이름)이와 애들이 보고 싶어 그랬지."라며 이상증세를 보였다고 한다.

구상은 "이중섭의 인품과 예술"에서 "일체 음식을 거절하였고, 병원에 드러누웠다가도 외부에서 자동차나 사람들의 소리가 들려오면 벌떡 일어나서 비를 들고 2층부터 아래층 변소에 이르기까지 쓸고, 걸레로 닦고, 어떤 때는 밖에 나가 길에 노는 아이들을 끌고 와서는 세면장에서 신발과 얼굴을 씻어 주며 이제부터는 자기도 세상에 봉사를 좀 해 봐야 하겠다는 것이며, 동경행(東京行) 계획은 처자에게 향한 개인적인 욕망이었으며 그때까지 한 주일도 거르지 않던 가족과의 교신을 단절하였을 뿐 아니라 그 후에도 연달아 온 서한을 아무리 전해 주어도 개봉하지 않고 나에게 돌려주며 반송해 달라는 것이었다."라고 술회했다.

이어 음식 거부 증세에 대해 "평안남도 평원군 부농의 막내로 태어나 풍족하게 살며 늘 베풀던 그가 남의 신세, 남의 덕, 남의 호의에 기대서 내색은 하지 않았지만, 자존심이 상하고, 현실의 불행을 남에게 돌리고 세상이나 사회를 저주하는 것이 아니라 자기의 무능과 무력과 불성실로 돌리고 자책하는 것이며, 무서운 자학이요 무서운 도전이며, 그림으로 세상이 먹여주지 않으니 안 먹겠다는 것이요, 그림이 소용없으니 안 그린다는 것이며, 이를 결행한 그에게는 정연한 이로(理路)와 완강한 자기 진실이었고, 또 외길밖에 없는 선택"이라고도 했다.

▲ 우리 안의 파랑새(출처, 카페, 예술과 지성)

또한, 구상은 "중섭은 쾌쾌히 말해 천재로서 순수한 시심과 황소 같은 화력(畵力)을 지녔을 뿐 아니라 용출하는 사랑의 소유자였다. 나는 문외한이라 그의 작품이나 작기(作技) 진가는 감히 언급을 피하지만 그처럼 그림과 인간이 예술과 진실이 일치한 예술가를 내 시대에는 모른다."라고 했다.

이중섭에 대한 여러 자료를 보면서 지금까지 연구자들에게 알려지지 않았던 이야기가 하나 있다. 사단법인 거리문화시민연대의 『대구 신택리지, 권상구』에 "이중섭이 개인전 결과가 만족하지 아니하고 정신적으로 불안정해지자, 대구정신병원장 소주영이 2층 서재를 내주며 그림그리기와 치료를 병행하자고 제안했다. 그러나 이중섭은 일주일 지내다가 뛰쳐나가면서 은지화 40여 점을 소 원장에게 주었으나 되돌려 주었다"라는 것이다. (그러나 소 원장의 아들 소원의 친구 임태수 씨의 증언은 당시 은지화의 가치를 몰랐던 소 원장은 그냥 버렸다고 했다.)

1955년 8월 25일, 이종사촌 이광석과 친구 김이석이 서울에서 내려왔다. 그간 이중섭을 돌보던 최태응은 부인이 복막염으로 앓아누워 더 이상 간병을 할 수 없어 연락했기 때문이다. 최태응과 구상이 병원비를 지불했다. 다음날 8월 26일, 대구역 앞에서 아침을 짜장면으로 대신하고 오전 9시 기차에 몸을 싣고 출발했다. 2월 24일 큰 기대를 하고 대구에 내려왔으나 만족한 결과를 얻지 못하고 오히려 몸만 상한 채 떠났다. 만 6개월 만이다.

수도 육군병원과 성베드루 신경정신과병원, 청량리뇌병원을 전전하다가 구상에 의해 적십자병원으로 옮겨졌으나, 1956년 9월 6일 정오쯤 임종을 지켜보는 사람 없이 홀로 영면했다. 한창 일할 40세였다.

| 이중섭 장학생

이중섭은 우리나라 미술사에도 큰 족적(足跡)을 남긴 화가이기도 하지만 그의 그림은 대구의 인재를 양성하는데도 크게 이바지했다. 이중섭에게 대구 미국공보원을 대관해 준 원장 맥타가트(1915~2003)는 미국 인디애나주에서 출생했다. 코넬대학을 졸업하고 스탠퍼드대학에서 교육학 박사 학위를 받았다. 1948년 미국 국무부 직원으로 이태리, 폴란드 등을 거쳐 1953년 임시수도 부산에서 주한 미국 국무부 재무관으로 있으며, 서울대, 고려대, 경희대 등에서 미국 문학, 미술평론 등을 강의했다.

1956년 대구 미국공보원 원장을 맡아 부산에서 와 같이 경북대, 대구대, 청구대 등에서 강의했다. 이후 한·미 우호증진에 기여하고 교육 발전에 끼친 공로로 1956년에는 명예 대구시민증을, 이듬해 경북대학교로부터 명예 문학박사 학위를 받았다. 그 후 1960년부터 1964년까지 서울 북부 미국문화원에서 근무하다가 베트남으로 전근하여 주 베트남 미국문화원장을 마지막으로 1975년 정년 퇴임했다.

잠시 고국에 돌아가 있던 중 영남대학교가 영어영문학 교수로 초빙하여 1976년부터 1997년까지 21년 동안 재직했다. 그는 한국의 문화와 예술을 유난히 사랑했을 뿐 아니라, 학생들도 열심히 가르쳤다. 특히, 늘 검소하여 정장은 단 두 벌을 번갈아 입고, 구두는 닳으면 수선해 신고, 대중교통을 이용했다고 한다.

영남대 재임 중 "우정장학회"를 조직하여 총 3백 30여 명의 학생에게 2억 6천여만 원의 장학금을 주었다. 이 장학금은 그가 이중섭으로부터 구입한 "싸우는 소"와 "환희" 두 점의 그림을 판매해서 만든 종잣돈이 바탕이 되었다. 이런 점에서 이중섭은 단지 그림을 그리는 화가일 뿐이지만 그의 그림으로 인해 수많은 영재가 양성되는 또 다른 영역에 기여했으며 그들이 사회 각 분야의 교수 등 리더로서 활동하고 있다.

맥타가트는 장학회를 만든 것뿐만 아니라, 수집했던 문화재 4백 80여 점을 국립 대구박물관에 기증하기도 했다. 1985년 "문교부장관상" 1992년 "월남 이상재상"에 이어 1998년 "자랑스러운 영대인상"을 수상했다.

그는 이중섭이 위대한 화가라는 것을 맨 먼저 알아본 서양인이다. 그는 이중섭으로부터 구입한 은지화 세 점을 "모마(MoMA)"라는 애칭으로 불리는 뉴욕 현대미술관에 기증했다. 1929년 근대 예술을 미국에 보급할 목적으로 설립된 모마는 까다로운 심사를 거쳐 이중섭의 은지화를 "예술성뿐 아나라 소재 사용과 작가의 창의성으로 봐서도 실로 매혹적인 작품"이라고 평가했다.

이중섭이 맥타가트로 인해 그의 작품이 최초로 서양에 알려지는 영광(?)을 누렸지만 맥타가트는 이중섭으로 인해 많은 인재를 길러내는 행운을 가졌다. 서로 윈, 윈했다.

이중섭은 이외 왜관 순심중고등학교 장학기금 조성에도 일익을 했다. 이무(전 순심중고등학교 교장)에 의하면 어느 날 학교 서고를 정리하다가 한 점의 그림을 발견했다고 한다. 다른 쓰레기와 같이 버리려고 하다가 누군가 놔두어 보자고 하여 별도 보관했던 것이 이중섭의 그림이었

▲ 맥타가트에 의해 뉴욕현대미술관에 소장 된 "신문을 보는 사람들(출처: 블로그, 그림방)"

다. 그는 이 그림이 학교에 보관된 것에 대해 구상 집에 머물 때 이 학교에 와서 잠시나마 학생들에게 미술을 지도했다는 풍문이 있다고 했다.

이중섭은 구상이 원산사범학교에서 교직 생활을 할 때 비록 짧은 기간이지만 미술 수업을 했다고 한다. 또 그의 수작으로 꼽히는 "왜관 성당 부근" 역시 순심학교에서 그린 것이라고 한다.

순심중고등학교 소장 그림이 외부에 알려지자 모 미술관이 억대에 사가고 학교는 이 돈으로 장학회를 만들어 해마다 장학금을 주었다고 한다. 그림을 팔기 전 대구에는 컬러 복사기가 없어 대전까지 가서 4부를 복사해 현재 그 복사본을 소장하고 있다고 한다. 이것이 "낙동강 풍경"이다.

앞서 말했듯이, 이중섭의 대구 체류를 시차별로, 지역별로 정리해 보고자 했으나 참고로 삼은 여러 저작들도 각기 상이하여 나름대로 첨삭 정리해 본 것이지만, 최열의 『이중섭 평전』을 모본으로 했다.

연구자들의 주장이 서로 부합하지 않는 점은 첫째, 맥타가트의 미국 공보원장 취임이 1956년이라는 설과 1955년이라는 설이 서로 대립하고, 둘째, 대구의 명소 동촌유원지 여름 풍경을 그린 "동촌풍경"을 1954년 작품이라고 하나 1955년에 3월 24일 대구에 온 사실과 일치하지 아니하며, 셋째, 개인전을 마치고 근교의 구상이 사는 왜관과 최태응이 사는 매천동 중 왜관은 맞지만 칠곡 매천동은 북구 태전동으로 바로잡아야 한다.

▲ 태전동 시절 이중섭이 그림을 그려준 장소를 가리키는 주민 배상권

넷째, 거리문화시민연대의 『대구 신택리지』에서 소개한 "정신 이상 증세가 나타나자 2층 서재를 제공하고 치료와 그림 그리기를 병행할 수 있게 제안한 대구정신병원장은 소규영 이야기는 처음 밝혀진 바 사실 여부의 확인이 필요하다.

다섯째 이중섭이 한 달여 입원한 병원을 많은 연구자들이 성가병원이라 했는데 『대구 신택리지』는 성묘병원이라 하여 혼란스러운 점도 정리가 되었으면 한다.

이중섭의 대구 생활을 1955년 3월 24일에 내려와 4월 11일부터 16일까지 미국공보원에서 개인전을 열었고 이후 4월 중순부터 7월 입원하기 전까지 왜관과 태전동을 왕래했으며 7월 언제부터인지 한 달가량 입원했고 8월 26일 대구를 떠나 서울로 갔다. 정확히 5개월 동안 체류했다. 만약 입원 기간 한 달여를 제외하면 실제 대구에서 활동한 기간은 4개월에 불과하다.

이중섭의 많은 작품 중 연구자들이 대구에서 그린 것으로 지목한 그림은 "대구 눈과 새의 여인", "대구 새와 여인", "대구 물고기와 가족", "춤추는 가족" "사계(四季) 2", "애들과 게와 물고기", "손", "우리 안에 든 청조", "병든 새", "열리지 않는 창", "거꾸로 서 있는 동자상", "달과 해골", "동촌 풍경", "자화상" 등 14점 정도 알려져 있고, 맥타가트가 구입한 2점은 "싸우는 소", "환희"이며, 뉴욕현대미술관에 소장된 작품은 "복숭아밭에서 노는 아이들", "낙원의 가족들", "신문을 보는 사람들" 3점의 은지화이다. 또 왜관에서 그린 것은 "왜관 성당 부근", "구상 네 가족 2점", "낙동강 풍경", "자기네(이중섭) 가족 풍경" 등 5점이다. 특히, "우리 안에 든 청조"와 "사과 따는 남자" 등은 태전동에서 그리거나 영감을 받은 작품으로 추정된다.

칠곡지역 매남마을의 배상권(83) 씨의 매우 흥미로운 증언도 있다. 어느 날 집 앞에서 놀고 있는데 지게를 지고 가던 허름한 차림의 한 사람이 종이를 가지고 오라고 하여 가져다주었더니 즉석에서 연필로 그려 준 그림 한 점을 받고 책갈피 속에 간직해 두었다. 몇 년 후 불쏘시개가 필요해 보관하고 있던 헌책을 모두 아궁이에 넣고 태웠는데 그림을 넣어 두었던 책도 이때 태워버렸다. 훗날 그가 이중섭이라는 사실을 알았다고 한다.

그때가 1951년이라고 하는데 이중섭 연구의 어느 자료에도 그해 대구로 왔다는 기록이 없다. 배상권 씨의 기억 1955년의 착오가 아니라면 1952년 6월 26일부터 7월 5일까지 대구 미국공보원에서 김병기, 정규, 한묵, 문선호, 윤중식, 김형규, 황유엽, 신석필, 이중섭(출품작, 소년들) 등이 참가하는 〈월남화가 작품전〉이 열렸는데 이때 잠시 대구에 와서 태전동을 방문했을 수도 있다. 이렇다면 지금까지 알려지지 않은 이중섭에 대한 또 다른 역사(?)가 될 수 있다.

우리 대구는 이중섭에게 있어서 "생애 3번째 개인전이 열린 곳"이자 그의 작품이 "뉴욕현대미술관에 소장되어 최초로 서양에 알려지게 된 곳"이다. 또한, 문화와 예술 도시를 지향하는 대구의 가치도 그에 의해 한 단계 업그레이드 되었다.

일 년 남짓 살던 서귀포처럼 독립미술관을 짓지 않는다 하더라도 대구미술관 등이 특별전을 여는 등 국민화가 이중섭이라는 귀중한 문화자산을 활용하여 대구시민들에게 더 가깝게 다가오도록 하는 노력이 있어야 할 것이다.

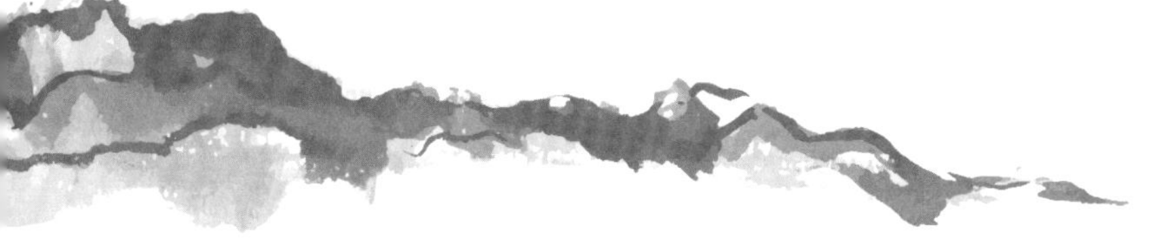

📖 대구시민의 날·시목(市木)·시화(市花)와 대구

2020년 대구시는 1982년부터 시행해 오던 10월 8일 "대구시민의 날"을 국채보상운동의 시작을 알리는 국채보상운동 취지서를 발표한 (1907년) 2월 21일로 바꾸는 한편 2월 21부터 2월 28일까지 1주간을 "대구시민주간"으로 정하여 대구의 정체성을 더욱 확고히 다지겠다고 했다.

그러나 필자는 "대구시민주간"에 대해서는 적극적으로 지지하지만, 시민의 날만은 재고 되어야 한다고 생각한다. 시민의 날은 모름지기 대구시민 남녀노소 누구나 한마음으로 참가하여 즐거워하면서 축제를 통해 대구 정신을 기려야 하는데 2월 21일은 추워서 시민의 참여가 어려운 데 비해 국채보상운동 버금가는 의미 있는 날이 따로 있기 때문이다.

▲ 시화 백목련은 꽃은 화사하고 좋으나 원산지가 중국이고 해마다 되풀이되는 꽃샘추위에 약하다

즉 경상감영이 대구로 이전해 온 날이다. 대구는 신라 시대에는 오늘날 읍면에 해당하는 한

현(縣)에 불과했고, 고려 초에는 성주로 이속(移屬) 되는 등 지리멸렬한 고을이었다. 그러다가 세종조 비로소 군(郡)이 되고, 세조(世祖) 대에 들어와서 도호부(都護府)로 승격한 조선 중기까지 한미한 도시였다. 그러던 것이 임진왜란이라는 국난을 겪으면서 대구의 중요성이 부각 되어 경상감영이 설치되면서 영남의 행정, 교육, 문화, 군사의 중심도시가 되었다.

오늘날 부산, 대구, 울산광역시, 경북, 경남도 등 5개 광역자치단체를 다스리는 관찰사가 머무르는 지방행정을 총괄하는 도시가 되었다. 따라서 대구가 오늘날 국제도시로 위상이 높아진 데에는 경상감영 이전이 크게 이바지했다. 그러나 아쉽게도 당시 왜란이 막 끝나고 행정이 제자리를 잡지 못해서 그런지 2월에서 5월 사이라고 했을 뿐 이전해 온 날짜의 기록이 남아 있지 않았다.

그런데 최근 구본욱(대구학연구원장) 박사가 1601년(선조 34) 5월 24일임을 밝혀졌다(계명대학교 한국학연구원 제80집, 2020년). 이를 양력으로 환산하면 6월 24일이 된다. 구 박사는 그 근거로 임란 시 의병장으로 활동했던 당시 대구지역 최고의 유학자로 많은 제자를 길러냈던 모당(慕堂) 손처눌(孫處訥, 1553~1634)이 남긴 일기를 제시했다.

16O1년(계축년) 5월 24일 맑고 무더움

…희로(希魯, 손처눌의 아우 처약) 집에 갔다. 제광정(霽光亭, 증조부, 손덕운이 건립한 정자, 수성구 상동에 있었으나 지금은 없다)에서 두 아저씨와 대화를 하였다. 저녁에 돌아와서 (감영으로부터)

감사(監司)가 부사(府使)를 겸임하고 판관(判官)이 새로 신설되었
다는 기별이 있었다는 것을 들었다.

1601년(계축년) 5월 25일, 비가 내림

관아에서 사령이 와서 성주(城主, 대구 부사)가 오늘 떠나간다는
(이임) 기별을 알려왔다. 부득이 말을 달려 (대구부)에 도착했다.
마침 한준겸(韓浚謙) 부체찰사(副體察使)가 부(府)에 들어와 있었
다. 잠깐이라도 인사를 드리라고 하면서 머물러 있기를 요청하였
다. 지주(地主, 부사)와 잠시 조촐한 술자리를 하며 대화를 하였
는데 또한 머물러 있기를(기다릴 것을) 권하였다.– 이하 생략

 구 박사는 이 일기를 근거로 경상감영의 대구 이전을 1601년 5월
24일(음력)이라고 주장했다. 그렇다면 이날을 시민의 날로 바꾸어야
한다. 앞서 말한 것처럼 공원, 길거리 등 야외 행사를 통해 많은 시민
이 참여할 수 있는 여름의 초입이기 때문이다.

 또한, 시민의 날 변경과 더불어 차제에 대구시의 상징물인 시목(市木)
전나무, 시화(市花) 목련(白木蓮)도 다시 검토되었으면 한다. 어느 식물
이 특정 지역의 상징물이 되기 위해서는 첫째, 그 지역과 연관성, 즉 향
토성이 있어야 하고, 둘째, 보기에 아름다워야 하며, 셋째, 옮겨 심으면
활착이 잘되어 시민 누구나 어느 곳에나 널리 심을 수 있어야 한다.

▲ 대구의 번영과 시민의 안전을 위해 선조들이 돌로 만들어 묻어 놓은 거북

　이런 점에서 시목 전나무는 줄기가 곧고, 늘 푸른 장점이 있으나, 한대식물(寒帶植物)로 소위 대프리카라고 하여 30℃ 이상 고온 일수가 전국의 어느 도시보다 많은 대구에서는 생육에 장애가 있으며, 백목련은 꽃이 크고 화려한 데 비해 원산지가 중국이라 향토성이 없고 개화기인 3월 하순에 오는 꽃샘추위를 견디지 못해 피지도 못하고 봉오리 상태에서 동해(凍害)를 입는 경우가 많다.

　이러한 점을 참작하여 시목(市木)은 우리나라 천연기념물 제1호 측백나무나 앞산이 자생지로 알려진 이팝나무, 화원동산 등에 대규모 군락지가 있는 모감주나무를, 시화(市花)로는 비슬산에 자라는 희귀종 솔나리나 우리나라 4,000여 종 초본식물 중에서 대구 출신의 양인석 박사에 의해 용지봉에서 발견되어 명명(命名)된 세뿔투구꽃이나 식물학자 이상로 박사가 앞산에서 발견해 명명한 대구으아리, 팔공산 국립공원의 깃대종 국화방망이를 추천한다.

전문가들이 2~3종 선발하여 각기 특징과 지정하고자 하는 사유를 비교하는 표를 만들어 시민들이 선택하도록 하는 방안이 좋다. 왜냐하면, 대상을 제시하지 아니하고 시민 개개인에게 의견을 물으면 각자가 좋아하는 것을 추천하여 앞서 이야기한 향토성, 아름다움, 활착의 용이(容易) 여부 등과 관계없이 개인의 기호에 따라 추천될 수 있기 때문이다. 세 번째로는 "시민의 날"과 "시목·시화"와 더불어 시 "상징 동물"도 추가로 지정했으면 한다.

서울시는 해치(해태), 인천시는 점박이물범을 각각 시를 상징하는 캐릭터(Character)로 하고 강원도는 상징 동물이 반달곰이다. 그러나 대구시는 아직 캐릭터나 상장 동물이 없다. 이런 처지이다 보니 2011년 세계육상선수권대회 시에는 대구와는 무관한 삽살개를 마스코트로 선정했다.

『세종실록지리지(1454년)』에 의하면 진산(鎭山)은 연구산(連龜山)이다. 속담에 전하기를, "돌거북[石龜]을 만들어서 산등성이에 간직하여, 남쪽으로 머리를 두고 북쪽으로 꼬리를 두게 하여 산기(山氣)를 통하게 한 까닭으로, '연구산'이라고 이른다."고 했으며 또 『대구읍지(1899년)』는 더 구체적으로 "연구산(連龜山) : 부(府, 대구)의 남쪽 3리에 있는 진산(鎭山)이다. 건읍(建邑) 초기에 돌거북을 만들어 산등성이에 묻었다고 전해온다. 거북의 머리를 남쪽으로 향하게 하고 꼬리를 북쪽으로 향하게 하여 지맥을 통하게 했으므로 연구산(連龜山)이라 부른다."

이 지리지의 기록을 두고 풍수학을 연구하는 사람들은 "금호강을 사이에 두고 팔공산과 앞산의 떨어진 지맥을 돌로 거북을 만들어 이었다" 하고 어떤 사람은 앞산이 불꽃 형상이라 대구에 불이 자주 날 것을 예상하고 불과 상극인 물에 사는 거북을 만들어 예방했다"고 했다. 그런데 일제가 제일중학교롤 지으면서 돌거북의 머리를 동쪽으로 꼬리를 서쪽으로 놓아 상인동 가스폭발, 중앙로역 지하철 방화 사고로 많은 시민이 희생되었다고 지적했다.

이에 달구벌 얼 찾는 모임(대표 이정웅)에서 독지가의 후원으로 돌거북의 위치를 『세종실록지리지』와 『대구읍지』에 따르고 풍수지리학자의 자문을 받아서 머리는 남쪽으로 꼬리는 북쪽으로 바로 놓았다. 이런 점에서 돌거북(石龜)은 대구의 상징 동물이나 캐릭터로 지정할 충분한 가치와 역사성이 있다.

다른 말로 표현하면 대구를 지켜주는 수호신이라고 할 수 있다. 거북은 또 십장생의 길상의 동물이다. 대구시의 진지한 검토가 있었으면 한다. 더 나아가 대구시가 옛 두류정수장에 새로 청사를 지을 때 거북을 형상화한 예술작품을 중심 광장에 크게 설치하여 대구의 정체성을 살렸으면 한다.

　　대구 세계육상선수권대회 열렸던 지난 2011
년 대구시에서는 조선 전기 대구 출신 문신(文臣) 사가(四佳, 徐居正의 호,
1420~1488)가 대구의 아름다운 10곳을 노래한 소위 "대구 십경(또는,
10영)"을 "그곳에 가고 싶다"라는 부제를 붙여 새롭게 정리해 발표했다.
　제1경 금호범주(今湖泛舟), 제2경 입암조어(笠巖釣魚), 제3경 구수춘운
(龜岫春雲), 제4경 학루명월(鶴樓明月), 제5경 남소하화(南沼荷花), 제6경
북벽향림(北壁香林), 제7경 동사심승(桐寺尋僧), 제8경 노원송객(櫓院送
客), 제9경 공령적설(公嶺積雪), 제10경 침산만조(砧山晩照) 등 10곳이다.

　　위치를 그려 넣고 원문을 현대
감각에 맞도록 번역하여 사진
까지 곁들어 그 옛날 사가(四佳)
가 거닐며 사랑했던 곳을 자세
히 안내했다. 이 새로운 시도는
그동안 시민들이 잊고 있었던 6
세기 전의 대구 모습을 다시 상
상해 볼 기회를 제공했다는 점
에서 매우 유익한 작업이라고

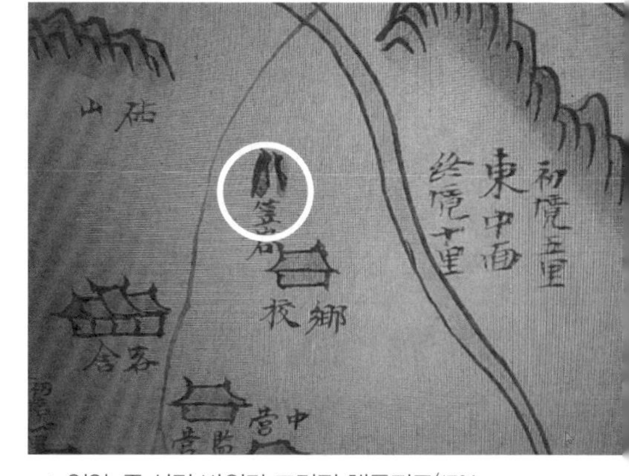

▲ 입암, 즉 삿갓 바위가 그려진 해동지도(1724
~1776), 감영(현, 경상감영공원) 북쪽에 있다.

생각된다. 그러나 안타깝게도 십경의 10곳 중 2곳의 위치가 틀렸다. 『대구읍지』나 경상도지리지(慶尙道地理志), 옛 지도 등을 조금만 꼼꼼히 살펴보았어도 될 일에 관계 공무원들이 너무 소홀했다.

즉 제2경 "입암(笠巖)"의 경우 『해동지도(海東地圖), 1724~1776』나 달성서씨 문중의 "달성도(達城圖)"만 보았으면 정확히 찾아낼 수 있었음에도 중구 대봉 동의 건들바위(立巖, 대구광역시 자연유산)로 비정(比定)한 오류를 범했다.

제5경의 "남소(南沼)" 또한 달구벌 시대의 중심지 달성, 즉 현재의 달성공원 남쪽에 있는 늪을 지칭(指稱)하고, 조선 후기에 간행된 『여지도(輿地圖)』에도 대구읍성의 서쪽 문(門), 즉 달서문(達西門)의 서쪽, 현, 서문시장 쪽에 그려져 있음에도 두류공원에 있는 성당지(聖堂池)라고 하고, 확신이 없었던지 영선못(현, 영선시장)이라고 주장하는 사람도 있다고 부연했다.

대구시가 발표하는 모든 자료는 공식적인 기록인 만큼보다 신중해야 했으나 그렇지 못했다는 지적을 면할 수 없다. 입암(笠巖)은 "삿갓 입(笠)" 자의 입암(笠巖)이다. 그런데도 "설, 입(立)" 자 입암(立巖)과 같은 바위로 오해한 데서 비롯되었다. 그러나 두 바위의 모양은 확연히 다르다. 다시 말해서 대봉동의 건들바위는 불안정한 자세로 서(立) 있어 붙여진 입암(立巖), 즉 건들바위이고, 북구 칠성동 일대의 입암(笠巖)은 삿갓(笠)같이 생겨 붙여진 이름이다.

삿갓 바위의 위치는 북구 옥산초등학교 일대로 추정된다. 이곳의 마을 이름이기도 한 옥산(玉山)의 옥(玉)은 구슬을 뜻하기도 하지만, 남근(男根)을 상징하기도 한다. 즉, 땅 위에 불쑥 솟아 남근(凸)과 비슷하여 옥(玉)으로 표현한 것으로 보기 때문이다. 다시 말해서의 옥산의 옥이 삿갓 바위라는 뜻이다.

실제로 현재 평지에 있는 옥산초등학교는 산으로 부를 수 있을 만큼 주변보다 약간 높았던 것 같다. 교가(校歌) 첫 연(聯), 즉 "달구벌 넓은 옛터 옥산(玉山) 큰 언덕…"이라고 한 데서 알 수 있다.

조선 후기의 해동지도에서도 감영(현, 경상감영)과 객사, 향교의 훨씬 북쪽에 그려져 있어 감영의 남쪽에 있던 건들 바위 위치와 확연히 다르다.

제5경 남소도 남구 영선못이 아니다. 사가의 생존 시에 영선못은 없었다. 서거정은 1420년(세종 2)에 태어나 1488년(성종 19)에 돌아가신 분이다. 이때 대구지역의 못이나 제

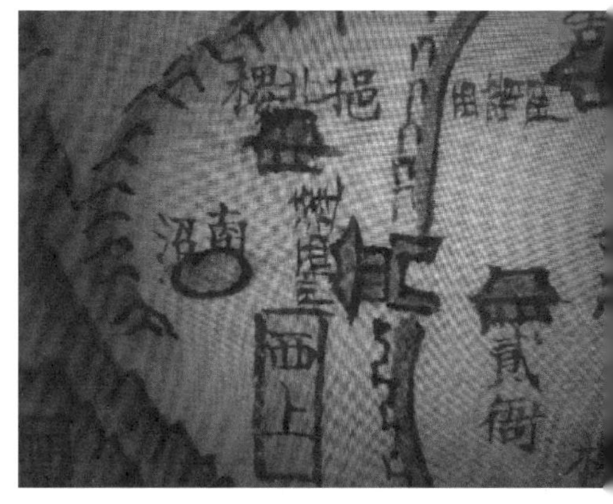

▲ 대구읍성의 서문, 즉 달서문 서쪽에
남소가 그려져 있다.

(堤)는 『경상도속찬지리지, 1469』의 대구도호부 제언(堤堰, 제방) 편을 통해서 알 수 있다. 그때 대구의 남쪽에는 성당제(지금의 성당못)와, 연화제(현재 없음)만 있었을 뿐, 영선못과 남소(南沼)는 없었다.

따라서 뒤에 설명하겠지만 영선못은 일제 강점기에 만들었기 때문에 없는 것이 당연하지만, 사가(四佳)가 남소를 제5경으로 시를 쓴 것은 엄연한 사실이다. 그런데도 경상도속찬지리지(慶尙道地理志)에 등재가 안 된 것은 소(沼)는 사람이 인력으로 물을 가두기 위해 쌓은 제(堤), 즉 둑이 아니라, 자연적으로 흐르는 물이 고여 있는 곳 우리 말의 늪, 한자로 소(沼)이기 때문에 제외된 것으로 보면 의문이 풀린다.

그러나 영조 연간에 간행된 "여지도(輿地圖)"에는 남소가 분명히 그려져 있어 그때까지 존재한 것으로 보인다. 남소는 훗날 천황당못으

로 이름이 바뀌고 1922년 조선총독부가 인근 내당동, 비산동 고분(古墳)을 헐고 그 흙으로 매워 1923년 서문시장을 개장하였다.

『대구 이야기, 정영진, 2021』에 의하면 영선못은 일제 강점기 대구의 부호 서창규(徐昌圭)의 소유였다고 한다. 그 후 마산 세무서장을 했던 김기덕이라는 사람이 사서 아들 김일두에게 물려주고 아들은 1960년도 못을 메워 우시장을 개설했는데, 서문시장과의 경쟁에서 밀리자, 대구시에 기부하고 일부는 공설 영선시장을 열었는데, 지금은 모두 개인소유가 되었다고 한다.

덧붙여 남기고 싶은 말은 제1경 금호범주의 금호(琴湖)도 북구 산격동 일대가 아니라, 사가(四佳) 생존 시를 기준으로 하면 금호강 하류 달성군 다사읍 선사 일대가 된다. 일명 서호(西湖)라고 하여 17세기 초까지도 선유(船遊)한 많은 기록이 있다.

서거정의 입암(笠巖)은 대구 십경의 한 곳인 점도 중요하지만, 고급 보석 다이아몬드보다 무려 5배나 비싸다는 운석(隕石), 즉 별똥별이라는 데 흥미를 더 가지게 한다.

◈ 신증동국여지슬람(산천조, 山川條 笠巖)

입암(笠巖)은 신천 가운데 있으며 그 모양이 삿갓 같기 때문에 이름 지었다.

세상에서 전하기를 별이 떨어져서 돌이 되었다고 한다.

◈ 대구읍지(산천 조, 山川條 입암)

부의 동쪽 5리 밖의 신천변에 있다. 바위 모양이 삿갓 같기 때문에 입암이라 한다. 전해 오는 말에 의하면 성운(星殞)이 돌이 되었다고 한다. 조족산(鳥足山, 법이산)에서 흘러내린다.

이 지리지들의 운석 기록은 『고려사』가 뒷받침하고 있다. 1070년 문종 24년 1월 "별이 대구현에 떨어져 돌로 변하였다."라고 했기 때문이다. 그렇다면 운석(隕石)은 뒤에 발견된 공룡 발자국과 더불어 신천의 자연사(自然史) 연구에도 귀중한 자료가 된다.

모(某) 방송국에 제보하여, 다큐멘터리로 만들려고 했다. 천문학을 연구하는 교수를 만나 자문을 얻는 등 자료를 모았다는 연락이 있었으나, 그 후 어떠한 사정이 있었는지 지금까지 방영되지 않고 있다.

대구는 6.25 같은 전쟁의 피해도 없었고, 큰 지진으로 땅 꺼짐도 없었으니 일제 강점기에 그들이 반출(搬出)해 가져가지 않았다면 지금 어느 곳에 묻혀 누군가 찾아주기를 기다리고 있을 것이다.

고가의 보석 다이아몬드의 시중 가격이 그램당 500만 원 정도라고 한다. 사가 선생이 앉아서 낚시를 놓을 정도라면 입암의 무게는 100킬로그램 이상이 될 것이다. 그렇다면 박물관 하나를 지을 수 있는 거금(巨金)이 된다.

▲ 십경의 위치를 그려 놓은 달성도 (1769년), 입암(쏜범)을 강조하고 있는 점이 특이하다.

대구의 몽마르뜨 청라언덕

"동무 생각"은 80대 초반 우리 또래가 고등학교 다닐 때 자주 불렀던 노래다. 특히, 청소년 적십자단에서 활동을 같이했던 이웃 여학교 J 양이 모임에서 자주 불렀던 노래로 그녀의 청순한 이미지와 함께 가슴 속에 오래 남아 있는 노래이기도 하다.

▲ 행복식당에서 있었던 동무 생각 노래비 건립 협의 모임, 오른쪽 앞자리 김덕영 당시 중구문화원장, 안쪽 모자 쓴 사람 필자, 맞은 편 고 이혁우 교수, 넥타인 맨 분이 이명수 동산병원 홍보실장(2008, 11, 14)

그런데 이 노래가 대구 출신 박태준이 작곡하고, 마산 출신의 시인 이은상이 가사를 썼다는 사실과 노래가 탄생한 무대가 동산병원 구내 동산(東山)언덕 선교사들의 사택이 있는 곳이라는 사실을 안 것은 그리 오래되지 않았다.

대구의 자랑거리를 찾아 시민의 자긍심을 고취하기 위하여 노력하고 있었기에 반갑기도 했지만, 너무 늦게 안 사실에 대해 아쉬운 마음이 들기도 했다. 그러나 한편으로는 대구의 자랑거리가 큰 산에 깊이 묻혀있는 광맥(鑛脈)처럼 끝이 없고 아직도 할 일이 많다는 생각도 들었다.

1987년 봄, 수도 서울의 한복판에서 사무관 승진시험을 보기 위해 잠시 하숙을 하고 있었다. 공직 생활의 미래가 걸려 있는 만큼 일부 동료들은 그 전에 상경하여 이른바 족집게 강사(?)들이 있는 고시학원에 다녔으나 기술직이라 마땅한 학원도 없었지만, 설령 있다고 하더라도 책을 여러 번 정독하는 것이 더 좋을 것 같다는 생각에서 하숙집 가까운 도서관에서 예상 문제집을 반복해 정독하는 것으로 대비하고 했다.

그러던 어느 날, 긴장을 풀기 위해 고교 동기이자 도청에 근무하며 함께 하숙하고 있는 문상오(전, 경상북도 농정과장) 군과 그의 동료인 박재종(전, 청도군 부군수) 군이 함께 인사동 부근의 대포 집을 찾았다. 술잔이 한 순배 돌자 높은 억양의 투박한 사투리가 좌중을 압도했던지 안주며 술을 나르던 주모가 우리 자리에 오더니 어디서 왔느냐고 물었다. 대구에서 왔다고 했더니 그곳 출신으로 서예가 죽농(竹儂) 서동균 선생이 훌륭하지 않으냐고 해 깜짝 놀랐다.

그렇다 하고 얼버무렸지만, 전기에 감전된 사람처럼 정신이 아찔했다. 장래 대구시의 간부 공무원이 되어 시민에게 봉사하고자 하는 사람이 타관 땅의 막걸릿집 주모(酒母)보다 지역의 예술가를 몰랐던 무지에 따른 충격이 온몸으로 번졌기 때문이다. 다행히 합격해 시정에 열정을 쏟았지만, 그때의 충격은 잊을 수가 없었다. 그 후 대구에 대한 몇 권의 책을 썼으나 그때 받은 상처는 아직도 아물지 않고 마음을 아프게 하고 있다.

그런 일이 있던 후 남구문화원이 기관지 『문화산책』을 보내왔다. 너무 많은 책으로 책의 홍수라고 말하는 사람도 있을 만큼 많아 어떤 것은 그냥 버릴 때가 있는데, 아담하게 잘 꾸몄을 뿐 아니라, 이재녕 원장이 워낙 열심히 문화 활동을 하고 있어 제목만이라도 읽어보자며 책을 펼쳤더니 이혁우 교수의 "우리 가곡 동무 생각"이 눈에 들어왔다.

"작곡가 박태준(朴泰俊)은 1900년 대구에서 태어나 계성학교를 졸업하고, 잠시 제일교회에서 오르간을 연주하다가 숭실전문학교를 졸업하고, 1921~1923년 마산의 창신학교에서 음악 교사로 활동했다. 이때 시조 시인 노산 이은상은 같은 학교에 국어교사로 재직하고 있었다. 두 사람은 교분이 두터웠다. 박태준이 계성학교에 다닐 때, 집 부근에 있던 신명학교에 다니는 한 소녀를 사모했으나, 지극히 내성적이어서 말 한마디 건네지 못했다고 한다. 이 이야기를 들은 노산이 즉석에서 써 준 가사가 '봄의 교향악이 울려 퍼지는 청라언덕 위에 백합필적에 나는 흰 나리꽃 향기 맡으며…'로 시작되는 '동무 생각'이며, 청라언덕은 박태준이 태어난 동네에 있는 푸른 담쟁이덩굴, 즉 청라(靑蘿)가 올려진 선교사들의 사택이 있던 동산을, 백합(百合)은 그 소녀의 얼굴이 백합꽃처럼 흰 데서 부쳐졌다는 것이다."

▲ 2009년 6월 17일에 세운 동무 생각 노래비, 이 빗돌에 "청라언덕"이라고 새김으로 동
산의 이름이 청라언덕으로 일반화되었다.

이 조그마한 잡지를 통해 지식이라는 것이 베스트셀러나 훌륭한 교수의 강의를 통해서만 얻어지는 것이 아니라, 사소한 데서도 얻을 수 있다는 것을 다시 한번 깨닫게 되었다. 가곡 동무 생각의 이야기 역시 언젠가 지나가는 말로 들은바 있었지만, 이처럼 구체적으로 동산이 "동무 생각"의 청라언덕이라는 사실은 처음 알았다.

2000년 공무로 영국의 하이드파크 공원과 파리의 몽마르뜨언덕을 다녀오면서 귀국 보고서에 큰 언덕이 많아 부쳐진 대구(大丘)라는 이름에 걸맞게 몽마르뜨와 같은 명소를 만들 곳으로 두 곳을 추천했다.

한 곳은 지금의 제일중학교 일대 옛 연구산(連龜山)으로, 지형적으로 파리의 몽마르뜨르와 비슷할 뿐 아니라, 선조들이 일부러 돌로 거북을 묻어 후손들이 자손만대에 걸쳐 발복(發福)할 수 있도록 해 놓은 성소이자, 사가 서거정(徐居正)의 대구 십경의 제3경 "구수춘운(龜岫春雲)"의 한 곳이며, 봉산문화거리와 연접해 있기 때문이다. 이러한 역사성과 제일중학교를 옛 복명초등학교로 이전하고 기존 시설을 리모델링하거나 헐고 미술관을 신축하면 땅 매입에 따른 대구시의 재정 부담을 줄일 수 있고, 지하철 등 편리한 교통으로 접근성이 좋아 미술의 대중화와 봉산문화거리 활성화에 이바지할 수 있을 것으로 생각되었다.

두 번째는 청라언덕이었다. 이곳 역시 언덕일 뿐 아니라, 잘 가꾸어진 숲이 울창한 녹지와 문화재로 지정된 3채의 선교사 사택 자체도 역사적인 건물인 데다 각기 선교, 의료, 교육·역사박물관으로 활용되고 있어 대구를 이해하는 귀중한 사료들을 만날 수 있는 곳이며, 특히 3·1운동 길로 명명된 계단 길은 몽마르트르를 오르는 길을 그대로 옮겨 놓은 듯하며, 신축한 제일교회 역시 몽마르트르 언덕의 사크레쾨르 성당과 유사해 분위기가 몽마르트르를 연상시키기 때문이다.

아울러 사학의 명문 계성학교는 음악가 박태준과 형 박태원을 비롯해 현제명, 소설가 김동리, 청록파 시인 박목월 임자 없는 나룻배의 영화감독 이규환 등 한국을 대표하는 훌륭한 예술가를 배출했는데 당시에는 주로 이 계단 길을 통해 등·하교를 해 그분들의 발자취가 남아 있는 곳이기도 하고, 감수성이 예민했던 청소년기 그들의 꿈과 예술적인 영감이 이 언덕의 한 모퉁이거나 한 그루 나무 밑일 수도 있고, 또는 계단 오르내리며 잉태되었을지도 모르기 때문이다.

뿐만, 아니라, 천재 화가 이인성 또한 이 언덕에서 계산성당을 그린 그림이 남아 있어 그분 역시 작품을 구상했던 곳이며, 건너편에 머물던 민족시인 이상화 또한 이 언덕을 가끔 오르내렸을 것이다. 언덕 아래는 대구천이 흐르던 곳이라 청계천처럼 복원을 할 수 있으며, 길 건너편의 계산성당, 이상화, 서상돈 고택, 약령시, 관덕정순교기념관, 성모당 등 다양한 볼거리가 있어 예술적인 분위기가 이처럼 응축(凝縮)되어 있는 공간은 대구의 어느 곳에도 없다.

관련된 예술가들의 흉상 등을 설치하고 자료를 보강하여 이벤트를 하면서 대구의 몽마르뜨르로 이보다 더 좋은 조건을 갖춘 곳이 없을 것 같았다. 재직 중 우리나라 최초로 심은 사과나무의 2세 목을 보호수로 지정하고, 3세목을 기르도록 수목원에 부탁한 바 있으며 교회 앞 큰 이팝나무를 "현제명나무"로 명명한 바 있어 언젠가는 대구의 몽마르트르가 실현되리라 믿고 있었다.

이런 생각을 블로그에 글을 올렸더니 이혁우 교수가 동감한다며 김덕영 중구 문화원장과 협의 중이라는 낭보를 전해왔다. 2008년 11월 14일 행복식당에서 김 원장과 이 교수, 이명수 동산의료원 홍보실장, 나 이렇게 넷이 만나서 대강을 논의하고 그 후 경대 조경학과 김용수 교수, 서예가 추진호까지 합세해 영천에서 돌을 구해 2009. 6. 17. "동무 생각" 노래비를 세우며 청라언덕이라고 명명했다. 이와 더불어 중구청이 다양한 스토리를 입혀 오늘날 일대가 대구의 대표 관광지 청라언덕으로 자리매김되었지만, 이런 연유가 있었다.

그 후 시청에서 같이 근무했던 임영태(현, 연금공단 상록자원봉사단)부단장으로부터 전화가 왔다. 지하철 3호선 신남역을 청라언덕역으로 바꾸면 어떨까 하며 의견을 물었다.

나로서는 생각지도 못했던 일이었지만 그의 제안이 매우 좋아 보였다. 적극 지지한다며 추진해 보라고 하였더니 시에 제안해 마침내 성사시켰다. 청라언덕역은 이렇게 간접적으로 인연을 맺었다.

훗날 문무학 예총 회장을 만났더니 일단의 마산의 예술가들이 동무 생각의 작사자(作詞者)가 마산 출신 이은상이기에 청라언덕은 마산의 어느 곳인데 대구가 사용한다는 것은 부당하다며 항의하러 왔다고 했다. 나는 문 회장에게 직접 만나게 해 달라고 요구했다. 동무 생각의 무대가 실제로 이곳이 맞을 뿐 아니라, 토지 공부(公簿)처럼 등기할 일도 아니어서 누군가 선점(先占)하면 되는 것인데 무슨 반론이냐고 따지겠다고 하였더니 그 후 연락이 없었다.

대구의 수호신 연구산 돌거북

대구시 중구 봉산동 230-1번지, 제일중학교 자리가 옛날 산이었다는 것을 알아볼 수 있는 흔적은 거의 없다. 하지만, 1945년 4월 20일 일제강점기 제일중학교의 전신인 대구여자상업학교가 개교하기 전에는 시민들이 즐겨 찾던 산이었다.

이름도 다양해 월견산(月見山)이라 부르기도 하고, 오포산(午砲山)으로 부르기도 했다. 전자는 시가지 내에 우뚝 솟아 정월 대보름 달맞이하든 산이라는 뜻이고, 후자는 시계가 널리 보급되지 아니하였던 일제강점기 점심시간을 알리는 사이렌을 설치해 놓은 곳이라는 데서 붙여진 이름이다. 그러나 바른 이름은 연구산(連龜山)이다.

1425년(세종 7) 경상도 관찰사 하연(河演) 등이 엮은 『경상도지리지』에 의하면

"대구에 연구산이 있는데 돌로 거북

▲ 돌거북을 바로 놓는 장면

을 만들어 산등성이에 머리를 남쪽으로, 꼬리를 북쪽으로 묻어 맥(脈)을 이은 까닭으로 이을 연(連), 거북 구(龜) 자를 써서 연구산(連龜山)이라 한다."

라는 기록이 있으며,

1454년(단종 2)에 완성된 『세종실록지리지』 대구군 편에 다음과 같은 기록이 있다.

"진산(鎭山)은 연구산(連龜山)이다. 속담에 전하기를, 돌거북[石龜]을 만들어서 산등성이에 간직하여, 남쪽으로 머리를 두고 북쪽으로 꼬리를 두게 하여 산기(山氣)를 통하게 한 까닭으로, 연구산이라고 이른다."

라고 한다.

또한 1530년(중종 25)에 간행된 『신증동국여지승람』에서도 "지맥(地脈)"을, 조선 후기에 간행된 『대구읍지』에도 역시 돌거북을 묻어 "지맥(地脈)"을 이어 연구산이라 한다고 했다.

이런 지리서(地理書)의 간단한 기록들로 인해, 어떤 사람은 앞산과 팔공산으로 이어지는 달구벌의 맥(?)이 금호강으로 인하여 끊어진 것을 돌로 거북을 만들어 묻고, 번영의 상징인 알을 낳는 꼬리를 시가지 쪽으로 배치해 대구가 자손만대에 번영하도록 맥을 이은 것이라고 하고. 어떤 사람은 시가지의 남쪽의 앞산(옛 이름은 성불산)이 불꽃 형상을 하고 있어 불을 제압하는 물에 사는 거북을 돌로 만들어 묻어 장차 있을 화재의 피해로부터 후손이 보호되도록 비보(裨補)했다고 했다.

그러나 이런 풍수설과 달리 청동기시대의 유물로 보는 견해도 있다. 1934년 일본학자는 이 돌거북을 현재 대구역 뒤편에 있는 칠성바위와 함께 청동기시대의 고인돌이라고 했다.

그렇다면 이 돌 거북은 기원전 10세기경에 만들어졌다. 즉, 3,000여 년 전에 대구에 불이 일어나지 않도록 비방을 해 놓은 성소(聖所)라고 할 수 있다.

조선 초기 대구가 배출한 문신(文臣) 서거정(徐居正)이 노래한 대구 십영 중에서 제3경으로 "구수춘운(龜岫春雲)", 즉 "거북봉우리의 봄 구름"이라는 시제로 다음과 같은 시를 지은 곳이기도 하다.

연구산은 은은하여 금오산과 흡사한 데　　龜岑隱隱似鰲岑

구름 무심히 나오는 듯 해도 또한 뜻이 있으니　雲出無心亦有心

대지의 생물들 바야흐로 바라는 바 있는데　大地生靈方有望

아무런 뜻 없이 단비를 내려 줄 수 있으랴　可能無意作甘霖

산업화 이전 토속신앙이 우리 생활을 지배할 때에는 이곳에서 비를 내리게 해달라고 하늘에 제사를 지내는 기우제(祈雨祭)를 지내는 곳으로 이용되기도 했고, 무병장수와 가족의 행복을 기원하는 서낭당 혹은 성황당(城隍堂)도 있었다.

또한, 이 연구산 자락에는 조선 시대 얼음을 저장하는 석빙고도 있었다. 이런 뜻깊은 곳임에도 불구하고 이 돌거북이 문화재로 지정되기는커녕 안내판이나 자료마다 해석이 달라 선조들이 물려준 귀중한 문화유산을 홀대하고 있어 안타까웠다. 대표적인 사례가 "거북바위"

를 두고 "자라바위(鰲)"라고 하는 사람도 있었다.

산 이름도 "연구산(連龜山)"이고, 시의 제목에서도 "구수(龜岫)"라고 했고, 실제 바위가 생긴 모습도 거북이다.

그런데도 왜 자라라고 낮춰 부르느냐 하는 것이다. 자라와 거북은 사는 곳이 민물과 바다로 각기 다르고, 품격도 다르다. 즉, 거북은 십장생에 포함되지만 자라는 포함되지 않는다.

상인동의 가스 폭발 사고와 지하철 중앙로역 화재로 많은 사람이 희생되었을 때 전국의 내로라 하는 풍수사로부터 선조들의 비방(돌로 거북을 만들어 머리를 남쪽으로 꼬리를 북쪽으로 묻어 놓은 것)을 대구시민이 소홀히 해서 일어난 참사라는 지적이 많았다.

즉, 일제가 학교를 지으면서 거북의 머리를 동쪽으로 꼬리를 서쪽으로 둔 것을 그대로 방치해서 일어난 사고라는 것이다. 2003년 11월 19일 마침내 필자가 대표였든 "달구벌 얼 찾는 모임"에서 풍수지리학자 김기선 교수의 자문과 대아알미늄㈜ 이영석 사장의 경비 지원, 대구시청 공무원직장협의회 박성철 회장의 적극적인 협조로 원래 위치로 바로 놓았다.

이후 영험(?)이 이어져서 그런지 대구에 이렇다 할 큰 화재가 없었다. 또 다른 일화는 대구시 소방본부가 팔공산에 시민 안전 테마파크를 건설하면서 이 돌거북을 그곳으로 옮겨 놓으려고 필자에게 의견을 물어왔을 때 반대했더니 실물 크기의 모형을 만들어 설치했고, 중앙로를 대중교통 전용도로를 정비하면서 중앙로역 부근에 실물 크기의 모형을 만들어 설치했다.

이런 점에서 거북은 대구의 상징 동물이 되어야 한다. 그러나 2011년 사상 가장 성대한 대회로 치렀다는 세계육상선수권대회 마스코트가 삽살개였던 점은 매우 유감스럽다. 전문가가 참여하지 아니하였기 때문에 일어난 해프닝으로 생각된다.

다시 한번 대구의 수호신(?)이자 맥(脈)인 이 돌거북을 문화재로 지정할 것을 요청하고 아울러 서울시의 상징물이 해태, 강원도가 반달곰이듯이 대구의 상징동물로 거북을 채택할 것을 제안한다.

신라와 고려 시대를 거쳐 최하 말단기관이었던 한 작은 고을, 즉 현(縣)이 오늘날 250만 명을 수용하는 거대도시 광역시로 성장한 것은 선조들이 일부러 돌거북을 만들어 재난을 예방하고 끊어진 맥을 잇게 한 배려 덕분이 아닐까 한다. 연구산은 대구의 성소(聖所)이다.

| 들어가는 말

민선 1, 2기 대구시의 역점 시책인 "푸른 대구 가꾸기 사업", 일명 1,000만 그루 나무 심기를 담당하면서 많은 나무를 심었다.

지금도 그렇겠지만 당시도 그랬다. 시 정부의 어느 정책이 성공하기 위해서는 시정의 수반(首班) 시장의 강력한 추진력이 있어야 하고, 다음은 그 분야를 담당하는 공무원들의 자발적인 노력이 더해져야 한다.

이런 점에서 당시는 시장으로부터 말단직원에 이르기까지 호흡이 잘 맞았다.

투자가 많다, 큰 나무를 심는다 등 초기의 부정적인 비판과 달리 사업이 중반에 접어들자 긍정적인 반응을 얻을 수 있었다. 이즈음 나무를 많이 심는 것도 중요하지만, 조상들이 물려준 귀중한 살아있는 유산 필자는 이를 "생명문화재"라 명명하고 노거수도 보호해야겠다는 생각이 들었다.

가능한 많은 나무를 보호수로 지정했지만 그렇지 않은 곳에 있는 노거수들이 문제였다.

보존시키려면 산림법을 적용해야 하는데 주거지역이나 공업지역 등 자연녹지 이외의 지역의 노거수는 산림법이 배제되기 때문에 법적으로 규제할 방법이 미흡했다.

| 태국의 사례 원용(援用)

이런 고민에 빠져 있던 어느 날 일간지의 한 작은 지면의 해외토픽이 눈에 들어왔다.

태국이 자랑하는 티크 나무숲이 도벌꾼의 벌목으로 황폐화가 되어 골머리를 앓던 정부가 묘안을 내서 보존에 성공했다는 내용이었다. 당국은 각각의 나무에 스님의 이름을 붙였다고 한다. 국교가 불교이고 스님들이 존경받는 나라이기 때문에 아무리 돈에 탐이 난 도벌(盜伐)꾼이라고 해도 스님의 이름을 붙인 나무는 함부로 베지 않아 보존할 수 있었다는 내용이었다.

좋은 아이디어라는 생각이 들었다. 그러나 불교가 국교가 아닌 우리로서는 실행하기 어려울 것이라는 생각이 들었다. 우리 실정에 맞는 좋은 방법이 없을까 고민하던 중 스님 이름, 대신에 대구 사람이면 누구나 잘 알 수 있는 사회적으로 존경받는 사람의 이름을 붙이면 좋겠다는 생각이 들었다.

나무도 보호되겠지만 나무에 이름이 붙여진 훌륭한 사람을 통해 대구를 빛낸 인물을 현창(顯彰) 함은 물론 이를 통해 지역에 대한 자긍심도 높일 수 있을 것이라는 생각이 들었다.

즉, 나무도 보호되고 시민이 대구에 대한 사랑도 높아질 것이라고 믿었다. 제목을 "역사 속의 인물과 나무"로 정하고 대상이 될 만한 나무와 관련된 인물을 찾았다.

▲ 1,000만 그루 나무 심기 달성 기념비(대구수목원)

| 역사 속의 인물과 나무

　선정 대상에 특별한 기준은 두지 않았다. 크고 오래된 노거수가 우선이었으나 설사 크고 오래되었다고 하더라도 이야기를 끄집어낼 만한 나무가 아니면 보류했다.

　이렇게 선정한 나무가 24그루였다. 다만 수종별로 편중되는 것을 배제하기 위해 지나치게 많은 종은 제외하고 다양화하려고 노력했다. 그 결과 최종 선정된 수종과 인물은 다음과 같다.

　그해가 2003년이었다. 그러나 세월이 흐르면서 파계사 현응, 성철

스님을 기리는 전나무와 손처눌 선생을 기리는 엄나무는 매미 등 태
풍을 견뎌내지 못하고 넘어져 베어졌다.

팔공산권 9종

◈ 영조 임금 나무: 느티나무 250년 동구 중대동 파계사
　　경내 진동루 앞에 있는 큰 느티나무다. 파계사는 조선 후기 현응
대사가 숙종의 부탁을 받고 영조를 잉태케 한 전설이 있는 절이자,
영조의 원찰(願刹)이기도 하다.
　　조선 21대 왕 영조는 재위 기간이 52년으로 역대 왕 중에서 가장
오래 왕으로 재임했다. 특히 고질적인 당파를 없애기 위해 탕평책
을 썼고, 학문을 장려하는 등 선정을 펼친 임금이다.

◈ 현응 대사 나무 느티나무: 250년 동구 중대동 파계사 입구의 느티나무
　　조선 시대 억불숭유정책으로 피폐해져 가는 불교를 중흥하기 위
해 노력하고 파계사를 유생들로부터 시달림을 면하게 한 공이 있
는 승려. 그가 외출할 때 한 나무 밑에 당도하면 호랑이가 태워갔
다는 전설이 있는 느티나무.

◈ 태조 왕건 나무: 팽나무 400년 동구 지묘동 신숭겸장군유적지
　　포악한 군주 궁예를 몰아내고 고려를 건국하였으며 신라를 도와
주기 위해 정병 5,000명을 거느리고 출병하였다가 지묘동 일대에
서 견훤을 만나, 치열하게 싸웠던 공산전투의 현장에 서 있는 나무

◆ 신숭겸 장군 나무: 배롱나무 400년 동구 지묘동

고려 개국공신으로 왕건이 견훤 군사에게 포위되어 목숨이 위태
로울 때 왕건의 복장을 하여 견훤의 주력 군사를 따돌려 주군 왕건
을 살려내고 자신은 장렬하게 전사한 곳에 서 있는 나무

◆ 심지 대사 나무: 오동나무 200년 동구 도학동 동화사

법주사 영심 스님으로부터 팔간자를 얻어와 동화사에 봉안하여 공
산이라는 이름에 팔(八)자를 더하여 팔공산이라 했다는 전설의 주역.
그가 동화사를 중창할 때 겨울인데도 오동나무가 꽃을 피워 처음 이
름, 유가사 대신에 오늘날 이름 동화사(桐華寺)로 바꾸게 한 주인공

◆ 인악 대사 나무: 느티나무 500년 동구 도학동 동화사

달성군 화원 출신으로 정조가 아버지 사도세자를 위해 수원에
용주사를 지을 때 주관한 스님. 동화사에 오래 주석하여 사세(寺勢)
확장에 이바지하고 시문에도 능했음. 스님의 진영(眞影)이 대구시
유형문화재로 지정되었음

◆ 황경림 나무: 느티나무 400년 동구 동내동

임란 시 의병장으로 주로 초례산, 하양 일대에서 왜적을 물리침,
전쟁이 끝난 후 모든 공을 사양하고 동내동 초례산 밑으로 들어와
후학을 양성하였음. 공이 입향한 것을 기념하기 위해 심은 나무.

◆ 최동집 나무: 회화나무 350년 동구 둔산동

유학자로서 명나라가 망하자 숭정처사를 자임하며 팔공산 용수

동에 은거하며 후학 양성하고 옻골 마을을 개척하여 백불암 최흥원 등 많은 인물을 배출시켰음 종택 백불고택은 대구에서 살림집으로는 가장 오래된 집으로 중요민속 문화재로 지정되었음

◆ 강순항 나무: 왕버들나무 180년 동구 평광동
　본관이 진주 강씨로 부친이 아파 누워 겨울인데도 참외와 잉어를 구해 드리고, 해안장에서 쇠고기를 사서 가는 도중에서 미물인 솔개도 효성에 감동해 낚아채 일찍 집에 가져다주는 등 효성이 지극해 나라에서 정려를 내렸음

달성군권: 7종

◆ 김굉필 나무; 은행나무 400년 달성군 구지면 도동서원
　조선 전기의 성리학자로 조광조의 스승임. 퇴계 등과 더불어 동방 오현의 수현(首賢) 공을 기리는 도동서원을 짓고 나라에서 사액 되자 이를 기념하기 위해 한강 정구가 심은 나무 도동서원은 조선 중기 서원 양식을 고스란히 보존하고 있으며 우리나라에서 유일하게 흙담이 문화재로 지정되었음

◆ 곽재우 나무: 느티나무 400년 달성군 유가면 구례마을
　임란 시 우리나라에서 최초로 창의한 의병장, 경남 의령에서 태어났으나 아버지는 현풍 출신이고 공을 기리는 예연서원은 달성 유가에, 망우당 공원은 만촌동에, 묘소는 구지에 있음. 나라가 어려울 때 목숨을 걸고 구국에 앞장선 숭고한 정신을 기리고자 함

◈ 곽준 나무: 은행나무 300년 달성군 유가면 구례마을

정유재란 시 곡창지대 호남(湖南)으로 진출하려는 왜군을 막기 위해 황석산성을 지키다가 가또기요마사 군사에게 전사함. 두 아들과 맏며느리, 유문호에게 출가한 딸까지 5명이 함께 순국하자 선조가 일문 3강이라 하여 정려함, 즉 한 집안에서 충, 효, 열을 실행한 보기 드문 가족. 예연서원과 솔례 마을 앞 12정려각에 모셔져 있음

◈ 우배선 나무: 회화나무 300년 달서구 상인동 장지산

대구에서 최초로 창의한 의병장 선무원종공신으로 임란 시 화원, 월배지역에서 많은 전과를 올렸음, 낙동서원에 위패가 모셔져 있음

◈ 김충선 나무: 은행나무 200년 달성군 가창면 우록마을

임란 시 왜장 가등청정의 선봉장으로 침입하였으나 평소 흠모하던 조선에 귀화. 조총 제조기술을 전해 줌. 원래 이름은 사야가였으나 선조가 김씨라는 성과 충선(忠善)이라는 이름을 지어 줌. 난이 평정된 후 대구 가창 우록리에 정착, 녹동서원에 모셔짐

◈ 문경호 나무: 회화나무 300년 달성군 화원읍 남평 문씨 세거지

대구 화원 본리 민속 마을 남평 문씨 세거지를 개척한 분. 마을 조성에 오늘날 도시계획 개념을 도입하였음. 독립운동가 문영박을 배출하였음.

▲ 250만 명이 살고 있는 뿌리 깊은 도시 대구

◈ 도성대사 나무: 느티나무 200년 달성군 유가면 도성암

  일연의 삼국유사 피은 편 비슬산 '포산이성'의 주인공, 남쪽에 사는 관기라는 스님이 북쪽에 사는 도성을 보고 싶어 하면 나무들이 북쪽을 향해 눕고 반대일 경우는 남쪽으로 눕는다는 이야기가 전해옴. 유가사 창건주.

도심권: 4종

◈ 이인성 나무: 감나무 100년 중구 계산동 계산성당 내

  대구가 낳은 천재 화가, 중견 미술평론가 13명이 뽑은 유화 베스

트 텐(10)에 '경주산곡에서'와 '어느 가을 날' 두 점이 뽑혔으며, 인기도에서도 김환기와 함께 1위를 차지했음. 그의 작품 〈계산성당〉에 등장하는 감나무.

◆ 현제명 나무: 이팝나무 200년 중구 동산동 대구제일교회

우리나라에서 최초로 오페라 '춘향전'을 작곡하고 홍난파와 더불어 음악계를 이끌어 온 분. 고향 생각, 산들바람, 희망의 나라로와 같은 주옥같은 가곡을 남겼음.

◆ 서침 나무: 회화나무 300년 중구 달성동 달성공원

달성 서씨 소유 달성공원을 나라에 헌납하는 데 주도적 역할을 했음. 반대급부로 대대로 녹을 주려고 하자 사양하고, 대구군민이 나라에 빌린 환곡의 이자를 5되씩 감면하도록 건의해 성사시켰음.

◆ 최제우 나무: 회화나무 400년 중구 서문로 종로초등

나라와 백성을 편안하게 한다는 뜻의 보국안민(輔國安民)과 널리 백성을 구제하겠다는 뜻의 광제창생(廣濟蒼生)을 내세우며 새로운 이상세계를 건설하고자 했음.

민족종교인 동학의 창시자, 시천주(侍天主)라고 하여 사람은 가난한 사람이나 부자나 신분이 천한 사람이나 높은 사람이나 누구나 자기 안에 한울님을 모시고 있다는 인간 존중을 강조했음.

그러나 혹세무민한다는 죄로 경상감영 옥사에 갇혀 있다가 관덕정에서 효수되었음. 회화나무는 그가 문초 받는 모습을 지켜본 나무.

▲ 당시 세웠던 안내판(종로초등학교 내 최제우(崔濟愚, 1824~1864) 나무

수성구권: 2종

◈ 이황 나무: 느티나무 300년 수성구 성동 고산서당

　우리나라를 대표하는 성리학자. 남쪽 여행 시 고산서당을 방문 지역의 선비들을 격려하고 서당의 당호를 고산(孤山)으로 지어 줌, 고산이라는 지명은 이로부터 비롯됨. 방문 기념으로 심은 나무

◈ 정경세 나무: 느티나무 300년 수성구 성동 고산서당

　서애 류성룡의 제자. 대구 도호부사 재임 시 선정을 펼쳤음. 수시로 고산서당을 방문하여 강학을 함. 임란 시 창의하여 왜적을 물리치는 데 앞장섰고 후에 남인으로서는 보기 드물게 이조판서에 오른 인물

| 마무리

이 기획은 영남일보가 1면에 보도하고 여타 지방과 중앙지 등에서도 크게 소개되어 예상외 높은 반응을 일으켰다. 그때는 지금처럼 스토리 텔링이 일반화되지 않을 때였다.

인터넷을 검색해 보면 지금도 이 자료를 토대로 노거수를 찾아다니는 사람들이 있는 것을 볼 수 있다. 특히, 지역에서 활동하는 문화관광 해설사나 숲해설가의 활용도가 높다. 이 일을 기획한 사람으로 큰 자부심을 느끼나 이야기를 끌어낼 수 있는 노거수가 더 많으나 후임자에 의해 더 확대되지 않는 점은 아쉽다.

아동문학가 심후섭 박사 같은 경우는 필자보다 더 열심히 추가 대상 나무를 발굴하여 카페〈나무를 찾아서 나를 찾아서〉에 올리고 있다.

"나무는 신이 인간에게 내린 가장 고귀한 선물"이라고 한다. 이런 점에서 온갖 풍파를 이겨내고 꿋꿋하게 자리를 지키고 있는 나무는 귀중한 생명 문화재이다. 그것이 좋은 일이든 나쁜 일이든 살아온 세월만큼 수많은 이야기를 간직하고 있다.

그 이야기를 끄집어내 교훈으로 삼아 각박한 세상을 살아가며 상처받는 사람들에게 용기와 희망을 줄 수 있다면 그보다 더 좋을 것이 또 무엇이 있을까 생각해 본다.

"2.28 횃불(2022, 제87호, 사단법인 2.28 민주운동기념사업회 기관지)"에 개재된 "달성서씨 가문의 명당 3절(상), 이몽일 경북환경연수원 객원교수"에 의하면 이 교수가 1990년대 영남일보에 "영남의 신 풍수기행"을 연재하면서 성전암의 큰 전나무를 보고 "성철 스님 나무라고 부르자고 제안한 바 있는데, 두어 해 뒤에 대구시에서 이 견해를 참고해"

역사 속의 인물과 나무를 기획한 것 같다고 했다. 설령 그런 취지로 썼겠지만 나는 그 칼럼을 읽은 적이 없다.

  따라서 이 주장은 사실과 전혀 다르다. 앞에서 말한 지금은 이름을 잊었지만, 모 신문의 해외 토픽난을 읽고 아이디어를 얻었다. 다만 나의 이 기획을 실무적으로 뒷받침했던 분은 대구시 녹지과 신홍근 주임(전, 달서구 공원녹지과장)이었다.

천재 화가 이인성과 감나무·해당화 이야기

| 아루스 시대 대표작 "계산성당"의 감나무

1998년 미술 전문 월간지 『미술』이 현역 중견 미술평론가 13명에게 설문지를 보내 우리나라의 유화 "베스트 10"과 작가의 인기도를 조사했다. 이때 이인성(李仁星 1912~1950)의 작품 "경주산곡에서(1935년 작)" 1위, "가을 어느 날(1934년 작)"이 7위로 선정되었고, 인기도는 김환기(1913~1974)와 함께 1위를 차지했다.

짧은 서울 생활을 제외하고는 주로 대구에서 활동했던 것과 유화(油畫)가 이 땅에 자리 잡은 이후 많은 작가가 배출되었고, 더불어 수많은 작품이 발표되었던 것을 보면 1위에서 10위 사이에 하나의 작품이 선정되어도 화가로서는 큰 영광인데 그는 두 작품이 포함되었다. 이때 국민화가로 불리는 이중섭(1916~1956)의 대표작 "흰 소"는 2위였다.

그러나 이달의 문화 인물로 이중섭이 먼저 선정(1999년 1월)되고, 이인성은 4년 후(2003년 11월)에야 선정되었다. 이런 점에서 이인성은 작품의 우수성에 비해 저평가받고 있음을 알 수 있다. 이 점이 아쉬운 필자는 2000년 대구시 문화예술회관 기관지 『대구문화』에 우리 시민이 이인성을 더 사랑해 주었으면 좋겠다는 희망을 담아 짤막한 글 한 편을 기고했다.

공교롭게도 그해 대구광역시(시장 문희갑)와 뜻있는 문화계 인사들에 의해 "이인성 미술상" 제정 문제가 제기되었다. 그러나 일부 인사는 그의 주요 활동 기간이 일제강점기라는 이유로 반대했다. 그러나 결국 조례가 제정되어 이듬해부터 현재까지 시행되고 있다.

그때 문화예술과에서 실무를 담당했던 김훈진 사무관(훗날 남구청 국장으로 퇴임)에 의하면 일부 부정적인 생각을 가졌던 사람들에게 내가 기고한 월간 『대구문화』를 나누어 주며 설득했다는 이야기를 들었다.

이인성은 비교적 많은 작품을 남겼다. 그중에서 1930년대 그린 것으로 알려진 "계산동성당"에 나목(裸木)한 그루가 등장한다. 성당을 직접 방문해 그림 속의 나무에 대해 관계자 의견을 듣고 대구시가 추진하고 있든 "역사 속의 인물과 나무" 계획에 포함하여 "이인성 나무"로 명명(命名)하고 그 까닭을 작은 안내판을 설치했다. 그 후 골목 투어가 활성화되고, 계산성당(사적)이 주요 관광 장소가 되자 방문자들이 늘어나면서 이인성에 대한 인지도도 높아지기 시작했다.

천재로 불리는 화가 이인성은 북성로에서 출생하여 수창초등학교를 졸업하고 대구의 유력자이자 화가이기도 한 서동진(徐東辰, 1900~1970)으로부터 수채화 지도를 받았다.

1925년 12세 때 일본 동경에서 열린 "세계아동미술전람회"에 특상을 차지할 정도로 천재성을 발휘했다. 1929년 제8회 조선미술전람회에 입선한 뒤로 1936년까지 천부적 재능과 신선한 표현 감각을 발휘한 수채화와 유화로 입선과 특선을 거듭하여, 화가로서 크게 명성을 얻었다.

▲ 대구 최초의 예술 다방 아루스에서 그린 "계산성당"

1937~1944년까지 조선 미술전 추천작가로 참가하였다. 그에 앞서 1931년에는 그의 특출한 재능을 아낀 대구의 몇몇 유력자의 도움으로 동경에 유학하여 1935년까지 태평양미술학교에서 데생과 그림에 대한 전문적인 지식을 쌓았다.

1932년 전(全) 일본수채화회전을 비롯하여 제국미술원전(약칭 帝展), 문부성 미술전(약칭 文展), 광풍회전(光風會展)에 잇달아 입선하여, 이인성 예술의 절정기를 이루었다.

1944년부터 서울 이화여자고등학교 미술 교사로 재직하였고, 광복 이후에는 이화여자대학 미술과에 강사로 활동했다. 1948년 국화회(國畵會) 회화연구소를 개설하여 수채화와 유화를 지도하고, 동화백화점 화랑에서 개인전도 가졌다.

1949년 제1회 국전에서는 추천작가로 서양화부 심사위원이 되었으며, 1950년 6·25전쟁 중 한 술집에서 옆에 앉았던 마포 경찰서 김성환 순경과 시비가 벌어지고 귀가해 잠자고 있던 그를 불러내 권총을 쐈다. 이게 38세 천재 화가 이인성의 마지막이었다. 어떤 평론가는 그를 두고 "한국의 고갱"이라고 한다. 2003년 두류공원 인물 동산에 입상(立像)이 세워졌다. 주변에 대표작의 하나인 해당화

▲ 그림 '계산성당'에 나오는 감나무

(海棠花)를 심어주기도 했다. 어느 날 서점에 들렀다가 손녀 이민선 양이 할아버지가 그린 그림의 배경이 된 미술관과 대구와 경주를 오가면서 쓴『우리 할아버지 이인성(2003)』을 보니 "성당을 나오기 전에 마지막으로 나는 나무(이인성 나무)를 꼭 안아 보았답니다."라고 한 구절이 있어 이 일을 주도한 나로서는 매우 흐뭇했다. 친인척도 아니고, 소장한 작품 한 점도 없으며, 화가도 아닌 데도 내가 이인성에 대해 매달린 이유는 그가 대구가 배출한 뛰어난 화가라는 점에 비해 그를 모르는 대구시민이 많아 혼자라도 나서서 알려보자는 생각이었다.

그림 속의 감나무는 계산성당의 한 구성원이기도 하지만, 화가 이인성을 지켜주는 성령의 깃든 나무다. 1937년 7월 15일, 이인성이 대구 최초로 개점한 예술 다방 아루스(Ars, 서구식 살롱)가 〈이인성 예술체험공간

아루스〉라는 이름으로 88년 후인 2025년 같은 날 문을 열었다. 이 기적 같은 일로 이인성은 대구시민 곁에 한 발짝 더 다가서게 되었다.

| 태평양 전쟁 말기에 대작을 출품해 세상을 놀라게 한 작품 해당화

이인성 역시 여느 화가와 마찬가지로 그림에 나무를 자주 등장시켰고 "사과나무", "복숭아", "해당화"를 화제(畵題)로 삼았다. 특히, 이들 작품 중에서 "해당화"는 "조선 미전 마지막 회에 출품한 이 작품은 회심의 역작인 듯하다. 그러나 바닷가 언덕과 세 인물의 묘사에서 보이는 사실적 묘사는 전쟁화를 연상시키며, 색채 또한 1930년대 중반 작품에서 보였던 강렬함은 사라지고, 그 자리엔 고전적인 화풍이 자리 잡고 있다." (신수경: 한국미술연구소 연구원) 라고 하여 그의 그림 세계에서 특별한 위치를 차지하는 작품이라는 것을 알았다. 따라서 두류공원 인물동산 동상(銅像) 옆에 해당화 한 그루 심어주고 싶었다.

해당화(海棠花)는 이름에 바다 해(海)자가 들어 있듯이 바닷가 모래밭에 잘 자라는 잎 떨어지는 넓은 잎 떨기나무로 육지에서도 생육이 양호하며 늦은 봄부터 초여름까지 선홍색(鮮紅色)

▼ 해당화(1944년 작, 150호, 227*162)

꽃이 피는 줄기에 가시가 있는 나무다.

어떤 일로 당시 대구미협의 김일환 회장을 만나 생각을 전했더니 좋다고 하여 용기를 얻었다. 공원관리사무소 김 계장에게 여가를 봐서 동상 옆에 구덩이를 파 놓으면 나무를 구해 심겠다고 하였으나, 시간이 흘러도 시행되지 않아 그의 무성의에 조금은 서운해 다시 전화했더니, 인부들에게 묘목까지 구해 주며 심으라고 했는데, 위치를 몰라 딴 곳에 심은 것 같다고 해 섭섭했던 마음이 다소 누그러졌다.

그러나 그나마 그가 전출되어 실행하지 못하고 있었다. 미련을 버릴 수 없어 옛 동료였던 최태성 주무관에게 다시 부탁했더니 얼마 지나지 않아 구덩이를 알맞게 파 놓았다. 심는 시기를 놓지 지 않으려고 산림조합이 개설한 공설 나무 시장은 물론 서문시장 주변의 노점상까지 뒤졌으나 허탕을 쳤다. 하양 묘목 시장에 갔다. 거기서도 몇 집을 거쳐서 마침내 해당화 묘목을 발견했다.

그러나 여러 그루를 묶은 다발로 팔지 한 그루만은 팔지 않는다고 했다. 먼 길을 가서 헛걸음칠 수도 없어 다소 부담이 되더라도 한 묶음 그대로 사서 심으려고 했다. 값을 물었더니 간절한 내 소망이 그의 마음을 움직였던지 사장(정동환, 한국종합종묘)이 그냥 한 그루 주었다. 시작이 좋으면 끝도 좋다던가? 돈 한 푼도 들이지 아니하고 소원을 이룰 수 있었다. 이튿날(2006년 3월 31일) 아침, 구덩이를 다듬어 심고 물을 주니 겉보기와 달리 배수(排水)가 잘되지 않았다. 공원을 찾을 때마다 들러 생육 상태를 살펴보았으나 가져올 때 간수를 잘못해서 그런지 줄기가 마르고 있었다. 손톱으로 긁어보았더니 뿌리 부분은 용하게도 살아 있는 것 같아 안도하며 북을 돋아 주었다. 이런 노력의 덕분인지 새로 잎이 나서 기뻤으나, 그것도 잠시 동상(銅像)을 가까이

서 보려는 사람들에 의해 밟혔는지 새로 돋아났던 잎은 흔적도 없이 사라졌다. 이 소식을 들은 아내가 새로 묘목을 구해 주어 다시 심어 놓았으나 이 나무 역시 죽어 이상윤 공원관리소장과 이동춘 계장에게 부탁했더니 2007년 3월 하순 다시 심어주었다.

그런데 이 무슨 변고런가? 누가 일부러 그랬는지 줄기를 모두 잘라 흔적도 없이 사라졌다. 위대한 화가에게 해당화 한 그루 헌수(獻樹)하는 것이 이리도 어려운가? 다시금 낭패감에 졌었다. 그러나 천우신조였던지 새싹이 돋고 있는 것이 아닌가. 혼자 탄성을 지르며 공원에 근무하는 동료 최태성 주무관에게 전화를 걸어 울타리를 만들어 달라고 부탁했다. 며칠 후 현장을 찾았을 때 아주 튼튼한 쇠 말뚝을 박아 사람이 접근하지 못하도록 쳐놓았다. 그러나 이런 노력에도 불구하고 무심한 방문객의 등 살에 시달려 그런지 사라졌다. 인연이 없는 일에 너무 매달리나 싶어 아예 단념했다.

그런데 재작년 조선일보(2023. 3. 4.)에 "시대가 외면했던 38세 요절 화가— 누가 천재를 쏘았는가?"라는 장문의 기고문에서 국립현대미술관 근대미술팀장(김인혜)은 "일제강점기 손기정과 같은 해에 태어나 손기정에 비견되는 인사로 대활약한 천재 화가가 있었다. 그의 이름은 이인성(1912~1950), 당시 일본인들 사이에는 이런 말이 나돌았다. 조선인들은 그다지 인정하고 싶지 않지만, 이 세 사람의 조선인 만큼은 인정하지 않을 수 없다. 마라톤의 손기정, 무용의 최승희, 그림의 이인성'. 흠, 그런데 이상한 일이다. 오늘날 손기정과 최승희의 이름을 기억하는 이는 많지만 어째서 이인성은 우리 사회에서 거의 잊힌 존재가 되었을까?" 하고 말미를 이렇게 장식했다.

"이인성의 사후 그에 대한 미술계와 학계의 평가도 지나치게 야박했다. …조선총독부가 주도한 관전인 "선전"이나 일본의 "제전"에서 주로 활약했기 때문이라는 것이 비판의 주된 이유인데 그게 어쨌다는 건가? 이 가난한 화가가 자신의 존재를 증명할 사회 시스템이 그것뿐이었는데 그것밖에 없는 식민지 시대를 탓해야지, 왜 개인에게 그 구조를 뛰어넘어 생존할 것을 기대하는가? 그마저 생존해 내지 못하고 덧없이 죽은 화가에게 말이다.

일장기를 달고 뛴 손기정이나 '사이쇼키'라는 이름으로 세계를 누빈 최승희는 어쩔 수 없었다면서 왜 유독 이인성에게만 "관전화가"라는 딱지를 붙여 평가하는지 억울하다. 이인성의 울분이 전이된 듯 억울하다."라고 끝을 맺어 대구 사람임을 부끄럽게 했다. 이 글의 충격(?)으로 2024년 가을, 공원관리소 이종영 계장을 만나 자초지종을 이야기하고 다시 심어주기를 부탁하였더니 제법 큰 면적에 여러 그루를 심었다. 이듬해, 즉 2025 봄에 전화를 걸어 생육 상태를 물었더니 겨울 가뭄으로 일부 고사했다고 해서 나와의 인연이 이렇게 또 끝나는구나 하는 생각을 하며 꽃이 다 졌을 7월 무렵 찾았더니, 일부 죽기는 했으나 예상과 달리 십여 그루는 살아 있고 일부는 뿌리 부분에서 새싹이 돋고 있어 이제 완전히 자리를 잡는 것을 확신했다. 참으로 긴 20여 년의 우여곡절 끝에 이인성 곁에 해당화를 두는 행운을 얻을 것 같다.

음악을 사랑하는 성형외과 김덕영, 전 중구문화원장이 국민 가곡으로 불리는 현제명의 "고향생각" 노래비를 사비로 만들어 그가 어린 시절 합창단으로 활동했고, 대구시가 "현제명 나무"로 명명(命名)한 청라언덕의 제일교회 후원 이팝나무 부근에 세우려다가 당국의 비협조, 일부 시민단체의 반발 등으로 불가능해지자 현재 그의 개인 병원 앞 전정(前庭)에 세워져 있다.

▲ 현제명(1920년대) 숭실학교 재학시절

음악가 현제명(玄濟明, 1902~1960)은 박태준(朴泰俊, 1901~1986)과 더불어 우리나라 음악계의 선구자들이자 자랑스러운 대구 출신 인물이다.

그러나 박태준의 동상은 달서구 월광수변공원, 동무 생각의 노래비는 청라언덕에 세워져 있는 데 비해, 현제명의 노래비는 만들어 놓고도 세우지 못하고 있다.

까닭은 현제명의 친일 행적과 무관하지 않다. 아무리 우수한 음악가이고, 우리나라 음악 발전에 토대를 쌓았다고 하더라도 일제 강점기 질곡의 세월을 살아온 우리 민족이나 독립운동을 위해 편안한 삶을 포기하고 국내외에서 활동하다가 고초를 당한 독립운동가들로서는 용서하지 못할 일일 수도 있다. 그러나 그가 처음부터 친일에 앞장섰던 것은 아니다. 안창호가 조직한 민족운동 단체인 흥사단의 국내 조직인 수양동우회에서 활동하다가 체포된 일도 있었다.

이런 점을 보면 누군가 말했듯이 "그 모진 세월을 살아보지 못하고, 지금의 잣대로 그들을 함부로 비난할 수는 없다. 당시 음악계의 지도자들이 실제로 강요나 협박에 못 이겨서 억지로 협조한 것일 수도 있다."라는 말로 변명할 수 있을 것이다. 또한 "서울대학교 음악대학 창설의 주역이었고 제국주의 일본의 황군을 격려하는 '가는 비', '서울' 등의 노래를 작곡하고 친일 단체인 조선음악협회의 이사를 맡기도 해 일제 말 친일 음악계의 대부로 평가받은 비난"에 대해서 자유로울 수 없다.

그러나 현제명은 국민 가곡으로 불리는 "고향 생각"과 "그 집 앞", "나물 캐는 처녀", "희망의 나라로" 등 주옥같은 가곡과 우리나라 최초의 오페라 "춘향전" 등 많은 작품을 남겼다. 특히 "희망의 나라"는 필자가 시청에 몸담고 있을 때 대구시청의 신년 시무식(始務式) 단골 레퍼토리였다.

현제명의 노래비를 고향 대구에 설립하자는 취지를 적극적으로 지지하는 이유는 첫째 2002년 광복회가 반민족행위처벌법을 근거로 발표한 광복회의 『친일반민족행위자』 692명의 명단에 포함되지 않았다는 점이다. 명단에 없다고 하여 물론 그의 친일 행위가 정당화될 수 없지만, 독립운동가의 후손들로 구성된 광복회가 그 정도의 친일은 사면(?)해 주었다고도 보아도 무방하지 않겠느냐 하는 뜻이고, 둘째는 이와 달리 서정주 시인은 친일반민족행위자인 명단에 포함되었는데도 그를 기리는 문학관, 문학제 등이 언론, 지자체, 대학이 연계하여 지원하고 있다는 점이다. 이 역시 그의 과거 행적보다 예술성을 높이 평가한 것 때문일 것이다.

셋째는 같은 시대 같이 활동했던 홍난파(1898~1941)의 경우다. 그 역시 친일에서는 자유롭지 못하다. 그러나 그를 기리는 노래비가 고향 시흥시 남양읍과 수원 팔달산공원 등 2개가 있고, 종로구 홍파동에 기념관이 있으며, 난파음악상은 친일파라고 하여 일부 수상자가 거부한 사례도 있으나, 1968년 제1회를 시작으로 계속 이어지고 있으며, 그의 서거 80주년을 맞아 종로구가 홍난파 가곡제를 개최하였다.

음악가 현제명을 어떻게 봐야 할 것인지를 가장 잘 이해한 분이 지역의 원로 음악가 남세진 교수다. 남 교수는 매일신문(2011. 3. 11)과의 인터뷰에서 "현제명과 박태준은 한국 최고의 음악인이다. 그럼에도 제대로 조명하지 못해 빛이 바랜 면이 있다."고 하면서 "흔히 현제명 선생의 친일 행적을 문제 삼는데, 당시 상황과 분위기를 정확하게 모르는 상황에서 너무 한쪽으로 몰아세우는 것 아니냐?"고 했다.

그는 "친일 행적은 친일 행적으로 평가하고, 음악적 업적은 또 그것대로 따로 평가해야 한다. 친일 행적 때문에 소중한 국가적 자산을 잃어서는 안 된다."고 말했다.

이어 남 교수는 "오스트리아 태생의 세계적인 지휘자 카라얀은 나치 당원으로 활동했지만 면책받았고, 왕성한 활동을 계속해 위대한 음악적 업적을 이루었다."며 "우리가 우리를 홀대하는데, 어떻게 한국 최고, 세계 최고가 될 수 있겠느냐? 현제명 선생뿐만 아니라 문화 예술계 전체가 상대의 잘못보다는 잘하는 점에 주목할 줄 알아야 더욱 성장할 수 있다."고 했다.

이런 점을 볼 때 친일이라는 점만 부각해서 단죄하기보다는 그의 음악적 업적이 참고 되었으면 한다.

2008년. 학술지 〈한국사 강좌〉는 문화, 종교, 언론, 여성 분야에서 해방공간에서 "대한민국 건국 60주년 특집 대한민국을 세운 사람들" 32명 중에서 예술 분야 한 사람으로 선정될 만큼 해방정국의 혼란기에 나라의 틀을 바로 잡는 데 이바지했다.

▲ 김덕영 전 중구문화원장이 청라언덕에 세우기 위해 마련한 현제명 노래비, 현재 그의 병원 앞에서 때를 기다리고 있다.

빗돌을 세움에 있어 친일이 걸림돌이라면 그 내용을 표석에 기록해도 무방하다고 생각된다. 실제로 시인, 서정주나 소설가 채만식의 문학관에는 그들의 문학적 업적과 더불어 친일 행적도 기술해 놓았다. 사람이 일생을 살면서 늘 선한 일만 있었던 것이 아니고 과도 있으니, 삶의 궤적(軌跡)을 있는 그대로 기록해 두는 것이 좋다고 본다. 건립 장소는 계성학교 시절 뛰놀며 음악적 감성을 다듬었을 소년 시절의 추억이 깃든 청라언덕 "현제명 나무"로 명명된 이팝나무 부근이 좋을 것 같다.

제일교회는 어린 그가 합창단원의 일원으로 음악가로 대성하는 데 크게 이바지한 곳이자, 일대에는 동시대 음악을 통해 대구를 빛낸 박태준의 노래비가 있는 곳이다.

대구는 지방 도시로서는 유일하게 오페라 전용 극장 대구오페라하우스가 있는 도시이고 우리나라 최초의 오페라 "춘향전"을 작곡한 사람 또한 대구 사람 현제명이다. 그런데도 그의 춘향전이 개관 초연 작품이 아니었던 것은 너무나 아쉽다.

이런 일이 유네스코 음악 창의 도시 대구의 위상에 맞는지 또는 다른 도시 사람들이 자기 고장이 배출한 친일 예술가를 자치단체와 시민이 함께 기리는 것을 볼 때 우리 대구가 너무 편협한 것은 아닌지 생각해 보면서 현제명 노래비 세우는 일에 시민의 동참이 있었으면 한다.

왕벚나무를 세계에 알린 에밀 다겟 신부

2015년이었다. 정홍규 신부(대구가톨릭대학 교수)는 왕벚나무의 자생지가 우리나라 한라산이라는 사실을 밝히는 데 결정적으로 도움을 준 에밀 다겟(Emile Taquet, 1873~1952) 신부가 1922년 천주교 대구교구청 산하 성유스티노신학교 교수로 오면서 제주에서 가져와 안익사 앞과 대건관 옆, 성바오로수녀원에 심은 3그루가 있다는 제보를 중구청에 했다.

이에 중구청(담당 김명주 관광개발과장, 훗날 국장으로 퇴임)에서는 놀라운(?) 이 제보를 검증하기 위해 필자와 박상진 경북대학교 명예교수를 초청해 현장 조사를 했다. 그러나 꽃이 진 상태여서 진위(眞僞)를 가리기 어려워 유전자를 검사하기로 하고, 왕벚나무 연구로 학위를 받은 국립산림과학원 김찬수 박사에게 의뢰했다.

▲ 에밀 다겟(1873~1952)

6월 23일 드디어 김 박사와 연구진 일행이 대구에 오고, 정홍규 신부를 비롯한 박 교수, 필자 대구수목원 유성태 연구사 등이 참여한 가운데 안익사 앞과 대건관 옆의 2그루에서 시료를 채취했다. 이때 정홍규 신부는 교구청 내 성직자 묘역의 다껫 신부의 묘소도 안내했다.

이에 김 박사는 지금까지 왕벚나무를 연구해 오고 있지만, 다껫 신부의 묘소가 대구에 있다는 것과 학계에서는 타케로 부르는데, 다껫인 것도 처음 알았으며, 발음상 일본인으로 오해하는 사람도 있어 이후 묘비명에 적힌 것과 같이 다껫(Taquet)으로 통일하는 것이 좋겠다는 의견도 피력했다.

그러나 그 후 그가 보낸 유전자 감식 결과는 2그루 모두 한라산 자생지의 왕벚나무와 연관성이 없으며 시중의 왕벚나무와 별 차이가 없다고 했다. 다껫 신부가 가져와 심었다면 응당 제주 자생지와 같은 나무일 것으로 믿었든 필자로서는 실망이 컸다.

다껫 신부는 국적이 프랑스로, 우리말 이름은 엄택기(嚴宅基)이다. 1873년 프랑스 북부 캉브레(Cambrai)에서 태어났다. 파리 외방 전교회 신학교에서 사제서품을 받고 1898년 서울에 도착했다. 부산 범일 본당(당시 초량성당)의 3대 주임을 역임하고, 밀양, 김해, 진주, 거제, 마산에서 선교활동을 하다가 1902년 서귀포 본당(당시 한논 본당) 주임으로 부임했다. 그는 선교활동 이외 식물채집에도 열성을 보였다.

1907년 포리 신부와 구상나무를 채집하고, 1908년 4월 14일 관음사 일대에서 왕벚나무를 채집해 독일 베를린대학 쾨네 교수에게 보내 1912년 제주벚나무(Prunus yedoensis var. nudiflora Koehne)로 세상에 알렸다.

1931년 성유스티노 신학교 교장을 역임하고, 1945년 67세 때 고령으로 사임하고 은퇴해 지내다가 1952년 심장마비로 별세했다. 1911년 일본 아오모리에서 사목 활동하던 같은 국적의 포리(Faurie R. P) 신부로부터 온주밀감 14그루를 얻어와 제주에 보급한 인물이기도 하다.

▲ 천주교 대구교구청 구내 다겟이 제주에서 가져와서 심은 왕벚나무

서귀포성당 면형의 집 뜰에 그때 일본에서 가져온 온주밀감 한 그루가 남아있어 직접 찾아가 사진도 찍은 일도 있었으나 아쉽게도 2019년 고사(枯死) 했다고 한다.

그러나 정말 기쁜 소식은 일 년 후 개최(2016년 4월 4일)된 정홍규 신부가 주관한 "왕벚나무 통합생태론 컨퍼런스"에서였다. 영남대학교 박선주 교수는 국립산림과학원 김찬수 박사가 시행한 유전자 감식 결과와 달리 안익사 앞엣것과 성바오로 수녀원의 것 모두 다겟 신부가 발견한 제주 봉개동 왕벚나무와 유전자가 유사하다고 했다.

양 전문가의 연구 결과가 달라 아쉽기는 하나, 이왕이면 동향(同鄕)의 영대 박 교수의 연구 결과를 수용하고 싶다. 그렇다면 대구는 천연기념물 제1호인 동구 도동 측백나무숲 등과 같이 또 하나 귀중한 생명 문화유산을 보유한 도시가 되기 때문이다.

다켓 신부는 왕벚나무 이외에도 섬잔대(Adenphora taquetii Leveille), 한라부추(Allium taquetii Leveille et Vaniot), 왕밀사초(Carex taquetii Leveille), 두메담배풀(Carpesium taquetii Leveille), 섬잔고사리(Diplazium taquetii C. Christensen), 반들고사리(Dryopteris taquetii C. Christensen), 갯취(Ligularia taquetii Nakai), 좀갈매나무(Rhamus aquetii Leveille), 제주가시나무(Rosa taquetii Leveille), 사슴딸기(rubus taquetii Leveille), 해변취(Saussurea taquetii Leveille et Vaniot), 한라꿩의 다리(Thalictrum taquetii Leveille), 뽕피나무(Tilia taquetii C. K. Schneider) 등 모두 15종의 식물을 발견해 우리나라 식물학 발전에 크게 이바지했다.

정홍규 신부는 『에밀 타케의 선물, 2019년 다빈치출판사』을 출판한 이외, 같은 해 "(사) 에밀타케식물연구소(타케를 묘비명과 같이 다켓으로 표기하지 않은 점이 아쉽기는 하지만)"를 설립하고 현재 우리 고유의 왕벚나무를 "K-왕벚나무"로 개명하여 경주지역을 시작으로 우리 국토 곳곳에 심어진 소위 사쿠라를 모두 바꾸겠다는 원대한 계획을 추진하고 있다.

릴케와 더불어 세계적인 고양이 시인
이장희(李章熙)

예향의 도시를 두고 통영이다, 남도(南道)다 등 이런저런 이야기가 회자(膾炙)되고 있다. 그러나 무엇을 잣대로 평가하든 대구가 우리나라 제일의 예향(藝鄕)이라는 점은 부인할 수 없다. 일제강점기는 정치, 사회와 경제적으로 모두 어려운 시기였고 대구도 예외가 아니었다. 이런 열악한 여건 속에서도 우리나라 문화계를 대표하는 기라성(綺羅星)과 같은 예술가들이 배출되어 각기 그 분야에서 나라를 대표하는 역할을 했다.

이장희 시인

1920년대 동인지인 '금성' 3호에 실린 이장희 시인의 대표작 '봄은 고양이로다' 원문. 〈대구문화재단 제공〉

자타가 인정하는 예향(藝鄕), 통영의 경우, 음악가 윤이상, 소설가 박경리, 김용익, 시인 유치환, 김춘수, 김상옥, 연극인 유치진 등이 잘 알려져 있다. 그러나 장르별로 보면 음악과 문학, 연극 세 분야뿐이다.

그러나 대구는 다르다. 음악 현제명(玄濟明, 1902~1960), 박태준(朴泰俊, 1900~1986), 그림 이인성(李仁星, 1912~1950), 김용조(金龍祚, 1916~1944) 이쾌대(李快大, 1913~?), 서예(書藝) 서병오(徐丙五, 1862~1935), 서동균(徐東均, 1902~1978), 소설가 현진건(玄鎭健, 1900~1943), 시인 이상화(李相和, 1901~1943). 이장희(李章熙, 1900~1929), 이육사(李陸史, 1904~1944), 연극, 홍해성(洪海星, 1893~1957), 영화감독 이규환(李圭煥, 1904~1982) 등이 있고 소설가 김동리(金東里, 1913~1995)는 계성학교 다니다가 서울로 전학했고, 박목월(朴木月, 1916~1978)은 같은 학교 재학 중에 등단했으며, 소설가 김원일(金源一, 1942~)도 창작의 밑거름이 된 감수성이 왕성하던 청소년기를 대구에서 보냈다.

특히, 김춘수(金春洙, 1922~2004), 유치환(柳致環, 1908~1967)은 고향이 통영이나 주로 대구에서 활동하며 대가(大家) 반열에 든 분들이다. 이 어찌 대구가 예향이라 하지 않을 수 있겠는가? 그러나 이 글에서는 일제강점기 고양이 시인으로 잘 알려진 비운(?)의 예술가 고월(古月) 이장희(李章熙, 1900~1929)에 대해서만 짚어보고자 한다.

작가의 시(詩) 세계는 비전문가가 논할 분야가 아니라고 생각되어 생략한다. 그동안 잘 알려지지 않았던 고월(古月)의 이야기를 에피소드 중심으로 소개하고자 한다.

고월은 여느 시인들과 달리 작품을 많이 남기지 않았다. 대체로 29세로 요절한 데 그 원인을 찾을 수 있을 것 같다. 그러나 그가 다작(多

作)보다 질적으로 우수한 시인으로 평가받는 것은 글을 쓰는 사람이라면 누구나 선망하는 국민 필독서, 즉 국어 교과서에 실릴 만큼 검증된 시인이라는 점에서 알 수 있다.

고월 자신도 영광이지만 그를 배출한 대구로서도 자랑스럽다. 이런 위상에 걸맞게 동시대 활동했던 벗이자 민족시인인 이상화(李相和)와 더불어 두류공원 인물 동산에 시비(詩碑)가 나란히 세워졌다.

고월(古月)은 본관이 인천(仁川)이다. 1900년 이병학(李柄學)과 박금련(朴今連) 사이에 3남으로 태어났다. 처음 이름은 양희(樑熙)었다. 1920년 장희(樟熙) 개명하였고 현재 불리는 장희(章熙)는 그의 필명이다.

아버지는 서울 출신으로 궁내부(宮內府, 황실과 궁중 관련 사무를 담당한 부서) 주사(主事)로 근무하다가 대구로 내려와 소금도매업 등으로 큰 부를 쌓았다. 이후 경영에 수완을 발휘하여 거듭 부를 축적하여 은행을 설립하는 데 참여하고 큰 저택을 가지면서 1909년 순종 황제가 대구에 왔을 때 궁중 고문관 등 수행원들의 숙소로 제공했다.

사교성이 뛰어나 박중양, 서병조, 장직상 등 대구의 유지들과 어울리면서 조선총독부 자문기관인 충추원(中樞院) 참의(參議)까지 지냈다.

5살 때 모친을 잃은 슬픔과 아버지가 재취(훗날 3취까지 했다)를 얻는 등 가족 관계에 대한 불만으로 우울한 소년 시절을 보냈다. 그러나 대구초등학교에 입학하면서 딴 사람처럼 학업 성적이 우수했을 뿐만, 아니라, 지도력도 뛰어나 1912년 졸업할 때까지 여러 차례 급장도 하고 서예와 그림에 소질을 보였다고 한다.

▲ 고월의 유묵 박연(博淵)

1913년 일본에 유학, 경도중학(京都中學)에 다녔다. 서구와 일본의 문학 작품을 접하고 아버지의 속박에서 벗어난 해방감을 만끽하며 그의 생애에서 빼놓을 수 없는 중대사, 문학소녀 에이꼬(榮子)와 사랑이 싹트기 시작했다. 그러나 내성적인 그는 말 한마디 건네지 못하고 귀국하고 말았으나, 그 애틋한 감정은 훗날 "동경(憧憬)"이라는 시를 탄생시켰다.

그러나 그는 기혼자였다. 아버지가 총독부 관리가 되길 권하고, 일인(日人)과 사이에 통역을 부탁했으나 거절하였다. 이로써 아버지의 미움을 받아 용돈도 충분히 받지 못해 늘 궁핍한 생활을 해야 했다.

1923년 서울, 장사동으로 거처를 옮기고 부인이 서울로 올라와 애정을 회복하기 위해 노력하였으나 결국 별거하였다. 이듬해인 1924년 24세 때 동향인이자 대구시민의 노래 작사가이기도 한 목우(牧牛) 백기만(白基萬, 1902~1967)의 권유로 금성 동인이 되어 시 "실바람 지나간 뒤", "새 한 마리", "불놀이", "무대", "봄은 고양이로다" 5편과 톨스토이 번역 소설 "영구한 귀향"을 『금성지』 3호에 발표하면서 문단에 데뷔했다.

이후 여러 잡지와 동인지에 작품을 발표하다가 1929년 11월 3일 서성로 1가 103번지 본가 행랑채에서 자살하여 주위 사람들을 놀라게 했다. 가족들이 화장하려는 것을 친구들의 항의로 50대의 인력거를 동원한 성대(?)한 장례가 치러졌고 신암동 선영에 안정하였다. 그러나 묘비 하나 남기지 않아 지금은 그 유택을 아는 이가 없다. 비사교적인 성격으로 사람 만나는 것을 좋아하지 않았지만, 양주동, 백기만, 오상순, 이상화, 현진건, 김영진, 변영로와는 가깝게 지냈다고 한다.

유명을 달리한 그해 11월 30일부터 12월 1일까지 양일간 유작 전시회와 추도회가 조양회관에서 개최되었고, 1951년 목우 백기만에 의해 시 11편이 수록된 『상화와 고월』이 간행되었다.

그 후 1996년 대구문인협회(회장 여영택)에 의해 시 35편을 비롯하여 백기만의 "상화(尙火)와 고월의 회상", 양주동의 "낙월애상(落月哀想)"과 "고월(古月)의 추억", 오상순의 "고월(古月) 이장희 군(李章熙君)"과 "고월(古月)과 고양이", 윤장근의 "고월(古月) 이장희(李章熙)의 생애(生涯)", 그 이외 "고월 이장희 연보(年譜)" 등 고월에 대한 많은 정보와 1900년대 한글학회의 맞춤법과 띄어쓰기로 정리한 시집 『봄은 고양이로다』가 출판되었고, 1996년 두류공원 인물 동산에 시비가 세워졌다. 여(呂) 회장과 당시 편집에 참여했던 분들의 정성이 책 속에 그대로 녹아 있어 새삼 존경스럽다.

2005년 매일신문(6월 11일 자)은 미국 알프레드 노프 출판사가 간행한 고양이를 주제로 한 세계 걸작 시선집 『The Great Cat』에 보들레르(프랑스)의 "Cat", 폴 발레리(프랑스)의 "White Cat", 릴케(오스트리아)의 "Black Cat", 파블로 네루다(칠레)의 "From Cat" 등 세계 거장들의 작품과 함께 고월의 대표작 "봄은 고양이로다"가 외교관 출신 시인 고창수(高昌洙)가 "The Spring is A Cat"으로 영역한 시가 소개됨으로써 세계적인 시인들과 어깨를 나란히 한 작가가 되었다고 보도했다.

고월의 시가 이 시선집에 수록될 수 있었던 것은 한림출판사가 1985년 한국과 미국에서 발간한 영역(英譯) 시집 『Best Loved Poems of Korea』를 통해 미국 문단에 알려졌기 때문이다. 또한 이 번역 시는 뉴욕 메트로폴리탄 미술관이 1999년 고양이를 소재로 삼은 세계 명화(名畫)와 함께 발간한 시화집(詩畫集)에도 실렸었다고 한다.

2017년 3월, 20일부터 8월 26일까지 대구문학관에서 대구문화재단의 지원을 받아 "고월(古月)의 봄"이라는 주제로 특별전이 개최되었으나, 이후 그는 대구 문단에서 거의 주목받지 못했다.

고월이 태어난 생가터는 우현서루(友弦書樓)를 운영하였던 상화(相火)의 큰아버지 소남 이일우 고택(현, 우현 하늘마당) 부근으로 최근 오피스텔과 아파트가 들어섰다. 그러나 참으로 행운인 것은 고월의 시혼(詩魂)이 스며들어 있는 터의 일부가 남아 있었다. 표석 하나쯤은 세울 수 있는 충분한 공간이라서 가슴이 뭉클했다.

1996년, 여영택 대구문협 회장이 그랬듯이 다시 그를 시민 곁으로 불러오기 위해 필자가 발의하여 오류문학회(회장 최순태, 표석 설치 추진 위원장 홍종흠, 간사 김도상)와 인천 이씨 대구 문중(門丈 이대하)이 공동으로 시집을 발간하고 표석을 설치하고자 한다.

한강 정구 선생과 대구

북구 사수동에는 한강로(寒岡路)와 한강공원 (寒岡公園)이 있다. 혹자는 한강은 서울에 있는데 웬 한강로와 한강공 원이냐 하고 반문할 수도 있다. 그러나 한자로 서로 다를 뿐 아니라, 서울의 한강(漢江)은 강남과 강북을 나누며 동서로 흐르는 강이고, 북 구 사수동의 한강(寒岡)은 조선 중기 성리학자로 서애 유성용, 학봉 김 성일, 우복 정경세, 여헌 장현광과 더불어 영남 오현(五賢)의 한 분인 정구(鄭逑, 1543~1620)의 아호(雅號)이다.

▲ 한강 정구 선생 상

녹색도시 대구에는 800여 개 공원이 있다. 그중에서 특정한 인물을 기리기 위해 조성한 공 원은 모두 4곳이다. 즉, 임진왜 란 때 왜적을 크게 물리친 의병 장 망우당(忘憂堂) 곽재우(郭再 祐)를 기리는 동구의 "망우당공 원", 대구에서 최초로 의병을 일으켜 공을 세운 월곡(月谷) 우 배선(禹拜善)을 기리는 달서구의 "월곡역사공원", 최근에 조성한 코미디언 송해(宋海)를 기리는 달성군의 "송해공원"이다.

"한강공원"도 물론 이 범주에 포함된다. 이들 공원이 여느 공원과 다른 점은 대구를 빛낸 인물이라는 이외 망우당과 송해공원은 조성 재원이 시비나 국비이고, 월곡역사공원은 부지는 단양 우씨 문중이 사업비는 시와 구가 부담한 데 비해 한강공원은 국비나 시비가 아니고, 전액 LH 재원이라는 점이 다르다.

한강공원은 "달구벌 얼찾는모임(대표 이정웅)"이 주관하고, 금호사수 지구택지개발주민대책위원회(회장 박만규), 칠곡향교(전교 정용규), 후손들의 모임인 청주정씨 문목공 대종회(명예회장 정건용, 회장 정재담)의 협조와 대구시 도시계획과 한영기 팀장, 코리아랜드스캐이프연구소 이제화 박사, World Amenity 환경조형연구소 오용환 박사의 설계 지원으로 민간단체가 조성을 제안한 것 또한 다른 공원과 다르다.

즉, 시민 휴식 공간이라는 공원 본래 목적에 충실하면서도 지역의 정체성을 담는 데 노력했다. 이러한 제안은 수백 년을 살아오다가 택지개발로 보금자리를 잃고 상실감이 큰 지역 주민들을 위해서도 좋을 것으로 생각된다. 이점은 LH가 향후 택지개발 시 특별히 유념해야 할 사항이다.

진행 중 문제가 발생할 때마다 앞장서서 해결해준 이상희 전 장관과 LH 소속 이동영 부장의 조언도 큰 도움이 되었다. 면적 41,736 ㎡(12.625평)에 사양정사, 유허비, 시비(詩碑), 관어대(觀魚臺)를 본떠서 만든 정자와 연못, 매화원, 실개천 등이 대표적인 시설이다.

공원 입구의 양졸재 정수와 아들 경한재 정천주의 유적비는 공원용지 섬뫼산(또는 수뫼산)의 원 소유주이자 양졸재의 묘가 있던 곳이기에 동래정씨 문중에서 세웠다. 두 분 다 한강의 제자이자 부자간이며 특히, 양졸재는 대구 십현의 한 분이고, 경한재는 한강의 봉산욕행에 동행했다.

 마을의 남북을 흐르는 개천에 한강이 즐겨 찾던 무흘구곡을 재현해 보려고 했으나 수량이 부족하여 불가했고 사양정사(精舍) 복원 시 서쪽의 서재 지경재와 명의재는 넣지 않고 모두 대청으로 처리했다. 방을 넣으면 불량배들이 은신하다가 화재를 낼 위험이 있기 때문이다.

▲ 한강 정구 선생을 기리기 위해 조성한 한강공원

 2007년, 공원 조성 제안 6년 후 2013년에 준공하고, 2018년 청주

정씨 문목공 대종회와 한강 정구 선생 기념사업회(회장 정안식)가 고유제(告由祭)를 지내고 2020년에는 한강학 연구원(이사장 정재담)에서 한강 선생 서세(逝世) 400주년 추모제와 학술대회를 개최하였다.

1617년(광해군 9), 한강이 75세에 손수 지은 사양정사는 1651년(효종 2) 사양서원으로 승격되어 석담(石潭) 이윤우(李潤雨)를 종사(從祀)하였으며, 1694년(숙종 20)에는 칠곡군 지천면 신동으로 옮겨 광주인 송암(松巖) 이원경(李遠慶)을 별사(別祠)에 추향(追享) 하였다. 그러나 고종 때 훼철 되고 현재 사양서당강당(경북 문화재 자료)으로 남아있다.

그런데 왜 성주 출신 한강을 기리는 공원을 대구, 그것도 북구 사수동에 조성했을까?

대구에는 고려말, 조선 초 포은 정몽주(鄭夢周, 1337~1392)의 문인으로 예조판서를 지낸 전백영(全伯英, 1345~ 1412)과 달성공원을 나라에 헌납한 서침(徐忱, ?~?) 등이 있었고, 영천에 유배되었던 유방선(柳方善, 1388~1443)의 문인으로 오랜 기간 양관 대제학을 지낸 서거정(徐居正, 1420~1488), 점필재 김종직(金宗直, 1431~1492) 문인으로 조선 성리학을 계승한 김굉필(金宏弼, 1454~1504)과 청백리 곽안방의 아들 곽승화(郭承華, ?~?), 퇴계 이황(李滉, 1501~1570)의 제자로 전경창(全慶昌, 1532~1585) 등이 있었다. 그러나 그들은 벼슬길에 나아가거나 사화에 연루되어 고향에서 제자를 두지 못했다.

이때쯤 가학을 성취한 송담(松潭) 채응린(蔡應麟, 1529~1584), 임하(林下) 정사철(鄭師哲, 1530~1593)이 서실을 개설하여 강학했었다. 그러나 유학이 크게 확산하지 못했다. 따라서 대구 선비들은 인근 고을 성주, 칠곡 사수의 한강을 찾게 되었다.

▲ 대구 십현을 기리는 달성유현숭모비

1614년(광해군 6) 72세의 한강이 노구를 이끌고 대구 사수(泗水)에 거처를 정하자 배울 기회가 확대되고 사람도 늘어났다. 특히, 사빈서재(泗濱書齋)와 사양정사(泗陽精舍)에서 강학을 이어가니 대구의 한강학단은 전성기를 맞이했다. 한강 제자들의 명단을 기록한 "회연급문제현록(檜淵及門諸賢錄)"에는 모두 342명이 등재되어 있다. 그러나 대구 출신은 50여 명으로, 활동 본거지라고 할 수 있는 성주 67명 다음으로 많다. 이들 문인 중 모당 손처눌은 대구의 동쪽의 영모당에서, 낙재 서사원은 서쪽 선사재에서 많은 제자를 길러냄으로써 한강의 학문과 사상이 대구사회를 지배하는 풍토가 더욱 확장되었다. 그 후 한강은 대구 최초의 서원인 연경서원에 퇴계에 이어 배향되고, 그다음 세대에도 계승되어 1798년(정조 22) 대구의 9 문중 11개 마을 30인이 모여 이락서당을 지어 한강과 더불어 낙재의 학문과 사상을 계승하며 현재까지 이어오고 있다.

한강이 대구사회에 끼친 영향을 살펴볼 수 있는 또 다른 증거로 대구 십현을 들 수 있다. 서구 이현동 산 122번지, 서구문화회관 앞 녹지대 일명 배고개 언저리에는 2008년 달성유현숭모회(이하 숭모회)가 건립한 달성유현숭모비(達城儒賢崇慕碑)가 있다.

달성은 대구의 별호(別號)이고, 유현(儒賢)은 유학에 정통하고 어질며 총명한 선비를 말하는 것이니 "대구에 살았던 유학에 정통한 선비를 우러러 사모하는 빗돌"이라는 뜻이다. 1529년(중종 24)부터 1665년(숙종 6)까지 136년 동안 대구에서 활동한 유학자로 임진왜란, 정유재란, 병자호란 등 나라가 위기에 처했을 때 충의(忠義)로 활동한 선비, 그리고 인재 양성과 민심 순화에 이바지한 분들이다.

일직인 졸암(拙菴) 손단(孫湍, 1626~1713)의 유현록(가)에 12명, 인천 채씨 택고문서(宅古文書) 덕행록 (나)에 10명, 순천인 도곡(陶谷) 박종우(朴宗祐, 1587~1654)의 도곡문집 (다)에 "달성10현"이라는 이름으로 10명이 등재되어 있다.

이들 3 자료(가+나+다)에 모두 포함된 분은 정사철, 곽재겸, 서사원, 손처눌, 채몽연 등 5명이고, 유현록과 택고문서 2자료(가+나)에 포함된 분은 주신언, 채선각, 도성유 등 3명이며, 택고문서와 도곡 문집 2 자료(나+다)에는 채응린, 유현록과 도곡 문집 2 자료(가+다)에는 도여유, 유현록 단독 자료에 정광천, 정수, 서시립 3명이고, 택고문서 단독 자료에 류시번이며, 도곡 문집 단독 자료에는 박수춘, 서사선, 박종우 등 3명으로 모두 17명이다.

숭모회는 이들을 일러 "달성십현(達城十賢)"이라고 부른다. 성씨별로는 신안 주씨, 1명(주신언), 인천 채씨 3명(채응린, 채선각, 채몽연), 동래 정씨 3명(정사철, 정광천, 정수), 현풍 곽씨 1명(곽재겸), 달성 서씨 3명(서사원, 서시립, 서사선), 일직 손씨 1명(손처눌), 문화 류씨 1명(류시번), 성주 도씨 2명(도성유, 도여유), 밀양 박씨 1명(박수춘), 순천 박씨 1명(박종우) 등이다.

▲ 한강이 만년에 머물며 강학했던 사양정사

　이들은 당시 대구사회의 공론을 주도한 사람들이었다. 정사철과 정광천은 부자간이고, 박수춘은 현, 행정 구역상으로는 청도 각북 사람이다. 표로 정리하면 다음과 같다.

대구 십현

번호	이름	본관	생몰연도	아호	행적	저서	제향서원
1	주신언 周愼言	신안	?	송재 松齋	교화		
2	채응린 蔡應麟	인천	1529~1584	송담 松潭	덕행. 교화	송담실기	서산서원 유호서원 현: 무
3	정사철 鄭師哲	동래	1530~1593	임하 林下	의병장, 교화	임하문집	금암서원

번호	이름	본관	생몰연도	아호	행적	저서	제향서원
4	곽재겸 郭再謙	현풍	1547~1615	괴헌 槐軒	의병장, 교화	괴헌집	유호서원
5	서사원 徐思遠	달성	1550~1615	낙재 樂齋	의병장, 교화, 덕행	낙재집	구계, 구암서원
6	채선각 蔡先覺	인천	1552~1598	동호 東湖	의병, 유행		
7	정광천 鄭光天	동래	1553~1594	낙애 洛涯	의병, 효행	낙애집	금암서원
8	손처눌 孫處訥	일직	1553~1634	모당 慕堂	의병장, 교화	모당집	청호서원
9	채몽연 蔡夢硯	인천	1561~1638	투암 投巖	의병, 교화, 덕행	투암집	소암서원
10	류시번 柳時藩	문화	1569~1640	사월당 沙月堂	덕행, 교화	사월당집	청호서원
11	도성유 都聖兪	성주	1571~1649	양직당 養直堂	의병, 교화	양직당집	용호서원
12	박수춘 朴壽春	밀양	1572~1652	국담 菊潭	의병, 교화	국담집	남강서원
13	정수 鄭錘	동래	1573~1612	양졸재 養拙齋	유행	양졸재실기	오양서원
14	도여유 都汝兪	성주	1574~1640	서재 鋤齋	의병, 교화	서재집	용호서원
15	서시립 徐時立	달성	1578~1665	전귀당 全歸堂	효행, 덕행	전귀당집	백원서원
16	서사선 徐思選	달성	1579~1651	동고 東皐	의병, 교화, 덕행	동고집	옥천사
17	박종우 朴宗祐	순천	1587~1654	도곡 陶谷	의병, 문예	도곡집	

〈자료: 달성유현숭모회〉

관찬(官撰)의 공식 문서가 아니고, 개인 문집에 수록된 자료로 현
풍, 군위, 달성군이 빠져있고, 대상이 될 만한 일부 인물이 제외되어
다소 문제가 있는 것으로 보이나 대구를 대표하는 십현 17명 중 주
신언, 채응린, 정사철 3명을 제외하면 14명이 한강(寒岡) 정구(鄭逑,

1543~1620) 제자라는 점이 한강의 대구 유학계에 미친 영향력을 짐작하고도 남는다.

그들은 학덕이 출중할 뿐만 아니라. 주민들을 교화한 모범적인 삶을 산 분들이고 임란 등으로 나라가 위태로운 처지에 놓일 때는 국난 극복에 앞장섰다는 점에서 사표로 삼는 분들이다. 특히, 정사철, 서사원, 손처눌 3분은 차례로 임란 의병대장으로 활동한 분들이다. 다시 말해서 높은 학문을 성취하고 나라의 어려움과 힘든 이웃을 외면하지 않는 모범적으로 산 분들이다.

그들의 선행은 당대뿐만 아니라, 사후에도 계속 존경을 받고 있으니 다수의 십현(十賢)이 서원, 사당 등에 배향된 것에서 알 수 있다. 이들의 삶의 철학과 학문의 연원은 한강의 학덕과 사상에서 찾을 수 있다.

한강은 본래 김천 수도산 산수 좋은 곳 무흘정사에서 만년을 보내기로 했다. 그러나 한때 동문수학했던 정인홍과의 갈등, 박이립의 무고 등으로 몹시 괴로웠다.

70세가 되던 1612년(광해군 4) 팔거현 노곡(蘆谷 현, 칠곡군 왜관읍 낙산리 가실성당 부근)으로 거처를 옮겼다. 그러나 뜻하지 않게 불이나 집이 잿더미로 변하고 많은 저서와 서적이 불타고 만다. 1614년(광해군 6) 72세의 노구를 이끌고 다시 옮긴 곳이 바로 팔거현 사빈(泗濱, 현, 대구시 북구 사수동)이다.

그해 아들 장(樟)이 죽고, 다음 해에는 풍질(風疾)로 몸이 불편하게 되었다. 그러나 강학과 저술 활동을 멈추지 않았으며, 1617년 7월 20일, 75세 때에는 동래 온천을 다녀왔다. 물길 710리, 뭍길 20리 등 730리에 이르는 먼 길이었다. 한강의 이 선유(船遊)는 병을 치료하려는 목적도 컸었지만, 영남 일대 한강학파의 결속을 다지는 기회를 만들려는 의도였다고 한다.

북구 사수에서 6년은 사빈서재와 사양정사에서 제자를 양성한 이외 일두 정여창의 실기, 학봉 김성일의 행장을 완성한 것과 더불어 그가 평생을 추구했던 예학 관련 저서로 조선 후기 예학 연구자의 필독서로 불리는 『오선생예설』을 마지막 교정하였고, 예기 중에서 상례만 가려 뽑은 『예기상례분류』, 조선의 최초 예학서 『오복연혁도』을 마무리하여 훗날 예학의 종장(宗匠)이 되었다. 더 나아가 조선 후기 정약용으로 이어지는 실학에 초석을 놓고 영남학을 근기, 즉 서울, 경기 지역으로 확산시켰다. 이런 면을 볼 때 한강이 태어난 성주가 한강학의 발상지라면 만년을 보낸 북구 사수는 한강학의 완성처라고 할 수 있다.

대구를 문향(文香)이 넘치는 도시로 만들고 올곧은 시민 정신을 함양하게 하는 바탕을 마련했다. 다시 말해서 최근 대구교육청이 내건 슬로건 "대한민국 교육수도 대구"의 씨앗을 뿌린 분이 한강이다. 즉, 오늘날 대구교육은 외형적으로는 최초의 사립학교 연경서원 설립이 토대가 되었고, 그 내용을 채우는 소프트웨어는 한강의 학문과 철학이라고 할 수 있다.

이런 뜻에서 한강을 위해 공원을 조성하여 기리는 일은 대구시민으로서 당연하다 하겠다. 한강은 마을 이름, 사빈(泗濱)을 공자의 출생지의 강 이름과 같은 사수(泗水)로 바꿈으로 이곳을 조선 유학의 본향으로 삼고자 했다고 할 수 있다.

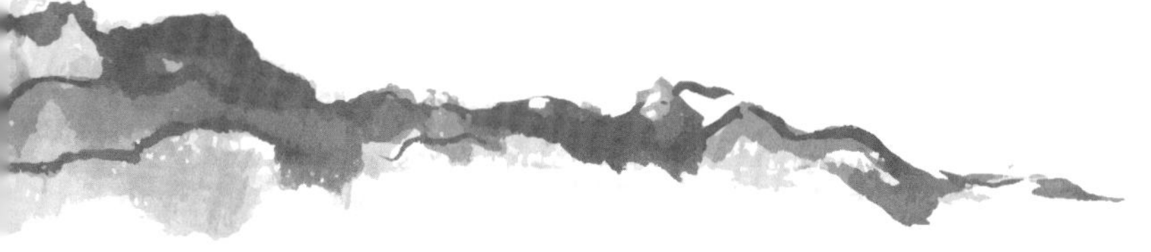

| 들어가는 말

낙동강이 서, 남부를 감싸 흐르고, 금호강이 동에서 서로, 신천이 남에서 북으로 흐르며 북쪽은 팔공산이 병풍 역할을 하고 비슬산이 척추가 되어 기름진 충적평야를 이룬 대구는 살기 좋은 자연적 조건을 갖추고 있어 선사시대부터 많은 사람이 모여 살던 뿌리 깊은 고장이자 신라와 가야를 아우른 독특한 문화를 꽃피운 곳이다. 이런 환경에서 대구만의 독특한 정체성이 무엇인가 살펴보기로 한다.

| 승승장구 발전을 거듭하는 도시

대구는 신라 시대 최하의 말단 행정기관인 현(縣)에 불과했다. 고려에 와서 1143년(인종 21) 현령관이 주재하게 되었으나 지위는 현 그대로 유지되어 왔다. 조선 초기 1419년(세종 1) 비로소 군(郡)이 되었고, 이어 1466년(세조 12) 도호부(都護府)로 승격되었다.

이런 대구가 경상 좌·우도(좌도, 경주, 우도 상주)로 나눠 있던 감영이 한 곳으로 통합되면서 1593년(선조 26) 10월부터 1596년(선조 29) 5월까지 2년 8

개월 동안에는 북구 읍내동 일대에 자리 잡았다가 1596년 6월에는 달성 토성으로 옮기고, 1599년(선조 32)에 다시 안동으로 갔다가 1601년(선조 34) 마침내 오늘날 포정동 시대가 열려 1895년까지 300여 년 동안 존속했다.

이후 대구는 1981년 직할시(直轄市)를 거쳐 1995년 오늘날 우리나라 최고 지방행정청인 광역시에 이르렀다.

신라의 천년의 수도였던 경주가 보통 시(市)로, 고려 시대 대구를 속현으로 거느렸던 성주가 오늘날 읍(邑)으로 남아 있는 것을 감안(勘案)하면, 대구는 해를 거듭할수록 발전하고 있는 도시다. 서해안 시대를 맞아 중국과 교역이 확대되고 강화도를 비롯한 넓은 면적을 새로 확보한 인천이라는 극히 예외적인 도시를 제외하면 대구는 21세기 또 다른 모습으로 변신이 있을 것이다. 특히, 군위를 편입함으로 우리나라에서 가장 넓은 도시가 되었다. 다시 말해서 대구는 대한민국의 미래를 보장하는 도시로 거듭날 것이다.

최근 경상감영공원 내 선화당과 징청각을 비롯한 일대가 조선 시대 관아(官衙) 터로는 유일하게 국가지정문화재인 사적(史蹟)으로 지정되었다.

▲ 월성동 구석기 유물

달서구 월성동에서 구석기 대표적인 유물인 좀날토기와 흑요석이 출토되어 대구 2만 년 시대를 열었다. 아울러 신석기시대 북구 무태의 빗살무늬토기, 청동기시대 동천동의 우물 유적과 환호, 태전동의 절굿공이 등은 여느 지역의 청동기시대 유물과 달리 화려했고, 초기 철기시대에 비산동에서 출토된 투겁창(동모, 긴 장대 끝에 갈고리 모양으로 휘어진 쌍날의 칼이 달렸으며, 주로 수레에 세우고 다녔다. 리움박물관 소장)은 일반적으로 우리나라에서 출토되는 투겁창이 중국을 본떠서 만든 데 비해 한국화된 형태여서 철기시대에 출토된 우리나라 유물 중에서 가장 격이 높은 국보로 지정되어 질적으로 우수함이 증명되었다.

따라서 대구는 시대별로 화려하고 독특한 문화를 꽃피운 도시이다. 그러나 아쉽게도 도시화가 팽창되면서 많은 유적이 훼손되었는데 현, 수성동 일대 고인돌 집단이 택지개발로 지하에 묻히게 된 것이 대표적인 사례라고 할 수 있다.

특히, 2006년 달서구 월성동 유적에서 출토된 구석기시대 흑요석은 산지가 백두산으로 확인됐다. 최근 국립대구박물관이 350여 점 중 표본 100점의 성분을 분석한 결과, 원산지가 대구에서 700~800㎞ 떨어진 백두산 흑요석인 것으로 밝혔다.

이 백두산에 생산된 흑요석은 경기도와 충북, 전남 지역 구석기시대 유적에서 발견된 적은 있으나, 영남 지역에서 존재가 확인된 것은 이번이 처음이다. 이런 점을 보더라도 대구는 일찍이 영남지역의 중심지였다는 것을 알 수 있다.

| 겨레의 지킴이 팔공산과 삼국유사의 산실(産室) 비슬산

대구는 길지답게 해발 1,000m가 넘는 산을 2개나 보유한 자연환경이 우수한 도시이다. 즉 1,192m의 팔공산과 1,084m의 비슬산이 그 것이다. 이런 특징을 가지고 있는 도시는 국내는 물론 세계적으로 찾아보기 어렵다고 한다.

특히, 팔공산은 김유신 장군이 삼국통일의 비법을 전수(傳受) 받은 곳으로 신라 오악의 중악(中岳)이며 신숭겸, 김락 등이 견훤군에게 포위된 고려 태조를 살려내 고려를 지켰고 임란 때는 의병들의 활동근거지였으며, 한국동란 때에는 마지막 보류이자 반격의 거점인 호국의 얼이 깃든 산이다.

고려 시대 보조국사 지눌(知訥, 1158~1210)이 불교 개혁 운동을 펼쳐 오늘날 한국 불교의 가장 큰 종단인 조계종을 중흥시킨 곳이며, 이 종단의 25개 교구본사 중 2개가 있는 불교의 성지이다. 국보 거조암의 영산전, 군위 삼존석굴 등 문화재의 보고이며, 특히 4,739종의 생물이 서식하는 생물다양성이 높은 산이다.

또한, 비슬산은 일연(一然) 스님이 62년의 승려 생활 중 37년간 머물며 득도한 산이자 한국 고대의 역사·지리·문학·종교·언어·민속·사상·미술·고고학 등 총체적인 문화유산의 보고로 평가되고 있는 역사서 『삼국유사』의 산실이다.

| 진취적이고 열린 시민정신

중국계 귀화인, 달성 하(夏)씨, 두릉 두(杜)씨, 대구 빈(賓)씨, 절강(浙

江)장씨 등을 받아들이고, 일본계 귀화인 사성(賜姓) 김해 김씨가 정착한 곳이 대구이다. 우리 선조들은 그들과 더불어 삶을 영위 해 그들 역시 대구인으로 살아오면서 많은 인물을 배출했다.

내국인으로 타처에 가서도 살기 힘 드는 데 수만 리 떨어진 곳에 살았던 외국인이 고국 가까운 곳을 제쳐두고 내륙 깊숙한 도시 대구에 정착한 이유가 무엇이었을까 그것은 대구 사람이 그들을 포용하고 배려했으며 이웃 사랑이 넘치는 땅이라는 것 이외 다른 설명이 필요 없을 것이다.

조선 시대 퇴계학과 남명학이 공존했고 당쟁이 치열했던 17세기 이후 정치권력에서 소외된 남인의 땅이었지만, 옥산 전씨, 단양 우씨, 인천 이씨, 달성 하씨 등 서인이 함께했으며, 최근에 와서도 전라도(조재천), 충청도(조병옥), 경기도(목요상) 등 다른 지역 출신이라도 그가 능력이 있다면 기꺼이 국회의원으로 선출해 국정 참여기회를 제공했다.

일부 비판론자들은 대구시민을 시대의 흐름을 이해하지 못하는 "수구 골통"들이라고 폄하(貶下)하나 그것은 정의롭고 슬기로운 대구 사람의 진면목(眞面目)을 이해하지 못한 데에서 비롯되었다. 대구는 엄연히 개방적이고 열린 도시였다. 특히, 대구 사람이 진보적(進步的)인 면은 1956년 정·부통령 선거 결과에서 잘 밝혀졌다. 자유당의 부정선거에서 가장 진보적이라는 조봉암 후보가 유효투표자의 72%를 얻었다. 반면에 그는 전국적으로는 30%대 득표에 그쳤다.

대구는 조국 근대화에 초석을 놓은 새마을 운동을 주도한 민족중흥 세력의 본거지다.

| 국채보상운동의 발상지

일본에 진 빚을 갚아 그들의 경제적 지배에서 벗어나자는 운동의 발상지가 대구다. 1907년(순종 1) 1월 29일 서상돈(徐相敦, 1851~1913)의 제의(提議)와 2월 21일 북후정에서 개최된 대구 군민대회로 시작된 국채보상운동은 우리 역사상 최초로 기생에서부터 왕에 이르기까지 전국민이 참여한 국권 회복 운동이다.

▲ 국채보상운동 기념 공원 내 김광제, 서상돈 상

서상돈·김광제·박해령 등 16명이 조직한 국채보상기성회(國債報償期成會)는 서울을 비롯한 전국 각지로 확대되었다.

당시 서울의 대한매일신보·황성신문·제국신문·만세보 등 언론기관이 자금모집에 적극적으로 참여했고 이 빚을 갚기 위해 단연운동(斷煙運

動)이 전개되었으며, 당시 이름도 없었던 부녀자들은 비녀와 가락지를 팔아서 이에 호응했다. 우리나라 여성운동의 효시가 된 남일동부녀회의 패물 모집 운동이 전국적으로 파급되어 서울 진명부인회·대한부인회 등이 동참하여 적극적인 활동을 벌였다. 이 국채보상운동은 국내는 물론 일본까지 파급되어 800여 명의 유학생도 참여했다. 4월 말까지 보상금을 낸 사람은 4만여 명이고, 5월 말까지 230만 원 이상이 거두어졌다.

일제가 사주한 송병준 등 친일(親日)매국단체 일진회를 이용하여 방해하고, 통감부에서 국채 보상회 간사인 양기탁을 보상금 횡령이라는 누명을 씌워 구속하는 등 적극적으로 탄압했다. 그러나 양기탁은 무죄로 석방되었다. 하지만 국채보상운동은 더 진전되지 못하고 좌절되고 말았다. 이 운동은 우리 민족의 강렬하고 자발적인 애국정신이 발휘된 국권회복운동으로 평가된다. 관련 기록물이 2017년 유네스코 세계 기록물로 지정되었다.

| 우리나라를 대표하는 근·현대 예술가의 탄생지

시부분의 "빼앗긴 들에도 봄은 오는가"의 이상화, "봄은 고양이로다"의 이장희, 국민 가곡의 불리는 "고향 생각", "희망의 나라"의 현제명, "동무 생각", "오빠 생각"의 박태준, 이른바 "석재체(石齋體)"라는 독특한 필법의 서화가 서병오, "사군자"의 대가 서동균, 한국의 고갱이라는 이인성, 사실주의 소설가 현진건, "영화 임자 없는 나룻배"의 감독 이규환, 연극인 홍해성 등 장르별로 한국을 대표하는 예술가들

이 배출된 진정한 예향의 도시이다.

청록파 시인의 박목월, 노벨문학상의 후보였던 소설가 김동리, 아동 문학가 김성도도 한창 감수성이 예민한 청소년기를 대구 계성학교에서 수학했으며 이육사도 대구에서 항일운동을 하다가 체포되어 대구 형무소 옥중에서 발표한 시로 등단했다.

국민화가로 불리는 "흰 소"의 화가 이중섭도 마지막 전시회를 대구에서 열었다. 이상화의 형이자 독립운동가 이상정(李相定, 1897~1947)의 부인인 우리나라 최초의 군인 비행사 권기옥, 민간인 여류비행사 박경원은 대구 사람이다.

| 4·19혁명의 도화선이 된 2·28 의거

1960년 2월 28일 3·15 대선을 앞두고 자유당 독재에 항거하기 위해, 대구에서 일어난 학생의거였다. 이후 마산의 3.15 부정선거 항의 시위로, 고대의 4·18 시위에 이어 4·19혁명의 도화선이 되었다.

일요일인 이날 당국이 학생들이 유세장에 못 나가도록 등교 지시를 내린 것이 2·28의거의 발단이 되었다. 경북고도 이날 등교 지시를 내린다. 3월에 있을 중간고사를 앞당겨 친다는 사유였다. 대구 시내 다른 국공립 고등학교 7개 역시 등교를 지시한다.

이유는 토끼 사냥, 영화 관람과 같은 것이었다. 1960년 2월 27일 오후 대구 동인동 이대우 경북고 학생부 위원장 집에 모인 경북고, 대구고, 경북대학교 사범대학부속고등학교 학생 8명은 부당한 등교 지시에 항의하기 위해 시위를 조직했다.

그들은 "백만 학도여, 피가 있거든 우리의 신성한 권리를 위해 서슴지 말고 일어서라!"는 결의문도 작성했다. 2월 28일 오후 1시 학생 800여 명이 대구 반월당을 거쳐 도청(현, 경상감영공원)으로 가는 과정에서 다른 학교 학생들이 합류하며 시위 규모는 커졌고 도중에 유세장으로 가던 장면 박사를 만났을 땐 "만세"를 부르기도 했다.

당시 도지사는 학생들에게 "전부 공산당"이라고 한, 반면에 시민들은 구타당하는 학생을 경찰에게 달려들어 말리고, 손뼉 쳤고, 치맛자락에 모자를 감춰 학생을 숨겨주는 부인이 대부분이었다.

1,200여 명의 학생이 시위에 참여했고 그중에 120여 명이 경찰에 체포된다. 하지만 경찰은 시위가 번질 것을 우려해 주동자 일부를 제외하고 대부분 학생을 석방하게 된다. 결의문은 다음과 같다.

"백만 학도여, 피가 있거든 우리의 신성한 권리를 위하여 서슴지 말고 일어서라. 학도들의 붉은 피가 지금, 이 순간에도 뛰놀고 있으며, 정의에 배반 되는 불의를 쳐부수기 위해 이 목숨 다할 때까지 투쟁하는 것이 우리의 기백이며, 정의감에 입각한 이성의 호소인 것이다."

2월 28일 낮 12시 55분, 경북고 학생부 위원장 이대우 등이 조회(朝會) 단에 올라가서 격앙된 목소리로 결의문을 읽자, 흥분이 고조된 학생들은 함성을 지르고 손뼉을 쳤다. 반독재의 횃불은 이처럼 대구에서 처음 불타올랐다.

이 운동은 고교생들이 주체이고, 계획적 조직 시위의 민족운동 요건을 갖춘 학생운동이었다. 우리 역사상 6.10 만세 사건, 광주 학생운동에 이은 전후(戰後) 학생운동의 효시가 되었다. 특히 4·19 혁명의 도화선으로 독재 정권을 무너뜨리는 결정적인 계기를 만들었으며, 이후 전개된 민주화 운동에 큰 영향력을 미쳤다. 경북고, 경대 사대부고, 대구고, 대구상고, 대구농고, 대구공고, 경북여고, 대구여고 등 8개교가 참여했다. 이후 2월 28일을 2017년 국가기념일로 지정되었다.

| 천연기념물(제1호)이 있는 땅

지금은 문화재에 번호를 붙이는 일이 사라졌지만, 한때는 국보 제1호 남대문, 보물 제1호 동대문이 이라고 불렀다. 그러나 이 소중한 문화재는 모두 서울에 있다. 그러나 천연기념물 제1호는 대구에 있다.
특히, 국토의 1.5%에 불과한 대구에 있으며, 자연유산으로서 한국을 대표하는 가장 소중한 자원이라 점에서 자긍심을 느끼게 한다.

▼ 국가 자연유산

대구는 측백나무가 자생할 수 있는 남쪽 한계 지역으로, 1,100여 그루가 절벽에서 숲을 이루고 있다. 측백나무는 보통 가지가 많이 나오지 않고 빗자루 세워둔 것처럼 죽죽 늘어서는데, 절벽의 바위틈에 뿌리내리고 있어 높이가 작고 잔가지가 많다.

학자들은 측백나무는 중국에서만 자라는 것으로 알았다. 그러나 우리나라에서도 자라는 사실이 확인되고 단양, 안동, 울진 등 자생지 모두 천연기념물로 지정되어 있다.

동구 도동의 측백나무 숲은 측백나무 자생지 중에서 지리적으로 가장 남쪽이라 학술적으로 가치가 높고 보존 상태가 좋아 천연기념물(제1호)로 지정되었다.

또한, 절벽 앞에는 개울물이 흐르고, 숲이 울창해 풍류객들과 나그네들의 쉼터 역할을 했다.

조선 초기 대학자 서거정은 대구의 아름다운 10곳을 골라 〈대구십경(大邱十景)〉으로 노래했는데, 그중에서 제6경을 "북벽향림"이라 하여 다음처럼 예찬했다.

> 옛 벼랑에 푸른 향나무 창같이 늘어섰네./ 사시사철 바람결에 끊이지 않는 저, 향기로움./ 연달아 심고 가꾸어 온 고을에 퍼지게 하세.
> (古壁蒼杉玉槊長 長風不斷四時香 慇懃更着栽培力 留得淸芬共一鄕)

| 원형이 가장 잘 보존된 달성 토성

대구의 상징적인 공간이자 우리나라에서 원형이 가장 잘 보존된 토성이다. 성벽에는 이팝나무, 말채나무 팽나무, 쉬나무 등 다양한 향토 수종이 자생하고 있다. 어느 식물학자는 이 나무들만 해도 천연기념물로 지정해도 손색이 없다고 한다.

삼국시대의 성곽으로 높이는 4m 정도이며, 둘레는 약 1,300m이다. 성벽의 아랫부분에서 초기 철기시대의 조개더미와 각종 유물이 출토되는 것으로 보아, 대구지방의 중심 세력이 성장하여 초기 국가 형태를 이루면서 쌓은 것으로 추정한다. 또한, 경주의 월성처럼 평지에 낮은 구릉지를 이용하여 쌓은 것이 특징이다. 따라서 달성은 우리나라 남부지방 초기 성곽의 전형으로 평가되고 있다.

성벽은 주로 흙으로 쌓았고, 성벽 윗부분에는 큰 돌덩어리들이 군데군데 드러나 있어 후대에 수리(修理)한 것으로 본다. 성안에는 조선 시대 전기까지 군대의 창고가 있었고, 우물과 연못이 있었다.

성의 서남쪽으로 연결된 구릉 지대에서는 돌방무덤(석실분)이 많이 흩어져 있었고, 무덤에서 금동관을 비롯한 유물이 발견되었다.

대구 달성은 우리나라 성곽 발달사에 있어 가장 이른 시기의 형식이라는 점에서 그 의미가 크다. 달성군 화원의 성산(城山)이 끝이 뾰족해 "웅(雄) 달성이라고 부르는 반면에, 중구의 달성 토성은 오목한 것이 여근(女根)을 닮아 자(雌) 달성"이라고 하는 재미있는 이야기가 전해온다.

또한, 달성인 서침(徐忱)이 나라에 헌납하고 대신 대구 군민들의 환곡(還穀)의 이자 1말 5되이던 것을 다섯 되씩 경감(輕減)하게 한 미담의 현장이다.

▲ 달구벌의 상징 달성 토성

| 쓰레기 매립장을 시민의 휴식처로 바꾼 대구수목원

24.5㏊(74,000여 평)의 부지에 1986년부터 1990년까지 대구시민의 생활 쓰레기 410만 톤을 매립(埋立)한 장소였다. 처음 조성할 때 "가스가 분출된다", "지반이 안정화되지 않았다", "침출수가 나온다"며 환경·시민단체가 반대하고 언론이 부정적인 보도를 했고, 인근 주민들도 수목원을 빙자해 또 다른 혐오시설을 지어 괴롭힐지 모른다며 반대했다.

당시 이 일을 추진했던 담당 공무원들은 이런 주장을 과학적으로 이해시키고 제기한 문제점을 일부 수용하면서 1996년부터 1997년까지 150만㎥의 건설 현장에서 나오는 버려지는 흙을 받아 6~7m 높이로 복토(復土)하여 2002년 5월까지 수목원을 조성하여 생태를 복원시켰다.

침엽수원, 활엽수원, 화목원, 야생초화원, 약용식물원, 염료원 등

25개소의 다양한 소원(小園)을 구성하였으며, 목본류 450종 15만 그루, 초본류 1,300종 30만 포기 등 모두 1,750종에 45만 포기의 식물이 식재되어 있다.

100여 종 1,000점의 선인장, 40종 300여 점의 분재와 더불어 300여 점의 수석은 시민의 기증한 것이다. 도심에서 가까운 도시형 수목원으로 관찰, 견학, 학습탐구, 휴식처로 시민의 사랑을 받고 있다.

아울러 어린이와 청소년의 자연 체험 교실, 어린이 자연학교, 청소년, 초·중·고등학생을 대상으로 운영되는 그린 스쿨. 이 외에 다양한 식물 관련 성인 교육과 행사가 개최된다.

▲ 우리나라 최초로 쓰레기매립장에 조성한 대구수목원

또한, 인근에는 마비정 벽화마을, 남평문씨본리세거지, 국민 필독서라고 할 수 있는 『명심보감』의 판본이 있는 인흥서원, 민족시인 이상화의 묘소가 있으며, 월광수변공원, 앞산공원이 위치하여 연계 관광 코스 및 휴식 공간으로 활용되고 있다.

| 초조대장경이 모셔진 도시

1011년(현종 2) 고려 국민의 정성으로 판각된 성보(聖寶) 초조대장경이 당시 수도인 개경의 큰 절을 제치고 대구 팔공산 부인사에 봉안된 사실만으로 자랑스러운 일이다.

거란의 침입으로 개경이 함락되자 이를 부처의 힘으로 극복하고자 시작한 대장경 만들기는 18년이나 소요(所要)되었다. 이것을 초조대장경(初雕大藏經)이라 한다. 송나라 대장경의 내용과 체재를 토대로 하여 복각하였다.

그 뒤 보완 작업은 계속되었고, 그 판본은 처음에는 강화도 선원사(禪源社)에, 나중에는 팔공산 부인사(符仁寺, 또는 夫人寺)에 봉안·보존되어 왔다. 그러나 1232년(고종 19) 몽골군의 침입으로 불타버렸다.

현재 인본(印本)의 일부가 일본의 쓰시마(對馬島)와 국내에 남아 있어서 초조대장경의 모습을 알 수 있다. 어떤 학자는 판각 기술이 그 후에 만들어진 유네스코 세계기록유산 팔만대장경(국보)보다 더 우수하다고 한다.

| 공동체 정신이 살아 숨 쉬었던 도시

가난한 사람들의 배고픔을 덜어주기 위해 조정에서 직접 운영하든 의창(義倉)의 환곡(還穀)이 일부 탐관오리들의 부정 축재(蓄財)로 수단이 되어 오히려 원망의 대상이 되는 경우가 많았다. 세종은 이를 혁파하기 위하여 함양군수로 있던 이보흠(李甫欽)을 대구 군수로 임명하여 1448년(세종 30) 전국 최초로 민간 주도의 구휼(救恤) 기관 사창(社倉)을 설치 했다.

의창, 상평창과 같이 가을 추수기에 곡식을 사들였다가 봄철 춘궁기에 싼 이자로 꾸어주는 구호 기관이다. 그러나 사창이 전자와 다른 점은 운영 주체가 관(官)이 아니고 주민 대표였다.

당시 이 군수가 운영자를 모집한 결과 모두 20명이 응시했는데, 그중에서 주민들의 신망이 두터운 인물 13명을 뽑았다.

사창당 200석을 지원하여 연 20%의 이자를 받도록 하니 가난한 주민들로부터 크게 환영받았다. 이에 세종의 뒤를 이은 문종이 전국적으로 확산하기 위해 우선 경상도 전역에 먼저 시행토록 했다.

그러나 사장(社長)들이 친소에 따라 양을 고르게 빌려주지 아니하고, 또 어떤 이는 사창에 보관 중인 양곡을 횡령하고, 이를 은폐하기 위해 불을 지르는 등 폐단이 있고, 수령이 감독을 소홀하게 하는 등 폐단으로 폐지되는 등 우여곡절을 겪었으나, 1592년(선조 25) 임란이 일어나기 전까지 144년 동안 가난한 백성들을 구제하는 데 크게 도움을 주었다.

사창이 대구에 맨 처음 시작된 것은 들이 비옥해 농작물의 생산성이 높은 것도 이유겠지만, 주민들의 품성이 이웃을 배려는 자치 역량이 높은 데 세종이 주목했기 때문이라고 한다.

달성인 서침(徐沈)이 달성을 헌납한 미담, 모당 손처눌(孫處訥)이 청호지를 쌓아 이웃 농민이 물 걱정 없이 농사짓도록 하고, 양직당 도성유(都聖兪)가 칠곡향교 부지를 희사한 점, 근세 소남 이일우가 우현서루를 개설해 독립운동을 지원했고, 수봉 문영박(文永樸, 1880~1931)이 희귀한 서적 만여 권을 모아 인수문고를 운영하며 가난한 선비들을 후원했다.

▲ 남평문씨 문중이 운영하는 인수 문고

대구사람은 가난한 이웃을 외면하지 않았고, 나라가 필요로 한 땅을 서슴없이 내주는 공동체를 정신이 살아 숨 쉬는 선조들의 피를 이어오고 있는 사람들이다.

| 맺는말

속담에 "구슬이 서 말이라도 꿰어야 보배"라는 말이 있다. 아무리 선조들이 물려준 귀중한 자산이라도 활용하는 방법을 찾지 못하면

아무 쓸모가 없다.

뿌리 깊은 도시 대구는 선조들이 물려준 국난 극복과 공동체를 위해 자기를 희생한 정신이 곳곳에 뜨겁게 흐르고 있는 영지(靈地)다.

천혜의 아름다운 자연환경은 도처가 명소이다. 그러나 이런 좋은 점을 잘 승계하고 가꾸지 못한다면 아무 소용이 없다. 폄훼(貶毁)하려는 세력에 속아 스스로 비하해서는 결코 발전이 없다. 자긍심을 가지고 당당하게 나아가야 한다.

선조들이 물려준 귀중한 문화와 공동체 정신을 오늘에 되살려 우리 고장의 나무 한 그루 풀 한 포기라도 소중한 자산임을 깊이 새기고 우리 모두 아끼고 사랑해 21세기 새로운 패러다임(Paradigm)으로 승화시켜야 한다.

제5장

러키세븐(Lucky Seven) 대구, 칠곡

북구 즉 대구, 칠곡의 곡(谷) 자가 골짜기를 뜻하는 촌스러운 이름이라고 하여 주민 중에 부르기를 꺼리는 사람들이 있다고 한다. 그러나 결코 촌스러운 이름이 아니다.

칠곡은 대구의 여느 지역과 달리 7가지 좋은 특징을 가지고 있다.

◆ 첫째, 사람이 모이는 곳이다.

자전(字典)에서 "곡(谷)" 자는 골짜기만을 일컫는 말이 아니라, "많은 것들이 모이는 곳"이라는 뜻도 있다. 또한, 칠곡이 가산(架山)의 7 골짜기에서 유래되었다고는 하나, 험준한 골짜기에 자리 잡은 것이 아니고 넓고 평탄한 팔거들에 형성되었으며, 1981년 대구시가 직할시로 승격되면서 편입될 때 겨우 3만 명에 불과했던 인구가 그 8배가 넘는 25만여 명으로 늘어났다. 이와 달리 현재 거주하고 있는 토박이는 3% 정도에 불과하다고 한다. 이런 수치로 볼 때 모여드는 곳이라는 말이 딱 맞다.

골짜기를 영어로 벨리(Valley)라고 한다. 그리고 미국의 실리콘벨리는 세계 최 첨단 산업의 도시로 널리 알려져 있다. 대구시가 현풍 서남부 일대를 "비슬밸리"로 조성하고자 하는 것 역시 이런 도시를 모델로 삼겠다는 의지의 표현인 것을 보면 "벨리"라는 이름은 전

세계가 꿈꾸는 21세기 새로운 패러다임의 도시 이름이라고 할 수 있다.

▲ 팔거천에서 바라본 여명(黎明)

다만, 칠곡이 실리콘이나 현풍의 비슬벨리와 다른 점은 그 도시들은 첨단 산업 도시이거나 이를 지향하는 도시인 반면에 칠곡은 주거지역이라는 점이 다르다.

◈ 둘째, 통일 신라의 수도(首都)가 될 뻔한 도시이다.

기원전 10세기 청동기와 기원 전후 철기시대에 우리나라 어느 곳보다 찬란한 문화를 꽃피운 도시다. 동천동 발굴지에서는 우리나라에서 최초로 물을 정화해 마시기 위해 만든 우물과 대구 최초의 방어시설인 환호(環濠) 유적이, 매천동에서는 절굿공이가 출토되어 같은 시대 다른 지역의 사람들과 달리 위생적인 물을 마셨고, 거친 식재료를 가공해서 조리했던 수준 높은 문화생활을 누렸던 것이 확인되었고, 팔달동 유적지는 우리나라 철기시대의 대표적인 유적이며, 팔거산성은 대구에서 유일하게 신라 시대 목간이 출토되었고, 구암동 고분은 우리나라에서 유일한 적석(積石)·석곽(石槨) 구조를 가진 이른 바 "구암동식 고분"이다.

경북대 주보돈 교수에 의하면 통일 신라가 수도를 경주에서 대구로 옮기려 할 때 그 후보지가 팔리현, 즉 오늘날 칠곡 일대였다고 한다. 조선 중기에는 포정동보다 앞서 경상감영이 설치되어 2년 8개월 존속했고 조선 후기에는 도호부가 설치되었던 곳이다.

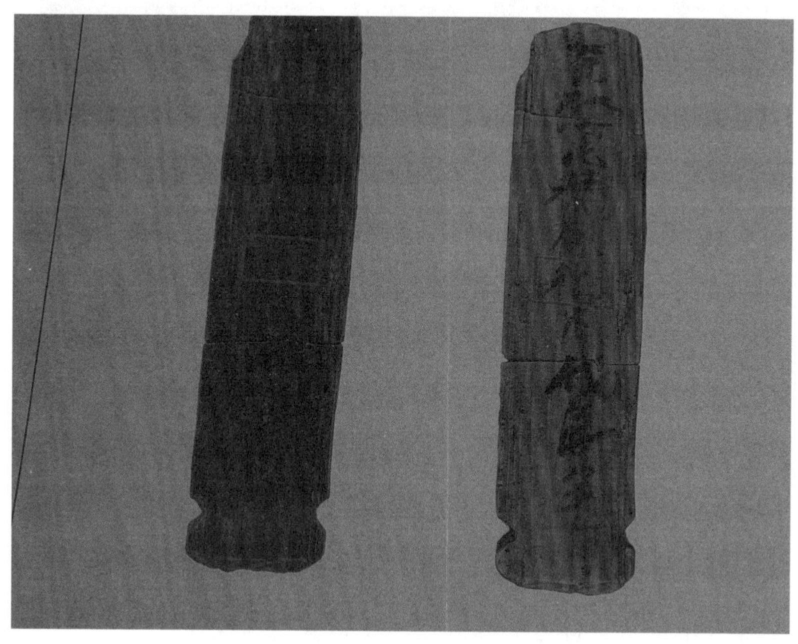

▲ 대구에서 유일하게 팔거산성에서 출토된 목간(木簡)

◈ 셋째, 인재의 보고다.

낙재(樂齋) 서사원(徐思遠), 죽계(竹溪) 서재겸(徐再謙), 아헌(啞軒) 송원기(宋遠器) 등은 임란 시 창의했고, 양졸재(養拙齋) 정수(鄭錘)는 낙재와 더불어 대구 십현(十賢)의 한 분이며, 양직당(養直堂) 도성유(都聖兪)는 칠곡 향교 건립 시 부지를 기증했으며, 정선인(旌善人) 전사헌, 경한재 정천주 등 회연급문록에 등재된 한강 학통을 이은 유학자들이다.

조선 후기의 고승 기성대사(箕城大師, 1693~1764)와 조계종 총무원장을 3번이나 역임한 서운(瑞雲, 1903~1995, 본명 김한기) 대종사(大宗師)는 우리나라 불교계의 거목이다. 독립운동가 배상갑, 이승연, 최고, 파리장서운동의 2차 유림 대표한 관천 배석하, 멸종위기 2급 식물인 세뿔투구꽃을 발견한 식물학자 양인석, 문단 사상 초유로 공중파 방송 3사(kbs, mbc, tbc(현, kbs-2tv)가 특집으로 방영한 소설 『객사』의 작가 이태원, 전 체신부 장관 배상욱, 헌법학자 김철수, 공학박사 최은순 등 다양한 분야에서 많은 인재를 배출한 곳이다.

◈ 넷째, 교통이 편리한 곳이다.

조선 시대에는 영남대로가, 현재에는 중앙고속도로, 도시철도 3호선이 통과하는 곳이고, 조선 시대 팔달 나루터는 수운(水運)의 요충지였다. 국도 4~5호선이 만나는 태전삼거리에는 이승만(李承晚, 1875~1965) 초대 대통령의 친필인 국도확장공사준공기념비가 있다.

◈ 다섯째, 대한민국 교육 수도 대구의 뿌리이다.

우리나라 예학의 최고봉 한강(寒岡) 정구(鄭逑, 1543~1620) 선생이 강학을 열어 서사원(徐思遠, 1550~1615), 손처눌(孫處訥) 등 대구지역 사림(士林)의 영수를 배출시킨 대구 문풍의 발흥지다. 성주 출신인 한강은 만년에 이곳으로 와서 처음에는 사빈서재에서 후에는 손수 지은 사양정사에서 많은 제자를 길러냈고 원래 사빈인 이곳을 공자의 고향 곡부 부근을 흐르는 강 사수(泗水)로 개명하여 조선 유학의 본향으로 만들고자 한 곳이고 선비들의 발길이 끊이지 않은 곳이었다. "대한민국 교육 수도 대구의 뿌리"이다.

◈ 여섯째, 쾌적한 환경과 공원과 녹지가 풍부한 도시이다.

서리지수변생태공원, 운암지수변공원, 함지공원, 한강공원 등 공원과 함지산, 명봉산, 펄거천 등 아름다운 자연환경과 공원녹지가 풍부한 곳이다. 특히, 칠곡 3지구는 가장 모범적인 부도심 개발 사례가 되어 다른 도시에서 견학 오는 곳이다. 집 앞을 나서면 자연이 살아 숨 쉬는 곳이다.

◈ 일곱째, 국방의 요충지이다.

청동기시대 동천동에 환호가 있었고 5~6세기에 쌓은 팔거산성, 통일 신라 시대 구암동 병영지, 임란 시 명나라 지원군이 주둔했고, 다부동 전투의 지원기지였으며, 육군 50사단이 주둔하는 등 우리나라 국방의 요충지(要衝地)이다.

러키세븐(Lucky seven)은 행운을 말하고 희망의 상징이다. 무지개도 7가지 색이다. 인걸은 지령(地靈)을 받고 태어난다고 한다. 즉 땅의 기운과 바람, 물에 영향을 받고 성장한다고 한다. 이런 조건을 두루 갖춘 칠곡은 살기 좋은 곳이다. 촌스러운 이름이 아니다. 세븐밸리(Seven valley), 즉 일곱 골짜기는 행운이 넘치는 도시이자 희망의 도시다. 변두리가 아니다. 버스나 지하철을 타고 반월당에 도착하는 시간은 대구 최고의 거주지로 꼽히는 시지와 크게 차이가 없다.

명나라 장수 유정(劉綖)과 대구

| 들어가는 말

대구시의 소위 강북지역(지역의 토박이들은 이 말에 상당한 거부감을 가지고 있다. 즉, 칠곡이라 불리기를 원한다)이라고 일컬어지는 대구지역의 칠곡은 몇 가지 특이한 점이 있다.

그중에서 신라가 삼국을 통일한 후 신문왕이 달구벌로 천도하려고 했을 때 염두에 둔 곳이 칠곡이라는 경북대 주보돈 교수의 주장과 임란 때 명나라 지원군으로 파견된 장수 유정(劉綖)의 다국적군이 조선 국왕이 있는 한양(漢陽)이나 중국과 가까운 평양이 아닌 팔거현(현, 북구 구암동)에 주둔했다는 점이다. 『선조실록』 의하면 부총병(副摠兵) 유정(劉綖)은 임란 발발 1년여에 가까운 1593년 4월, 2일 조선에 도착했다.

접반사(接伴使) 김수(金睟,1547~1615)의 보고에 "유정의 병마는 오늘부터 강을 건너기 시작하였는데 그 수는 약 5,500명으로 내일 중에 다 건널 것이라 하며, 유정은 용력(勇力)이 매우 뛰어났다고 합니다." 또 같은 해 4월 10일 자 병조판서 이항복이 아뢰기를 "신이 또 부총병 유정을 문안하였는데 그의 사기는 강개하였으며 왜인의 속셈이 간사하여 결코 강화하기가 어렵다는 뜻을 강력히 진술하였습니다.

이어 가지고 있던 각종 군기를 꺼내 보여주고 거느리고 있는 섬라(暹羅, 태국), 도만(都蠻), 소서천축(小西天竺, 인도), 육번득능국묘자(六番得楞國苗子), 서번삼색(西番三塞, 티베트), 면국(緬國, 미얀마), 파주(播州), 당파(鐺鈀) 등 투화(投化)한 사람들을 좌우에 도열 해서 서게 하고 차례로 각각 자신의 묘기를 자랑하도록 하여 종일 구경시켰습니다."라고 했다.

위의 4월 2일, 4월 10일 자 기록 중 눈여겨볼 대목은 그가 1593년 4월 2일에 조선에 왔으며, 4월 10일 병조판서 이항복이 그의 막사로 찾아가서 문안했으며, 그가 데리고 온 병사 중에는 태국, 인도, 티베트, 미얀마 등 다민족 군인들이 있었음을 알 수 있다. 이는 초대 총병 이여송이 중국 동북부 요동 지역에서 활동하던 군인이었던 것과 달리 유정은 중국의 남서부 지역의 사천 총병이었던 데 따른 것으로 보인다. 그는 아버지도 군인이고, 그 역시 큰 칼을 잘 다루는 무인(武人)이었다.

| 유정군(劉綎軍)의 팔거현 주둔

명나라 유정(劉綎) 부대가 성주 팔거현에 주둔한 기록은 『선조실록』 1593년 5월 1일 자가 밝히고 있다.

"명나라 조정에서 사천 총병(摠兵) 유정(劉綎)을 연달아 파견했는데 복건, 서촉, 남만(南蠻) 등의 소모병(김募兵) 5천 명을 거느리고 성주(현,

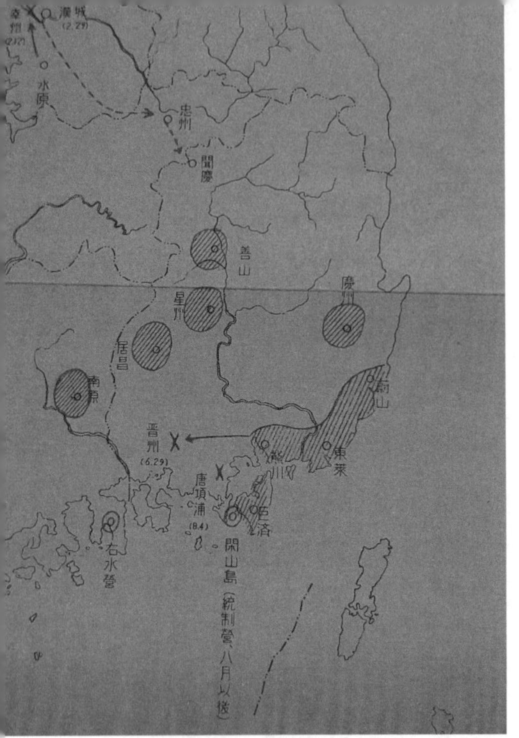

▲ 임란 시 명나라 장수 유정(劉綎) 부대의 주
둔 상황, 지도상의 성주가 오늘날 대구시
북구 구암동 일대로 추정된다.

북구, 구암동)에 둔(屯)을 쳤으며, 절강(浙江)의 장수 오유충(吳惟忠)은 선산 봉계(鳳溪)에, 이영(李寧), 조승훈(祖承訓), 갈봉하(葛逢夏)는 거창에, 낙상지(駱尙志), 왕필적(王必迪)은 경주에 둔을 쳤다. 이들은 사면을 빙 둘러서 서로 대치한 채 진군하지 않았는데, 군량을 양호(兩湖)에서 거두어 험한 재를 넘어서 여러 둔지(屯地)에 흩어주었으므로 민력(民力)이 더욱 곤핍(困乏, 아무것도 할 힘이 없을 만큼 몹시 지치고 고단함)해졌다."고 했다.

즉 선조실록은 유정이 거느린 군사가 5,000명이며 사령부는 대구, 칠곡에 두고 선산, 거창, 경주에 분산 배치했으며 군량은 호남과 호서 지방에서 조달했다. 그러나 유정이 주둔하면서 이렇다 할 전투를 치른 기록은 보이지 않는다.

다만, 왜적들이 2번째(1593. 7. 20~27)로 진주성을 공격하려고 할 때 제독(提督) 이여송(李如松)이 유정에게 조선군을 지원하도록 하였으나, 일본과 명(明)이 화의(和議)를 추진하는 중이라는 이유로 이를 거부하고, 다만, 동래에 있던 가등청정(加藤淸正)에게 공격하지 말 것을 권유한 이외 특별한 군사적인 조치는 취하지 않았다. 직접 피해받는 나라의 지휘관이 아니었던 만큼 적극적이지 아니하고 관망하는 데 그친 것이다.

1594년(선조 27) 3월 유정은 전라도 남원으로 부대를 옮기고, 8월이 되자 요동으로 철군(撤軍)했다. 따라서 유정(劉綎)이 팔거에 머문 기간은 1593년 5월 1일부터 1594년 3월까지 10개월여에 불과했던 것 같다. 그러나 진영은 그대로 남아 있었다. 의병장 죽계(竹溪) 서재겸(徐再謙, 1557~1617)의 『죽계일고(竹溪逸稿)』 1595년(선조 28) 2월 3일 자에 "팔거로 가서 명나라 장수 양호(楊鎬)를 만나기를 청하여 적을 소탕할 전략을 말하였다."는 기록이 있다.

1832년(순조 32) 간행된 『칠곡지』에 유정 진영의 흔적이 남아 있다. 〈방리(坊里)〉 부내(府內, 현, 읍내동 일원) 조에 "칠곡부 뒤 여러 봉우리에는 명나라 정왜(征倭) 총병 유정이 설치했던 채(寨, 작은 성)와 진영(陣營)의 유적이 있다"고 했으며 또 〈고적(古蹟)〉 팔거산성(사적) 조에 "만력(萬曆) 계사(癸巳)(1593년, 선조 26)에 명나라 군대가 삼도(三都)를 수복하고, 그 군대를 왜적이 바다 모퉁이에 주둔하고 있는 까닭으로 총병 유정이 만여(萬餘) 병(兵)으로 머무르며, 여기에 진영을 설치하였다가 1599년(선조 32)에 비로소 파(罷)하였는데, 총병이 이르기를 진영을 설치하여 적을 제압하고 승리할 수 있는 곳으로 천하에서 최고이다 하였다."고 한다.

따라서 총병 유정은 남원으로 떠났지만, 그의 일부 병력은 1593년부터 1599년까지 6년간 유지하고 있었던 것 같다. 유정은 정유재란 때 제독(提督)으로 승진하여 다시 조선에 왔다. 순천왜성에 주둔한 소서행장(小西行長)을 공격할 때 그와 비밀리에 협상을 맺고 물품과 인질을 서로 교환한 후 왜적이 도망치는 것을 허락하여 이순신 장군으로부터 비난받기도 하였다. 그러나 영남에 기근이 들자 굶주린 백성

들에게 쌀과 콩을 지원하였고 또 병사들이 민폐를 끼치지 않도록 엄
중히 단속하는 면모를 보이기도 했다.

| 명나라 지원군과 대구 사람들

　준비 없이 맞이한 임진왜란은 무기에서도 열세였지만 기근마저 들
어 백성들은 이중고에 시달렸다. 그 피해 정황을 칠곡과는 강 하나(금
호강)를 사이에 두고 있는 대구를 통해 살펴볼 수 있다. 함양의 선비
정경운(鄭慶雲)은 그의 임란 일기『고대일록(孤臺日錄)』에서 1595년 2
월 10일 자에 "아침을 먹은 후 길에 올라 대구, 하양, 경산 경계를 지
나니 사람의 자취가 끊어졌다. 밭과 들이 모두 황폐하였고 흰 갈대와
누런 띠 풀이 끝없이 펼쳐있었다. 마음을 아프게 하는 참담한 풍경이
이와 같을 수 있겠는가?" 하였으며, 1597년 1월 8일 자에 "대구를 지
니다가 반야촌(현, 반야월?)에서 말에게 여물을 먹였다. 사람들이 모여
있는데 1595년도에 보았던 것보다 몇 배나 많다."라고 해서 피란 갔던
사람들이 다소 돌아온 것 같으나, 그러면서도 "해안현(현, 동촌 일대)은
산과 내가 꾸불꾸불 둘러 있고 토질은 비옥한데, 옛날의 번화함은 모
두 잿더미가 되어 깨어진 주춧돌과 허물고 부서진 담이 태평 시절을
떠올리게 할 뿐이었다." 라고 했다.
　왜적이 대구에 들이닥친 것은 소서행장(小西行長)이 이끄는 1번 부대
였다. 4월 21일 읍성이 함락되었고, 이어 풍신수길의 명에 의해 그해
5월에 재촌광영(齋村廣英)의 800명, 명석측실(明石則實)의 800명이 주
둔하고 있다가 8~9월에 도엽정통(稻葉貞通)의 4,000명이 추가되면서

모두 5,600명이 향교에 진을 치고 분탕질하다가 1년여 만인 1593, 5월 15일 모두 남쪽으로 떠나 실질적으로 대구가 왜적의 수중에 있었던 기간을 1년여였다. 그럼에도 앞서 정경운이 본 것처럼 피해가 큰 것을 보면 단 1년 만에 초토화되었던 것을 알 수 있다.

대구와 연접한 팔거 역시 대구와 크게 다를 바 없었을 것이다. 다만, 명나라 지원군의 유정 부대가 주둔한 특수성이 있었을 뿐이다. 즉, 군량을 조선 조정에서 지원받는 명나라 군은 식량 사정이 비교적 좋았던 것 같다. 지역의 선비 송원기(宋遠器)가 쌀 700석을 지원한 것도 이때였을 것으로 추정된다. 따라서 명나라 군사들은 각자 배당된 군량 중 일부를 조선인들에게 팔아 필요한 물건을 사고, 대신 조선인들은 명나라 군인들이 필요한 물건을 팔아 식량을 사들여 생계를 유지했다. 이 풍문은 인근 고을까지 퍼지면서 명나라 군사들에게 팔 물건을 머리에 이거나 등에 짊어진 사람들로 팔거로 향하는 길은 사람들도 메워졌다고 한다.

특기할 만한 일은 창의공산의진 초대 의병장으로 활동했던 낙재(樂齋) 서사원(徐思遠)도 은으로 만든 술잔을 명군에게 팔고자 했으나 진품 여부를 다투다가 거래가 취소되고, 나중에는 아들의 말과 안자(鞍子)를 쌀 18두와 교환했으며, 또 다른 창의공산의진 하빈 남면 대장 정광천(鄭光天)도 1593년 9월 명나라 장수에게 소와 말을 팔려고 했으나 장수가 와병 중이라 성사하지 못했고, 다시 아들을 보냈으나 허탕을 치자 결국 창의공산의진 해안 오면(五面) 대장 곽재겸(郭再謙)이 명군 진영에 가서 쌀과 콩을 구했다. 이 외에도 정광천은 소 한 마리를 팔아 쌀을 구했다.

한국전쟁 당시 유엔군이 주둔한 지역에서 PX 물품이 외부로 유출되면서 소위 양키 시장이 형성된 것과 비슷했다고 할 수 있다. 그래도 이는 내다 팔 물건이 있는 계층만 누릴 수 있는 일이지 일반 백성들에게는 그림의 떡이었을 것으로 짐작된다.

물물교환을 통해 생계를 이을 수 있는 이런 긍정적인 면과 달리 명나라 군의 횡포로 시달림도 많이 받았다. 농번기에는 농사일에 전념해야 하는 데도 그들의 군마(軍馬) 사육에 필요한 풀을 베서 제공해야 하는가 하면, 말과 소를 빼앗기고, 마을로 들어온 그들에게 구타당하기도 하고 술을 요구하는 행패에 시달렸다. 『낙재일기』에 의하면 "아침에 당인(唐人, 명나라 군인)이 잃은 말을 찾으러 왔는데, 노복이 들어오지 못하게 하다가 도리어 큰 몽둥이에 맞았다. 또 당인(唐人)이 쌀을 메고 왔으나 소주가 없자 노여움을 많이 드러냈다. 용천댁 계집종이 몽둥이에 맞았다. --익지도 않는 술을 억지로 찾아내 단지 채로 메고 갔다."라는 기록을 볼 때 백성들의 피해가 이만저만 아니었던 것 같다. 심지어 560명의 조선인이 명나라 군복을 입고 하수인 노릇을 했는가 하면 일부 처녀들은 명나라 군인과 동거하는 사태까지 벌어졌다고 한다.

임란이 마무리될 무렵인 1597년 8월 3일부터 1599년 4월 15일까지 병부상서 형개(邢玠)를 비롯한 명나라 군사들이 서울에 있었다. 따라서 조정에서는 그들의 편의를 봐주기 위한 책임자로 안동 출신 김대현(金大賢, 1553~1602)을 임명했다. 그는 훗날 아들 8형제를 두었는데 모두 소과에 합격하고 그중에서 5형제를 대과에 급제시킨 인물이다. 그의 저서 『유연당선생문집』에는 유정(劉綎)에게 보낸 편지가 2통이나 실려있다.

▲ 경상감영이 중구 포정동보다 먼저 설치되었던 북구 읍내동 일원의 현재 모습

| 명나라 유정 군(軍)의 공동묘지

조선 후기 성주도씨·광주이씨 등 지역의 9 문중 11개 마을 선비 30 명이 뜻을 모아 달서구 궁산 서쪽 끝자락 경관이 뛰어난 한 곳에 강학소(講學所) 이락서당(伊洛書堂)을 건립하였다. 이때 함안조씨를 대표한 분이 근암(芹庵) 조택규(趙宅奎, 1745~1820)였다.

공의 후손 구향회(邱鄉會) 조기훈 청년회장이 건네준 선조 근암의 저서 『근암유고(芹庵遺稿)』를 보고 유정에 대한 또 다른 특별한 이야기를 채록할 수 있었다. "금강구석지(琴江龜石誌)", 즉 "금호강 거북 돌에 대한 기록"으로 대강은 다음과 같다.

"1769년(영조 45) 대구에 큰 홍수가 나서 금호강 한 언덕이 무너지면서 거북 모양의 비석 좌대(座臺)가 노출되었다. 크기로 보아서 범상한 비석이 아닌 것 같으나 비문을 새긴 비석의 몸체가 없으니 무슨 내용을 새겼는지 어느 시대 만든 것인지 알 수 없었다.

그러던 어느 날, 무관이면서도 풍수지리에 능한 대구 군영(軍營)의 중군(中軍) 소속 밀양인 박춘흥(朴春興)을 만났는데, 그가 말하기를, 내가 서울에 있을 때 어느 정승이 가지고 있던 명나라 장수 유정(劉綎) 제독의 『평왜일기(平倭日記, 왜군 평정 일기)』를 보았는데 그 내용에 팔거에 주둔하고 있던 명나라 군사가 풍토병으로 많이 죽었다.

그러나 시신을 본국으로 가져가기에는 길이 너무 멀어 팔거현 말발굽형(馬蹄形) 터에 장사(葬事) 지냈다고 했는데 공은 이곳 영남 사람이고 고사(古史)에도 밝으니 알고 있느냐 물었으나, 즉석에서 답변하지 못하였으나 후에 그런 일이 있었다는 말이 전해온다는 이야기를 들었다.

금호강 북쪽에는 칠곡부(漆谷府) 팔거현(八莒縣)이 있고, 작원(鵲院) 또는 외부암(外傅巖, 현, 부엉더미 마을)이 있으며, 그 구역 내에 봉분(封墳)이 몇천이나 있고 분묘의 크고 작은 형태가 마치 별들이 줄을 지어 있는 것 같다. 그러나 오랜 세월 돌보지 않아 황폐해졌는데 누군가 계획적으로 조성된 것 같으며, 그중 하나는 중국인 호도사공(胡都司公) 무덤이라고 한다. 또한 그 구역 내에서 농사를 짓는 농민들이 부러진 창과 칼을 줍는 일이 있으니, 이곳이 옛날 전쟁터 같다.

그 산 서쪽에 주마평(走馬坪)이 있고, 북쪽에 금편동(金鞭洞)이 있으며 동후(洞後)에 이마(理馬) 고개가 있는데 그 꼭대기는 조평(槽坪)과 마천(馬川)을 내려 볼 수 있으니, 이곳이 말발굽형인가? 여러 무덤에서 백여 보 떨어진 곳에서 큰 거북 모양의 좌대가 근년 대홍수로 땅이 깎여 내려간 곳에서 밖으로 나왔으니, 이곳이 유정 제독이 비석을 세운 곳 같다.

천자(天子)의 밝으신 명령을 받들고 대원수 지휘를 받아, 만 리 밖의 정벌에 종군하여 조선의 치욕을 씻어 버리고, 섬나라 오랑캐들을 격멸하여 천하를 깨끗이 하고, 혼란을 바로 잡고자 하였으나, 그 큰 뜻을 이루기 전에 전사(戰死)하니 시신을 본국으로 보내는 길이 아득히 멀기만 하여 제독이 비록 군사를 아끼는 마음이 지극하여도 어찌할 수 없었을 것이다.

따라서 이 땅에 묻고 충성스러운 영혼과 굳센 정신을 비석에 새겨서 조선 사람들이 영구히 잊지 아니하도록 하려고 모(某)의 충성, 모(某)의 절개는 이와 같았고, 모(某)의 웅대한 재주와 뛰어난 용기는 저와 같았다고 쓴 유정이 만든 비석의 좌대(座臺) 같아 이 일을 기록하며 비석의 출현을 기다린다.”

이 근암의 유고 “금강구석지(琴江龜石誌)”를 통해 칠곡 어딘가에 조선을 도와주기 위해 왔다가 풍토병으로 죽은 명나라 군인들의 집단묘역이 있었다는 것과 1769년(영조 45) 대홍수 시 금호강 언덕에서 발견된 거북 받침대는 유 제독(提督)이 거느리던 죽은 병사들을 기리기 위해 세운 비석의 받침돌인 것을 알게 한다.

이 글은 한국전쟁 중 우리를 도와주려고 왔다가 전사한 참전국 군인이 묻힌 유엔군 묘지 같아 흥미로운 장소가 될 수 있을 것 같은데, 지역의 토박이분들과 답사했으나 그 흔적을 찾지 못했다. 근암의 말처럼 언젠가 다시 대홍수와 같은 지각 변동이 일어나 비신이 나타나기를 기대려 보아야 할 것 같다.

| 유정 부대의 병영(兵營)

명나라 총병 유정 부대가 팔거에 주둔한 것은 역사적 사실이다. 그러나 구체적으로 진영을 어디에 설치하였는지는 아직 규명된 바가 없다. 정사(正史)의 기록에도 보이지 않으므로 향토지 『칠곡지(1832년)』에 의존할 수밖에 없다. 우선 동네 이름과 고적(古跡) 편에서 예상되는 곳을 살펴보면 다음과 같다.

◈ 1. 방리(坊里) 편

　가. 부내(府內): 칠곡부의 뒤 여러 봉우리에는 명나라에서 왜(倭)를 정벌하러 온 총병 유정이 설치했던 채(寨, 울타리 또는 작은 성)와 진영(陣營)의 유적이 있다.

　나. 퇴천방(退川坊): 구명동(久明洞)은 문충공(文忠公) 유성룡(柳成龍, 1542~1607)이 임진왜란 때 왕래하며 진영(陣營)을 살피던 곳이다.

◈ 2. 고적편(古跡編) 팔거산성 조

　진터(戰場): 부내(府內) 서남쪽 산봉우리 아래에 위치하고 있다. 1593년(선조 26)에 명나라 군대가 삼도(三都)를 수복하고, 그 군대를 이끌고 오는 데 왜적이 바닷가에 주둔하고 있는 까닭으로 총병 유정이 만(萬)여 병으로 머무르며 여기에 진영을 설치하였다가 1599년(선조 32)에 이르러 비로소 파하였는데, 총병이 이르기를 진영을 설치하여 적을 제압하고 승리할 수 있는 곳으로 천하에서 최고이다 하였다,

『칠곡지』 1의, "가" 항은 부내, 즉 칠곡부의 여러 봉우리에 작은 성터와 진영 유적이 남아 있음을 알게 하고 "나" 항은 당시 임란 수습 책임자인 유성룡(柳成龍, 1542~1607)이 구명동에 있는 진영을 왕래하였다는 내용이다. (내용 중 10,000명은 잘못이다. 조선왕조실록이 5,000명이라 했고 이 인원을 선산, 경주, 거창 등으로 분산 배치하였으니 그 이하가 된다.) 이런 1의 가, 나항을 보면 팔거산성 아래 구명동(현, 구암동)에 진영이 있었을 가능성이 매우 높다.

▲ '대구 구암동 병영지'에서 출토된 중국 화폐, 개원통보

공교로운 것은 1997년 8월 1일부터 1998년 11월 15일까지 구암동 787, 788번지 일대를 "한국문화재보호재단"이 발굴한 조사 결과이다. 보고서에서는 청동기 유적과 신라시대 병영지(兵營地) 유물이 출토되었고, 출토 유물 중에는 중국산 백자편(白磁片)과 화폐 개원통보(開元通寶)와 경덕원보(景德元寶) 2점의 동전이 출토되었다는 것이다. 이

런 정황을 보면 명나라 유정 부대가 주둔했던 병영지로 추정되고, 기타 동천동, 매천동 등 칠곡의 다른 유적지에는 중국계 유물이 출토되지 않아 심증이 더 굳어진다.

그러나 한 가지 의문점은 병영지를 설명하면서 "부내(府內) 서남쪽"이라고 한 표현이다. 부내, 즉 동헌(東軒)이 있던 (현, 칠곡초등학교) 곳에서 볼 때 병영지는 서남쪽이 아니라, "동남쪽"이다. 만약 "서(西)"자가 "동(東)" 자의 오기로 보면 팔거산성의 서북쪽이 되어 구암동 일대가 병영지였음이 방위로 봐서도 출토된 유물로 봐서도 일치한다. 이러한 상황들을 종합해 볼 때 "대구 구암동 병영지 유적"은 임란 때 유정 부대의 진영으로 추정이 가능하다.

당시 발굴에 참여하였던 학자들은 출토된 중국계 백자 파편과 개원통보 등 유물을 유정(劉綎) 부대가 주둔하면서 사용한 것이 아니고 중국과 교역 관계의 산물로 보았던 것 같다.

재미있는 것은 구암동(鳩巖洞)의 옛 이름, 구명동(久明洞)의 오랠 "구(久)" 자와 밝을 "명(明)" 자 역시 자구(字句)를 의역(意譯)해 보면 명나라(은혜)를 오래 잊지 않겠다는 뜻에서 지어진 이름과 같다는 생각이 든다. 따라서 구암동 787, 788번지 등 현재 사계절공원 일대를 유정 부대의 병영지로 추정해도 틀리지 않을 것 같은 생각이 든다.

대구는 지역사 전문가가 없다고 해도 과언이 아니다. 주로 향토 사학자나 문화관광 해설사들이 연구하고 있다. 그러나 당국은 이들의 사료가 신뢰성이 낮다고 하여 교수 등 전문가(?)에게 용역을 주나 당사자가 직접 현장을 조사하기보다 조교 등 보조 연구원이 참여하는 경우를 종종 볼 수 있어 그 전문가 조사 결과 역시 신뢰가 낮다. 이런 일은 유정 부대와 관련된 사례에서도 볼 수 있다. 대구시 〈향토 역사관〉에는 유정 부대가 임란 훨씬 이후 쌓은 가산산성에 주둔했다고 오기(誤記) 했다.

| 조선과 유정의 또 다른 인연

임란이 종결된 후 유정은 모국 명나라로 돌아가 도독(都督)으로 승진하였다. 그러나 다시 조선과 인연을 맺는다. 1619년(광해군 11) 후금의 누르하치와 일전을 벌인다. 이때 명은 조선에 군사 지원을 요청한다. 국왕 광해(光海)는 출병을 꺼렸지만, 임진왜란 때 도움을 받았기 때문에 거절할 수 없다는 대신들의 중론에 따라 도원수 강홍립(姜弘立, 1560~1627)에게 1만 3,000명의 군사를 주어 압록강을 넘게 했다.

이때 명나라 동로군 총사령관이 유정(劉綎)이었다. 그는 조선 군대를 대동하고 만주 단동 부근에서 북상하여 각각 서남과 동남에서 직접 허투알라로 진격했다. 그러나 막강한 후금을 당해 낼 수 없어 마침내 유정은 전사하고, 강홍립은 광해군의 중립 외교정책에 따라 거짓 항복했다. 이가 사르후(薩爾滸, Sarhu) 전투이다.

| 맺는말

흥미로운 사실은 대구, 경북에는 임란과 정유재란 때 참전했던 중국인들이 전쟁이 끝난 후 본국으로 돌아가지 아니하고 정착해 일문을 이룬 집안이 있다. 본관지를 두릉으로 하는 두릉 두씨(杜陵杜氏) 시조 두사충(杜師忠)은 이여송의 막료로서 왔다가 대구에 자리 잡았고, 절강 시씨(浙江施氏) 시조 시문용(施文用)은 정유재란 때 와서 성주에 은거했고, 절강 장씨 시조 장해빈(張海濱) 역시 정유재란 때 오유총 휘하 장수로 와서 군위에 정착했다.

유정의 고향 강서성은 기온이 온화하고 경관이 수려한 곳이다. 특히, 성도(省都)이자 그의 태어난 남창시는 중국 강남 3대 누각의 하나인 등왕각(滕王閣)이 있다. 중국 여행길에 웅장한 누 앞에서 감개무량했는데 그때 유정과 대구와의 특별한 인연을 알았었다면 감회가 남달랐을 것을 생각하면 아쉽다.

또 달성군 하빈의 아름다운 정자 하목정(보물)은 인조가 대군 시절 다녀간 기념으로 직접 현판을 써서 준 곳이고, 정조 때 명재상 채제공(蔡濟恭, 1720~1799)과 그 외 명사들이 읊은 시판이 걸려 있는 곳이기도 하다.

정자 이름, 하목(霞鶩)은 유정의 고향에 있는 등왕각(滕王閣)을 노래한 당나라 천재 시인 왕발(王勃)의 작품 "등왕각서(滕王閣序)"의 "저녁놀은 짝 잃은 오리와 나란히 떠 있고(落霞與孤鶩齊飛), 가을 강물은 넓은 하늘과 한 색이다(秋水共長天一色)."라는 구절에서 따와서 흥미롭다.

반만년 역사 중 조선 백성들이 가장 힘들었던 때가 임진왜란이라고 하는데 이때 침략군의 우두머리 풍신수길(豐臣秀吉)이 왜군의 본영(本營)을 대구에 설치하려 했고, 반대로 침략을 저지하기 위해 파견된 명나라 군사가 본영을 대구(북구 구암동)에 설치하였으니, 대구는 양국이 모두 전략적으로 중요하게 인식한 도시임이 틀림없고, 16세기 후반 한·중·일 국제전의 전초기지였다.

여러 문헌을 짜깁기한 데 불과하나, 굳이 변명한다면 1981년, 40여 년 전에 대구에 편입된 칠곡은 한때 명나라 지원군 부대의 사령부가 주둔했던 군사 요충지고, 아울러 이들을 지원하기 위해 경상도 행정을 총괄하는 경상감영이 대구보다 먼저 설치되어 임란 극복의 중심지였다는 사실을 강조하기 위해서다.

특히, 많은 대구 출신 임란 의병장 중 명나라 주둔군의 지휘부와 협의한 분은 죽계(竹溪) 서재겸(徐再謙)과 태암(苔巖) 이주(李輈), 괴헌(槐軒) 곽재겸(郭再謙) 등 이 외에는 기록이 발견되지 않은데 이 부분도 더 연구가 필요하다. 훗날 전문 사가(史家)에 의해 더 보완되기를 바랄 뿐이다.

대구 사수초등학교 교명 일화(逸話)

뒤로는 아미산(?)이 병풍을 두른 듯 감싸안고, 앞으로는 맑은 금호강이 흐르는 살기 좋은 전원마을 북구 사수동이 택지개발로 인해 상전벽해로 변했다. 정부 정책에 의해 어쩔 수 없이 수용되었지만, 누대에 걸쳐 살던 많은 사람 중에서 극히 일부를 제외하고는 뿔뿔이 흩어져 실향민 신세가 되었다.

새롭게 고층 아파트가 숲을 이루고 낯선 사람들이 이주해 오면서 완전히 다른 풍경이 연출되고 있다. 환경만 달라지고 낯설어진 것이 아니라 조상의 삶의 흔적이 베어있고, 아웃끼리 오순도순 살아오며 소소한 정담을 나누며 살던 날도 추억으로 변했고 마을 이름조차 사라질 위기에 처했었다.

새로 입주하는 주민들이 많아지면서 초등학교를 신설해야 했다. 마을 이름에 따라 당연히 사수초등학교(泗水初等學校)로 불릴 줄 알았다. 그러나 새로 입주하는 사람들은 "사수(泗水)"라는 이름에 강한 거부감을 나타내며 교육청을 찾아가 강력하게 항의하고 시의원과 구의원에게 교명 변경을 거듭 요구했다. 교육청은 이러지도 저리지도 못하고 있었다.

심지어 학부모회를 결성하여 아예 교명을 "강산(江山)초등학교"로 정하고 그대로 지정해 줄 것을 요구했다. 즉, 앞은 금호강, 뒤는 아미산이 있는 만큼 강과 산을 상정해 지은 이름이다. 교육청이나 토박이 마을 사람들은 예상하지 못한 이 이름을 받아들일 수 없었다.

합의점을 찾지 못하고 갈등이 길어지면서 개교 일정에도 차질이 발생할 수도 있게 되었다. 그러던 어느 날 박만규 주민대표가 찾아와 학부모들을 좀 설득해 주면 좋겠다고 했다.

아직 완공을 보지 못한 한강공원 공터에서 학부모들과 대화를 시작했다. 그러나 그들은 이야기를 들어보지도 아니하고 처음부터 사수라는 이름은 안 된다고 했다. 새로 입주하는 비교적 젊은 학부모들의 입장은 더 단호했다. 그들은 아이들이 공부를 열심히 하여 순조롭게 상급학교에 진학하는 것을 바라는데, 학교 이름이 사수라고 하니 한 번 떨어지고 재수(再修)해도 버거운데 재수는커녕 삼수(三修), 더 나아가 사수(四修)까지 하라는 말이냐 하면서 말도 안 된다는 것이다.

그러나 넉 "사(四)" 자와 닦을 "수(修)" 자 사수(四修)가 아니라 원래 마을 이름은 물가 마을이라는 뜻에서 "사빈(泗濱)"이라고 했는데 조선 중기 성주 출신의 성리학자로 영남 오현의 한 분인 한강(寒岡) 정구(鄭逑, 1543~1620) 선생이 이곳에 옮겨 와 살면서 유학의 창시자이자 세계 사대성인(四大聖人)의 한 사람인 공자(孔子)가 태어난 곳 산동성 곡부(曲阜) 부근을 흐르는 강 이름을 따서 물가 "사(泗)" 자와 물 "수(水)"의 "사수(泗水)"로 설정하고 이곳을 조선 유학의 성지로 삼고자 하는 뜻에서 지은 이름이라고 설명하고, 덧붙여 우리가 아이를 키우는 목적이 공자가 강조하는 덕성과 인성이 풍부한 사람으로 기르기 위한 것이 아니냐, 그렇다면 이보다 더 좋은 이름이 어디 있느냐고 하였더니 그제야 이해했다. 그 후 학교 건설은 순조롭게 추진되어 2015년 9월 1일 개교하게 되었다.

▲ 교명(校名)으로 우여곡절이 많았던 사수초등학교(2015년 9월 1일 개교)

이 사례를 통해 우리는 두 가지 교훈을 얻을 수 있다. 첫째는 향토사의 중요성이다. 국사나 세계사도 중요하지만, 자기가 태어난 땅의 유래와 역사도 삶에 큰 영향을 미치는데 그것을 도외시했고, 둘째는 이것을 지역의 교육기관이 관심을 가지고 발굴하고 가르쳐야 하는데 그런 시스템이 없다는 것이다.

대구대학교 금용철 교수에 의하면 역사가 불과 250여 년에 불과한 미국의 대학에서 향토사를 가르치는 학과가 있고, 과정을 이수하면 각급 학교 교사로 채용된다고 하여 놀랐다고 한다.

마을 이름을 바꾼 한강(寒岡) 정구(鄭逑) 선생은 생애 마지막 6년을 이곳에서 보내며 사빈서재와 사양정사에서 낙제 서사원, 모당 손처눌 등 17세기 초 대구를 대표하는 많은 학자를 길러내고 저술 활동을 통해 대구의 문풍을 진작시키는 데 큰 공헌을 한 분이다.

이런 점에서 북구 사수는 대구시 교육청이 구호로 내건 "대한민국 교육수도 대구"의 뿌리인 셈이다. 한강은 72세의 노구를 이끌고 이곳으로 왔다. 풍병으로 몸이 불편하고 아들마저 먼저 보내는 슬픔이 있었으나, 학문에 대한 열정은 오히려 더해 대표작 『오선생예설』을 비롯하여 예학(禮學)을 완성했고, 학봉 김성일의 행장과 일두 정여창의 실기를 지었다. 또한 영남학을 서울 경기지역, 즉 근기(近畿) 지역까지 확대하고 미수 허목을 통하여 성호 이익, 실학자 다산 정약용에게까지 학맥을 잇게 했다.

사수 마을 한복판에는 송림이 우거진 공원이 있다. 필지가 대표로 있든 달구벌 얼 찾는 모임이 주관하고 칠곡향교(전교 정용규), 주민대책위원회(위원장 박만규), 문목공(한강 선생 시호) 대종회(회장 정건용)가 협조하여 대한토지주택공사로부터 한강 정구 선생을 기리는 공원, 즉 "한강공원 조성과 사양정사 복원"을 대구시에 요청해 이뤄냈다.

대구에는 특정 인물을 기리는 공원으로 한강공원 이외 임란 공신 곽재우(郭再祐)를 기리는 망우당공원과 역시 임란 공신인 우배선(禹拜善)을 기리는 월곡역사공원이 있으며, 최근 조성한 송해공원이 있다.

그러나 월곡역사공원(월곡은 우배선의 아호)은 부지를 단양우씨 문중에서 제공하고 조성은 달서구청이 주관한, 반면에 망우당공원과 송해공원은 각각 대구시와 달성군이 국비와 군비로 조성했다. 그러나 한강공원은 앞서 말한 시민단체와 주민들이 나서서 대구시나 북구청은 돈 한 푼 안 들이고 조성한 대구시 공원 조성 역사상 유일한 사례이다.

이런 우여곡절 끝에 개교한 사수초등학교의 학생들은 교명이 시사하는 바와 같이 국가관이 투철하고 인·의·예·지·신을 잘 닦아 인성이 풍부하며 남을 배려하는 훌륭한 인물로 자랄 것이며, 토박이 사람들 역시 대대로 살아온 마을 이름을 학교 이름으로 보존하였으니 이로써 망향의 슬픔을 위로받았으면 한다.

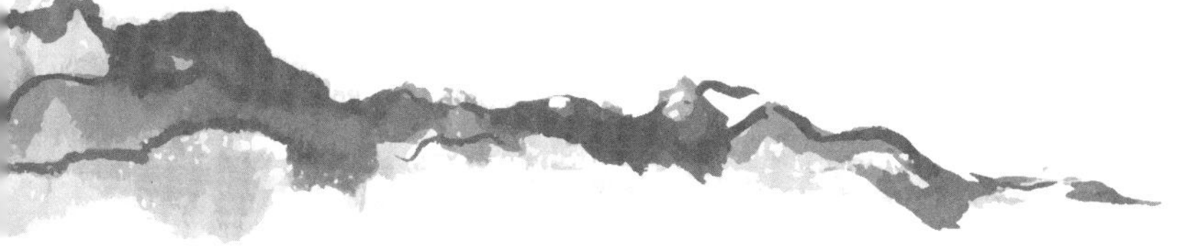

조선 후기 대구(도호부)와 대등했던 칠곡도호부 관할(管轄)이었던 북구의 관문, 태전1.2, 구암, 관음, 동천, 국우, 읍내동 일원은 대구로 편입 후 도시화가 급격히 진행되면서 옛 문화유산이 매몰되거나 방치되고 있다. 이를 안타깝게 여긴 토박이와 일부 주민들이 칠곡의 고려 초와 조선 전기까지의 이름 팔거현(八莒縣)에 빗대 팔거역사문화연구회(八莒歷史文化硏究會)를 조직하여 "팔거역사문화아카데미"와 "팔거백일장"을 개최하고 『대구, 칠곡의 역사와 문화유산』 등 사료집을 발간하는 한편, "구암동고분군과 팔거산성"을 사적으로 지정하는 데 앞장서서 주민들의 자긍심을 높이기 위해 꾸준히 노력해 오고 있다. 그런데, 후임(後任) 배석운 회장으로부터 전화가 왔다.

성군(聖君) 세종의 외삼촌이자 태종의 비(妃), 원경왕후(元敬王后)의 남동생이며, 매형 이방원이 왕으로 등극하는 데 크게 도왔던 좌명공신(佐命功臣) 1등, 여성군(驪城君) 민무질(閔無疾, ?~1410)이 한때 대구에 유배되었으며 그곳이 바로 금호강 하중도(河中島)로 체류 기간 중 결혼까지 했다는 이야기를 모(某) 씨로부터 들었다고 했다.

유배지라면 제주도나 남·서해안, 함경도 등 궁벽하거나 외진 섬쯤으로 생각해 온 터였고, 상인동 가스 폭발 사고, 중앙로 지하철 방화사고 등 화재를 제외하면 수재(水災), 태풍, 전쟁 등의 재해가 없는 길지이며, 현제명, 박태준 등 훌륭한 음악가, 이상화, 이장희 등 한국을 대표하는 시인, 영화 '임자 없는 나룻배'의 이규환 감독, 소설가 현진건, 이태원, 천재 화가 이인성 등 장르별로 기라성 같은 근·현대 예술가가 배출된 도시이자, 어느 도시의 시민들도 생각하지 못했던 국채보상운동을 선도했고, 학생들의 2·28 민주 운동으로 우리나라 헌정사에 빛나는 금자탑을 쌓고, 새마을 운동의 주역을 배출한 도시의 시민이라는 자부심으로 무장(武裝)을 단단히 한 채 살아왔기에 충격이 컸다.

이렇게 자랑스러운 대구에 한때나마 죄인의 유배지였다는 사실이 믿어지지 않았다. 제보한 사람을 만나 더 자세한 이야기를 들어보고자 하였으나 배 전 회장에게 전해준 말 이외 더 이상은 모른다며 거절하여 성사되지 못했다.

그러나 이 이야기는 대구의 마지막 남은 열린 쉼터인 금호강을 새롭게 정비하는 소위 "금호강 르네상스" 계획에 좋은 소재인 만큼 대구시의 담당자는 귀담아듣고 개발에 반영했으면 한다. 특히, 금호강 대구 구간 중에서 가장 큰 섬이자 개발 시 대구의 새로운 랜드마크가 될 금호꽃섬의 중요한 역사 자원이기 때문이다.

노곡교와 팔달교 사이에 있는 금호꽃섬을 주민들은 "갱빈(강변)" 또는 "섬들"로 불렀다. 포항시 죽장면 가사령에서 발원하여 영천, 경산을 거쳐 낙동강으로 유입되는 금호강의 여러 하중도 중에 가장 규모가 크며 한때는 채소 생산의 주산지로 면적은 22만 3천㎡(67,458평)이고, 길이 1.1㎞, 폭 260m이다.

▲ 미래를 기다리는 땅 금호꽃섬

배후에 250만 명의 큰 소비자를 두고 있는 농민들은 한 포기의 채소라도 더 생산하기 위하여 여느 지역의 농토와 달리 연간 5~6모작을 하였으며, 덧붙여 화학비료와 퇴비를 많이 사용해 금호강과 낙동강을 크게 오염시켰다.

2010년 대구보건환경연구원이 실시한 오염원별 부하량 조사 결과 낙동강으로 유입되는 절반은 금호강이며, 금호강에 유입되는 BOD의 25%가 하중도에서 발생하는 것으로 나타났다.

이에 대구시에서는 4대강 살리기 사업과 연계하여 총사업비 260억 원(보상가 202억 공사비 58억)을 투입하여 토지를 매입하고, 526동의 비닐하우스를 철거했으며, 대구의 대표적인 명소로 개발하기 위해

2017년 "금호강 하중도 명소화 기본계획"을 수립하였다.

그러나 하중도의 높이가 25.44m로 200년 빈도의 금호강 홍수위 28.44m보다 3.0m 낮아 활용에 제한이 따른다. 그럼에도 유채나 코스모스 등 철마다 꽃단지를 조성하여 많은 시민의 사랑을 받아 현재 북구 8경 중 한 곳으로 뽑혔다.

| 대구 최초· 최후의 유배지

외삼촌 민무질이 어린 세자 충녕대군(훗날 세종)을 세워 권력을 잡으려 했다는 모함을 받아 죄인의 몸으로 대구에서 유배 생활을 할 때의 일화는 『조선왕조실록』 1408년(태종 8) 11월 19일 자에 이렇게 기술되어 있다.

"사간원에서 대구 현령(이때 대구는 군보다 낮은 현의 지위에 있었다.) 옥고(玉沽)의 죄를 청하니, 윤허하지 않았다. 소(疏)에 이르기를, 국가에서 대간(臺諫)을 설치하여 서관(庶官)을 규찰하기 때문에, 대간이 이문(移文) 하면 서관이 급히 봉행해야 기강을 세우고 사공(事功)을 이룰 수 있는 것입니다. 지난번에 난적 민무질(閔無疾)이 부처(付處)한 곳에 있으면서 그 악한 것을 고치지 않고 잡인(雜人)들과 서로 교결(交結)하고, 또 그 지방 사람인 조득시(曹得時, 대구읍지 등에서 인명을 확인할 수 없다.)의 딸에게 장가들어 불법한 일을 자행하므로, 본원(本院)에서 감사에게 이문(移文)하여 그 죄상을 조사하게 하였는데, 차사원(差使員)인 대구 현령 옥고(玉沽)가 난적(亂賊)에게 당부(黨附)하여 곧 봉행하지 않고 있다가, 두세 번 이문하여 독촉하여 사세(事勢)가 부득이한 뒤에야 조금 그 정상을 보고하였습니다. 다른 왕래 교결한 자는 이미 벌써 용서를 받았으나, 옥고 같은 국법을 따르지 않고 소사(所司)를 업신여긴 죄는 징치(懲治)하지 않을 수 없습니다. 청하옵건대, 유사(攸司)에 내려 그 죄를 엄히 징치하여 후래(後來)를 경계하소서. 임금이 정언 박안신(朴安臣)을 불러 전교하였다. 민무구(閔無咎)·민무질(閔無疾)을 부처(付處)시킨 곳의 수령(守令)으로서 왕래하며 서로 만나본 자와 민씨(閔氏)에 관한 일은 이미 모두 끝났으니 다시 논하지 말라."고 한 기사다.

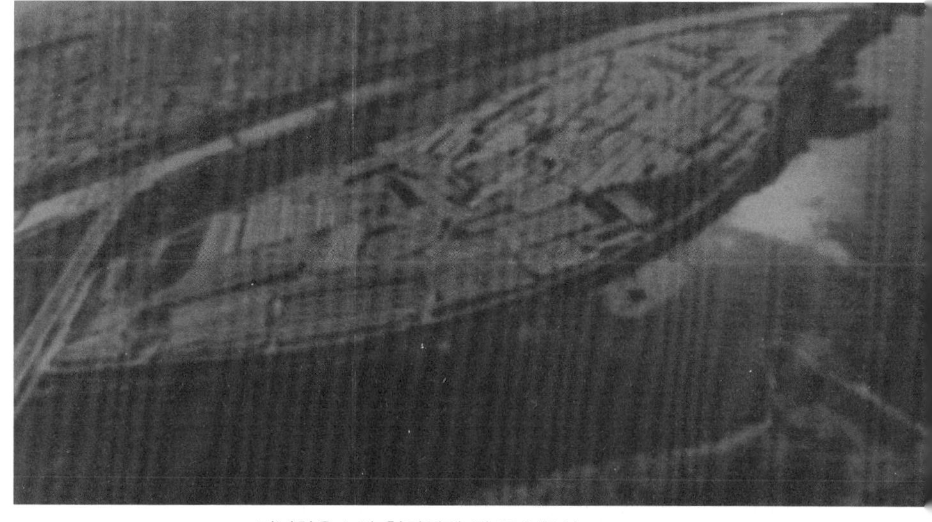

▲ 비닐하우스가 철거되기 전 금호꽃섬

즉, 민무질은 1407년(태종 7) 11월 21일부터 다음 해 10월 16일까지 약 11개월 유배지 대구에 있으면서 죄인인데도 몸가짐을 바로 하지 아니하고 잡배들과 어울려 놀 뿐만 아니라, 조득시라는 사람의 딸과 결혼하는 등 부당한 행동을 했다. 이 사실을 감사(監司)에게 보고하라고 지시하였으나 차사원(差使員), 즉 현지 조사관인 대구 현령 옥고(玉沽)는 오히려 그와 어울리고 편의를 제공했을 뿐 아니라, 2~3번 독촉한 후에 겨우 보고하였으니 그를 처벌해야 한다고 간언했으나 태종이 불문에 부쳤다는 내용이다.

이 기사(記事)로 민무질의 대구 유배가 사실임을 확인할 수 있다. 그러나 대구의 어느 곳인가는 제시하지 않았는데 그곳이 바로 금호꽃섬이라는 설이 처음으로 제기되었다. 이는 조선 시대 인문 지리서인 『세종실록지리지』나 『경상도지리지』, 『신증동국여지승람』, 『대구읍지』 등의 어느 사료에도 없다. 따라서 제보한 사람의 이야기만으로는 꽃섬으로 비정(比定)할 수 없는 문제가 있다. 그러나 오래전부터 구전(口傳)되어 왔고, 주위가 강으로 둘러싸여 죄수를 외부와 고립시키기 위한 땅으로 내륙의 섬이니 대구에서 이보다 더 적합한 곳이 없다는 점에서 가능성이 매우 크다.

금호꽃섬은 유속(流速)의 강약에 의해 토사(土砂)가 쌓인 일반적인 하중도와 달리 원래는 임야(林野)였다는 증거가 현재 법적 지목에도 나타나고 있다. 이런 보충적인 자료를 더하면 가능성이 더 높다. 따라서 민무질의 대구 유배지가 금호꽃섬으로 봄이 설득력이 크다. 전문가의 연구가 더 필요하겠지만, 그런 조사에도 불구하고 근거를 찾지 못한다면 꽃섬 명소화 계획에 "민무질과 청백리 옥고 이야기"를 반영해야 한다.

(이야기의 제보자는 가문의 내밀한 비밀인 만큼 이름을 밝히는 것과 만나기를 꺼린 것으로 생각된다)

금호강 르네상스 계획은 일반 시민들도 큰 관심을 보이지만 조경 전문가 조직 "그린 트러스트", 나무를 통해 기후 위기 대응에 앞장서고 있는 "대구 생명의 숲" 등 시민단체는 물론 문학인들도 큰 관심을 보이는데 대구 시인협회 전 회장 김선굉 시인은 하중도 이름을 "섬뜰"로 하자고 제안한 바 있다. 뜰을 영어로 가든(Garden)이라고 하니 금호꽃섬을 이름에 걸맞도록 가든화 하자고 주장한다.

민무질에게 호의적(好意的)이었던 대구 현령 옥고(玉沽, 1382~1436)는 본관이 의령으로 호는 응계(凝溪). 길재의 문인이다. 약관 18세에 소년등과(少年登科)한 공직자의 표상인 청백리였을 뿐 아니라, 『대구읍지』에 등재된 몇 안 되는 훌륭한 관리, 즉 명환(名宦)이다. 일례로 배설(裵泄)의 이야기가 전해온다.

아전(衙前) 배설은 기지가 있고 총명하였으나 사람됨이 교활하여 법을 멋대로 남용하니 수령들이 대부분 그에 의지하여 군정(郡政)을 펼쳤다. 배설이 만년에 말하기를 "전후 수령들은 내가 모두 거느리고 살았는데, 오직 금유(琴柔)와 옥고(玉沽)는 내가 모시고 살아야 했다."라고 실토했다.

옥고는 그 후 내직으로 들어가 요직인 사간원 정언, 이조 정랑, 사헌부 장령을 역임했으며 55세로 졸했다. 저서로 『응계집』이 있고, 안동의 묵계서원에 보백당(寶白堂) 김계행(金係行)과 함께 배향되었다.

| 누마루가 아름다운 황씨 동원각

금호꽃섬 개발할 때 함께 검토해야 할 곳으로 황씨 동원각(黃氏同源閣閣)을 빼 놓을 수 없다. 강변 중 비교적 높은 단애(斷崖) 위에 있어 대구시가지가 한눈에 조망되는 경관이 수려한 곳에 있다. 부엉덤 또는 부엉더미로 불리는 곳이다.

정문인 외삼문 숭양문(崇陽門)을 들어서면 정면에 나타나는 건물이 재사인 황씨 동원각이다. ㄱ자로 앉히고 누마루를 만들어 매우 운치가 있다. 그 뒤쪽에 담을 사이에 두고 1968년에 지은 황씨 도시조(都始祖) 한나라 학사 황낙(黃洛)을 포함하여 평해 황씨 시관조 기성군(箕城君) 황갑고(黃甲古), 장수 황씨 시관조 장수군(長水君) 황을고(黃乙古), 창원 황씨 시관조 창원백(昌原伯) 황병고(黃丙古) 등 모두 16위의 위패가 모셔져 있는 상덕사(尙德祠)가 있다.

1956년 경주 이씨 이장우가 별서(別墅)로 사용하던 것을 황봉갑, 황경수 등이 매입하여 오늘에 이른다. 동원(洞源)은 그 근원이 같다는 뜻이니 모든 황씨는 하나의 뿌리라는 점을 강조하고 조선(祖先)을 받들고 씨족의 화합과 친목을 도모하기 위해 만든 공간이다. 동방 화벌(華閥)이라고 자임하는 명문 황씨는 원래 중국이 본향이다. 후한의 유신(儒臣)으로 28년(신라 유리왕 5, 한나라 광무제 4) 사신으로 교지국(현 베트남)에 가던 길에 풍랑을 만나 경상북도 울진군 평해 월송정 부근에 표착(漂着)하여 그곳에 정착한 황낙(黃洛)이 도시조이다.

그에게는 갑고(甲古), 을고(乙古), 병고(丙古)의 3형제가 있었는데, 각기 기성군(箕城君), 장수군(長水君), 창원백(昌原伯)으로 봉해지면서 평해, 장수, 창원 황씨의 시관조(始貫祖)가 되었다. 매년 음력 3월 15일에 제향(祭享)이 거행된다.

지역 주민들의 시회(詩會)가 열리기도 한 곳이다.

| 공룡 나라 금호꽃섬

　대구는 약 1 억만년 전 중생대 백악기 하나의 거대한 호수와 늪지였
다. 따라서 다양한 종류의 공룡들이 서식했다. 영화 "쥬라기공원"을
즐겨보았던 사람으로, 넓은 호수가 펼쳐져 있고 그 물가에 거대한 공
룡들이 유유히 거닐고 다니는 것은 상상해도 즐겁다.

▲ 금호꽃섬 일대에 서식했던 공룡

　그 증표가 공룡 발자국 화석이다. 94년 신천(新川)에서 57개를 발
견한 이후 동구 지묘 17, 신서동 5, 남구, 봉덕동 고산골 10, 같은 봉
덕동 미리내아파트 앞 계곡 2, 북구 노곡동 경부고속도로 절개지 77
개(다른 자료에는 10여 개), 수성구 매호천 하상 35, 욱수천 하상 25, 지
산동 야산 계곡 2, 이천동 배수로 5 등 시가지의 가장자리에서 모두

240개의 발자국이 발견되었다. 이는 지금까지 발견된 것일 뿐 향후 더 많이 발견될 가능성이 충분하다.

백악기 금호꽃섬 역시 마찬가지였다. 특히, 금호꽃섬과 가까운 경부고속도로 노곡동 부근 확장공사가 진행될 때 절개지에서 발견된 공룡화석은 숫자도 많지만, 보행렬(步行列)로 볼 때 목이 길고 몸집이 아주 큰 초식을 주로 하는 용각류, 새와 유사한 허리뼈를 가진 조각류, 발가락이 3개이고 알을 낳는 육식공룡 수각류 등 종류도 다양했다.

공룡화석 발견 구청 중에서 가장 먼저 관광자원으로 활용한 구청이 남구이다. 남구는 고산골 화석 산지 부근에 공룡공원을 조상하여 연간 100만 명의 관광객을 불러 모으고 있다. 지구상에서 가장 큰 동물로 알려져 있으나 이제는 볼 수 없다. 따라서 사람들의 큰 호기심을 불러일으켜 상업 영회로도 흥행에 성공했지만, 유치원 아이들로부터 성인에 이르기까지 상상력을 자극하는 동물이다. 금호꽃섬에 도입하여 명소화하는 데 한 부분을 담당하게 해야 한다. "금호꽃섬"은 금호강 대구 구간 100리 중에서 가장 매력을 가진 공간이다. 이런 점에서 개발 방향을 설정 함에 있어 시민들의 동의를 받아야 할 과제를 안고 있다.

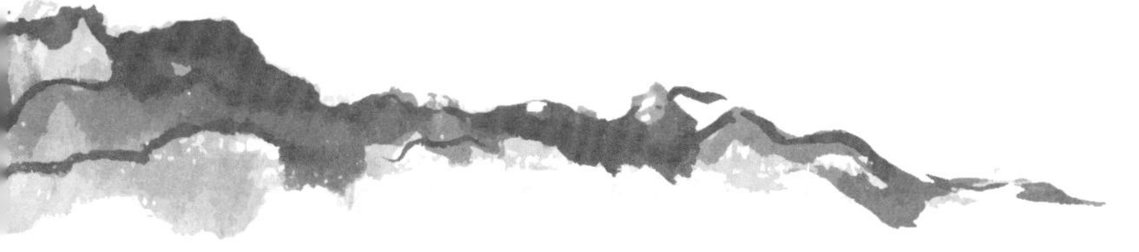

칠곡군과 달리 대구시 북구 칠곡3지구로 더 잘 알려진 읍내동, 동천동을 비롯한 일대의 몇 개 동은 삼국시대에는 팔거리(八居里), 신라시대와 고려 초에는 팔리현(八里縣)이었다. 이후 1018년(현종 9)부터 1640년(인조 18) 칠곡도호부가 설치될 때까지 622년간은 성주목, 팔거현(八莒縣)이었다. 이렇게 오래전부터 불려 온 팔거(八莒)라는 이름은 현재 팔거천(연장, 8.14㎞), 팔거산성(사적), 지하철 3호선 팔거역 밖에 남아 있지 않다.

2023년 저물어 가는 12월 14일 참게를 방생(放生)했다. 칠곡향교 김정립 전교, 팔거역사문화연구회 양철수 회장, 유가형 시인, 나와 더불어 4명이 각기 10마리, 모두 41마리를 구입하고 김형일 전, 대구시 서기관이 차량을 지원해 주었다. 한 마리는 옮길 때 따라 들어온 것을 주인이 덤으로 준 것이다.

어린 시절 현, 경상북도 농업기술원 부근의 작은 지천에서 팔거천으로 흘러드는 도랑에 참게가 하도 많아 "끼(참게의 칠곡지역 사투리) 도랑"이라 불렀다는 토박이 한영기 시인의 말을 듣고 시도했다. 그러나 하상 정비로 자갈이나 수초 등 숨을 곳이 부족하고 1급수에만 자라기에 수질이 그보다 못한 팔거천에는 살아남지 않을 거라며 불참했다.

뿐만, 아니라, 백과사전에 의하면 참게의 한살이는 "번식을 위해 가

을에 바다로 내려가 그곳에서 알을 낳고 몸속에서 부화시켜 유생(幼
生) 상태로 민물로 올라와 성체로 자란다."고 하였다. 그렇다면 그 조
그마한 참게가 팔거천에서 금호강에 몸을 담그고, 다시 낙동강의 물
살을 타고 부산포 어딘가에서 알을 낳고, 그 알에서 깨어난 어린 참게
를 몸에 품고 다시 역방향으로 이번에는 거센 물결을 수백 리 거슬러
올라와 팔거천에 다시 도착하여 산다고 할 수 있다. 참으로 불가사의
한 긴 여정이다. 그럼에도 도전했다.

최근 팔거천에는 1급수에만 자란다는 수달이 살고, 역시 1급수에만
자란다는 재첩(일명 강조개)을 손자가 주웠다는 친구의 이야기를 들었
으며, 청정 수역에 사는 다슬기를 직접 채집한 경험이 있고, 더 나아
가 청둥오리, 원앙새처럼 철새가 텃새가 되고, 호랑가시나무, 가시나
무, 태산목 등 난대 식물이 온대 지방인 대구에 적응하는 것을 직접
눈으로 보았으며, 지구상의 모든 생물은 주어진 환경을 스스로 극복
하여 적응한다는 이론도 있기 때문이다.

지난해에는 말조개도 방사했다. 삶으면 속살이 단단해져 식용으로
쓰이지는 않으나 토속어인 각시붕어의 숙주라는 설도 있어 한국의 고
유 어종인 각시붕어가 팔거천에 노니는 장면을 눈으로 즐기고 생태계
의 다양성을 높일 수 있다는 생각에서였다.

토박이 칠곡 사람들의 애환이 서려 있는 팔거천은 2011년 국토교통
부 "고향의 강 가꾸기 사업"에 선정되었다. 그 후 둔치에 나무를 심어
휴식 공간을 조성하고, 산책로와 자전거전용도로를 만들었으며 수량
을 안정적으로 확보하기 위하여 금호강에서 진흥교까지 장장 7.23㎞
에 이르는 관로를 묻어 1일 3만 톤의 물을 방류하고 있다. 그렇다고
자연성 회복된 것은 아닌 것 같다. 그때 살았다는 은어와 모래무지

등은 보이지 않기 때문이다.

▲ 2023년 12월 14일, 참게 방생(사진 오른쪽 김상선 구의원, 곽동규, 필자, 김형일, 양철
수 팔거역사문화연구회장, 정진호 주민 대표)

최근 달성군 하빈으로 이전이 확정된 매천동 농수산물도매시장을
지을 때 실무자로 참여하여 칠곡과 인연이 없었던 것은 아니나, 지금
은 그만두었지만 3지구에서 학원을 하는 아들이 권유하여 내당동에
서 칠곡으로 이사 왔다.

이사 후 평소 향토사에 관심이 많았던 나는 지인들의 배려와 애향심
이 높은 배석운, 전 한민족문화교류협회 이사장, 대구보건대학 도성
탁 교수 등과 더불어 팔거역사문화연구회를 조직하여 회장을 2회 연
임했다.

2016년 동천교와 구수교 사이 둔치에 대구수목원에서 얻어온 꽃가
루(실제는 종모)가 날리지 않는 수양버들을 칠곡발전협의회 등 역내 5
개 단체와 공동으로 심었고, 구암동 고분군 사적 지정, 칠곡 1,000년

기념비 건립, 『대구칠곡의 역사와 문화유산』 등 자료집을 내면서 칠곡의 정체성 찾기에 분주히 보내고 있다.

특히, 팔거천은 반려견 망고와 미미를 데리고 수시로 산책하면서 심신을 충전하고 있는 나에게는 보배로운 강이다. 이런 주민의 환대에 무엇인가 보답하기 위한 마음을 가졌었는데 문득 어릴 때 읽었던 책에서 이런 이야기가 생각이 났다.

"어느 고을에 한 수령이 있었다. 어느 날, 밑에서 일하는 관리에게 재첩을 몇 말, 사 오라고 했다. 관리는 수령이 시키는 대로 재첩을 사 왔다. 그러더니 바가지를 들고 주민들을 강가로 모이도록 했다. 수령은 다짜고짜 재첩을 한 바가지씩 담아 강물에 뿌리라고 했다. 대다수 주민이 나랏돈을 허비하는 수령이 미치지 않았나 의심했다. 그러나 함부로 대들 수 없기에 명령에 따를 수밖에 없었다. 재첩을 다 뿌리고 돌아가서는 마친 수령이라고 모두 욕을 했다.

그 후 세월이 흘러 모두 그 일을 잊고 있었다. 그런데 강에 재첩이 엄청나게 불어나 주민들이 몇 해를 두고 잡아먹어도 남을 정도로 번식했다. 그때야 그 수령을 떠 올리며 그가 백성을 아끼고, 멀리 내다보는 혜안을 가진 수령이라고 칭찬했다고 한다."

그러나 나는 그럴 만한 위치의 현직 공무원도 아니고 이 도전 역시 참게의 특성과 팔거천의 수질 등 여러 정황을 살펴볼 때 돈만 허비한 무모한 일일 수 있다. 다만 믿고 싶은 것은 세상에서 이루어진 일 중에 기적(奇蹟)도 있는바 그런 행운이 일어날 수 있지 않을까 하는 실낱같은 희망을 가지고 시도했다.

팔거천 맑은 물에 각시붕어가 돌아오고 아이들이 참게를 잡으며 조개 줍기를 하면서 혹은 자빠지고 넘어지며 옷을 버리고 시간 가는 줄 모르고 놀다가 부모님에게 혼난 일 등 소년, 소녀의 감성을 풍부하게 하고, 수양버들 늘어진 가지의 아름다운 자태를 보며 걷는 주민의 모습을 상상만 해도 즐겁다. 더욱이 기력이 쇠잔하여 사회활동이 줄어들면서 무료하게 보내는 노인에게는 이런 기대가 삶의 활력이 되는 것 같다.

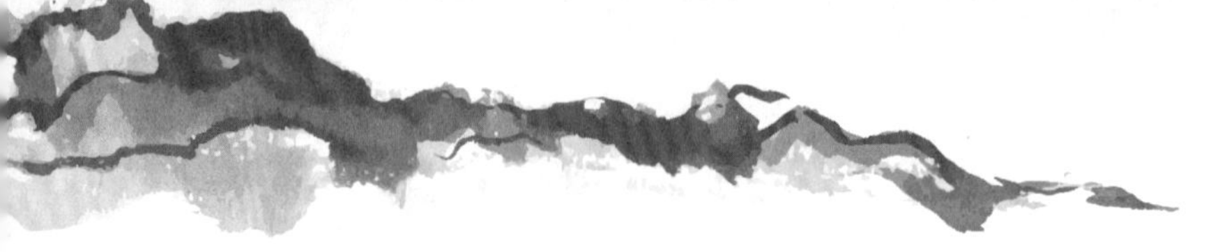

대구, 칠곡의 임란 공신과 의병장

임란은 대구의 칠곡지역도 피해갈 수 없었다. 이때 뜻있는 많은 사람이 나라를 위해 몸을 바치기 위해 나섰지만, 그중에서 특별히 활동했던 몇 분이 있다. 아헌 송원기, 우헌 전민련, 낙재 서사원, 죽계 서재겸이다. 이들 중 아헌과 우헌은 칠곡에 거주한 분이고, 낙재는 칠곡 외가에서 태어났으며, 죽계는 출생지가 대구부내(大丘府內)라고 하나, 초기 창의한 곳이 칠곡이고 조부의 묘소와 재실이 현재 칠곡에 있다. 또한, 공신(功臣) 행정 정여강은 비록 하빈 출신이기는 하나, 사당이 지천 납실에 있고 그 후손들이 현재 대구, 칠곡에 많이 살고 있으며 전공이 다른 의병장에 비하면 덜 알려져 함께 소개하고자 한다.

| 아헌 송원기(啞軒, 宋遠器, 1548~1615)

본관은 야성(冶城)이다. 야성 송씨가 칠곡에 터를 잡은 것은 1689년(숙종 15)이라고 한다. 경기도 관찰사를 지낸 송구(宋構, ?~?)가 성주에 자리 잡아 오래 세거(世居) 해왔는데 아헌 송원기 대에 고평(지금의 북구 관음동)에 정착했다.

아헌은 아버지 송사호(宋師顥)와 어머니 팔거(현 성주) 도씨 사이에서

1548년(명종 3) 성주 유촌리에서 태어났다.

어릴 때는 숙부로부터 커서는 동강 김우옹, 한강 정구 이른바 성주 양 강으로부터 학문을 배웠다. 1573년(선조 6) 생원, 진사에 합격하고, 1610년(광해군 2) 문과에 급제했다.

김천 찰방(察訪)에 제수되었으나 나아가지 아니하고 학문에 전념했다. 그러던 중 임란이 일어나고 명나라 지원군이 팔거(현 북구 읍내동 일대)에 주둔했다.

군량미가 부족한 그들을 위해 쌀 700석을 모아 지원했다. 또한, 전란을 수습하기 위해 동분서주하든 체찰사 이원익(李元翼, 1547~1634)에게 군무십책(軍務十策)을 건의하기도 했다. 그때 명나라의 병부(兵部) 주사 정응태(丁應泰)가 경리 양호(楊鎬)와의 사소한 마찰로 조선이 일본과 힘을 합쳐 장차 명나라를 침공할 것이라고 허위 사실을 황제에게 보고하여 조선과 명나라 사이에 금이 간 일이 있었다.

이때 조정에서는 이항복을 진주사(陳奏使)로, 이정구를 부사(副使)로 하여 그렇지 않다는 내용의 변무서(卞誣書)를 황제에게 제출했다.

이때 재야의 많은 선비도 지어 올렸지만, 오직 공의 변무서만 채택되어 명성이 중국에도 알려지게 되었다. 공은 또한 군주가 갖추어야 할 덕목 여섯 가지를 강조하는 육강소(六綱疏)와 한강 정구를 모함한 박이립의 죄주기를 청하는 상소를 올

▲ 아헌 송원기를 배향한 매양서원

리기도 했다.

여헌 장현광, 낙재 서사원과 교유했으며 1615년(광해군 7) 68세로 돌아가셨다.

공이 돌아가시자 한강 정구는 "어려서부터 장년과 노년이 되도록 세 번이나 살기 좋은 이웃이 되었고 아울러 친지로 인정함을 후하게 받아서 은혜롭게 나를 좋아함이 이미 깊었고 종유(從遊)가 가장 오래되어서 학문 연마에 서로를 도왔으며 걱정과 즐거움은 반드시 함께하면서 오직 영세토록 기대했는데 오늘이 있을 줄이야 어찌 알았겠는가?" 하고 슬퍼했다.

선무원종3등 공신으로 서훈(敍勳)되고 동계 정온(鄭蘊, 1569~1641)의 계청(啓請)에 의하여 사간원 헌납(獻納, 정5품)에 증직되었다. 1705년(숙종 31) 사림의 발의로 공을 기리는 매양서원(梅陽書院)이 세워졌다

| 우헌 전민련(愚軒, 全敏連, 1546~1615)

본관은 정선(旌善)으로 정선 전씨로 도남마을 입향조이다. 어릴 때부터 자태가 영특하고 행동에 어김이 없었으며, 자라서 글을 배우기 시작하자 한 번 들으면 곧바로 암송하였다고 한다.

학동 시절에 사서(四書)와 육경(六經)을 자유자재로 읽었으며, 날마다 책을 짊어지고 다니면서 아랫사람이나 윗사람에게 모두 이름을 날렸다. 늘 몸소 실천하는 데에 힘을 썼을 뿐, 글을 교묘하게 짓는 일은 별로 달가워하지 않았다.

▲ 우헌 전민련의 소요하던 곳에 후손들이 건립한 도남재

부모님 상을 당하자, 무덤가에 여막(盧幕)을 짓고 피눈물을 흘리며 예법으로 모두 마쳤다. 퇴계 이황을 선성(宣城, 예안의 옛 이름)에서 뵙고, 한강 정구을 분천(汾川, 안동 분천리)에서 만난 후 강원도 정선의 옛 집에서 이사하여 팔거(八莒, 칠곡) 도덕산 아래 거처를 정하며, "영남에는 선비의 기풍이 살아 있어 살만한 곳이다."라고 하였다. 임진년 난리를 만나자 절구(絶句) 한 수를 지으니, 다음과 같다.

꿈을 깨 보니 가을바람 매섭고, 야밤에 금호강이 시끄럽구나./ 눈을 들어 거대한 산천을 보고, 해와 달을 향해 마음속에 맹세하노라.

곧이어 수백 명 장정을 모아 집안의 곡식 창고를 열고 가축을 풀어 군량을 충당하면서 관인산(觀仁山, 현, 함지산?)에 진을 쳤다. 망우당 곽재우와 안팎으로 호응하며 서로 첩보를 주고받았다. 서애 유성룡이 진지를 둘러보고 난 뒤 "천시도 좋고 지리도 좋고 인화도 좋으니, 모두(咸) 지극(至)하오. 마땅히 함지진(咸至陣)이라 고쳐야겠소. 내가 조달해야 할 군사를 줄여주시고 충성을 다하여 나라에 보답해 주시오."

라고 기뻐했다고 한다.

행재소(行在所)에서 선조 임금에게 공의 공적을 보고하자, 통례원(通禮院, 조회와 제사에 관한 의식을 맡아보던 관아) 찬의(贊儀, 정5품)에 제수하였다. 전쟁이 끝난 후에는 왜적을 물리친 공을 입 밖에 발설하지 않았다고 한다. 은거하여 조용히 경전을 연구하고 도를 즐기다가 1615년(광해군 7) 70세에 삶을 마쳤다.

| 낙재 서사원(樂齋, 徐思遠, 1550~1615)

본관이 달성으로, 경산 전교(典敎) 아버지 서흡(徐洽)과 어머니 인천 이씨 사이에서 1550년(명종 5)에 태어나 일곱 살 되던 해 큰아버지 서형(徐泂)의 양자가 되었다.

1575년(선조 8), 향시에 나아가 장원을 해 주위를 놀라게 했다. 송담 채응린 계동 전경창에게 글을 배웠지만, 한강 정구로부터 본격적으로 성리학을 공부했다.

1587년(선조 20), 선공감(繕工監, 건축물의 신축, 수리 및 토목에 관한 일을 맡아보던 관아) 감역(監役, 종9품)에 제수되어 직무에 힘쓰다가 벼슬을 버리고 낙향했다.

임진왜란이 일어나고 불과 일주일 만에 대구읍성이 함락되자 대구 부사 윤현(尹晛, 1536~1597)은 부민(府民) 2,000명을 이끌고 공산성으로 퇴수(退守) 했다.

이때 팔공산 부인사에서 의미 있는 모임이 있었다(낙재일기 1592년 7월 6일자). 이날 모임은 공을 의병대장, 공사원에 이주, 유사에 이경원, 채

선행으로 집행부를 구성하고, 그 하부 조직으로 면(面), 리별(里別) 의
병장과 유사를 두었다. 당시 지역별 의병장은 다음과 같았다.

읍내(邑內, 시내 중심가를 말함인 듯?), 용덕리장 하자호, 북산리장 김우
형, 무태리장 여빈주, 달지리장 서득겸, 초동리장 서사술, 이동리장 배
익수 채응홍, 신서촌장 설번 수성(守城), 겸 대장 현내장(兼大將縣內將,
대장 겸 수성현 책임자라는 것 같음) 손처눌, 동면장 곽대수, 남면장 배기
문, 서면장 조경, 북면장 채몽연, 해안(解顔, 오늘날 동촌 일대?) 오면도대
장(五面都大將, 해안 5개 면의 책임자?) 곽재겸, 상향리장 곽재명, 동촌리장
우순필, 서부리장 최의, 북촌장 류요신, 서촌장 민충보 하빈(河濱, 오늘
날 다사 하빈 일대?) 겸 대장 서면장(대장 겸 서면책임자?) 이종문, 남면장 정
광천, 동면장 홍한, 북면장 박충윤이다.

▲ 임란 창의 1차 의병대장 낙재 서사원이 배향된 이강서원

공은 왜란이 발발한 그해 조모의 상, 다음 해 생부(生父)의 상을 당하였으나 의병을 모으고, 국난 극복에 앞장섰다. 그 공로로 1595년(선조 28) 청안 현감이 되었다.

전란 중이라 청안 역시 피폐하기 이를 데 없었으나, 향교를 수리 해 학문을 진흥시키고 사직단과 여제단을 보수해 선정을 베풀었으며, 모속관(募粟官, 곡식을 수집하는 벼슬)으로 쌀과 콩 수백 섬을 모아서 오례성(청도 소재)으로 보내 군량을 보충하도록 했다. 훗날 임기를 마치고 돌아올 때 주민들이 비를 세워 칭송했다.

잠시 청주에 우거(寓居)하다가 1599년(선조 32) 고향으로 돌아와 거처하는 집을 미락재(彌樂齋)하고 선사재와 연경서원을 오가며 강론했다. 그 후 개령 현감을 비롯해 사헌부 지평 등 여러 차례 나라의 부름이 있었으나 모두 사양했다.

1615년(광해군 7) 돌아가시니 향연 66세였다. 도여유 등 문인록에 등재된 제자만 113명이다. 저서로 『낙재집』이 있고, 대구의 구암·이강서원과 충의단, 청주의 구계서원에 제향 되었다.

| 죽계 서재겸(竹溪 徐再謙, 1557~1617)

본관은 달성으로 아호는 죽계(竹溪)이다. 삼남 균전 제처사 구계 서침(龜溪 徐沈)의 6세손이다. 증조 서진손(徐震孫)은 직장이며, 조부 서미수(徐眉壽)는 생원이고 부친 서진(徐津)은 습독(習讀)이다. 어릴 때부터 학문에 뜻이 두터웠다.

일문인 낙재 서사원의 문하에서 학문을 갈고닦았으며, 임하 정사철

(林下 鄭思哲), 모당 손처눌(慕堂 孫 處訥)과 더불어 도의지교를 맺고 서로 연구하고 강론하였다.

공은 주로 칠곡과 팔공산 일대에서 왜적을 토벌하는 데 앞장섰다. 공이 처음으로 창의한 날은 1592년 4월 21일이다. 종이를 찢어 깃대를 만들고 여러 종형제와 마을에서 따르기를 원하는 사람을 모아 조애(曹厓, 현, 조야)의 죽림(竹林) 아래서 창의했다.

◈ 5월 8일 조애의 죽림(竹林) 아래에서 진을 치니 원근의 피난민들이 왕왕 찾아왔다.

◈ 5월 10일 80여 명을 운암곡에서 나오게 하였다.

◈ 5월 15일 진을 치고 훈련하였다.

◈ 5월 19일 공산성에 향리의 인사들이 다 모였다고 하여 산성의 여러 벗에게 편지를 보내어 동심협력하자고 하였다.

◈ 5월 21일 왜적의 일진이 부(府)의 서쪽 낙동강 변의 아금암(牙琴巖, 달성군 다사읍 문양리 영벽정 부근)에 왔다는 말을 들었다. 형(서득겸)에게 "이 적들을 섬멸하여야 하겠습니다."라고 말하였다. 형이 웃으며 "어찌 쉽겠느냐"하였다.

◈ 6월 9일 깃대를 만들어 의병장 서재겸(徐再謙)이라 하고 군사를 모아 진을 치는 훈련을 하였다.

◆ 6월 10일 팔거 사람 80여 명이 진영으로 왔다.

◆ 6월 16일 300인을 거느리고 바로 아금암으로 향하였다. 형 득겸이 적
진으로 들어가 10여 회 싸워 수십 급(級)의 적의 목을 베었다. 적들이
놀라 사방을 포위하여 화살을 비 오듯이 쏘았다. 또 총을 쏘았는데 형이
후퇴하지 못하였다. 날이 저물었다. 남은 무리 100여 명을 이끌고 싸우
고 또 물러나고 하였는데 적들이 연이어 들이닥쳤다. 이어 깃발을 올리
고 칼을 어루만지며 적진으로 들어가 20여 급을 베었다. 이에 적병들이
해산했다. 이날 밤 성평곡(省坪谷, 현, 달성군 옥포면) 촌집에서 묵었다.

◆ 6월 25일 곽재우와 더불어 정병 80명을 거느리고 싸워 19명을 죽이
고 창 15자루 식량 10석을 탈취했다.

◆ 7월 3일 운암곡으로 돌아왔다.

▼ 죽계의 증조 서진손과 조부 서미수를 기리는 매강정사

공이 조야에서 창의하고 팔거 지역에서 의병을 모아 아금암에서 싸우고 운암곡으로 돌아온 기록들은 대체로 위와 같다. 이들 지명 중 조애는 조야로 성주 팔거는 대구, 칠곡이다.

운암곡도 오늘날 운암지 주변으로 볼 것 같으면 공의 창의는 대구, 칠곡에서 이루어졌다. 출신지가 대구부내(大丘府內)라고 하나 증조 서진손의 단소(壇所)와 조부 서미수의 묘가 이매, 즉 태전동에 있고 그들을 추모하는 재사 매강정사 역시 태전동에 있는 것을 보면 죽계 서재겸의 출생지는 칠곡으로 보는 타당할 것 같다. 이후 팔공산을 중심으로 왜적을 토벌하는 데 앞장섰다. 공산에서 지은 회맹 시는 다음과 같다.

세상의 난리에 임금께서 근심에 빠졌는데 어찌 한 몸을 보존하리오/ 오히려 한번 죽어 왜적을 물리치는 것을 달게 여기리/ 모름지기 장사가 천검(天劍)에 의지하여/ 크게 웃으며 용렬한 선비 파진(灞津)을 건넜네/ 백행(孝)의 좋은 풍습남아 충(忠)을 가히 숭상하니/ 삼한의 옛 강토에 천명(天命)이 새롭네/ 영남 땅이 이로부터 많은 생색(生色) 날 것이니/ 다만 고명한 이름 후세에 남길 뿐만 아니라네.

공이 회맹 시를 짓자 모두 따라서 차운해 화답했다. 이후 곽재우 장군과 더불어 화왕산 회맹에도 참가했다. 1816년(순조 16) 공이 서거한 199년 후 대구 유림들이 윤광안 관찰사에게 증직을 청하는 상소를 올렸으나 사적이 너무 오래된 일이라 하여 이루어지지 못했다. 저서로 『죽계일고』가 있고, 망우당공원 내 충의단에 제향 되었다.

| 행정 정여강(杏亭 鄭汝康, 1541~1593)

본관은 동래(東萊)로 아호는 행정(杏亭)이다. 조부는 어모(禦侮) 세온(世溫)이고, 아버지 사직(司直) 정사주(鄭師周)와 어머니 광주김씨 사이에 1541년(중종 36)에 태어났다.

16세에 아버지, 19세에 어머니의 상을 당했으나 법도에 조금도 어긋남이 없이 장례를 치렀다. 청년이 되어 활쏘기 등 무예를 익히니 그 솜씨가 매우 뛰어났다. 그러나 어느 날 그 길을 버리고 학문, 특히 소학(小學) 읽기에 힘을 쏟았다. 늘 공손하게 이웃을 대하고 가정에는 엄격해 주변의 칭송이 자자했다. 집안의 모든 일은 종숙인 임하 정사철(임란 초대 의병장으로 추대되었으나 건강상 이유로 사양했음) 상의해서 결정했다.

1592년 임란으로 강토가 왜적에게 유린되자 "우리는 화려하게 벼슬을 지내온 집안으로 대대로 나라에 은혜를 입었거늘 어찌 목숨을 보존하겠는가?" 하면서 대구 부사 윤현을 따라 장기(현, 달서구 장기동?)에서 싸웠으나 무너지고 말았다.

그 후 종속 임하와 더불어 마을 장정과 노복(奴僕) 등 수백 명을 모아 조직을 갖추었다. 그러나 많은 왜적에게는 대항할 여건이 충족되지 않았기 때문에 본대에서 흩어져 따로 활동하고 있던 왜적을 죽이고 그 흔적이 노출되지 않도록 땅속에 묻었다. 이천, 선사, 마현(현, 다사읍 마천령 일대?) 매복해 있다가 대구와 성주를 오가는 적을 상대했다.

대구 부사가 공의 높은 전과를 듣고 시내에 주둔하고 있는 왜적을 치려고 할 때 불리함을 알고 말렸으나, 그대로 수행하다가 크게 패했으나 우위장(右衛將)이었던 공이 거느리고 있던 의병들은 무사했다.

또 왜적이 성내에 남아 있던 부민(府民)들을 회유하기 위해 불살패(不殺

牌)를 발부하자 많은 사람이 이에 동조하여 왜적의 앞잡이 노릇을 하자 공이 우두머리를 잡아서 목을 베어 거리에 매다니 그런 일이 없어졌다.

7월 18일(낙재 서사원 일기에서는 7월 6일) 팔공산에서 서사원을 중심으로 시내 전역을 대상으로 의병을 조직할 때 많은 조언을 했다. 이때 정씨 일문 중 재종제(再從弟) 정광천은 하빈 남면의 대장이 되고, 공의 맏이 용(鏞)은 동면, 조카 정약(鄭鑰)은 서면 유사(有司)가 되어 명문(名門)답게 국난 극복에 집안이 앞장섰다. 그 후 초유사 김성일로부터 소모 유사로 임명되었다.

▲ 행정 정여강의 사당 존경당과 신도비

1593년 아픈 몸으로 부사(府使)의 군무(軍務)를 돕다가 병이 더 위중해 집으로 돌아와 돌아가시니 향년 53세였다. 1860년(철종 11) 영의정 정원용(鄭元容)의 건의로 가선대부 병조참판에 증직 되고 칠곡군 지천 존경당과 망우당공원 내 충의단에 아들, 용(鏞)과 함께 제향 되었다.

　　대구시가 최근 발표한 "금호강 르네상스 계획"을 보고 수운(水運)의 적극적 활용, 부강정 등 강안(江岸)에 있었던 옛 정자 복원, 선비들의 선유(船遊) 문학작품을 전시하는 기념관 건립 등 금호강을 기반으로, 앞선 세대가 남겨준 문화의 발자취도 반영해야 한다는 의견을 기고(영남일보, 2022. 10. 3.) 한 바 있다. 이런 연유로 금호강의 유래에 대해 다시 점검해 보고 싶었다. 대구시 홈페이지에 이렇게 쓰여있었다.

| 금호강의 유래

　"금호강(琴湖江)은 경북 포항시 죽장면 가사리에서 발원하여 대구광역시 달서구 성서 및 달성군 다사읍 낙동강 합류 전까지 총연장 116.0㎞이며 유역면적은 2,092.4㎢에 이른다. 금호강의 유래는 「경북 지명유래 총람」에 '바람이 불면 강변의 갈대밭에서 비파(琵)소리가 나고 호수처럼 물이 맑고 잔잔하다.' 하여 금호(琴湖)라 하였다."라고 했다.

▲ 무태교에서 서쪽으로 바라본 금호강

"(달성)군의 화원유원지 부근에서 낙동강에 합류하는 하천이다. 경상북도 포항시 상옥면 가사령(佳士嶺)과 기북면 성법령(省法嶺)에서 발원하여 영천, 경산 등지를 거쳐 흐른다. 금호강이 지리지 관련 고문헌에 처음으로 등장하는 경우는 『경상도지리지』로 금호(琴湖)다. 『대구읍지』에도 금호로 표기되다가 『대동지지』 이후로부터 금호강으로 표기된다. 『신증동국여지승람』과 『대구읍지』에 '금호는 대구부에서 서북쪽으로 약 10리쯤 거리에 있다. 발원하는 곳이 두 곳이다. 하나는 영천(신령) 보현산(普賢山, 1,124m) 이고, 다른 하나는 모자산(母子山)에서 나온다.

영천에 이르러 합쳐지므로 쌍계(雙溪)라고도 한다. 서쪽으로 흘러 사문진(沙門津, 낙동강)으로 들어간다.'라고 기록되어 있다. 금호강의 금(琴)은 금호강 주변의 갈대들이 바람에 흔들리면서 나는 소리가 가야금을 뜯을 때 나는 소리와 같다는 의미이다. 호(湖)는 지세가 낮고 평평하여 이곳을 흐르는 금호강이 마치 호수처럼 잔잔한 의미이다. 그래서 금호라는 지명이 생겨났다.”고 했다.

『한국지명유래집』 내용은 앞의 대구시 홈페이지 내용보다 다소 구체적이기는 하나 이번에는 갈대 흔들리는 소리가 비파(琴)가 아니라. “가야금” 뜯을 때 나는 소리와 같다는 의미로 금호강이라고 한다고 하였다.

즉, 대구시 홈페이지는 “비파(琴)”소리 같다 하여 금호강이라 하고, 『한국지명유래집』은 “가야금 소리 같다.” 하여 금호강이라고 한다고 해서 각기 적용한 악기 이름이 다르다.

비파(琵琶)와 가야금(伽倻琴)은 같은 현악기이기는 하나 모양과 음색이 다르다. 만약 대구시 홈페이지에처럼 비파소리에 빗댄다면 “비파강(琵琶江)”이라 하고 『한국지명유래집』처럼 가야금 소리라면 “가야금강(伽倻琴江)”이라고 하는 것이 자구(字句) 해석에 따른 바른 표현일 터인데, 지리지(地理志)나 읍지(邑誌)에서 구태여 금호강(琴湖江)이라고 정의한 것은 비파도 아니고 가야금도 아닌 거문고(琴) 소리가 나기 때문에 “거문고 소리가 나는 강”이라는 뜻에서 금호강(琴湖江)이라고 했을 것이다. 바로 잡을 필요가 있다. 특히, 금호강을 거문고 강이라고 정확히 정의(定義)한 분 이 있으니 조선 후기. 무태 출신의 유학자 구연우(具然雨, 1843~1914)이다. 그는 스스로 금호강 가에 사는 어리석은 사람이라는 뜻으로 호를 금우(琴愚)로 짓고, 금호강의 바람과 물결, 갈대 등이 어우러져 내는 소리를 도연명(陶淵明, 365~427)의 ‘무현금(無弦琴: 줄이 없는 거문고)’에 빗대 ‘천지자연의 거문고’(天地自然之琴)라고 했다.

대구시의 공식 자료는 시민이나 모든 기관을 구속한다. 따라서 잘
못 되어 있으면 시정(市政)의 신뢰가 떨어진다. 비슷한 사례로 1778년
(정조 2) 대구 판관 이서(李溆, 1732~1794)가 시내로 유입되는 한 지류에
둑을 쌓아 일정 구역의 물 흐름을 바꾸었을 뿐인데 강을 새로 만들어
신천(新川)이라 했다 하였고, 서거정의 대구 십영(十詠)의 제2영 입암조
어(笠巖釣魚, 입암에서 고기 낚기)의 입암(笠巖)이 건들바위라는 잘못된 자
료가 오늘까지 그대로 유지되고 그것을 많은 시민이 인용하여 오류가
반복되고 있다.

| 금호(금호강)의 발상지

금호강은 총연장 116㎞로 대구 구간은 절반에도 못 미치는 41.4㎞
이다. 따라서 이름의 발상지가 대구가 아닌 상류 영천 금호읍 어디쯤
으로 생각할 수도 있다. 즉, 낙동강이 상류 상주시의 옛 신라 때의 이
름 "상락(上洛)의 동쪽"이라는 데서 낙동강(洛東江)으로 불리게 되었다
는 데에서 보면 그렇게 생각할 수 있다.

그러나 금호강은 다르다. 『경상도 속찬지리지, 1469』에 금호진(琴湖
津)이 있고 1530년(중종 25) 간행된 『신증동국여지승람』 대구도호부의
속현 하빈현(河濱縣, 현 다사읍, 하빈면) 조에 보면 하빈(현) 또는 "금호(琴
湖)"라고 했기 때문이다.

그 후 1768년(영조 44)에 나온 『대구읍지』나 1899년(고종 36)의 『대
구읍지』에도 하빈현의 별칭(別稱)을 "금호(琴湖)"라 한다고 했다. 그렇
다면 하빈현의 어디가 '금호진'인가가 숙제로 남는다. 필자는 현재 이

강서원 부근의 옛 선사 나루터 일대로 추정한다. 이곳은 1601년(선조 34) 낙재(樂齋) 서사원(徐思遠)이 고운 최치원이 머물던 선사암 옛터. 이천(伊川, 현 다사읍 이천리)에 글을 읽고, 제자를 가르치기 위해 완락재를 짓고 그 기념으로 장현광 등 선비 23명이 뱃놀이를 할 때 배가 출발했던 곳이고, 당시 뱃놀이 모습을 한 장의 그림으로 남기니 제목이 "금호선사선유도(琴湖仙査船遊圖)"이다.

화제(畫題)가 시사하듯이 그림은 선사(仙査와 仙槎는 같은 뜻)의 금호강에서 있었던 뱃놀이 기록화이다. 이렇게 본다면 금호는 대구부(현, 경상감영공원)의 서쪽이다, 그런데 훗날 영조와 고종 때 나온 앞서 두 읍지에 모두 북쪽 10리라고 해서 혼란스럽게 한다. 관찬(官撰)의 읍지 기록을 존중해야 할 것이다. 그렇다면 왜 서쪽이 북쪽으로 바뀌었을까? 이는 그 후 북쪽 무태, 검단 일대에 있는 환성정, 화수정, 세심정, 압로정, 소유정 등 많은 정자에서 선조들의 선유(船遊) 활동이 활발하게 전개되었던 데 따른 것으로 보인다. 즉 선유 문화의 중심이 강 하류에서 종류 쪽으로 바뀐 것이다.

근세 이르러 선사 부근은 제방을 쌓아 농경지로 만든 한편, 강줄기를 우회시켜 폭이 줄어들었고 지금은 4차 순환선 북다사(北多斯) 나들목이 들어서면서 원형이 많이 망가져서 당시에 비하면 상전벽해가 되었으나 조선 후기까지도 물이 맑고 갈대가 무성한 호수 같은 강이었을 것이다. 인근 서재마을 출신의 진사 도석규(都錫珪, 1773~1833)가 일대를 중국의 서호(西湖)에 빗대 "서호병십곡(西湖屛10曲)을 남긴 시가 이를 뒷받침한다.

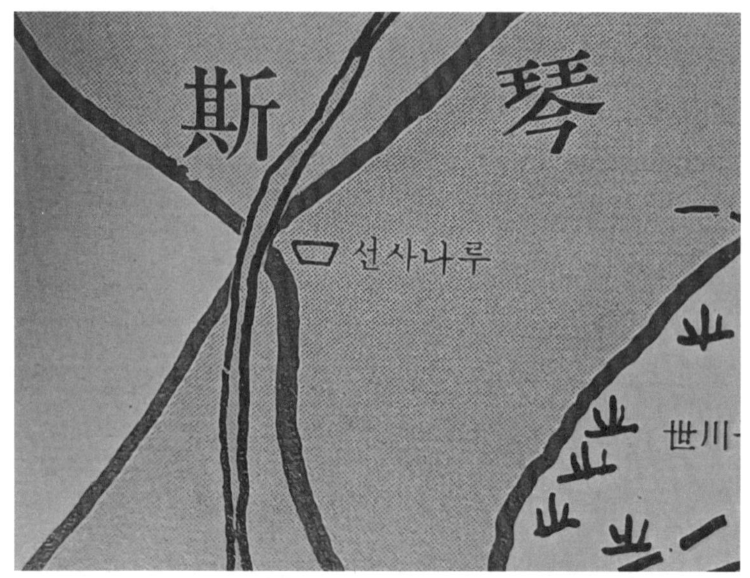

▲ 15세기 금호진(琴湖津)이었던 곳으로 추정되는 선사나루터(1976년 다사향토지)

　당국의 노력으로 임하댐 물과 신천으로 방류하는 지산하수처리장의 물이 더하고 달성보로 낙동강 수위가 높아지면서 현재 금호강 대구 구간은 어디든 물이 맑고 갈대가 무성하다. 그렇다면 21세기 오늘날 금호를 어디로 비정(比定)하면 좋을까.

　북구 금호동을 추천하고 싶다. 18세기 중반의 해동지도에 금호진(琴湖津, 지도에는 錦湖津이나 금(琴)의 오기로 보인다.)이 금호동의 옛 이름, 문주면에 속해 있고, 대구권역에서 유일하게 금호(琴湖)라는 지명이 법정동으로 남아 있는 곳일 뿐만 아니라, 다사읍의 선사(仙槎)와 가깝고, 1970년대 중반까지 금호 나루도 존재해 사람을 태우고 채소 등 농산물을 큰 장에 실어 날랐다. 이런 점을 종합하면 현 시점에서 금호는 북구 금호동(琴湖洞)으로 보면 좋을 것 같다는 생각이다.

　금호강을 노래한 많은 작품 중에서 15세기 사가 서거정의 대구 십영

중 금호범주(琴湖泛舟)의 금호는 다사(多斯)의 선사(仙槎) 일대를, 20세기 일화 최현달(崔鉉達, 청구대학 설립자 최해청의 아버지 칠곡군수, 대구판관 역임)의 금호춘감(琴湖春感)의 금호는 금호동 일대의 금호강이 창작의 무대여서 두 분의 시를 소개한다.

금호범주(琴湖泛舟)

서거정(徐居正, 1420~1488)

금호강 맑고 얕은 곳에서 놀잇배 띄우고	琴湖淸淺泛蘭舟
한가롭게 노닐며 물새와 친하네	取次閑行近白鷗
밝은 달에 취하여 노 저어 돌아가네.	盡醉月明回棹去
오호가 아니라도 풍류 있게 놀 수 있네	風流不必五湖遊

금호춘감(琴湖春感)

최현달(崔鉉達, 1867~1942)

| 금호강 뱃사공 낯이 익었네 | 琴湖津吏熟相諳 |
| 한 달에도 내 걸음 세 번 네 번씩 | 一月吾行恰四三 |

2년이면 모두 쳐서 길이 얼만고.　　　　通計二年程幾許

언제나 여기 와서 마음 상하네　　　　每當中路意難堪

돛대 앞엔 고향 생각 돛대 뒤엔 벼슬 생각　　鄕愁宦夢帆前後

남쪽 북쪽 언덕 위 버들 숲엔 꾀꼬리　　柳影鶯聲岸北南

어머님 가마 타고 돌아오신 날　　　　最恨板與回渡日

벼슬하지 못한 것이 한이로다　　　　斑衣未得謝纓簪

　대구의 동쪽에서 흘러들어와 북쪽을 감돌아 달구벌을 풍요롭게 하고 서쪽에서 낙동강과 합쳐지는 금호강의 가장 큰 특징은 산업화 이전에는 농업의 생산성을 높여 시민의 삶을 윤택하게 한 것이고 16~17세기는 대구뿐만 아니라. 대구를 방문하는 선비와 관리들의 교류(交流) 장소 이자 창작의 산실이라는 점이다.

　사가 서거정을 비롯하여 송담 채응린, 한강 정구, 우복 정경세, 여헌 장현광, 낙재 서사원, 모당 손처눌, 옥산 이우, 일화 최현달, 가사 문학 대가 노계 박인로에 이르기까지 선유(船遊)를 즐기고 시를 노래한 강이다. 혹자는 대구가 2017년 유네스코 "음악 창의 도시"로 선정된 것을 두고, 지방 도시로서는 이례적으로 오페라 전용 극장이 있고, 1,000명 이상 수용할 수 있는 공연장이 10개 이상인 점, 1900년 우리나라에서 최초로 피아노가 들어온 도시라는 점 등을 이유로 꼽고 있으나 강 이름이 거문고를 뜻하고, 산 이름 비슬(琵瑟)도 비파와 거문고를 뜻하기 때문에 대구 시민은 태생적으로 음악성이 체화(體化)되고 핏줄 속에 흐르고 있어 그렇다는 소리도 있다.

　국민 가곡이라고 할 수 있는 고향 생각의 현제명(玄濟明, 1902~1960), 동무 생각의 박태준(朴泰俊, 1900~1986) 등 음악가가 대구에 태어난 것도 역시 같은 맥락에서 비슬산과 금호강의 정기와 무관하다 할 수 없을 것이다.

이런 점에서 금호강의 주인은 대구 사람이다. 대구 사람의 정서와 애환이 녹아 흐르는 강이다. 이런 금호강이 그동안 외면(?)받아 왔는데 최근 시 정부가 개발의 깃발을 들었으니 어떤 모습으로 다가오게 할지 자못 기대가 크다.

템스강이 런던, 세느강이 파리, 서울이 한강이 양안(兩岸)에서 발전해 왔듯이 대구도 금호강을 양안에 두는 방향으로 도시의 발전 축을 바꾸면 좋겠다는 생각을 진작부터 해왔다. 다시 말해서 신천이 20세기까지라면 21세기는 금호강이 대구의 대표 강이 되어야 한다는 뜻이다. 금호강은 낙동강의 옛 이름, 황산강이 양산의 황산진(黃山津)에서, 영산강이 나주 영산포에서 유래되었듯이 금호강은 옛 하빈현의 금호진(琴湖津)에서 유래 되었고 갈대가 흔들릴 때 나는 소리가 가야금 또는 비파소리와 같다고 하여 금호강이라 했다는 것은 그 후 어느 때인가 윤색(潤色)된 것으로 보인다.

서상돈 지사(志士) 송덕비 발견 전말(顚末)

최은순, 배석운, 한영기 등 칠곡 토박이 몇 분들의 권유로 "팔거역사문화연구회"를 조직하고 초대 회장으로 추대되었다. 팔거(八莒)는 대구지역의 칠곡, 즉 북구, 관문동, 태전 1·2동, 구암동, 관음동, 읍내동, 동천동, 국우동 등 8개 동과 왜관읍을 비롯한 현, 칠곡군 대다수 지역의 고려 시대와 조선 후기까지의 이름이다.

그중에서 대구시로 편입된 지역의 역사와 문화를 재조명해 사라져 가는 정체성을 찾자는 취지에서 설립된 단체다. 서구 내당동에 살다가 칠곡으로 이사 온 3년여 되었을 때였다. 따라서 만나는 사람도 극히 제한적이었다.

어느 날 시청에 함께 근무했던 칠곡향교 최무달 총무 장의(掌議)의 권유로 향교 행사에 참여할 때도 있었고 이어 부속 건물 문화관 준공식에는 회화나무 2그루와 매화(정당매) 1그루를 기증하면서 인연을 맺었다. 문화관을 새로 지으면서 향교 안팎에 흩어져 있던 빗돌들을 한군데 모아 정리해 놓은 곳이 있었다.

이름과 공적을 새겨 놓은 분들이 누구일까 궁금해 살펴보던 중 애국지사 서상돈(徐相暾, 1851~1913)의 송덕비를 발견했다. 이외였다.

2,000만 동포가 3개월 동안 담배를 끊고 그 돈을 모아 일본에 진, 빚을 갚자는 국채보상운동을 주도한 사실은 이미 널리 알려진 일이지

만 지역 주민들에게 은혜를 베풀어 공덕을 잊지 못하는 사람들에 의해 세워진 비가 있다는 이야기를 들어 본 적이 없었기 때문이다.

공은 대구를 뛰어넘어 국민 누구에게나 존경하는 분이지만 대구 시민 누구에게나 시민임을 자랑스럽게 한 분이라는 생각을 항상 가슴에 품고 있었다. 따라서 2007년 국채보상운동 100주년을 맞는 해에는 회장으로 있던 "달구벌 얼 찾는 모임"에서 작은 행사를 진행한 바도 있었다.

즉, 미래 대구사회를 이끌어갈 청소년들과 함께 국채보상운동 유적지를 한 바퀴 돌아보면서 그 의미를 다시 한번 생각해 보고 이런 애국운동이 서울이나 다른 지역이 아니고 우리 지역에서, 우리 선조들에 의해 진행되었다는 사실을 자랑스럽게 여기고 향후 훌륭한 인물로 자라 나라를 사랑하는 사람이 되게 하자는 취지에서였다.

다행히 대구시 공모사업에 채택되어 회원들과 힘을 국채보상 대구군민대회가 열렸던 북후정(北堠亭)의 옛터, 즉 대구 콘서트하우스(최근 중구 시장북로 22-6번지라는 주장이 제기되고 있다.)에 대구상공회의소가 세운 국채보상운동 상징조형물-부사장 서상돈이 처음으로 취지를 발의한 대구광문사 터-국채보상운동 기념공원-고택-범물동 묘소 등과 천주교 대구교구청 내 지사가 직접 심은 히말라야시다(지금은 엄어졌음)를 답사하는 프로그램이었다.

▼ 서상돈 송덕비(칠곡향교 내)

이런 묵은 인연과 더불어 지금까지 알려지지 않았던 칠곡향교 내의 송덕비는 더 큰 감동을 주었다. 비문을 촬영해 구본욱(대구향교장의) 박사에게 보냈더니 1912년 10월 감동(監董, 조선 시대, 특별한 사업을 감독하고 관리하기 위하여 임명하는 임시직) 최인술(崔麟述), 서남규(徐湳奎) 책임하에 칠곡지역의 4개면 주민들이 세웠으며,

"하늘이 어진 이를 내리 사 만민의 생명을 구하게 하셨네.
(天降仁善, 救靈萬民)
곳간(창고)을 열어 혜택을 베풀어 곤궁한 백성들을 구휼(救恤)하셨네.
(損廩施惠 賙窮恤貧)
일찍이 농업에 정성을 다하고, 세금을 공평하고 정성스레 거두었네.
(早誠耕稼 平均款收)
그 공덕을 조각 돌에 새겨 천추 만년 빛나게 하리라.
(記功片石 生色千秋)"

라고 하는 내용이다.

이 비문은 공이 애국지사이기도 하지만 시찰사(視察使)라는 세금을 거두는 직책에 있으면서도 가난한 사람들을 배려한 훌륭한 공직자이기도 했다는 사실을 알 수 있게 한 귀중한 사료이다. 또한, 발견한 2013년은 서거 100주년이 되는 해여서 의미가 더 크다고 할 수 있다.
이 사실을 많은 시민에게 알려야 되겠다는 생각에서 매일신문 이대현 부장(전 논설실장)에게 자료를 보냈더니 이화섭 기자가 취재하여 1면에 비교적 크게 보도해 주었다.

신문에 보도된 날 저녁 경쟁사인 모 일보의 기자로부터 전화가 왔다. 그때까지 그 매체의 특정 분야에 자문역을 하고 있었는데 이제 자문도 필요 없을 뿐 아니라, 인연도 끊자고 했다. 내용인즉 "어떻게 우리 신문에 자문하면서 중요한 기사를 다른 신문사(新聞社)에 주느냐?"는 것이었다.

맞는 말이다. 하지만 서상돈 지사는 천주교 대구 교구청부지를 제공할 만큼 독실한 천주교인이고, 또 매일신문은 서상돈을 기리기 위해 '서상돈상(徐相暾賞)'을 제정하여 올바른 가치관을 가진 기업경영자에게 해마다 시상하므로 그에 관한 일이라면 매일신문에 주는 것이 옳다고 생각했다.

▲ 서상돈 송덕(頌德)이 새겨진 각석(刻石, 군위군, 소보면 위성리 154-1)

또 다른 이야기는 그 비가 향교에 있었던 것이 100년 가까이 되었지만, 그것이 서상돈 지사의 송덕비라는 것을 누구 하나 눈여겨보지 않았다. 그런데 이사 온 지 몇 년 안 된 사람에게 발견되고 비문의 번역자가 대구향교 구(具) 장의라는 점에서 일부 칠곡향교 관계자들의 자존심을 상하게 했다는 후문도 들었다.

그 후 이 비를 보기 위해 국채보상운동 기념사업회 등에서 많은 사람이 다녀갔고, 지금도 가끔 비문을 탁본해 가는 사람이 있다고 한다. 그러나 정작 발견 당사자로서는 이래저래 마음이 편하지 않았다.

| 두 번째 이야기

칠곡향교 송덕비 발견 사실이 보도된 이후 심충성이라는 분이 내 블로그에 군위에 한 기(基)가 더 있다는 댓글을 달았다. 그 후 어느 날 국채보상운동기념관에 갔더니 김영균 사무처장이 송덕비를 발견한 공로로 포상을 하려고 한다는 이야기를 했다.

공직 생활 중 녹조와 홍조 2개의 훈장을 받은 전력이 있어 표창 따위가 무슨 대수이랴 하며 다만 그보다 더 중요한 일, 즉 송덕비가 군위 모처에 하나 더 있다고 했더니 꼭 한번 같이 가보자고 했다.

얼마 동안 미루고 있다가 9월이 되어 군위군청의 변예지 계장(서기관으로 퇴직)에게 전화를 했다. 서상돈의 송덕비가 군위에 있다고 하는데 아느냐고 물었다.

대학원 후배인 그는 모범적인 공직자이자 그곳에 오래 근무했기 때문에 알고 있을 것이라고 믿었기 때문이다.

얼마 후 전화가 왔다. 알 만한 사람들에게 물어보았으나 모르겠다고 하더라는 것이었다. 군세가 큰 고장도 아니고 변 계장의 능력으로 보아 충분히 알 수 있을 것으로 생각했던 예상이 빗나갔다. 다소 막막했다. 현장을 보여주겠다고 큰소리쳐 놓고 못 찾으면 무슨 망신이냐 하는 생각도 들었다. 댓글을 달아 놓은 심충성의 블로그에 들어가 전화번호를 찾아 몇 차례 통화를 시도했으나 받지 않았다.

다시 그의 블로그를 뒤졌더니 소보면 위성리 154-1라는 주소와 현장 사진이 나왔다. 기쁜 나머지 휴일도 아랑곳없이 변 계장과 김 처장에게 전화를 걸었다. 변 계장에게는 위치를 찾았으며 더, 이상 노력할 필요가 없다고 알리고, 김 처장에게는 내주(來週) 날짜를 잡아 현장을 가자고 했다. 그리곤 블로그의 사진을 복사해 구본욱 박사에게 번역을 부탁했다.

(2015년) 9월 15일에 가자는 김 처장의 답신이 왔다. 변 계장으로부터도 다시 전화가 왔다. 선배님이 가르쳐 준 곳을 가봤으나 없다는 것이다. 일요일인데도 쉬지도 않고 현장을 찾았던 모양이다. 아뿔싸! 자세히 설명해 주지 못한 것이 미안했다. 여느 비와 달리 비신(碑身)에 새긴 것이 아니라, 바위에 음각했으며 어느 폐가(廢家)의 담장 안에 있어 문을 따고 들어가지 않으면 볼 수 없는데 그 점을 충분히 설명하지 못했었다. 다시 알려 주고 9월 15일 14시경 현장에서 만나자고 했다. 다음 날 구 박사로부터 번역문도 왔다.

대구 서주사 상돈 송덕비(大邱 徐主事 相燉 頌德碑)

곡식으로 우리를 구휼(救恤)하사.   휼아립아(恤我粒我),

인(仁)을 지금 베풀어 섰네.   인출범금(仁出凡今),

만인의 칭송을 한 조각 돌에 새기니,　　　만구일편(万口一片),

쇠에 새기지 못함이 한이 되네.　　　한미륵금(恨未勒金),

1902년에 쓰였으며 주사(主事)는 고종 때의 관직이라고 했다. 1894년부터 1902년까지 세금을 징수하는 시찰사(視察使)를 역임했으니 주사는 시찰사의 달리 부르는 이름인 것 같다.

약속한 날 김 처장과 국채보상운동 기념사업회 관계자 두 분과 함께 현장으로 출발하면서 변 계장에게 다시 전화하였더니 주변에 풀이 많아 잘 보이도록 정리해 놓았다고 해서 고맙다고 했다.

현장을 보러 가는 차 안은 조금 서먹했다. 서상돈 지사(志士)에 대한 지금까지 알려지지 아니한 귀중한 자료라고 생각하며 그동안 이리저리 노력한 데 비해 기념사업회에 관계자들의 반응은 그리 기뻐하지 않은 것 같았기 때문이다. 한 시간여를 달려 도착하니 변 계장과 서성호 소보면장이 나와 있었다.

최초로 발견한 심충성 씨는 통화가 안 돼 그의 블로그에 함께 현장을 보았으면 좋겠다고 하였더니 근무 중이라 불가하니 잘 보고 오라는 댓글만 남겼다. 사진을 찍고 곧 현장을 떴다. 우여곡절 끝에 현장을 찾아낸 데 대한 감사는 물론, 자기 소관 업무도 아닌 일로 휴일도 쉬지 아니하고 협조한 변 계장에게 고맙다는 따뜻한 말 한마디 하지 않고 돌아서는 기념사업회 관계자들의 처사에 서운함마저 들었다.

송덕비가 있는 위성리는 고로면에서 발원하여 상주시 중동면에서 낙동강으로 흘러드는 위천(渭川)의 상류로 한때 소금 배가 올라왔던 곳이라고 한다. 그렇다면 선생이 낙동강의 물길을 따라 무역업을 할 때 화원의 사문진 나루터와 함께 이곳도 그중에 한곳이었고, 가뭄 등

재해로 주민들의 삶이 힘들자 그동안 도움을 받은 것에 대한 감사에서 은혜를 베푼 것 같은 생각이 든다.

처음 송덕비 발견은 필자 개인이 노력한 결과이고, 두 번째는 심충성 씨가 첫 발견자이지만 애써 세상에 알렸다고 할 수 있다. 그러나 이런 우여곡절 끝에 송덕비를 찾아냈으나 국채보상운동 기념사업회 관계자들로부터 환영(?)받지 못한 점과 아직도 문화재로 지정하지 않은 점은 아쉽다.

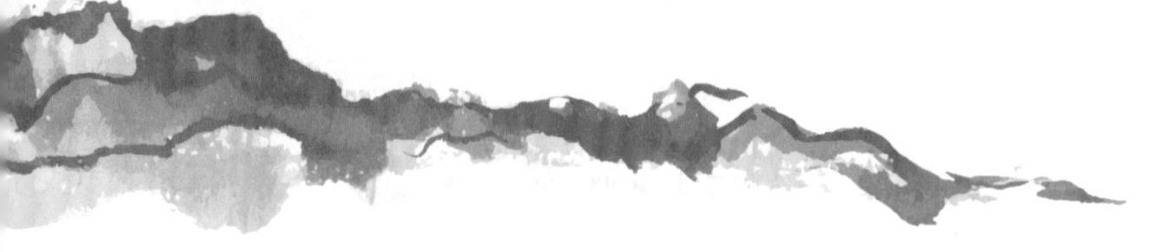

소설 객사(客舍)의 작가 이태원과 칠곡

| 문학의 불모지(?) (대구) 칠곡

글 제목에 대구를 ( )안에 표기한 이유는 특별한 까닭이 있다. 1981년 대구광역시(당시는 대구직할시)에 편입된 경상북도 칠곡군 칠곡읍이 도시화가 급격히 진행되면서 현재 인구는 3만에서 24만 명으로 8배, 행정동은 1 읍에서 북구 관문, 태전1·2, 구암, 관음, 동천, 국우, 읍내동 등 8개 동으로 늘어났다. 그러나 이곳에 사는 사람들의 대다수는 물론 역외 사람들조차도 신설된 동명으로 부르기보다 그냥 칠곡으로 통칭한다. 따라서 왜관을 소재지로 하는 경상북도 칠곡군과 구분할 필요가 있어 (대구) 칠곡이라고 했다.

따라서 이글에서 칠곡은 경상북도 칠곡군이 아닌 대구의 칠곡이다. 흔히 칠곡을 문학의 불모지쯤으로 인식하고 있다. 그러나 꼭 그렇지는 않다. 일찍이 한국전쟁의 종군 작가로 참여했던 소설가 "바보 용칠이"의 최태

▲ 칠곡이 낳은 천재 소설가
이태원(1942~2008)

응(崔泰應, 1916~1998)이 매천초등학교 교사였던 부인을 따라 이곳에서 피란 생활을 하면서 작품활동을 했고 그때 절친인 천재 화가 이중섭이 최태응의 셋방에서 잠시 살기도 했다. 이어 독립지사이자 소설가인 최고(崔杲, 1924~1988)가 시내 부유한 누나 집을 마다하고 칠곡으로 거주지를 옮기고, 그를 따르던 도광의, 박해수 시인이 그때만 해도 외진 칠곡을 부단히 드나들었다. 도광의는 그 시절의 소회를 한 편의 시 "국우동"으로 남겼다. 비슷한 시기 시인 전상렬이 칠곡중학교 국어 교사로 있을 때 대구여고 교장이었던 청마 유치환, 대구 중학 교사 최고와 더불어 팔거천에서 천렵을 즐겼다.

다만 아쉬운 점은 도광의를 제외하고는 전상렬이 매천초등학교 교가, 최고가 도남초등학교 교가를 작사한 이와 칠곡을 소재로 한 작품을 남기지 않았다.

특히, 최태응이 칠곡에 살 때는 그를 따르는 작가 지망생들로 골목이 비좁을 정도였으며 특유의 친화력으로 젊은 여성들이 많이 따랐다고 한다. 그러나 그들은 칠곡에서의 제자를 두었다는 말을 듣지 못했다. 즉, 칠곡 곳곳에 발자취만 남겼을 뿐이다. 이렇다 할 문학의 기반을 다져놓지 않았다.

더 특이한 일은 불꽃처럼 살다가 일찍 요절한 수필가이자 번역가인 전혜린(田惠麟, 1934~1961)의 칠곡과의 인연이다. 그는 독일 유학 중인 1956년 같은 유학생이자 훗날 헌법학계의 태두로 "헌법은 인권 보장을 위한 국가의 계약서"라고 주장하며 국민의 인권 보장을 위해 노력한 김철수 박사와 결혼하여 딸 하나를 두고 시가이자 김철수 박사의 생가인 금호동을 가끔 다녀갔다고 한다. 그녀 역시 칠곡에 문학의 씨를 뿌렸다고는 할 수 없으나, 그 사실만으로 지금도 그를 그리워하는 젊은 문학 지망생들의 가슴을 뛰게 한다.

이런 척박한(?) 토양에서 KBS 등 우리나라 대표 공중파방송국과 국립극단이 주목한 소설가가 태어나니 그가 바로 천재 소설가 이태원(李台元, 1942~2008)이다.

| 이태원의 생애

이태원은 일제가 조선어학회 기관지 "한글"을 폐지하고, 이광수, 유진오 등 친일 문인들이 대동아 문학자대회에 참가한 그해인 1942년 칠곡의 행고마(향교가 있어 교동이라 불리던 마을을 이태원은 그렇게 불렀다, 현 북구 읍내동 578번지)에서 아버지 이재완(李在完)과 어머니 김복쇠(金福釗) 사이에 4남 3녀 중 맏이로 태어났다.

아버지가 전매청에 다녀 유복했다고 한다. 그는 이곳에서 유년 시절을 보내며 칠곡초등학교를 졸업하고 1961년 당시 전국 유수의 명문, 경북중·고등학교를 졸업(42회)했다. 글재주가 뛰어나 고등학교 2학년 때 모 지방문학지에 응모한 단편 소설이 당선돼 장차 소설가가 되려 했다고 한다. 그러나 기울어진 가세는 대학 진학을 포기하게 했다. 고향을 떠나 대전, 단양, 경주 등지를 떠돌아다니다가 상경하여 구로공단에서 잡역부로 일하면서 서민들의 밑바닥 생활을 몸소 겪은 것이 훗날 작가로서 대성하는 자양분이 되었다.

1970년 마침내 기회가 왔다. 동아일보가 창간 50주년 기념 사업으로 소설을 공모하니 응모한 장편소설 『객사(客舍)』가 당선되어 특별한 연고도 없는 중앙문단에 혜성처럼 등장했다.

소설 객사는 일제강점기 초 칠곡의 행고마, 팔거천, 학정동, 소랫골, 비석거리, 조피골, 궁성더미 등을 무대로, 양반이었으나 동학(東學)에 가담하였다가 다시 의병(義兵)으로 활동하다가 죽은 최봉익의 아내 김벽순이 몰락한 가정을 보전하기 위하여 당시로서는 상상도 할 수 없는 신분의 벽을 넘어, 처자식이 있고 칠곡향교 고지기로 28세나 연상인 하인 송판돌과 가정을 이루어 친일파와 가진 자의 횡포를 견뎌내며 힘겹지만 꿋꿋하게 살았던 시대상이 담긴 작품이다. 소설가이자 예술원 회원이었던 이호철은 이렇게 평했다.

▲ 소설 속의 송판돌이 고지기로 일했던 칠곡향교

"조선의 일제강점기 시대와 3·1운동의 민족적 대함성을 시대 배경으로 이 작품은 여타 작품이 다루지 못한 시대상을 서민 의식의 찬연한 승리를 통해 극명하게 보여주고 있다. 찰진 문장과 톱니바퀴 같은 구성력, 생생한 인물상 등은 시대를 초월해 오랫동안 읽히기에 모자람이 없다."

그 후 이 객사는 문단 사상 초유로 국립극단이 3·1절 기념 연극(주연 손숙)으로 부산, 대구 등 주요 도시 순회공연 되었고, KBS-TV 3·1절 특집 드라마, MBC-TV 광복 특집 드라마, TBC- TV(현, KBS -2TV) 광복절 특집 드라마로 방영되었다. 이에 대해 소설가 유금호는 다음과 같이 평했다.

"한 작품이 연극 무대를 거쳐 3 방송국에 의해 각기 다른 형태의 특집극으로 제작 방영되기란 극히 어려운 일이다. 문단 사상 초유의 일이 아닐까. 한다. 아마 이 작품이 갖는 역사성·사회성은 물론 문학성·예술성이 그만큼 고품위로 용해되고 승화되었기 때문이 아닐까 싶다."

작가 이태원이 본격적으로 활동하던 시기는 유신 시대였다. 작가는 무고한 시민의 인권이 유린 되고, 열악한 노동환경에서 일하는 근로자들의 현실을 외면할 수 없었던지 진보적 문인들인 고은, 이호철, 이문구, 박태순, 황석영 등이 주도하는 자유실천문인협회(현 한국작가회)에 가입했다. 그러나 그 후에는 노동 작가에서 역사 작가로 변신하여 1978년 대하소설 『개국(開國)』과 1980년 『낙동강』을 매일신문에 연재했다. 1983년 대하소설 『개국』이 다시 KBS-TV에서 방영되니 모 방송국의 인기 드라마였던 수사반장보다 시청률이 높았다고 한다. 그때 그는 대하드라마의 인기 작가의 반열에 오르며 생애에 전성기를 누렸다. 그의 작품은 사회의 주류보다 소외된 비주류들의 삶을 실타

래처럼 풀어내며 주류와 맞선 사람들의 이야기를 담으려 했다.

그러나 아쉽게도 2008년 폐암으로 고생하다가 타계하니 향년 66세로 한창 작품을 쓸 나이였다. 아내 박숙행 여사와 사이에 아들 승호와 딸 승미 남매를 두었다. 그의 비사교적이고 소심한 성격은 작품에도 잘 나타나 있지만, 사회생활하는 데도 융통성이 없어 작가로서의 명성 같은 것에 별로 관심을 나타내지 않았으며, 고향에서도 칠곡초등학교 개교 100년 기념 사업을 하면서 알려지게 되고 문학비 건립 사업이 논의되었다.

2015년 4월 26일 칠곡초등학교 총동창회 명예 회장 최은순 박사와 42회 동기회가 주도하고 배종찬, 한영기 등 동문이 참여하여 모교인 칠곡초등학교 교정에 문학비가 건립되었고, 2020년에는 북구청이 칠곡의 최고 번화가인 3지구에 "이태원거리"를 조성하고 기념 "문학관과 영상관"을 건립하였으며, 이어 후배 문인들에 의하여 "이태원문학 기념사업회"가 발족하였다.

| 고향 칠곡을 남달리 사랑한 이태원

이태원은 그의 출세작 객사를 발표한 이후 2002년, 즉 고향 칠곡을 떠난 42 년 만에 다시 찾았다. 즉 타계하기 6년 전이다. 그는 객사의 후기 "작가의 말"에서 고향에 대한 추억을 이렇게 털어놓았다.

▲ 소설 『객사』의 여자 주인공 김벽순이 익사한 팔거천

"객사는 향수와 망향과는 다른 의미의 원념(願念)이 낳은 작품이다. 고향의 크고 작고 깊고 얕은 추억의 알맹이들이 구석 구석마다 붙어 있는 작품이다. 지명도 인명도 모형을 따오듯 그대로 옮겨 놓았다. 그곳은 문화유산이나 자연경관, 역사적 사건이나 인물이 거의 없다시피 했던 곳이다. 내세울 것이 도무지 없는 평범한 촌인 것이다. 그 때문에 나는 객사를 쓰고 싶었고, 썼으며, 발표하게 되었는지도 모른다.

고향은 지금 상전벽해란 말이 사실이라는 듯 몰라보게 달라져 있고 또 쉼 없이 달라져 가고 있다. 옛날의 산과 들, 개천과 둔덕, 길과 집사람과 숨결이 흔적도 찾을 수 없을 정도로 달라져 가고 사라져 가고 있다. 오죽 했으면 칠곡이라는 지명도 없어졌을까? 대구광역시로 편입된 지 30여 년 그 세월이 가져온 발전이라는 미명이 남긴 소산만 남아 있을 뿐이다.

읍내 뒤쪽에 봉긋 솟아 있던 옥녀봉은 중앙고속도로가 영봉 사이로 뚫리면서 지반 침하를 일으켜 봉우리 전체가 쩍 갈라져 밋밋한 절개지로 변해 버렸다. 공사로 인한 훼손은 그뿐만이 아니다. 거북이 엎드린 형국의 궁성더미는 순환도로 개설로 콧등이 십여 미터 잘려나가

흉물스럽게 일그러져 버렸다. 언덕받이 위에서 읍내를 내려다보던 객사엔 성당이 들어선 지 오래됐고, 그 너머의 말산과 말고개는 택지로 화해 흔적도 이름도 없어졌다. 초등학교 안에 있었던 옛 경찰서의 낡은 목조 건물도 마찬가지다.

질펀하던 팔거들은 아파트군이 우후죽순처럼 솟아 있고, 모두의 젖줄 같던 팔거천은 생활오수를 담아내는 시궁창이 돼버렸다. 그러나 그건 아무것도 아니다. 하늘 아래의 첫 골짝이라던 남창골엔 러브호텔 타운이 조성돼 불야성을 이루고 있고, 조피골로 통하던 길목에는 군부대가 들어앉아 있으며, 소랫골 골짜기엔 전원주택단지가 추진되고 있다니 그 변화가 오죽할까?

객사의 모델로 삼았던 서씨 일족도 마찬가지다. 행고마와 향교의 고지기를 거쳐 객사로 밀려났던 그들은 이 소설의 판돌과 벽순 두 부부처럼 세상을 버렸거나 탈향 하고 없다. 향교의 은행나무 한 둥치를 베었다가 중병을 얻어 병물한 큰 사위 허 목수, 큰물 따라 행불이 된 큰달이, 식모살이에 행상을 하던 순달과 인달이 세상과 고향을 뜬 지도 옛날이다. 다만 중달·소달 형제는 아직도 행고마에 그냥 있다. 작은 아시골 안쪽의 공동묘지에서 사토장(沙土匠)으로 일하는 등 그렁저렁 살아가고 있다. 그들도 이미 칠순을 넘긴 고령이다.

그렇지만 한 가지 다행한 일은 대구 쪽과 경계를 이루는 함지산의 두 봉우리가 아직도 음전하게 앉아 있다는 것과 향교가 옛날과 달리 현대화된 역할과 구실을 하고 있다는 사실이다. 향교 안에 들어서 있던 중학교를 옆자리로 옮긴 뒤 대대적인 보수공사를 해 향토 순화와 유학 진작의 중심 역할로 삼으려 하고 있는 것이다.

그것 말고는 없다. 모두가 사라지고 변하고 망가져서 아무것도 없다시

피 하다. 객사 속의 옛 모습, 옛 추억을 더듬을 흔적이 없어진 것이다. 그 때문에 나는 객사를 재출간하고 객사를 통해 그것들을 더듬고, 읽고, 음미하며 내일을 위해 살아가려 하는지도 모르겠다. 그래서 첫 출간 때 죽은 것으로 돼 있던 대달과 중달을 이번 출간에는 살려두는 또 다른 애정을 보였는지도 모를 일이다. 고향을 뜬 지 만 42년 만에 말이다."

▲ 2020년 칠곡 3지구(동천동)에 건립된 이태원 문학관과 영상관

고려 충신 야은 길재가 "오백 년 도읍지를 필마로 돌아보니 산천은 의구하되"라고 하였지만 42년이 지나 작가가 돌아본 고향 칠곡은 산천이 의구(依舊)한 것이 아니라. 상전벽해가 되었다. 이런 시절 부모의 사랑을 받고, 형제자매들과 몸을 부딪치며 우애를 쌓았으며, 친구들과 어울려 뛰어놀며 장차 작가로서 꿈을 꾸고 살았던 고향이자 야심작 객사에서 구절구절 풀어 놓은 고향이었기에 그 허전함은 여느 사

람보다 더 특별했을 것이다. 그나마 그가 위안을 받은 것은 칠곡의 상징인 함지산이 온전하고 일제의 탄압으로 폐허가 되었던 향교가 제 기능을 회복한 것이었다. 그러나 시궁창으로 변했다는 팔거천은 새롭게 생태하천으로 거듭나서 수량이 어느 정도 유지되고 시민의 휴식처로 사랑을 받는 점이다.

| 작가의 연보

연도	나이	주요 활동상황
1942	0	경상북도 칠곡군 칠곡면 교동(현, 북구 읍내동)에서 출생
1961	19	경북고등학교 졸업
1963	21	등단을 꿈꾸며 중앙일간지 등에 응모하기 시작 서울, 대전, 대구, 단양 등에서 떠돌이 생활
1969	27	구로공단 한 공사장에서 잡역부로 일하며 작품구상에 골몰하다, 다음 해 7월 말일 자로 기한이 정해진 동아일보 창간 50주년 기념 장편소설 공모에 도전하겠다는 의지를 불태우며 집필을 하다.
1970	28	드디어 『객사』가 당선되어 등단하다. 소설, 시, 시나리오 등 26번 응모 끝에 비로소 얻은 화려한 결실이다. 중앙문단에 교류가 없었던 등단이라 이후 7, 8년간 방황과 작품활동을 홀로 했다.
1973	31	단편 『졸고 있는 말』 신동아에 발표
1976	34	단편 『사명』 신동아에 발표
1978	36	장편 『개국』 매일신문 연재, 1984년 KBS_TV에서 51부 대하 드라마로 각색 방송 큰 인기를 끌었다. 단편 『밤길』 현대문학에 발표 중편 『유야무야』 소설문예에 발표 『객사』 한길사에서 간행
1982	40	장편 『초야』 태창문화사에서 간행
1984	42	단편 『갯밭』 월간 조선에 발표

연도	나이	주요 활동상황
1988	46	단편『신기루』문학정신 10월호에 발표 중편『우리들의 죽음』우리문학 창간호에 발표
1992	50	장편『꿈꾸는 버러지들』민문교 간행 장편『가로등』민문교 간행
1993	51	장편『낙동강』영웅 간행
1995	53	장편『우리들의 봄 춘자』간행
1998	56	『향가』국방일보에 발표
2002	60	『객사』영림카디널에서 재 출간 단편『우리들의 죽음』두도출판사 간행
2007	65	한국문인협회, 한국소설가협회, 한국 PEN, 민족문학작가회의
2008	66	3월 8일 폐암으로 작고
2015		모교 칠곡초등학교에 문학비 건립 주관, 총동창회 명예 회장 최은순, 문학 업적 소개 구석본, 축사 전 서울신문사장 문태갑, 대구문인협회 회장 장호병, 추모사 경북고등학교 동기 홍종흠
2020		북구 칠곡3지구(동천동) 이태원거리 조성 및 이태원 문학관, 영상관 건립 이태원문학기념사업회(상임위원장 김성태) 발족 해마다 1명씩 이태원문학상 수여

| 다시 고향으로 소환된 이태원

　가장 한국적인 것이 세계적이라는 말이 있듯이 가장 지역적인 것이 가장 한국적이라는 말을 소설 객사도 잘 말해주고 있다. 소설의 무대 함지산, 학정골, 팔거천, 행고마, 남창골, 대왕재 등은 칠곡읍 안이거나 칠곡을 크게 벗어나지 아니하고, 작품 중에는 풋바심, 버치, 된숨, 시부저기, 맞대매, 검부러기, 더껑이 등 칠곡의 토속어가 수시로 등장한다. 주인공도 여러 사람이 아니라 송판돌과 김벽순 부부의 가족일 뿐인데도 당선작이 되었을 뿐 아니라. 어느 작가도 누리지 못한 국내

공중파 방송 3사가 특집 드라마로 방영할 만큼 수준 높은 작품으로 인정받은 것에서 알 수 있다. 고향 사람들도 다소 늦은 감이 있지만, 그가 훌륭한 소설가라는 것을 알고 2015년 모교 칠곡초등학교 교정에 그의 문학비를 세웠고, 2020년에는 이태원거리와 문학관을 조성하였다. 더 특별한 것은 비목(碑木)을 세운 일이다.

칠곡향교에는 큰 은행나무가 있다. 공자가 은행나무 아래에서 제자를 가르쳤다는 고사에 따라 유학을 가르치는 전국의 모든 향교에서 심는다. 칠곡향교도 마찬가지였다. 그러나 칠곡향교의 은행나무는 이런 유학을 상징하는 의미 이외 소설 객사의 주인공 김벽순과도 관련이 있다.

소설 속의 김벽순의 사위 안 목수는 목돈을 손에 쥘 수 있는 소랫골 산림 벌채권을 준다는 군수와 경찰서장의 꾐에 빠져 왜놈의 앞잡이라는 비난이 두려워 어느 사람도 선뜻 나서지 않던 신사(神社)를 짓게 된다. 그러나 아내 영달은 비록 배운 것은 없지만, 친일 부역자의 아내로 손가락질당할 것이 두려워 남편 몰래 어느 날 밤 준공을 며칠 앞둔 신사에 들어가 목을 매고 자살한다. 이 사실에 안 목수는 그제서야 자기 잘못을 깨닫고 아내 영달의 혼백을 신사의 천조대신(天照大神) 위패 뒤에 숨겨두었다. 이 사실이 알려지자 서장과 군수는 천황의 얼굴에 똥물을 끼얹은 것보다 더 지독한 모독을 주었다며 안 목수의 장모 김벽순에게 모진 고문을 한다.

땅을 사준다거나 자식들을 순사로, 군청 서기로 취직시켜준다며 회유하며 신사에서 목을 매 죽은 것이 아니라, 향교 은행나무에 목매 죽었다고 거짓 자백을 강요했다. 그러나 김벽순은 맞아서 고막이 터지고, 눈이 머는 고문을 참으며 끝까지 그들의 요구에 타협하지 않았다. 오히려 신사가 빨리 헐리고, 폐쇄된 향교가 제 기능을 되찾고, 이웃들과 정답게 사는 것을 바라며 끝까지 버텼다.

이런 점에서 이 은행나무는 칠곡향교의 상징이기도 하지만 일제에 항거한 민초(民草) 김벽순의 꺾이지 않는 저항정신이 깃든 나무라고 할 수 있다. 그러나 2018년 우연히 고사(枯死)하는 불행을 맞았다. 북구청과 칠곡향교에서는 유서 깊은 이 나무를 기억하기 위하여 2019년 마른 가지를 잘라내고 둥치를 방부(防腐) 처리하여 영구 보존하고 안내문을 제작하여 세워 놓았다. 즉, 비목(碑木)을 만든 셈이다.

척박했던 칠곡에도 현재 시, 시조, 동시, 동화, 소설, 수필 등 장르별로 40여 명의 대구 문인협회원이 왕성하게 활동을 하고 있어 격세지감을 느끼게 한다. 아울러 지역의 문화단체인 팔거역사문화연구회가 청소년과 성인을 대상으로 해마다 팔거백일장을 열어 문학의 씨를 뿌리고 있다. 이태원은 이제 고향 칠곡에서 다양한 모습으로 부활하고 있다.

대구시는 매천동 농수산물도매시장(이하 매천시장)을 달성군 하빈으로 옮기기로 했다. 그 이유로 첫째, 개장 이래 시설 노후화로 급변하는 농식품 유통 외부 환경에 대응능력이 한계가 있고, 둘째, 대구농수산물도매시장의 성장 둔화와 경쟁력 저하 현상은 새로운 유통 환경에 부합(附合)하는 도매시장의 시스템과 시설을 포함한 하부구조의 미흡에서 기인하고, 셋째, 글로벌 경쟁력 제고, 거래 활성화, 다양한 이용자를 위한 시설 현대화 추진 등이 필요하기 때문이라고 했다.

필자의 마음은 착잡하다. 대구시에 34년을 근무하면서 1,000만 그루 나무 심기, 대구수목원 조성, 신암선열공원 부지 임대료 면제, 하천법상 불가한 신천에 나무 심기를 담당한 것과 더불어 매천시장 건설도 매우 특별한 업무로 기억되기 때문이다.

부지 166,693㎡(50,425평), 건평 98,473㎡(29,788평), 총사업비가 689억 원 투입되었으며, 1988년도에 개장되었고, 연간 거래 금액이 2023년 기준 1조 1,763 억 원이라고 한다.

처음 계획을 입안한 것과 더불어 토지 매입, 건물 착공까지 추진하다가 준공하는 것은 보지 못하고 딴 부서로 전출했다. 당시 대구시에서는 농수산물을 포함한 다른 물류 유통도 원활(圓滑)하게 처리하기 위하여 동구 용계동 일대, 달서구 남대구 나들목 부근, 북구 매천동 일대 등 3개소에 유통단지로 지정해 두고 있었다.

1980년대 초 대구시 직제와 업무분장(分掌)에는 농수산물 유통은 농정과 소관이고 유통단지 운영은 상정과(商政課)가 담당했다. 농수산물도매시장을 북구 매천동에 건설하겠다는 계획에 부시장이나 시장은 어떤 생각을 가졌는지 모르겠으나 필자가 직접 결재를 맡으며 접촉한 유통 계장이나 농정과장, 산업국장은 별다른 말 없이 결재해 주었다. 굳이 매천동을 선택한 이유는 토지 매입이 용이(容易)하고, 인접에 북부화물터미널이 있어 농산물수송이 편리할 것으로 판단했기 때문이다.

▲ 한강 이남에서 거래량이 가장 많고 대구 시민의 식재료 90%를 공급하는 매천시장

당시 매천시장 건설 예정지에는 시(市)에서 만든 큰 인분저류장(人糞
貯留場), 즉 인분을 모아놓은 구덩이가 있었다. 그때에는 요즘과 달리
시민들 대다수가 단독주택에 살았고, 변소도 재래식 이어서 인분을
수거하는 차(車)가 각 가정을 돌아다니며 개별적으로 수거했다.

그때 수거한 인분을 매천동에 파놓은 구덩이에 부어 놓으면 당시 경
상북도 칠곡군 매천동 일대의 농민들은 비료 대용으로 이용했다. 시
에서는 부지만, 매입하고 구덩이를 파놓으면 위생적인 처리 시설은
안 만들어도 되고, 칠곡 농민들은 귀하고, 비싼 화학비료 대신 인분
을 무상으로 쓸 수 있기 때문이었다. 칠곡이 대구시로 편입되기 전의
일이었다. 그러나 화학비료가 보급되면서 그 분뇨장은 필요가 없어져
활용되지 않고 있었다. 지금의 매천시장이 있는 곳의 전체 면적은 아
니지만, 상당한 부지 매입비를 절약할 수 있었다.

기안(起案) 문서를 가지고 유통단지 운영부서인 상정과 계장, 과장과
협의(協議)하였더니 부정적이었다. 단지에 들어갈 다른 시설도 많은데
왜 농산물도매시장을 먼저 지어야 하느냐는 것이었다. 유통단지로 지
정할 때 힘이 들었는데 다른 과(課)에서 먼저 활용한다고 하니 자기들
의 공이 평가 절하되기 때문인 것 같았다.

그러나 이미 농림부에서 국비를 지원받기로 하였고 그 외 농어촌개
발공사(현 한국농수산식품유통공사)에서 부지 매입비를 장기 저리로 융
자받기로 했으니 이런 기회를 놓쳐서는 안 되지 않느냐면서 서울, 가
락동 시장을 제외한 지방 도시로는 처음으로 시도되는 사업이라고 설
득했다.

농어촌개발공사에서 융자금을 찾아가라는 공문이 오고 나는 서울

용산에 있던 사무실을 찾아갔다. 창구에 가서 공문서를 접수시키고 별 마음 없이 돈을 찾았다. 그러나 15억 원(40년 전이라 확실히 기억나지 않으나 큰돈이었다.)짜리 수표를 받으니 갑자기 뒷골이 당기고 다리가 후들거렸다. 누군가 뒤에서 잡아끄는 것 같기도 하고 가슴이 두근거려 쓰러질 것 같았다. 생전 처음으로 만져보는 큰돈이었기 때문이다.

겨우 밖으로 나오니 모두 나를 쳐다보며 돈을 노리는 사람들 같았다. 이대로는 안 되겠다 싶어 대구시 금고인 대구은행 명동지점으로 전화를 걸어 차를 보내 달라고 하여 그곳에 가서 입금(入金)시켰다.

비록 수표이기는 하지만 태어난 후 처음으로 만져본 거금이자 80이 된 지금까지도 더 이상의 큰돈은 현금이든 수표이든 만져보지 못했다. 토지 매입은 북구청에 위임했다. 당시 담당자는 임성식 주임이었는데 칠곡출장소에 근무했던 분으로 일부 토지소유자와는 면식이 있어 협의가 수월할 것 같았고, 사람 또한 부지런한 분이라 일일이 찾아다니며 협조를 구해 순조롭게 진행했다.

다만 몇 분이 보상가가 낮다면 토지수용에 이의를 제기했으나 대체로 큰 문제 없이 완료할 수 있었다. 당시 보상가격은 평균 3만 원 정도로 기억된다. 다만 인상적이었던 일 중 하나는 매수 대상 지주들의 상당수가 2번에서 3번 대구시에 수용되는 처지였다. 첫째 3공단을 조성할 때 수용당해 보상받았고 그 돈으로 인근 비산동 일대의 농지를 매입해 농사를 지었는데 염색공단이 들어서 다시 매수당하고 거기에서 받은 보상금으로 이번에는 강 건너 매천동에 땅을 샀더니 또 편입되었다는 것이다.

건축 등 시설물 공사는 종합건설본부에 맡겼다. 실무자는 박영홍 건축 담당(동구청에서 국장으로 퇴임)으로 함께 서울 출장 가서 전국에서 맨 먼저 지은 가락동농수산물도매시장을 견학하고 와서 설계했다. 이런 과정에서 인사이동으로 이 업무를 떠났다.

현재 달성군 하빈으로 옮기려고 결정한 매천시장은 이런 과정을 거쳐서 지어진 것이다. 전국적으로 가락동 다음 두 번째 건설되었고, 거래 물량은 한강 이남에서 가장 많다고 한다.

그러나 칠곡은 떠들썩하다. 주민의 대다수는 이전을 반대한다. 시장(市場)과 연관된 소금 집, 정육점, 간장 가게, 농업용 자재회사, 식당 등 기타 많은 관련 업소들도 함께 이전하게 되면 칠곡은 텅 비게 될 것이기 때문이다.

뿐만, 아니라, 이들 업종에 종사하는 많은 사람도 빠져나가게 되어 그렇지 않아도 베드타운으로 일자리가 없는 칠곡경제가 침체(沈滯)될 것이 뻔하기 때문이다.

대구시가 모델로 삼았던 가락동 도매시장은 그 자리에서 리모델링하여 원래 위치를 고수하고, 대구시도 애초에는 그렇게 하기로 해 놓고 다시 옮기기로 번복했다.

대구시의 더 나쁜 행태는 도매시장을 옮기고 난 후 이 자리를 어떻게 개발하여 종전보다 주민에게 혜택이 더 돌아가게 할지 청사진을 제시하지 않은 점이다. 이런 무책임한 정책에 칠곡 주민들이 분노하고 있다.

대구 시민의 식재료 90% 이상을 공급하고, 한강 이남에서 거래 물량이 가장 많은 매천시장이 한 말직 공무원의 사심 없는 선택의 결과라고 생각하니 고맙고, 그때 선택을 신뢰하고 지지해 준 국, 과장으로부터 시장에 이르기까지 감사(感謝)한 마음 금할 수 없다.

특히, 이전을 둘러싸고 현 위치를 고수하려는 북구청장과 옮겨가려

는 달성군수, 지역 시의원, 국회의원, 시장까지 나서서 시정(市政)의 큰
과제가 되었던 것을 생각하면 더욱 그런 생각이 든다.

15억 원짜리 수표의 추억과 더불어 매천시장은 필자의 공직 생활에
있어 잊지 못할 곳 중 한 곳이다.

더 바란다면 매천동에 그대로 있었으면 하고, 만약 이전(移轉)한다면
남은 자리가 더 좋게 개발되어 주민이 만족했으면 한다,

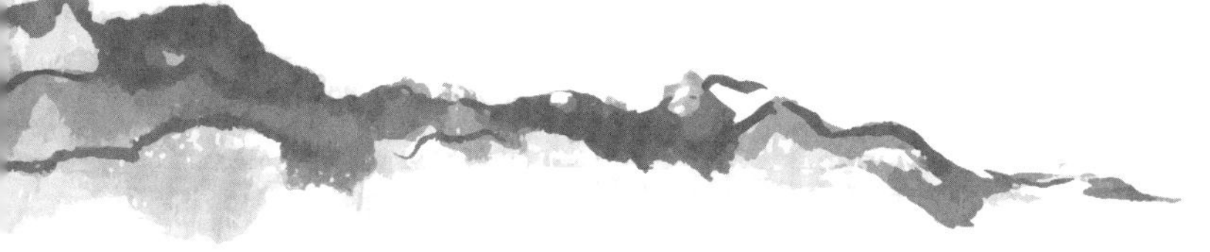

전혜린 작가와 헌법학자 김철수

흔히 "불꽃처럼 살다 갔다"고 일컬어지는 천재 여류 수필가, 번역가인 전혜린(田惠麟, 1934~1965)은 평안남도 순천에서 태어났다. 서울대 동문으로 같은 독일 뮌헨대학에 유학했던 북구 금호동 출신 헌법학자 김철수 박사와 그녀의 아버지 전봉덕 전, 대한변호사회 회장의 권유로 1957년 독일에서 결혼했다. 슬하에 딸 정화(貞和)를 두었으나 1964년 결혼 7년 만에 합의이혼하고 이듬해 자살로 생을 마감했다. 대표작 『그리고 아무 말도 하지 않았다』가 있다.

남편 김 박사는 그 후 숙명여대 출신의 서옥경(徐玉卿) 여사와 재혼했다. 서 여사는 전혜린 기일(忌日)에는 친딸 정화는 물론 자기가 낳은 아이들도 제사에 참석시킬 만큼 사려 깊은 분이었다.

2022년 3월 26일 타계(他界)한 김 박사의 아우 김효원 씨의 증언에 의하면 전혜린은 자살

▲ 전혜린(1934~1965)

이 아니고 약물 과다 복용이 사망원인이었으며 결혼 후 시어른을 보기 위해 이곳 북구 금호동 김 박사 생가에 몇 번 다녀갔다고 했다.

현재 김 박사의 생가이자 전혜린의 시댁인 금호동 집에는 앞서 말한 아우 김 씨가 살고 있다. 김 박사는 아호가 금랑(琴浪)이다. 아마 고향 마을 금호동 앞을 흐르는 금호강의 물결이라는 뜻인 것 같다. 천재 수필가의 발자취가 스며 있고 우리 시대 최고 헌법학자가 태어난 이 집에 팻말이라도 하나 세워 두 분의 업적을 기렸으면 한다.

금랑은 본관이 선산으로 아버지 김석두(錫斗)와 어머니 능성구씨 사이에 장남으로 1932년 비교적 여유로운 농가에서 태어났다.

달성초등학교와 경북고등학교를 졸업하고 1956년 서울대학교 법과와 1961년 서독 뮌헨대학을 졸업했고, 1967년 미국 하버드대학 법대 대학원을 수료했다. 1971년에는 서울대에서 법학박사 학위를 취득했다. 1962~72년 서울대 강사·조교수·부교수를 역임했고, 1967~75년에는 중앙일보 논설위원, 1972년 서울대 법대 교수, 1987년 서울대 법대 법학연구소장, 1988년 공법학회장 등을 역임했다.

1990년 한국헌법연구소 소장, 1995년 한국법학교수회 회장, 1998년 제주 탐라대 총장, 2002년 명지대학교 법과대학

▲ 헌법학자 김철수(1933~2022) 박사

법학과 석좌교수를 지냈다.

저서로는 『기본권의 발전사. 2022』『인간의 권리, 2012』『한국통일의 정치와 헌법, 2017』『헌법과 법률이 지배하는 사회, 2016』『헌법학 개설, 2015』『세계 비교 헌법, 2014』『새 헌법 개정안, 2014』『헌법 개설, 2013』『헌법학 개론, 1973』『헌법학, 상하권 1971』『헌법 질서론, 1963』 등과 논문 400여 편이 있다. 1992년 8월 대한변호사협회로부터 한국법률문화상(24회)을, 1993년 국민훈장 모란장을 받았으며 대한민국 학술원 회원을 지냈다. 제자로 성낙인 전 서울대학교 총장, 황우여 부총리 겸 교육부 장관, 양건 전 감사원장 등이 있다.

2023년 5월 17일 칠곡향교(전교 김정립)에서 칠곡 출신으로 우리나라 대표적인 헌법학자인 금랑에 대한 특강이 있었다. 강사는 전 정무, 체육청소년부 장관과 13, 14, 15대 3선 국회의원을 지낸 박철언 장관이었다.

특별히, 그를 섭외한 이유는 금랑 타계 후 영남일보에 "세계적인 헌법학자 김철수 은사님을 기리며"라는 추도문을 기고하였을 뿐 아니라. 부인 현경자 여사와 결혼식 때 금랑이 주례(강의 중 박 장관이 밝힌 사실은 금랑의 조교로 인연을 맺고, 주례를 선 것이 아니라, 현 여사를 소개해 주었다고 했다.)를 하였다는 소문이 있었기 때문이다. 강의를 주관한 김정립 전교는 금랑의 가까운 친척이고, 실무를 담당한 이두복 사무국장의 철저한 준비로 예상보다 많은 주민이 청강했다.

박 전 장관은 검사 출신이기도 하지만 소위 "6공의 황태자"로 불릴 만큼 권력의 중심부에 있었고, 노태우 정부의 북방 외교정책을 기획한 인물로 한국 현대 정치에서 크게 활약한 인물이라는 선입관으로 강의가 딱딱할 것으로 예상했다.

▲ 전혜린의 시가이자 헌법학자 길철수의 생가(문주길 14-5).
전혜린은 이곳 시가에 몇 번 다녀갔다고 한다.

그러나 금랑이 태어난 7월(7월 8일)을 말하면서 이육사(李陸史)의 "청포도"를 낭송하는 것으로 시작해 퍽 이외였다. 강의 중 그는 지나칠 정도로 시 이야기를 많이 했다. 실제로 정계 은퇴 후 그는 어린 시절의 꿈이었던 작가의 길에 매진하여 서포(김만중의 아호) 문학상 대상, 김소월 문학상 본상, 영랑 문학상 대상 등 많은 문학상을 수상했다.

금랑은 박정희 대통령이 구상한 유신정권에 대해 매우 부정적인 생각을 가졌으며 내각책임제를 선호했다고 한다. 그 사례로 유신헌법에 의해 선출된 대통령제를 현대판 입헌군주제와 다름없다고 비판했다가 중앙정보부에 불려가고, 역저『헌법학 개론』은 2차에 걸쳐서 몰수 당하고 3번 수정했으며, 그 후 모든 강의와 집필이 중단되고, 1973년 3월 마침내 방문 교수라는 어쭙잖은 대우로 출국해야 했다.

이러한 금랑의 처지를 안타깝게 생각한 미국 정부가 망명을 권유했으나 끝까지 거절했다고 한다. 아이러니하게도 그 역저『헌법학 개론』은 현재 사법 고시생들의 필독서가 되었다.

박 전 장관은 전혜린과도 가깝게 지냈다고 한다. 전혜린은 서울 법대 입학시험에서 수학을 0점 맞는 대신 다른 모든 과목은 만점을 받아 합격했다고 한다. 독일 뮌휀대학 유학 후 법대 조교로 있을 때 박 장관을 비롯해 다섯 명이 독일 문학을 연구하는 독문회(獨文會)를 조직하여 지도교수로 모시며 학교는 물론 카페나 심지어 자택에서도 자주 모임을 했다고 한다. 그는 회원들에게 "천재는 요절한다", "아침에 일어나 살아있는 것이 무섭다"라는 말을 자주 했다고 한다.

금랑과 헤어진 이유는 성격 차이가 클 것이라고 했다. 커피와 술을 좋아하며 자유분방한 그녀와 선비 집안의 꼿꼿한 성격의 금랑은 어울리기 힘들었으리라고 했다.

전혜린과의 금랑 사이에 태어난 첫딸 정화는 이화여대를 졸업하고 결혼해서 현재 미국에서 살고 있다고 한다.

✳ 달구벌에 바치는 마지막 헌사

정훈(기업인, 작가)

수필가로 활동하고 있는 저자의 침묵을 궁금하게 여겼는데 "나의 대구 정체성 찾기"를 집필하기 위한 시간이었던 것 같다. 그를 산림 전문가, 팔공산 지킴이에 이어 지역 언론에서도 향토 사학자라 부르기를 주저하지 않음을 이번 저서에서도 이를 유감없이 입증했다.

여태껏 여러 설을 거듭하고 있는 "왕건과 견훤의 팔공산 전투"에 대해서 그 누구와 토론과 논쟁도 주저하지 않겠다는 특별한 자신감은 그가 바른 역사적 고증을 위해 얼마나 많은 발품과 땀을 흘렸는지를 말해준다. 실제 저자의 문화유적 답사기를 담담히 듣다 보면 지난 흑백영화 필름처럼 아련한 기시감이 베어온다.

그의 발품은 홀로 고독한 탐구의 여정이며 타고난 역마살은 때로는 경계를 허물며 천 리 길도 마다치 않는다. 또 저자가 처음부터 "산림을 답사하기 시작한 것은 산림공무원으로서 산불 진화 인력의 효과적 투입을 모색함이었다고 술회함은 오늘날 걷잡을 수 없이 반복되는 산불 진화의 큰 문제점으로 지적되는, 정비되지 않은 임도(林道) 같은 것을 당시에 이미 염두에 둔 것 같아 참으로 놀랍다."

서가의 퇴색 한 책 두어 권을 살펴보았다. 구십년대 초 그의 첫 번째 저서 시집 『며느리 밥풀 꽃』과 그 이듬해에 발간한 『팔공산을 아십니까』였다. 산야의 이름 모를 꽃과 나무 등을 다룬 아름다운 숨결의 시편들, 그리고 팔공산과 대구 지역에 산재한 문화유적에 대한 탐구와 첫 도전이 그것이었다.

벌써 서른 해도 더 된 시기에 온통 지역 문화유산의 관심이고 보면 '달구벌 얼 찾기 모임'을 주도하며 그의 달구벌에 대한 남다른 애정과 식견은 공직에 입문한 소싯적부터 있었던 것이 아닌가 싶다.

자금 대구·경북의 위상은 날로 위축되고 시민의식 또한 해를 거듭할수록 풀죽은 적삼 같은 현실 앞에 저자의 중단없는 "대구 정체성 찾기"의 보폭은 예사롭지 않은 일이며, 일제의 만행인 팔공산 정상의 쇠말뚝 뽑기와 풍수적 고증까지 동원한 옛 "연구산(連龜山) 돌거북 바로 놓기" 등은 지역과 나아가서 민족의 얼을 일깨우는 일이나 다름없다.

대구 동쪽 팔공산 권역에 "대구 제2수목원" 조성이 확정되었다고 한다. 쓰레기 매립장을 수목원으로 조성하여 전국의 시범이 된 대구 수목원 조성에 크게 이바지한 저자의 지식과 경륜이 새로운 명소가 될 스토리 텔링이 흐르는 수목원을 만듦에 다시 한번 봉공의 기회가 주어졌으면 한다.

그가 마지막이라고 말하는 이번 저서의 발문(跋文)을 쓰려고 하니 그의 첫 수필집의 서평을 썼던 기억이 아득하고 무상한 세월 앞에 눈시울이 적셔온다. 아쉬운 마음에 그의 시집 『며느리 밥풀 꽃』을 살펴보니 "패랭이꽃", "설야", "늦가을" 등 그의 순후한 품성에 더한 시적 감수성이 예사롭지 않음을 알 수 있다.

그중에 한편 "설야"를 소개한다. 이제 낙엽이 지고 또 백설이 내릴 것이다.

설 야(雪夜)

어둡고 포근한 겨울밤/ 멀리서 오는/ 그리움이 쌓이는 소리/ 山村의 불빛도 꺼진 지 오랜 밤/

뽀얗게 덮인 눈송일 밟으며/ 행여 누군가 나를 찾는 사람이/ 있을 것 같아/ 창을 열면 그리운 이의 영상

얼마나 많은 그리움이 맺히면/ 눈이 되어 내려올까/ 바람도 자고, 별빛도 자고/ 움직이는 것이라곤 아무것도 없는데/ 가만히 창 앞에 쌓이는 눈/ 얼마나 많은 그리움이 맺히면/ 눈이 되어 내려올까

한 송이 한 송이/ 땅 위에 쌓일 때마다/ 그 중량만큼/ 그리움이 확대되는 나의 마음/ 흰 눈이 오는 밤/창을 열면/ 그리운 이의 영상.

– 시집 '며느리 밥풀 꽃'에서

거듭 이야기하지만, 이번 작가의 『나의 대구의 정체성 찾기』는 그가 대구의 구석구석을 직접 발로 뛰면서 가슴으로 쓴 글이라는 점에서 대구시민들에게 바치는 헌사(獻辭) 같다. 덧붙이면 "대구 바로 알기의 지침서"라 해도 과언이 아닌 것 같다.